Grundausgabe

Doppel-Klick

Das Sprach- und Lesebuch

9

Herausgegeben von
Werner Bentin

Erarbeitet von
Werner Bentin, Filiz Briem, Ulrich Deters,
Sandra Heidmann-Weiß, Svea Hummelsheim,
Martina Panzer, Doris Peukert-Al-Delaimi,
Jennifer Piel, Silke Quast, Saskia Volbers

Cornelsen

DOPPEL-KLICK IM ÜBERBLICK

Die Themen
mit **Trainingseinheiten** und **Prüfungsvorbereitung**

Inhalte und Kompetenzschwerpunkte

Medien und Gattungen
mit **Trainingseinheiten** und **Prüfungsvorbereitung**

Inhalte und Kompetenzschwerpunkte

Die Themen

zusätzliche Seiten zur Differenzierung, zum Anwenden und Weiterüben, zum Fördern und Fordern

Medien und Gattungen

Nachschlagen und üben

Rechtschreiben

Grammatik

Thematische und sachliche Verknüpfungen der einzelnen Kapitel miteinander

VERKNÜPFUNGUNGEN

SCHULJAHRESVERLAUF

Die Themen Medien und Gattungen	angehängte Trainingseinheiten Prüfungsvorbereitung	Nachschlagen und üben Prüfungsvorbereitung	Rechtschreiben	Grammatik
Zusätzliche Kapitel zur Differenzierung, zum Anwenden und Weiterüben, zum Fördern und Fordern				
1. Besser kommunizieren – Wie entscheidest du? S. 12–23	Kommunikationssituationen gestalten S. 24–25		Dein Rechtschreib-Check S. 244–247 1. Trainingseinheit S. 248–249	Sprache und Sprachen: Englische Wörter S. 270–271
2. Gedichte und Lieder über das Leben S. 132–141	Ein Gedicht interpretieren S. 142–145		2. Trainingseinheit S. 250–251	Beschönigungen in der Sprache erkennen S. 275
3. Salz: Quelle des Lebens S. 26–41	Einen Sachtext mit dem Textknacker lesen S. 42–47	Der Aufgabenknacker S. 214–215		Fehler verstehen und vermeiden S. 284–285
4. Sachen zum Lachen S. 184–193		Ein Referat vorbereiten und halten S. 236–243	4. Trainingseinheit S. 254–255	
5. Ein Beruf für dich S. 48–63	Keine Angst vor Online-Bewerbungen! S. 64–65 Vorstellungsgespräche vorbereiten S. 66-69	Texte überarbeiten: Ein Bewerbungsschreiben S. 232–235	3. Trainingseinheit S. 252–253 6. Trainingseinheit S. 258–259	
6. Mitten ins Geschehen – Kurzgeschichten S. 146–159	Die Inhaltsangabe S. 160–163 Die Interpretation S. 164–167		Rechtschreibhilfen: Persönliche Fehlerschwerpunkte finden S. 264–265	Die Formen des Verbs unterscheiden S. 280–283
7. Auf der Suche nach dem Glück S. 70–87	Ein Kommunikationsmodell anwenden S. 88–89	Einen Sachtext mit dem Textknacker lesen S. 216–221	5. Trainingseinheit S. 256–257	Sprache kritisch betrachten: „Mann“ und „Frau“ S. 274
8. Leseecke: So ein Drama! S. 168–179	Die Charakteristik S. 180–183			
9. Alles aus Kunststoff S. 90–107	Mündlich Stellung nehmen S. 108–109 Einen Kommentar schreiben S. 110–113	Einen informierenden Text schreiben S. 224–229	Rechtschreibhilfen: Wortgruppen getrennt schreiben S. 268–269	
10. Die Kraft der Medien S. 206–213		Grafiken erschließen und erklären S. 222–223 Zu einem Zeitungsartikel Stellung nehmen S. 230–231	7. Trainingseinheit S. 260–261	
11. Rap-Geschichte(n) S. 114–129	Einen informativen Text schreiben S. 130–131		Rechtschreibhilfen: Wichtige Kommaregeln kennen S. 266–267	Sprache und Sprachen: Wortfamilien S. 272–273
12. Fenster in die Vergangenheit S. 194–205			8. Trainingseinheit S. 262–263	

Besser kommunizieren

1

2

3

1 • Seht euch die Bilder an. Lest auch die Texte.
• Beschreibt die Situationen.
• Um welche Entscheidungen könnte es gehen?
Besprecht die einzelnen Situationen.
Bezieht auch eure Erfahrungen ein.

1 sich anziehen, der Kleiderschrank, die Kleidung, der Streit, zuschauen, in einen Streit eingreifen, die Zukunftsplanung, sich entscheiden, hilflos/unsicher sein

– Wie entscheidest du?

4

5

6

7

2 Auch ihr trefft jeden Tag Entscheidungen.
Manchmal geht es um Alltägliches oder Kleinigkeiten.
Manchmal geht es um wirklich wichtige Fragen.
Erzählt von euren Erfahrungen.

Warum fällt es uns manchmal schwer, etwas zu entscheiden?
Wie treffen wir eigentlich Entscheidungen?
Und wer oder was hilft uns dabei?
In diesem Kapitel denkt ihr darüber nach, wie ihr euch Entscheidungen erleichtern könnt.

2 Es war für mich besonders schwer, als ich … entscheiden musste. / Ich kann mich nicht gut entscheiden, wenn … / Neulich wusste ich nicht, ob ich …

Domeniks Entscheidung

Was geht Domenik an einem besonders wichtigen Tag durch den Kopf? Dieser Text erzählt davon.

Kein ganz normaler Tag

1 Endlich 6.30 Uhr! Der Wecker klingelt. Dabei bin ich längst wach. Kein Wunder – ich habe vor Aufregung kaum geschlafen. Schlummertaste. Noch ein paar Minuten die Augen schließen. „Guten Morgen, Domenik. Bist du wach?" „Mmh ... Morgen, Mam." Jetzt bitte kein Gespräch, Mam. Es ist noch so früh. Mmh, aber es riecht gut aus der Küche, Toast.
„Sieh zu, dass du hochkommst. Heute wird ein langer Tag. Weißt du schon, was du anziehst?"
Oh, nein, bitte nicht schon wieder dieses Thema. Warum machen alle immer so einen Wind um Klamotten? Es geht doch schließlich um mich und nicht um mein Shirt.
„Mann, Mama, keine Ahnung! Ist doch nur ein Vorstellungsgespräch. Einen Anzug ziehe ich bestimmt nicht an. Bitte nicht ..."
Zu spät – Mama öffnet den Kleiderschrank. Wie komme ich bloß hier raus?
„Nein, ein Anzug ist unnötig. Aber du solltest schon etwas Nettes anziehen. Auf keinen Fall Jeans!"
Etwas Nettes? Ich soll doch nicht zu Oma Lissys Geburtstag! Jetzt aber raus aus dem Bett – Mann, ist das kalt heute Morgen.
„Ich bin nicht mehr acht, Mam. Ich kann selbst entscheiden, was ich anziehe. Also Hände weg von meinem Schrank!"
Mama grinst komisch und verschwindet in die Küche. Ein Blick in den Kleiderschrank kann ja nicht schaden ... Vorstellungsgespräch ... etwas Nettes? ... Ach, dafür ist später noch Zeit ...

2 Halb zehn – endlich Hofpause! Dahinten sehe ich schon Cem und Martin. Cem begrüßt mich mit einem freundschaftlichen Schulterklopfen.
„Ej, Domenik, was liegt heute an? Im Freibad chillen oder Computer?"
Cem, mein Freund, immer ein bisschen vergesslich.
„Ich hab doch mein Vorstellungsgespräch heute." „Ach, ja. Stimmt."
Wieso guckt mich denn Martin so skeptisch an?
„Aber du ziehst dich ja wohl noch um, oder?"
Ist Martin jetzt mein Styling-Berater oder was? Cem findet es wohl auch lustig und lacht laut los.

„Wozu das denn? Seine Klamotten sind doch okay. Soll er einen Anzug tragen oder was? Jeans und Pulli – mehr braucht er nicht."

Martin sieht nicht sehr überzeugt aus.

„Na ja. So ein Vorstellungsgespräch ist doch wichtig. Ich würde schon mit den Klamotten punkten an deiner Stelle. So ein schicker Anzug kommt gut an."

Na, super: Jeder hat eine andere Meinung. Und ich bin genauso schlau wie vorher.

3 Nur noch zwei Stunden, dann wird es ernst.

„Domenik, warte mal einen Moment."

Frau Takicz, meine Klassenlehrerin, strahlt mich an.

„Du hast doch heute deinen Termin bei der Firma Schrader, oder? Wie geht es dir?"

„Ein bisschen nervös bin ich."

Frau Takicz klopft mir aufmunternd auf die Schulter.

„Keine Sorge, du packst das."

Na, hoffentlich … Aber vielleicht kann mir ja Frau Takicz einen Tipp geben. Die Gelegenheit ist günstig.

„Hätten Sie vielleicht einen Rat für mich? Was trägt man denn so bei einem Vorstellungsgespräch? Muss es ein Anzug sein?" Sie überlegt nur kurz.

„Es kommt ja immer auf die Firma an. Ich würde nicht übertreiben. Ein Anzug passt hier nicht. Aber bitte auch nicht eine alte Jeans mit einem Kapuzenshirt."

1 Lies Domeniks Geschichte noch einmal genau.
Mache dir dabei Notizen zu diesen Fragen:

- Welche Entscheidung beschäftigt Domenik?
- Was denkt und fühlt Domenik zu dieser Frage?
- Welche Personen äußern ihre Meinung?

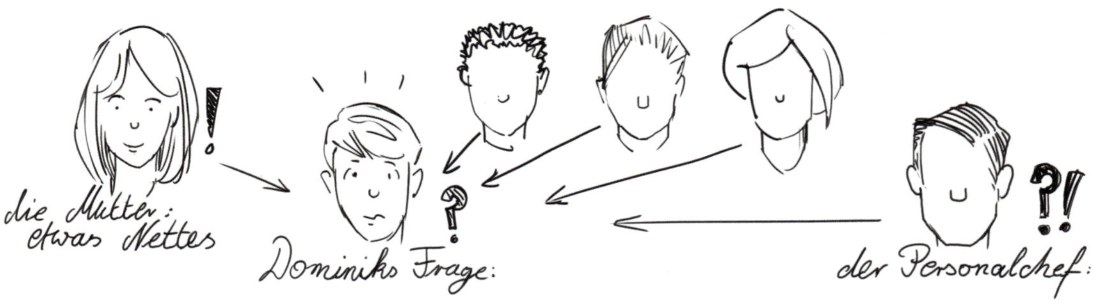

2 Zu den Personen und ihren Meinungen kannst du eine Skizze zeichnen.

3 a. Wie würdest du entscheiden? Begründe.
b. Wessen Rat folgst du **nicht**?
Informiere diese Person angemessen über deine Entscheidung und deine Gründe.
Schreibe dazu drei bis vier sachliche und erklärende Sätze.
Tipp: Gestaltet eine der Gesprächssituationen als Rollenspiel in der Gruppe.

1 Domenik denkt/findet/ist der Meinung, dass … Er ist unentschlossen/ratlos/verwirrt …
3 Ich habe mich dazu entschlossen, …, weil … / … ist die beste Lösung für mich, weil …

Entscheidungen treffen – das innere Team hilft

Kommunikation beginnt immer bei dir selbst. Mit Hilfe deines inneren Teams kannst du herausfinden, was du wirklich willst.

1 Lies den Sachtext über das innere Team mit dem Textknacker:
- Sieh das Bild an. Lies die Überschrift.
- Überfliege den Text. Worum geht es?

1. Vor dem Lesen
2. Überfliegen

Der Streit in mir

1 Alle wollen etwas von mir! Und ich weiß nicht, wie ich mich entscheiden soll. Aber selbst wenn ich mich entschieden habe, wie soll ich es den anderen sagen? Kennst du diese Situation? Der Kommunikationsforscher Friedemann Schulz von Thun hat eine Lösung dafür gefunden. Er geht davon aus, dass vor jeder Entscheidung viele Meinungen in uns existieren. Die verschiedenen Meinungen sind wie verschiedene Stimmen in unserem Kopf, aber es sind auch Bauchgefühle, da kann doch nur ein Durcheinander entstehen!

2 Solche Situationen hat Friedemann Schulz von Thun untersucht und das Modell „Das innere Team" entwickelt. Und eigentlich ist es ganz einfach. Zunächst musst du dir dieser unterschiedlichen Stimmen und Gefühle bewusst werden. Jede Stimme ist ein Teammitglied und gehört zu deinem inneren Team. Kein Teammitglied darf unterdrückt werden, alle haben das Recht darauf, von dir als Teamleiter angehört zu werden. Dafür ist es am besten, wenn du dir Zeit nimmst.

3 Es kann auch helfen, wenn du jedem Teammitglied einen Namen gibst, der seine Meinung verdeutlicht, z. B. die Bequeme, der Pflichtbewusste… Am Anfang hilft es dir, die Meinungen der Teammitglieder aufzuschreiben. Später reicht es, wenn du mit Ruhe in dich hineinhörst und versuchst, alle Stimmen herauszufinden. Wäge alle Meinungen der Teammitglieder ab. Überlege, warum sie sich so ausdrücken. Manchmal sind es vielleicht ganz einfache Gründe wie Faulheit, Langeweile oder Ärger.

1 Es geht um das Problem, sich nicht entscheiden zu können. / Der Text handelt von dem Modell „Das innere Team"/gibt eine Entscheidungshilfe …

Du bist der Teamleiter und entscheidest dich zum Schluss für eine Meinung. Wenn du dann dem Empfänger deine Entscheidung mitteilst, kann es auch helfen, ihm deinen Weg bis zur Entscheidung zu beschreiben und zu erklären. So kann der Empfänger viel besser verstehen, warum du dich so entschieden hast.

3. Genaues Lesen

2 Lies den Sachtext „Der Streit in mir“ genau.
- Schreibe die Überschrift des Sachtextes auf.
- Ordne jedem Absatz die passende Überschrift zu. Lasse darunter je drei Zeilen frei.
- Notiere die Schlüsselwörter für jeden Absatz.

Überschriften für die Absätze:
Tipps für dein inneres Team
Das Modell „Das innere Team“
Situationen, die wir alle kennen

3 Mit der Abbildung auf Seite 16 kannst du das Modell „Das innere Team“ besser verstehen. Erkläre die Abbildung.

Z **4** Wie kannst du das Modell „Das innere Team“ anwenden? Formuliere Tipps und Ratschläge. Verwende den Imperativ, also die Aufforderungsform.

Starthilfe

Das innere Team
- Nimm dir Zeit.
- Mache dir … bewusst.
- Höre …

Das Modell „Das innere Team“ kannst du allein oder in der Gruppe auf ein Beispiel anwenden.

Eine Firma bietet dir einen Ausbildungsplatz an. Leider ist es nicht die Wunschfirma, auf deren Zusage du gehofft hattest. Sagst du zu?

Freunde möchten dich überzeugen, mit ihnen in die Ferien zu fahren. Dein Plan war aber, in dieser Zeit arbeiten zu gehen, um für den Führerschein zu sparen. Fährst du mit?

Dein Trainer bietet dir an, die Kindermannschaft zu trainieren. Das wäre auch eine wertvolle Vorbereitung auf deinen Traumberuf. Du weißt aber, dass du mehrere Tage in der Woche auf deine Freunde verzichten müsstest. Nimmst du an?

5 Wende die Arbeitstechnik auf eines der Beispiele an.

Arbeitstechnik

Das Modell „Das innere Team“ anwenden

Mit Hilfe des inneren Teams kannst du verstehen, **was in dir vorgeht.**
- Schreibe zunächst **die Fragestellung** auf.
- Schreibe **die verschiedenen Gedanken und Gefühle** auf, die du dazu hast. Das sind die einzelnen **Teammitglieder**. Du kannst jedem einen Namen geben.
- Lass dir genügend **Zeit** und **schreibe alles auf**, was dir einfällt.
- Lies dir alles noch einmal durch und **wäge** die einzelnen Meinungen der Teammitglieder **gründlich ab**. Denke auch an die **Konsequenzen**.

5 Wenn ich zusage, kann ich nicht bei meiner Wunschfirma arbeiten, habe aber einen sicheren Ausbildungsplatz. / die Ängstliche, die Hoffnungsvolle …

„Das innere Team" in Sprechsituationen anwenden

In diesem Kapitel hast du gelernt, wie dir die Methode des inneren Teams bei der Lösung schwieriger Kommunikationssituationen helfen kann. Diese Jugendlichen befinden sich in einer schwierigen Situation.

A Sophia macht ihr Praktikum beim Frisör. Auch am vierten Tag darf sie nur den Laden fegen. Das hat sie sich anders vorgestellt. Die Chefin ist aber eine gute Freundin ihrer Mutter und nur deshalb hat sie den Praktikumsplatz bekommen.

Sophia

B Ben darf bei seinem Praktikum am Computer arbeiten. Der Chef sieht es nicht gern, wenn man am Arbeitsplatz Kaffee trinkt. Da es aber scheinbar alle machen, hat sich Ben auch eine Tasse geholt. Jetzt ist die Tasse umgekippt und hat die Tastatur und die Unterlagen verschmutzt. Ben weiß nicht, wie er es dem Chef sagen soll.

C Olga macht ein Praktikum in der Bäckerei. Bäckerin ist ihr Traumberuf. Jetzt hat sie aber gleich am zweiten Praktikumstag verschlafen und kommt zwei Stunden zu spät. Auf dem Weg zur Arbeitsstelle überlegt sie, was sie sagen könnte.

1 Wie würdest du handeln?
  a. Wähle ein Beispiel aus.
     Schreibe die Stimmen des inneren Teams auf.
  b. Formuliere deine Lösung mit Hilfe einer **Ich**-Botschaft.

2 Vergleiche deine Stichworte mit denen einer Schülerin oder eines Schülers, die dasselbe Beispiel gewählt haben.
Diskutiert eure Lösungsmöglichkeiten.

3 Trage deine Lösung der Klasse vor.

4 Wertet die Lösungsvorschläge mit Hilfe der Checkliste „Äußerungen angemessen formulieren" aus.

→ Checkliste: Seite 25

5 a. Schreibt einen Dialog zu einer Situation.
     Achtet dabei auf die Wortwahl und den Ausdruck der beiden Personen.
  b. Spielt den Dialog als kleine Szene.

→ eine Szene spielen: Seite 297

1 Ich würde …, weil … / Ich denke, die beste Lösung ist …, weil …
der/die Vernünftige, der/die Wütende, der/die Ehrliche, der/die Ängstliche, …

Sich in Situationen angemessen äußern

Ich-Botschaften helfen beim Erklären von Entscheidungen, auch von unbequemen Entscheidungen. Aber sachlich und höflich sollten die Ich-Botschaften formuliert sein.

Das sind Stimmen aus Sophias innerem Team:

1 So öde habe ich mir mein Praktikum nicht vorgestellt.

2 Wann kann ich endlich etwas Richtiges lernen?

3 Immer nur fegen – davon werde ich noch ganz dumm in Kopf.

4 Ich will mal etwas anderes machen.

5 Haare waschen kann doch jeder. Das könnte ich doch auch mal tun.

6 Sie können mich ruhig auch auf die Kunden loslassen. Ich werde sie nicht gleich vergraulen.

7 Als wenn ich noch nie ein Telefon in der Hand gehabt und noch nie einen Termin vereinbart und aufgeschrieben hätte!

8 Ich hoffe, Sie sagen es nicht gleich meiner Mutter. Aber ich halte das hier nicht mehr aus.

1 Untersuche und bewerte Sophias Stimmen am besten zusammen mit einer Partnerin oder einem Partner.
Mache dir Notizen zu diesen Fragen:
- Welche Sätze sind unsachlich?
- Welche Wörter oder Wortgruppen sind einer Chefin gegenüber nicht angemessen? Warum nicht?

2 Manche Kritikpunkte und Vorschläge Sophias sind berechtigt. Formuliert diese Sätze neu und angemessen.

3 a. Schreibt ein kurzes Gespräch zwischen der Chefin und Sophia.
b. Spielt das Gespräch in der Klasse.
c. Ist das Gespräch angemessen und erfolgreich verlaufen? Lasst euch von der Klasse bewerten.

➜ Tipps zum Beobachten und Bewerten: Seite 297

1 öde, ganz dumm im Kopf, loslassen, vergraulen / umgangssprachlich, unhöflich, unsachlich
2 Ich würde gern ... / Könnte ich vielleicht ...? / Wäre es eventuell möglich, dass ...?

Die richtige Anredeform wählen

Es ist nicht einfach, immer die richtige Anredeform zu finden. Der folgende Zeitungsartikel geht auf dieses Thema ein.

1 Lies den Zeitungsartikel mit dem Textknacker. 

Übrigens: Duzen, ihrzen, erzen

Jörg Homering

1 „Könnt ihr das noch zu morgen veröffentlichen?" Der Mann steht in meinem kleinen Büro und schaut mich fragend an. Ich blicke mich um, schaue prüfend unter den Schreibtisch. Nein, ich bin tatsächlich allein hier. Wen meint er also mit „ihr"? Jetzt gibt es zwei Möglichkeiten: Entweder der Mann hält mich für Prinz Charles und spricht mich im ehrwürdigen Pluralis Majestatis[1] an. Oder er kann sich nicht zwischen Du und Sie entscheiden.

2 Das ist aber auch nicht so einfach. Sagt man lieber „du Blödmann" oder „Sie Blödmann"? O. K., am besten sagt man gar nicht „Blödmann", aber mit dem Du und Sie ist das so eine Sache. Die einen bestehen auf dem höflich-distanzierten „Sie", die anderen halten's wie Thomas Gottschalk und duzen alle Welt.

3 Warum muss die deutsche Sprache aber auch immer so kompliziert sein? Dabei gab es im Hebräischen, Altgriechischen und Lateinischen ausschließlich das „Du". Und auch die Finnen, Schweden und Dänen machen es sich englisch leicht und duzen durch die Bank[2]. Der Deutsche tut sich schwer mit dem Siezen. „Bist du noch Lehrling oder sind Sie schon Geselle?" – das soll einer verstehen.

4 Deshalb hat er Zwischenformen erfunden. Das Berliner Erzen zum Beispiel: „Hatter denn die fünf Euro nich 'n bisken kleena?" Oder eben das Ihrzen meines netten Besuchers in der Redaktion. „Habt ihr noch Bratkartoffeln?", fragt der Westfale die Kellnerin quasi stellvertretend für die ganze Belegschaft – und spart sich die Entscheidung, die junge Frau zu duzen oder zu siezen. [...]

[1] der **Pluralis Majestatis:** Pluralform, mit der eine einzelne Person, meist ein Herrscher, angesprochen wird
[2] **durch die Bank:** ohne Ausnahme

2 a. Welches Problem wird in diesem Zeitungsartikel benannt? Formuliere es mit eigenen Worten.
b. Wen duzt du? Wen siezt du? Schreibe eine Liste.

Die Karikatur ist ebenfalls eine Meinung zum „Duzen und Siezen".

3 Beschreibe die Karikatur mit Hilfe der folgenden Fragen:
- Welche Situation ist dargestellt?
- Welche Figuren sind dargestellt?
- Was sagen die Figuren?
- Wie ist die Karikatur gestaltet?
- Welche Besonderheiten gibt es?

4 Erkläre die Karikatur:
- Was muss man wissen, um die Karikatur zu verstehen?
- Was ist überraschend oder witzig?
- Wie verstehst du die Aussage der Karikatur?

Z **Zu dem Thema „Duzen – Siezen" kannst du dir zunächst allein, dann in der Klasse eine eigene Meinung bilden.**

Siezen?	
Pro – Vorteile	Kontra – Nachteile
– Respekt gegenüber … zeigen …	…

Z **5** Siezen – Pro oder Kontra?
a. Lass dein inneres Team sprechen und bilde dir eine Meinung: Welche Vorteile und welche Nachteile hat das Siezen?
- Schreibe es in eine Tabelle.
- Schreibe auch Beispiele und Situationen auf.

b. Formuliere deine Meinung zum Siezen schriftlich in drei bis vier Sätzen.

Z **6** Wie reden sich die Menschen in anderen Sprachen oder Kulturen an? Wo wird geduzt? Wo wird gesiezt?
a. Tragt Informationen zusammen.
b. Stellt die Informationen in der Klasse vor.

Tipps:
- Ihr könnt eure Ergebnisse im Rahmen einer Podiumsdiskussion vorstellen: „Sollten sich alle Menschen in Deutschland duzen?" → Seite 109
- Ihr könnt eure Informationen auch übersichtlich auf Anschauungsmaterial darstellen: Handouts, Folien, Präsentationsprogramm. → Seite 296

2 Das Problem ist, dass … / Oft weißt du nicht, ob … / Du musst dich entscheiden, ob …
der Lehrer, die Familienmitglieder, die Chefin, der Verkäufer, ältere Menschen, …

Z Ein vertiefender Sachtext zum Modell „Das innere Team“

Meinst du, dein „inneres Team“ könnte dir künftig bei Entscheidungen helfen? Dann gibt dir der folgende Sachtext vom „Erfinder“ des inneren Teams tiefere Einblicke in das Modell und hilfreiche Ratschläge.

Das innere Team: Typen von Teammitgliedern

Friedemann Schulz von Thun

1 Jede Form der Kommunikation fängt beim einzelnen Menschen an. In sein eigenes Inneres zu „schauen“ und in sich „hineinzuhören“, sich selbst zu verstehen, sich eine Meinung zu bilden und zu wissen, was man möchte, sind Voraussetzungen für erfolgreiches Kommunizieren mit anderen. Diese Fähigkeiten kann jeder trainieren.

2 **Das Anliegen:**
Ein Anliegen ist eine persönliche Fragestellung, die mit dem Wunsch verbunden ist, durch Selbstklärung und Beratung zu einer Lösung zu kommen. Eine Frau möchte lernen, sich im Konflikt mit ihrem Mann besser abzugrenzen, eine Studentin möchte ihre Arbeitsstörungen überwinden, ein Polizist will seine gemischten Gefühle gegenüber einem bestimmten Einsatz verarbeiten. Diese Themen, die mal mehr und mal weniger scharf umrissen sind, möchten Menschen für sich klären. Das Anliegen wird meistens mit der Frage „Wie kann ich ...?“ formuliert.

3 **Das Oberhaupt:**
Das Oberhaupt ist ein übergeordnetes Mitglied („Chef“) des inneren Teams, das, angesichts der vielfältigen Stimmen und Gefühle, Führungsaufgaben wahrnimmt und die Einheit der Person gewährleistet. Die Aufgaben des Oberhaupts sind, wie bei jeder Führungskraft im beruflichen Bereich, vielfältig und zum Teil widersprüchlich, da es sowohl für den „Innendienst“ als auch für den „Außendienst“ zuständig ist. Typische Aufgaben des Oberhaupts sind unter anderem: Selbstkontrolle, Moderation von inneren Teambesprechungen, das Bilden einer Gemeinschaft aus den inneren Teammitgliedern, Konfliktmanagement, Einsatzleitung.

4 **Typische Teammitglieder:**
Die Stammspieler: Jeder Mensch verfügt über ein paar Stammspieler, die oft und gern die vorderste Reihe besetzen. Das sind diejenigen Mitglieder des inneren Teams, die in der Lebensgeschichte der Person bisher am erfolgreichsten „gespielt“ haben, die sozusagen Karriere gemacht haben. Sie kommen besonders häufig zum Einsatz und bestimmen die Außenwirkung eines Menschen.

Die Außenseiter: Im Gegensatz zu den Stammspielern, die im Rampenlicht der Bühne stehen, bleiben diese inneren Teammitglieder mehr oder minder hinter dem Vorhang, bis hin zum strikten Auftrittsverbot. „So bin ich zwar auch, so sollte ich mich hier aber nicht zeigen!“ bis hin zu: „So bin ich nicht!“

Die Verfeindeten: Darunter versteht man innere Teammitglieder, die miteinander im Konflikt stehen, weil sie gegensätzliche Standpunkte vertreten. Eine Redensart spricht von den „zwei Seelen in einer Brust“.

Die Spätmelder: Spätmelder kommen manchmal erst nach Stunden oder Tagen an, dann aber oft mit unabweisbarer Heftigkeit.

Die leisen Zaghaften: Die leisen Teammitglieder sind oft nur vernehmbar, wenn wir innehalten, aus der Betriebsamkeit aussteigen und die durchgängige Geräuschkulisse des Alltags vorübergehend ausschalten.

Der Bewacher: Der Wächter verhindert, dass sich eine andere Stimme zu Wort melden kann. Getreu nach dem Motto: „Das darf auf keinen Fall gesagt werden, so darf man nicht sein.“ Diese Verhinderung führt eventuell zu heftigen inneren Teamkonflikten und setzt dem Oberhaupt auf Dauer sehr zu.

Die Widersacher: Diese Teammitglieder sind diejenigen, die uns selbst enorm zu schaffen machen. Sie machen uns zur Schnecke, sind überrumpelnd und zielen auf die empfindlichen Punkte des Oberhaupts. Sie wollen einem übel mitspielen, oft wortlos. Das Oberhaupt hat Müh und Not, sich ihrer zu erwehren. Meist steckt hinter dem Ganzen jedoch eine gute Absicht und eine Botschaft, die es zu erkunden lohnt.

1 Beantworte diese Fragen mit eigenen Worten:
- Welchen Zweck erfüllt das innere Team?
- Welche Typen von Mitgliedern kennst du besonders gut aus deinem inneren Team? Begründe.

2 a. Skizziere die Abbildung auf einem Blatt Papier.
b. Wer ist welcher Typ? Beschrifte deine Skizze.

Training: Kommunikationssituationen gestalten

**Mit Verhaltensregeln in der Schule kennst du dich gut aus.
Aber bald ist alles neu: Wie verhältst du dich in Ausbildung und Beruf?
Wie sprichst du zum Beispiel mit deiner Ausbilderin oder deinem Meister?**

Jonas hat zusammen mit seinem Freund Hannes einen Praktikumsplatz in einer Schlosserei bekommen. Den beiden gefällt die Arbeit gut und sie würden sich freuen, wenn sie nach der Schule in dem Betrieb einen Ausbildungsplatz bekommen könnten. Als Erstes sollen sie einen Metallwürfel nach bestimmten Maßen feilen. Beide beginnen sofort, doch nach einer Weile unterbricht Hannes öfter die Arbeit und redet mit einem Gesellen, den er vom Sport kennt. Sie lachen dabei viel und der Geselle zeigt ihm einige Tricks beim Feilen. Kurz vor Feierabend kommt der Chef zu Jonas und sagt: „Du arbeitest sehr sorgfältig. Von deinem Freund kann man das nicht unbedingt sagen, oder was meinst du?“ Jonas zögert mit der Antwort …

1 Warum zögert Jonas?
- Beschreibe die Situation.
- Beschreibe das Problem, das für Jonas entsteht.

Notiere dir Stichworte.

2 Löse die Situation mit Hilfe des inneren Teams.

a. Notiere Stichworte zu diesen Fragen:
- Welche unterschiedlichen Gedanken und Gefühle hat Jonas?
- Welche Meinungen könnten die einzelnen Mitglieder des inneren Teams haben?

b. Wäge die Meinungen ab.
Entscheide dich für eine Lösung.

3 Wie würdest du dem Chef antworten?
Schreibe deine Antwort vollständig auf.
Achte auf eine angemessene Sprache.

2 Teammitglieder: der Freund, der Egoist, der Ehrliche …
Jonas möchte die Wahrheit sagen/nicht petzen/nicht lügen …

In ihrem Praktikum gerät auch Mirka in eine unangenehme Situation.

Mirka hat einen Praktikumsplatz in einer Buchhandlung bekommen, worüber sie sich sehr freut. Der Umgang mit den Kunden macht ihr Spaß. Am vorletzten Tag des Praktikums kommt kurz vor Feierabend eine Frau in die Buchhandlung. Mirka sortiert gerade neue Bücher in die Regale. Ihre Chefin ist momentan nicht im Laden.

Kundin: Hallo, komm mal her, ich hab' es eilig!
Mirka: Guten Abend, wie kann ich Ihnen helfen?
Kundin: Ist denn hier keine richtige Bedienung?
Mirka: Ich mache hier gerade mein Praktikum, die Chefin kommt in fünf Minuten wieder. Aber vielleicht kann ich Ihnen ja doch helfen, ich bin schon fast drei Wochen hier.
Kundin: Du glaubst doch nicht, dass ich mit dir über Bücher rede? Ihr Kinder heutzutage schaut doch nur einfache Talkshows im Fernsehen oder surft im Internet. Aber nun lauf mal los und hol deine Chefin!

Mirka merkt, dass sie wütend wird. Die Frau hat doch keine Ahnung. Wie redet die überhaupt mit ihr? Mirka hat auch keine Lust, jetzt zu gehorchen und die Chefin zu holen.

4 a. Beschreibe Mirkas Problem schriftlich.
b. Wie würdest du reagieren? Überlege es dir mit Hilfe des inneren Teams.
c. Schreibe deine Antwort an die Kundin auf.
d. Überprüfe die Äußerung mit der Checkliste.

Checkliste: Äußerungen angemessen formulieren	ja	nein
Jst die Wortwahl angemessen für die Situation?		
Jst das richtige Anredepronomen (du oder Sie) gewählt?		
Werden Beleidigungen vermieden?		
Werden Jch-Botschaften verwendet?		
Kann die Situation so geklärt werden?		

Z **5** Formuliere wichtige Verhaltens- und Gesprächsregeln für ein berufliches Praktikum oder die berufliche Ausbildung.
- Wie möchtest du, dass die anderen mit dir umgehen und sprechen?
- Wie sollten die anderen keinesfalls mit dir umgehen und sprechen?

4 Mirka ist wütend/hat eine andere Meinung als die Kundin/fühlt sich angegriffen …
Ich würde widersprechen/meine Chefin holen/die Kundin vom Gegenteil überzeugen …

Salz: Quelle des Lebens

osal 盐 il sale соль नमक

1

Salz ist unter allen Edelsteinen, die uns die Erde schenkt, der kostbarste.
(Justus von Liebig)

2

3

Ein Leckstein

Der Scherz in der Rede ist wie das Salz in der Suppe.
(aus Arabien)

4

Die größte Salzwüste der Welt: Salar de Uyuni, Bolivien

5

Meersalzgewinnung auf Lanzarote, Kanarische Inseln

1 Klassengespräch!
Was entdeckt ihr alles auf den Fotos?

2 Salz gibt es überall auf der Welt und in allen Sprachen.
- Lest die verschiedenen Wörter für Salz laut.
- Welche Wörter für Salz kennt ihr außerdem?

Tipp: Gestaltet die Wörter mit Stiften und Farben in den verschiedenen Schriften.

2 盐: chinesisches Schriftzeichen: yán, sprich: jen; ملح: arabisch: mlh, sprich: mälh; αλάτι: griechisch: sprich: a'lati; नमक : indisch: sprich: pamak

el sal

ملح

le sel

αλάτι

6

Brot und Salz führen Freunde zusammen.
(ossetisches Sprichwort)

7

Das Tote Meer

8

Ein Salzbergwerk

Um einen guten Salat anzurichten, braucht man vier Charaktere: einen Verschwender für das Öl, einen Geizhals für den Essig, einen Weisen für das Salz, einen Narren für den Pfeffer.
(François Coppée)

9

10

Natriumchlorid

$2\ Na + Cl_2 = 2\ NaCl$

11

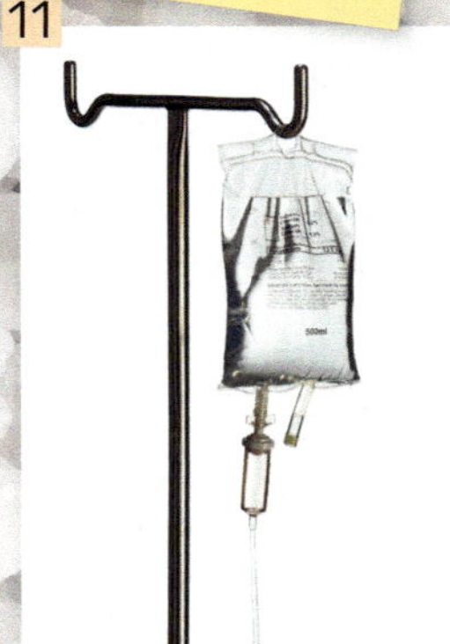

3
- Worum geht es in den Texten?
- Was interessiert euch besonders und warum?

Legt an der Tafel einen Cluster oder eine Mindmap an.

In diesem Kapitel erfahrt ihr viel über Salz.
Ihr lest mit Hilfe des Textknackers einen Sachtext und schreibt zum Schluss einen eigenen Text über Salz.

verschiedene Salzsorten, der Salzstreuer, die sauren Gurken, die Moleküle, die Infusion, die Tränen, auf dem Wasser schweben

Auf den Spuren des Salzes

Salz – das soll etwas Besonderes sein? Was ihr darüber bereits wisst, könnt ihr jetzt testen.

Salz schmeckt gut.

Pudding und Kuchen schmecken besser, wenn ein bisschen Salz dran ist.

Salz hat im menschlichen Körper nichts zu suchen.

Salz macht den Körper krank.

Salz kann man auch aus Wasser gewinnen.

Salz kann man nur in Bergwerken gewinnen.

Wenn Meerwasser verdunstet, verdunstet auch das Salz.

Salz erhält den Körper gesund.

Wer viel schwitzt, muss auch Salz zu sich nehmen.

Wer viel schwitzt, muss nur mehr trinken.

Salz schmeckt nicht gut.

Der menschliche Körper enthält Salz.

Wenn Meerwasser verdunstet, bleibt Salz übrig.

Salz gehört nicht in Pudding und Kuchen.

Pflanzen fressende Tiere müssen zusätzlich Salz aufnehmen.

Pflanzen fressende Tiere brauchen kein Salz.

Spielidee: Richtig oder falsch?

1 Welche Sätze über Salz findet ihr richtig?
Welche Sätze findet ihr falsch?
So könnt ihr ein Spiel daraus machen:

- Der oder die Erste wählt einen Satz aus und liest ihn vor. Er oder sie bestimmt, wer als Nächste oder Nächster dran ist.
- Der oder die Zweite sagt, ob der Satz richtig oder falsch ist. Er oder sie begründet die Entscheidung und bestimmt dann, wer der oder die Nächste ist.
- …

Tipp: Am Ende könnt ihr gemeinsam auswerten, wer das stärkste Argument hatte.

1 Ich finde, dass der Satz … ist. Denn ohne Salz wäre … / Denn Salz ist …/ …
weil Salz … enthalten ist/vorkommt/schmeckt/würzt …
Wenn Salz …, dann wäre …/ Deshalb kann/muss/sollte/ist/braucht …

Wenn wir von Salz sprechen, meinen wir Kochsalz.
Aber wieso gibt es unterschiedliche Namen dafür?

1

2
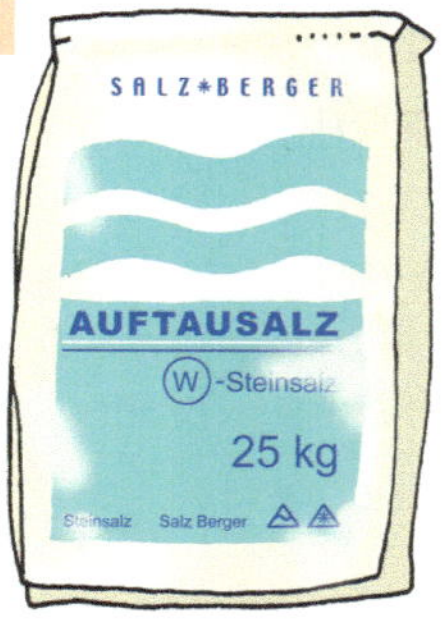

3

A

Meersalzgewinnung in einer Saline auf Lanzarote

B

Salzabbau in einem unterirdischen Salzbergwerk

C

Kleinste Salzsiederei Deutschlands in Halle

2 a. Welche Sorte Kochsalz 1, 2, 3 passt zu welchem Bild? Ordne zu.
b. Was ist auf den Bildern dargestellt? Beschreibe es.

Z **3** Rund um die Salzgewinnung gibt es verschiedene Berufe: den **Salzsieder**, den **Salzbauern**, den **Bergmann**.
- Arbeitet in Gruppen zu viert oder fünft zusammen. Jede Gruppe wählt einen Salz-Beruf aus.
- Informiert euch im Internet und in Sachbüchern über die Berufe.
- Was tun die Menschen in diesen Berufen bei der Salzgewinnung? Informiert die anderen.

3 Salzwasser/Meerwasser/Salzblöcke im Berg; Siedeschüsseln/Salzbecken/Salzgärten/Fördermaschinen/Werkzeug zum Zusammenkratzen; sieden/verdampfen/verdunsten/herausbrechen/herausbohren/herausschlagen

Einen Sachtext mit dem Textknacker lesen

Den Sachtext „Salz – Quelle des Lebens" liest du mit dem Textknacker. Im letzten Schritt bearbeitest du diese Textknacker-Aufgabe:

Die Projektgruppe „Salz – ein Alleskönner" bereitet eine Ausstellung vor. Sie soll von Einheimischen und Besuchern deiner Stadt besucht werden. Für die Präsentation sollst du einen **informierenden Text** schreiben.

A Lies als Grundlage für deinen eigenen Text den Sachtext „Salz – Quelle des Lebens".
Wähle aus: Du kannst **einen**, **zwei** oder **alle drei Teile** des Sachtextes lesen.

B Mache dir zunächst Notizen zum Thema „Salz – ein Alleskönner".

C Schreibe deinen Text.
Achte dabei auf eine eigenständige und zusammenhängende Darstellung.

1 Untersuche die Aufgabenstellung mit dem Aufgabenknacker.
Tipp: Sprich über die Aufgabe mit einer Partnerin oder einem Partner.
- Lies die Aufgabe noch einmal genau, Zeile für Zeile.
- Überlege: Was gehört alles zur Lösung der Aufgabe?
- Gib die Aufgabe in eigenen Worten wieder.
- Wähle aus: Möchtest du den kurzen, den mittellangen oder den vollständigen Sachtext lesen und bearbeiten?

Nun knackst du einen, zwei oder alle drei Teile des Sachtextes auf den Seiten 31 bis 33 mit dem Textknacker.

1. Schritt: Vor dem Lesen

2 Sieh dir deinen ausgewählten Teil des Textes als **Ganzes** an:
- Wie lautet die **Überschrift**?
- Was erzählen dir die **Bilder**?
- Worum könnte es in dem Text gehen? Schreibe drei bis vier Sätze auf.

2. Schritt: Das erste Lesen

3 **Überfliege** deinen Teil des Textes.
a. Welche Wörter und Wortgruppen fallen dir auf?
b. Was könnte für dich an dem Text interessant sein?

3. Schritt: Den Text genau lesen

4 **Lies** deinen ausgewählten Teil genau und in Ruhe, Absatz für Absatz.
So findest du die wichtigsten Informationen.
Tipp: Markiere dir auf Folie die Schlüsselwörter.
Sie sind für das Verstehen besonders wichtig.

Salz – Quelle des Lebens

Teil 1

1 Salz ist für uns heute so selbstverständlich wie die Luft zum Atmen. Wir gebrauchen es, ohne uns viele Gedanken darüber machen zu müssen. Denn es ist heute billig und in jedem Supermarkt oder Discounter zu bekommen. Ohne Salz aber würde uns vieles nicht schmecken, auch kein Kuchen, und viele Lebensmittel könnten nicht konserviert[1] werden. Kein Wunder, dass Salz in früheren Zeiten kostbar war und mit Gold aufgewogen wurde.

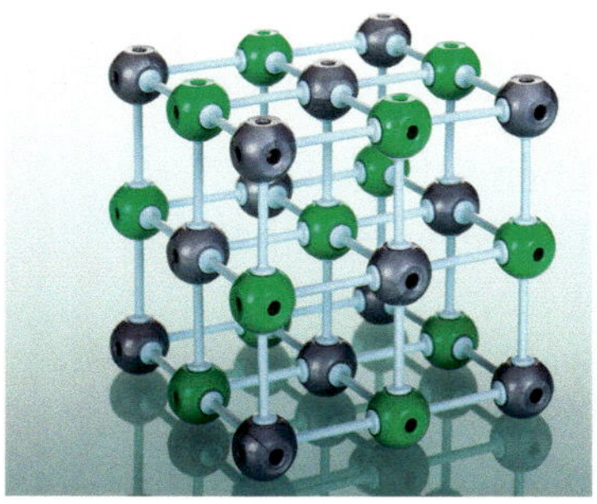

2 Wenn wir von Salz sprechen, meinen wir meist das Kochsalz. Dieses entsteht – wie alle anderen Salze auch – durch eine chemische Reaktion. Unser Kochsalz besteht aus dem eigentlich giftigen Metall Natrium und dem ebenfalls giftigen Gas Chlor, das man zum Beispiel für die Desinfektion[2] von Schwimmbädern benutzt. Bei der chemischen Reaktion von Natrium und Chlor zu Natriumchlorid ($2\ Na + Cl_2 \rightarrow 2\ NaCl$) verändern sich deren Eigenschaften, und Natrium und Chlor verlieren ihre Gefährlichkeit.

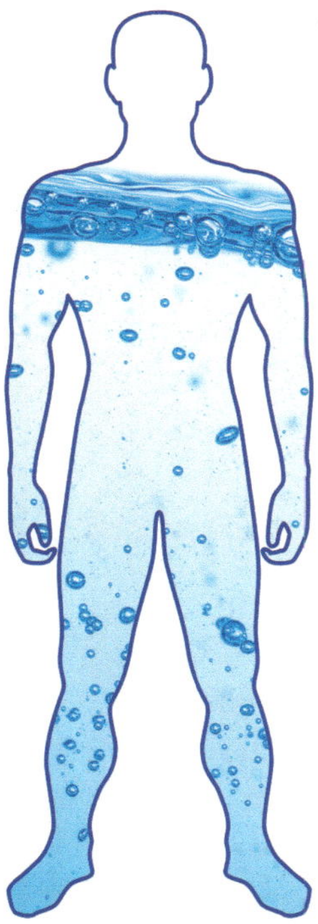

Der Mensch besteht zu 60 bis 70 Prozent aus Wasser. Der durchschnittliche Tagesbedarf an Kochsalz beträgt 2 bis 3 Gramm.

3 Salz ist jedoch nicht nur eine chemische Formel, ebenso wenig, wie es nur zum Würzen von Speisen dient. Es ermöglicht überhaupt erst jede Art von Leben. Nach der langen Entwicklung vom Einzeller im salzigen Urmeer zum Säuger „tragen" wir Menschen auch heute noch „das Meer in uns". Wie zu Urzeiten werden immer noch unsere Billionen Körperzellen von salziger Flüssigkeit umspült, die sich in ihrer Zusammensetzung kaum vom Meerwasser unterscheidet.

4 Der menschliche Organismus braucht täglich etwa 3 Gramm Salz, um das lebensnotwendige Wasser im Körper zu binden. Einerseits ermöglicht es erst den Stoffwechsel, also die Umwandlung der Nahrung im Blut, sodass mit der Nahrung täglich neues Salz aufgenommen werden muss. Andererseits kann zu viel Salz auch schädlich sein. Ein Schiffbrüchiger im Meer darf seinen Durst nicht mit Meerwasser löschen. Denn Meerwasser enthält mehr Salz als das Blut. Deshalb kann das überschüssige Salz nicht mehr über den Schweiß und die Nieren ausgeschieden werden. Schiffbrüchige können also mitten im Meerwasser verdursten. Im Toten Meer ist aufgrund des hohen

[1] **konservieren:** haltbar machen
[2] die **Desinfektion:** die Vernichtung von Krankheitserregern

Salzgehaltes alles Leben von Tieren und Pflanzen erstorben. Bei einem Leben ohne große körperliche Anstrengungen benötigt ein erwachsener Mensch 1 g Salz pro Tag. Einem körperlich aktiven Menschen reichen 3–5 g pro Tag. Bei starkem Schwitzen und schwerer körperlicher Arbeit (z. B. in den Tropen oder beim Sport) sind gelegentlich 20 g pro Tag und mehr erforderlich.

5 Menschen und die meisten Tiere werden auf natürliche Weise durch den Verzehr von Fleisch und Fisch mit Salz versorgt, sodass kaum zusätzlich Salz aufgenommen werden muss. Menschen, die sich vegetarisch[3] oder vegan[4] ernähren, müssen aber zusätzlich Kochsalz zu sich nehmen. Auch Tiere, die ausschließlich Pflanzen fressen (z. B. Kühe), benötigen zusätzlich Salz, das sie als Futterzusatz oder als Leckstein erhalten.

6 Woher bekommen wir nun unser Salz? Keinesfalls aus chemischen Fabriken, in denen Natrium und Chlor zu Kochsalz umgewandelt werden. Die Erde selbst hat riesige Salzvorkommen: Ein riesiges Salzreservoir[5] sind die Weltmeere mit einem durchschnittlichen Salzgehalt von 3,5 %; je Liter Meerwasser sind das 35 Gramm Salz, davon etwa 28 Gramm reines Natriumchlorid (Kochsalz). Dazu kommen noch andere Salze. Würde das gesamte Meerwasser verdunsten, bliebe so viel Salz zurück, dass die Erde gleichmäßig mit einer 40 Meter dicken Salzschicht bedeckt wäre. Salz aus dem Meer zu gewinnen, lohnt sich auch heute noch. Etwa 60 Millionen Tonnen werden jährlich auf diese Weise gewonnen, vor allem in südlichen Ländern, weil dort aufgrund der höheren Temperaturen das Meerwasser besser verdunsten kann.

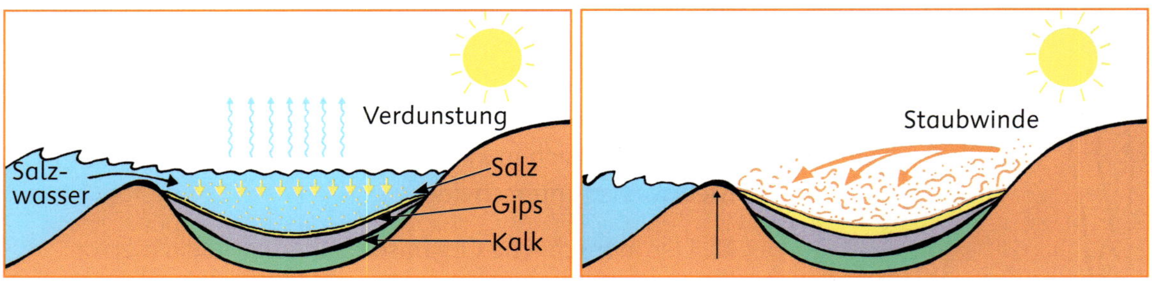

7 Die größten Salzvorräte lagern jedoch in der Erdrinde. Dieses Steinsalz kann auf zwei Arten gewonnen werden: Man baut es entweder bergmännisch ab wie andere Bodenschätze auch oder man pumpt es als Sole – so bezeichnet man salzhaltiges Wasser – aus der Erde. Auch das Steinsalz stammt ursprünglich aus dem Meer. Vor etwa 600 Millionen Jahren entstanden die Salzlager. Es wird angenommen, dass einige Landstriche absanken und dann vom Meerwasser überflutet wurden. Bei einer späteren Abtrennung vom offenen Meer entstanden Becken, die nach und nach austrockneten. Unmengen von Salz blieben zurück und wurden von Erdschichten überdeckt. Salz ist also in großen Mengen vorhanden, sodass diese Quelle des Lebens wohl kaum versiegen wird.

[3] **vegetarisch:** ohne den Verzehr von Tieren
[4] **vegan:** rein pflanzlich, ohne den Verzehr von Tieren und tierischen Produkten
[5] das **Reservoir** (sprich: reservoa): der Behälter für Vorräte

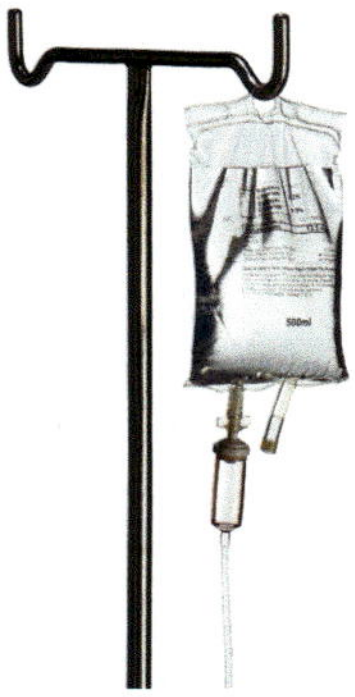

Teil 2

8 Für die Zubereitung unserer Nahrung wird nur ein vergleichsweise geringer Teil des Kochsalzes verbraucht, den größten Teil verbraucht die chemische Industrie, um Dinge herzustellen, die heute nicht mehr aus unserem Leben wegzudenken sind. Gewerbesalz hingegen ist speziell aufbereitetes Salz, das dann in verschiedenen Gewerben (Handwerken) zum Einsatz kommt, z. B. in der Fischerei, in der Textilindustrie, aber auch im Haushalt.

Speisesalz 5 %	Gewerbesalz 30 %	Industriesalz 65 %		
zum Verbrauch, Verarbeiten und Konservieren von Lebensmitteln: • Gurken • Schinken • Käse u. a.	• zum Gerben von Leder • zur Wasserenthärtung (z. B. in der Spülmaschine) • zum Färben von Stoffen • als Lecksteine für Tiere • für Keramikglasuren u. a.	zur Herstellung von:		
		Chlor für • Harze, Lacke • Feuerlöschmittel • Desinfektionsmittel • PVC/Kunststoff u. a.	**Natronlauge** für • Zellulose • Papier • Seife • Aluminium u. a.	**Soda** für • Farben • Glas • Waschmittel • Medikamente u. a.

Teil 3

9 Die Art und Weise der Salzgewinnung in früheren Zeiten machen sich heute zahlreiche Kurorte zunutze. Um den Salzgehalt der aus der Erde geförderten Sole zu erhöhen, baute man seit dem 16. Jahrhundert sogenannte Gradierwerke[6]. Man pumpte die Salzsole in den oberen Teil des Gradierwerkes und ließ sie dann über ein Gestrüpp aus Dornen herabrieseln. Dabei verdunstete ein Teil des Wassers, sodass sich der Salzanteil in der Sole erhöhte.

10 Das Gradieren hatte noch einen Nebeneffekt. Durch das ständige Herabrieseln der Sole wird die Luft durch den Wind mit feinen Soletröpfchen angereichert. Dadurch werden winzige Partikel (z. B. Pollen), die in der Luft umherschweben, an die Wassertröpfchen (Salzaerosole) gebunden. Ähnlich wie die Seeluft wirkt sich das bei Asthmatikern und Allergikern günstig aus. Je nach Windrichtung halten sich die Patienten auf der dem Wind abgewandten Seite des Gradierwerkes auf. Beim Einatmen werden die Atemwege durch die Salzaerosole befeuchtet und auf diese Weise intensiv von Bakterien gereinigt. So können die Schleimhäute abschwellen und die Betroffenen wieder tief durchatmen. Ärzte empfehlen deshalb Patienten mit Atemwegserkrankungen einen längeren Aufenthalt an der See oder in Kurorten mit Gradierwerken. Was also im 16. und 17. Jahrhundert als technische Innovation galt und half, Energie einzusparen, dient heute der Gesundheit. Auch das macht Salz möglich.

[6] das **Gradierwerk**: von **gradieren**: etwas verstärken, auf einen höheren Grad bringen

5 Was in einem **Absatz** zusammensteht,
gehört inhaltlich zusammen.

a. Finde zu jedem deiner ausgewählten Absätze eine passende Überschrift. Schreibe die Überschriften auf.
Tipp: Lass unter jeder Überschrift zwei Zeilen frei.

b. Schreibe die Schlüsselwörter unter jede Absatzüberschrift.

weiter mit dem
**3. Schritt:
Den Text genau lesen**

6 Hast du alles Wichtige verstanden?
Prüfe es mit den folgenden Sätzen zur Auswahl.
Tipp: Die Buchstaben vor den richtigen Antworten ergeben ein Lösungswort.

In dem Sachtext geht es um ...	
J	Gewürze.
K	Salz als Mittel zum Auftauen von Straßen.
L	die Bedeutung von Salz.
Unter Salz versteht man ...	
D	ein Gemisch aus Erde und Metallen.
E	eine chemische Verbindung von Natrium und Chlor.
F	einen Baustoff.
Salz ist eine Grundlage des Lebens. Damit ist gemeint, dass ...	
B	ohne Salz kein Leben auf der Erde entstanden wäre.
C	man viel Salz essen muss.
D	sich aus Salz Lebewesen entwickelt haben.
Durch die Aufnahme von Salz kann der Mensch ...	
D	im Wasser besser schwimmen.
E	einen Stoffwechsel überhaupt erst aufrechterhalten.
F	seinen Wärmehaushalt besser regulieren.
Salz wird heute ...	
M	industriell in chemischen Fabriken hergestellt.
N	sowohl aus Meerwasser als auch durch Bergbau gewonnen.
O	nur in Bergwerken abgebaut.

7 Zu deinen Textteilen gehören auch **Bilder**.
Beschreibe jedes Bild in zwei bis drei Sätzen schriftlich.

8 Welche **Wörter** werden unter deinen Textteilen erklärt?
Schreibe die Wörter mit ihren **Erklärungen** auf.

Z 9 Erkläre diese Wörter mit Hilfe eines Lexikons:

das Gewerbe, das Aerosol, der Veganismus

10 Die **Grafik** auf Seite 32 erklärt einige Textstellen genauer.
a. Finde die passenden Textstellen und lies sie noch einmal.
b. Was sagt die Grafik genauer als der Text? Notiere es.

11 Was geschah bei der Entstehung von Salzlagerstätten der Reihe nach?
a. Sieh dir die Grafiken über Absatz 7 auf Seite 32 genau an.
Lies auch die passenden Textstellen.
b. Veranschauliche den Vorgang mit einem Schaubild:
Übertrage die unvollständige Grafik von Seite 32 als Skizze auf ein Arbeitsblatt.
Vervollständige dein Schaubild mit Farben.
Beschrifte dein Schaubild.

Die Entstehung einer Salzlagerstätte

Z **Hast du auch den 2. Teil und den 3. Teil des Textes gelesen? Dann hast du noch weitere Informationen erhalten.**

Z **12** a. Finde im Text die Sätze, die zur Tabelle auf Seite 33 gehören.
b. Was sagt die Tabelle genauer als der Text?
Notiere es.
c. Wofür wird Salz im Einzelnen gebraucht?
Beschreibe es mit eigenen Worten.

Z **13** Finde im 3. Teil des Textes Informationen, die diese Fragen beantworten:
- Um welche besondere Wirkung von Salz geht es in diesem Textteil?
- Wodurch kommt diese Wirkung zustande?

Tipp: Beachte dabei auch das Bild zu diesem Abschnitt.

Auf der „Das kann ich!"-Seite 36 arbeitest du mit dem Inhalt des Textes und bearbeitest deine Textknacker-Aufgabe.

4. Schritt:
Nach dem Lesen

11 Landstriche sanken ab, wurden vom Meerwasser überflutet …

Einen informierenden Text über Salz schreiben

Mit Hilfe deiner Notizen zum Thema „Salz – ein Alleskönner" schreibst du einen eigenen informierenden Text.

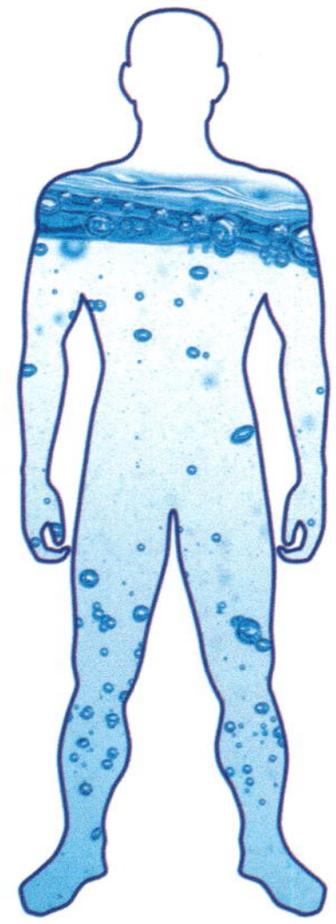

Die Informationen zum Thema auswählen und ordnen

1 Du hast **einen, zwei oder alle drei Teile** des Sachtextes „Salz – Quelle des Lebens" gelesen.
Welche Informationen sind für deine Leserinnen und Leser wichtig und interessant?
a. Lies noch einmal deine Notizen zum Sachtext.
b. Markiere zu jedem Teil, den du gelesen hast, wenige wichtige Stichworte.
Tipp: Die Leitfragen helfen dir dabei:

zum ersten Teil:

zum zweiten Teil:

zum dritten Teil:

Leitfragen:
- Was ist Salz?
- Welche Bedeutung hat Salz für das Leben?
- Wie wird Salz gewonnen?
- Wo überall wird heute Salz verwendet?
- Wie wird Salz in Gradierwerken für die menschliche Gesundheit genutzt?

2 Ordne deine Notizen.
a. Lege eine sinnvolle Reihenfolge fest.
b. Nummeriere deine Stichworte.

Mit Hilfe der Notizen einen informierenden Text schreiben

W **3** Schreibe eine Einleitung. **Einleitung**
Wähle aus:
- Du kannst deinen Leserinnen und Lesern das Thema vorstellen.
- Du kannst schreiben, welche Erfahrungen du mit Salz gemacht hast.
- Du kannst auch eine eigene Idee für die Einleitung nutzen.

4 Informiere im Hauptteil über Salz und darüber, was es alles kann. **Hauptteil**
Tipp: Verwende deine Notizen zu den Leitfragen von Aufgabe 1.

3 Ich möchte Ihnen, liebe Leserinnen und Leser, … / Salz ist ein ganz besonderer Stoff, deshalb … / Mit Salz habe ich … / Muss man sich nicht wundern, dass Salz …

Textstellen zitieren

Besonders wichtige Informationen im Sachtext kannst du auch zitieren und mit deinem eigenen Text verknüpfen.

> Ein riesiges Salzreservoir sind die Weltmeere mit einem durchschnittlichen Salzgehalt von 3,5 %; je Liter Meerwasser sind das 35 Gramm Salz, davon etwa 28 Gramm reines Natriumchlorid (Kochsalz).
>
> (Seite 32, Zeilen 56 bis 58)

5 Probiere verschiedene Möglichkeiten aus, die Informationen aus dem Satz zu zitieren.
- Du kannst den vollständigen Satz in deiner Einleitung zitieren.
- Du kannst auch nur die hervorgehobenen Informationen in einem eigenen Satz zitieren.

Tipps:
- Zitate werden wie wörtliche Rede mit Anführungszeichen „____" gekennzeichnet.
- Gib auch an, wo du dieses Zitat gefunden hast.

6 Erkläre deinen Leserinnen und Lesern den Inhalt des Zitats. Beantworte in deinem Text z. B. diese Fragen:
- Wie viel Salz benötigt der menschliche Körper täglich?
- Wozu braucht er es?
- Für wie viele Menschen reicht das Salz eines Liters Meerwasser?

Tabellen und Grafiken mit eigenen Worten beschreiben

Den Inhalt der Tabelle auf Seite 33 kannst du in einem Text darstellen.

7 Formuliere mit den Angaben in der Tabelle auf Seite 33 sinnvolle Sätze.
a. Ergänze den folgenden Text mit sinnvollen Angaben aus der Tabelle.
b. Schreibe selbst weitere Sätze mit den Informationen aus der Tabelle auf.

Aus der Übersicht in der Tabelle geht hervor, dass die größte Salzmenge als ____ genutzt wird. An zweiter Stelle steht ____.
Nur etwa ____ werden als ____ genutzt. Speisesalz braucht man zum Beispiel, um ____ zu ____, aber auch ____.

8 Schreibe einen Schluss für deinen Text.
- Du kannst wichtige Informationen noch einmal zusammenfassen.
- Du kannst auch auf offene Fragen hinweisen.

Schluss

5 In dem Text „Salz – Quelle des Lebens" heißt es/schreibt der Autor/auf Seite 32/wird auf Seite 32 festgestellt: „…"/Allgemein bekannt ist, dass die Weltmeere ein „…". Bei einem „…"

6 Für die menschliche Ernährung genügen täglich … / Der menschliche Körper braucht täglich …, um … Mit der Menge könnte man … / Das Salz eines Liters Meerwasser reicht für …

7 Industriesalz/Gewerbesalz; der Anteil/die Menge beträgt rund/ungefähr/etwas/genau Lebensmittel/Gemüse/Fleisch; konservieren, haltbar zu machen/zum Würzen

Salz in Namen und Redensarten

Wörter für Salz gibt es auf der ganzen Welt.

das Salz (*deutsch*)

salt (*englisch*)

नमक (*hindi, sprich: namak*)

le sel (*französisch*)

соль (*russisch, sprich: sol*) (*offenes o*)

il sale (*italienisch*)

塩 (*japanisch, sprich: schio*)

o sal (*portugiesisch*)

ملح (*arabisch, sprich: millh*)

el sal (*spanisch*)

1 a. Welche Wörter für **Salz** klingen ähnlich? Lies sie vor.
b. Schreibe diese Wörter untereinander auf.
c. Schreibe auch die jeweilige Sprache daneben.

2 Welche Wörter für Salz klingen unterschiedlich? Lies sie vor.

Z **3** Wo werden all die Wörter für Salz gesprochen?
a. Finde die Länder in einem Atlas.
b. Schreibe die entsprechenden Länder auf.

Das deutsche Wort Salz hat seinen Ursprung in dem griechischen Wort háls. Bei den alten Griechen bedeutete dieses Wort auch Meer.

4 Was sagt dir das griechische Wort **háls** über die Bedeutung des Wortes **Salz**? Schreibe deine Erklärung auf.

Im Deutschen ist háls zu Hall oder Salz geworden. Diese Bestandteile kommen in vielen Ortsnamen in Deutschland und Österreich vor.

Salzbergen, Salzbrunn, Salzhelden, Salzdeich, Salzhausen, Salzburg, Halle, Schwäbisch Hall, Bad Reichenhall, Hallendorf (bei Salzgitter), Hallstatt

5 a. Schreibe die einzelnen Bestandteile der Ortsnamen auf.
b. Was könnten die Ortsnamen bedeuten? Schreibe es daneben.

Starthilfe
das Salz + der Berg → Der Ort liegt an …

4 … ist entstanden aus …/hat sich entwickelt aus …/hat sich verändert zu …
Das hängt damit zusammen, dass …/ Deutlich wird dadurch, dass …
Ursprünglich wurde … Wahrscheinlich/Vielleicht ist … Früher hat man …

5 -brunn – der Brunnen; -helden – die Leute, die …; -deich – der Deich am Meer/Fluss; -hausen: wohnen/sich aufhalten/mit einem Haus versehen/ wirtschaften; -statt: die Stätte/der Standort/die Stelle

Familiennamen sagen etwas darüber aus, ob die Vorfahren etwas mit Salz zu tun hatten.

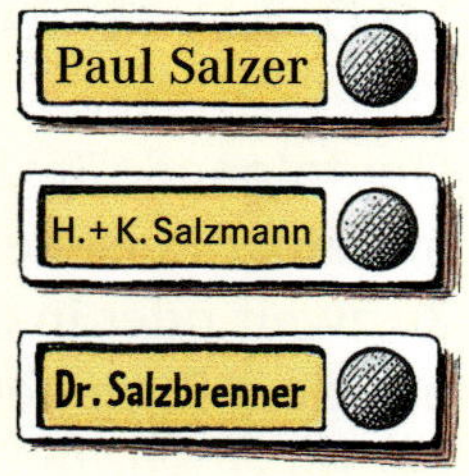

Salzbrenner: Berufsbezeichnung für jemanden, der Salz gewinnt, indem er Wasser über Feuer verdampfen lässt
Salzer: ein Salzverkäufer oder jemand, der mit eingesalzenem Fleisch oder Fisch handelt
Salzmann: ein Salzverkäufer oder Salzhändler

6 a. Lies die Lexikoneinträge.
b. Was sagen dir die Familiennamen auf den Türschildern über die Berufe der Vorfahren? Schreibe deine Vermutungen auf.

Auch in Redensarten spielt Salz eine große Rolle.

zur Salzsäule erstarren

das Salz bringen, wenn die Eier gegessen sind

C

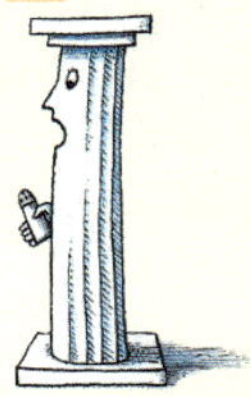

A

Salz in eine offene Wunde streuen

E

B

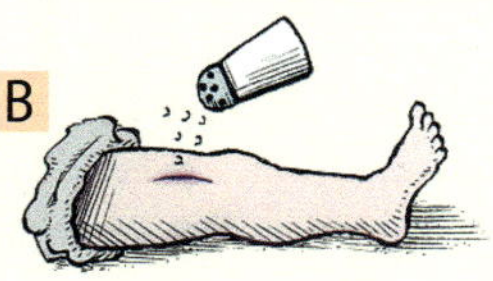

Salz ins Meer tragen

D

nicht das Salz in der Suppe verdienen

7 a. Welches Bild gehört zu welcher Redensart? Schreibe die Redensarten mit den Buchstaben des passenden Bildes in eine Tabelle.
b. Was bedeuten die Redensarten wörtlich? Schreibe zu jeder Redensart die wörtliche Bedeutung.

Bild	Redensart	wörtliche Bedeutung	übertragene Bedeutung
A	das Salz bringen, wenn …	Wenn das Ei gegessen ist, braucht man kein Salz mehr.	etwas zu spät erledigen
B	…	…	…

8 Welche übertragene Bedeutung gehört zu welcher Redensart? Schreibe sie in deiner Tabelle neben die wörtliche Bedeutung.
- etwas Unangenehmes noch schlimmer machen
- vor Schreck wie versteinert dastehen
- etwas zu spät erledigen
- etwas Überflüssiges tun
- etwas so schlecht machen, dass er/sie dafür eigentlich keinen Lohn verdient

Z Ein alter Text über Salz

Der folgende Text stammt aus einem alten Buch mit einer Reisebeschreibung über Island.
Zu zweit oder in der Gruppe könnt ihr euch mit dem Ausschnitt aus dem Buch beschäftigen, das vor etwa 250 Jahren gedruckt wurde.

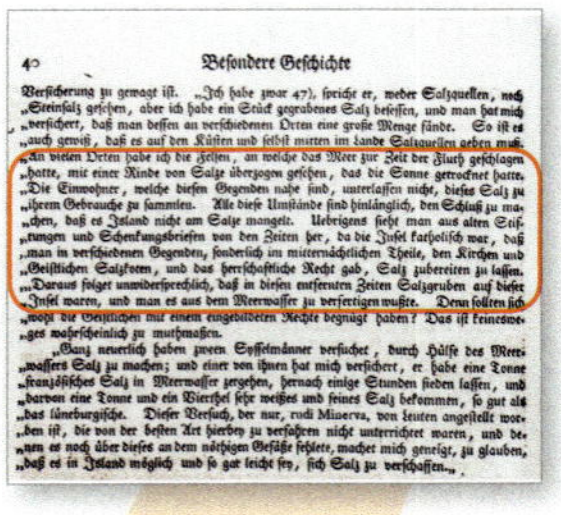

„An vielen Orten habe ich die Felsen, an welche das Meer zur Zeit der Fluth geschlagen
„hatte, mit einer Rinde von Salze überzogen gesehen, das die Sonne getrocknet hatte.
„Die Einwohner, welche diesen Gegenden nahe sind, unterlassen nicht, dieses Salz zu
„ihrem Gebrauche zu sammlen. Alle diese Umstände sind hinlänglich, den Schluß zu ma-
„chen, daß es Island nicht am Salze mangelt. Uebrigens sieht man aus alten Stif-
„tungen und Schenkungsbriefen von den Zeiten her, da die Insel katholisch war, daß
„man in verschiedenen Gegenden, sonderlich im mitternächtlichen Theile, den Kirchen und
„Geistlichen Salzkoten, und das herrschaftliche Recht gab, Salz zubereiten zu lassen.
„Daraus folget unwidersprechlich, daß in diesen entfernten Zeiten Salzgruben auf dieser
„Insel waren, und man es aus dem Meerwasser zu verfertigen wußte. Denn sollten sich

1 Seht euch den Ausschnitt aus dem Buch genau an. Was fällt euch auf? Beschreibt es.
Tipps:
- Versucht auch, einzelne Wörter zu finden.
- Wenn es nötig ist, legt den Text in neuer Schrift daneben. → Seite 319

Diese alte Schrift heißt **Fraktur**. Sie wurde in Deutschland bis zur Mitte des 20. Jahrhunderts für den Buchdruck verwendet.

2 Versucht, die Frakturschrift zu lesen.
a. Welche Buchstaben kommen euch bekannt vor? Nennt sie.
b. Findet im Text die Wörter **Salze**, **Salz**, **Salzkoten**[1], **Salzgruben**.

3 Im Text kommen Wörter und Wortgruppen vor, die heute nicht mehr gebräuchlich sind.
a. Legt eine Tabelle mit zwei Spalten an.
b. Schreibt die Wortgruppen vom Rand in die linke Spalte.
c. Wie würde man es heute sagen? Schreibt eure „Übersetzung" daneben.

mit einer Rinde von Salze überzogen
welche diesen Gegenden nahe sind
den Schluss zu machen
nicht am Salze mangelt
von den Zeiten her
da die Insel katholisch war
im mitternächtlichen Teile
verfertigen

[1] **die Salzkoten**: ein altes Wort für die Salzhütten, die damals im Besitz von Geistlichen waren

3 der mitternächtliche Teil: Gemeint ist wahrscheinlich der nördlichste Teil Islands, in dem die Polarnacht am längsten und der Polartag am kürzesten ist.
mit einer Kruste von Salz überzogen; in der Nähe dieser Gegenden; daraus zu schlussfolgern; genügend Salz vorhanden ist; seit der Zeit;
als die katholische Religion vorherrschte; im dunkelsten Teil, gewinnen

In dem Text über Salz kommen diese Wörter vor:

die Fluth, ủberzogen, die Umstảnde, hinlảnglich, Schluß, uebrigens, daß, mitternảchtlich.

Achtung: Veraltete Schreibung!

4 a. Findet die Wörter im Text.
b. Was fällt euch an der Schreibung dieser Wörter auf? Erklärt es.
c. Wie werden die Wörter heute geschrieben? Schreibt sie richtig auf.
Tipp: Schlagt im Wörterbuch nach.

5 Der alte Text auf Seite 40 ist als wörtliche Rede wiedergegeben. Beantwortet diese Fragen:
- Wie ist die wörtliche Rede im Text gekennzeichnet?
- Was war damals bei der Zeichensetzung bei der wörtlichen Rede anders?

6 Worüber wird in dem alten Text aus dem 18. Jahrhundert berichtet?
a. Lest den Text auf Seite 40 oder Seite 319 genau.
b. Beantwortet die Frage in einem zusammenhängenden Text.

W **7** Schreibe den Text vollständig mit der Hand oder mit dem Computer auf. Wähle aus:
- Du kannst den Text so aufschreiben, wie er damals formuliert wurde.
- Du kannst den Text in eine moderne Sprache „übersetzen".

Tipp: Beachte dabei, dass sich auch die Rechtschreibung verändert hat.

Z **8** Was hast du alles über die Entwicklung von Schrift und Sprache erfahren? Fasse es zusammen.
- Du kannst ein Referat vorbereiten und halten.
- Du kannst ein Informationsblatt gestalten.

Z **9** a. Lies den Titel des Buches, aus dem der alte Text stammt.
b. Welche wichtigen Informationen erhältst du auf der Titelseite? Notiere es.

Allgemeine Hiſtorie
der Reiſen zu Waſſer und zu Lande;
oder
Sammlung
aller
Reiſebeſchreibungen,
welche bis itzo
in verſchiedenen Sprachen von allen Völkern herausgegeben worden,
und einen vollſtändigen Begriff von der neuern Erdbeſchreibung
und Geſchichte machen;
Worinnen der wirkliche Zuſtand aller Nationen vorgeſtellet, und das
Merkwürdigſte, Nützlichſte und Wahrhaftigſte
in Europa, Aſia, Africa und America,
in Anſehung ihrer verſchiedenen Reiche und Länder; deren Lage, Größe, Gränzen,
Eintheilungen, Himmelsgegenden, Erdreichs, Früchte, Thiere, Flüſſe, Seen, Gebirge,
großen und kleinen Städte, Häfen, Gebäude, u. ſ. w.
wie auch der Sitten und Gebräuche der Einwohner, ihrer Religion, Regierungsart,
Künſte und Wiſſenſchaften, Handlung und Manufacturen,
enthalten iſt;
Mit nöthigen Landkarten
nach den neueſten und richtigſten aſtronomiſchen Wahrnehmungen und mancherley Abbildungen
der Städte, Küſten, Ausſichten, Thiere, Gewächſe, Kleidungen,
und anderer dergleichen Merkwürdigkeiten, verſehen;
durch eine Geſellſchaft gelehrter Männer im Engliſchen zuſammen getragen,
und aus demſelben und dem Franzöſiſchen ins Deutſche überſetzet.
Neunzehnter Band.
Mit Churfürſtlich Sächſiſcher allergnädigſter Freyheit.
Leipzig, bey Arkſtee und Merkus. 1769.

Training: Einen Sachtext mit dem Textknacker lesen

Den Sachtext „Das Tote Meer stirbt" liest du mit dem Textknacker. Im letzten Schritt bearbeitest du diese Textknacker-Aufgabe:

Du sollst für deine Klasse zum Thema „Das Tote Meer stirbt" eine Präsentation vorbereiten. Dazu fasst du wichtige Inhalte auf Folien zusammen.

A Lies als Informationsgrundlage für deine Präsentation den Sachtext „Das Tote Meer stirbt". **Wähle aus:** Du kannst einen oder zwei Teile des Sachtextes lesen.

B Notiere zu jedem Absatz eine Überschrift.
Ergänze zu jeder Überschrift wichtige Stichworte aus dem Sachtext.

C Prüfe: Welche Inhalte sind für die Präsentation wichtig und interessant? Markiere sie in deinen Notizen.

D Gestalte mit deinen Ergebnissen Folien für die Präsentation.

1 Untersuche die Aufgabe mit dem Aufgabenknacker.
- Lies die Aufgabe noch einmal genau, Zeile für Zeile.
- Überlege: Was gehört alles zur Lösung der Aufgabe?
- Gib die Aufgabe noch einmal mit eigenen Worten wieder.

W **2** Wähle aus: Möchtest du mit dem kürzeren oder mit dem vollständigen Text arbeiten?

→ Teil 1: Seiten 43 bis 44, Absätze 1 bis 4
→ Teile 1 + 2: Seiten 43 bis 45, Absätze 1 bis 6

1. Schritt: Vor dem Lesen

3 Lies die von dir ausgewählten Absätze mit dem ersten Schritt des Textknackers. Sieh dir deinen Textteil als Ganzes an:
- Was sagen dir die Überschrift und die Bilder?
- Worum könnte es in dem Text gehen?

2. Schritt: Überfliegendes Lesen

4 Überfliege deinen ausgewählten Textteil.
- Welche Wörter und Wortgruppen fallen dir auf?
- Was könnte dich an dem Text interessieren?

3. Schritt: Den Text genau lesen

5 Lies deinen ausgewählten Teil genau und in Ruhe.
So findest du die Schlüsselwörter und die wichtigen Informationen.

Das Tote Meer stirbt

Angela Scheele

Teil 1

1 Das Tote Meer im Grenzgebiet von Israel und Jordanien ist der salzhaltigste See der Welt. Sein Salzgehalt liegt bei 30 Prozent. Das ist etwa zehnmal so hoch wie in der Nordsee oder im Mittelmeer. Der wichtigste Zufluss des Toten Meeres ist der Jordan[1]. Er transportiert Salz und Mineralien in den See. Ringsum ist es extrem heiß und trocken, Regen gibt es kaum. Entsprechend schnell verdunstet das zuströmende Wasser, das Salz bleibt zurück – daher die hohe Salzkonzentration im Wasser und entlang des Ufers. Für Touristen ist das Baden im Toten Meer ein unvergessliches Erlebnis. Man treibt an der Oberfläche wie ein Ballon. Der hohe Salzgehalt bewirkt, dass man nicht untergehen kann. Viele Menschen kommen auch zur Kur hierher, denn das Wasser und der Uferschlamm sind mit Mineralstoffen wie Kalzium, Magnesium oder Bromiden[2] angereichert, die lindernd bei Hauterkrankungen wirken.

Krater im Uferbereich des Toten Meeres

2 **Das Meer vor dem Kollaps[3]**

Doch all das könnte bald Vergangenheit sein, denn das Tote Meer „stirbt". Jedes Jahr sinkt sein Wasserspiegel um einen Meter. Besonders deutlich wird das zum Beispiel in dem Kibbuz „Ein Gedi". Noch vor zehn Jahren konnten Urlauber hier zu Fuß zum Ufer des Toten Meeres gehen. Heute müssen sie die Bahn nehmen, das Wasser ist fast zwei Kilometer entfernt. Der Geologe Eli Raz lebt seit über 30 Jahren in „Ein Gedi" und beobachtet für verschiedene israelische Forschungsinstitute die dramatischen Veränderungen am Toten Meer. Im Uferbereich tun sich riesige Krater auf, manche bis zu 20 Meter tief [...] Die Ursache für diese Krater: Durch den sinkenden Wasserstand des Toten Meeres fällt auch der Grundwasserspiegel in der Region. Das nachfließende Frischwasser löst unterirdische Salzablagerungen im Uferbereich auf. Dadurch entstehen Höhlen, die irgendwann einstürzen. [...]

1 **Jordan:** Der Fluss Jordan verläuft zum größten Teil an der Grenze zwischen Israel und Jordanien.
2 **die Bromide:** Salze, die Brom enthalten
3 **der Kollaps:** der Zusammenbruch; hier auch: die Vernichtung

3 Bedrohte Natur

Das Sterben des Toten Meeres ist, wie Eli Raz befürchtet, auch eine Bedrohung für die einzigartige Tier- und Pflanzenwelt rund um den See. In Oasen und in den nahe gelegenen Bergen leben jetzt noch Leoparden, Wölfe, Steinböcke und seltene Fledermausarten. Raz sorgt sich besonders um das Naturreservat „Ein Fashkha". Zahlreiche Quellen entspringen hier und sind Lebensgrundlage für Hunderte von Pflanzen- und seltenen Fischarten. Außerdem ist die Oase Brutgebiet vieler einheimischer Vögel und Rastplatz für Millionen Zugvögel auf ihrer Route von Europa nach Afrika. Weil jedoch der Grundwasserspiegel in der Region sinkt, versiegen nun auch allmählich zahlreiche Quellen in den Oasen.

4 Der Mensch als Verursacher der Krise

Verantwortlich für das Austrocknen des Sees sind die Menschen. Früher flossen ständig etwa 1,2 Milliarden Kubikmeter Wasser aus dem Jordan in das Tote Meer, heute nur noch etwa 60 Millionen Kubikmeter. Der Grund: Am Jordan wird fast alles Wasser abgepumpt – als Trinkwasser und vor allem zur Bewässerung von Obstplantagen und Ackerfeldern. Die Ökologin Mira Edelstein von der Umweltorganisation „Friends of the Earth Middle East"[4] fordert einen sparsameren Umgang mit Trinkwasser und kritisiert, dass über 50 Prozent des Jordan-Wassers für extrem wasserintensive Nutzpflanzen verbraucht werden, deren wirtschaftlicher Nutzen für das Land jedoch nur minimal sei. Als wirtschaftliche Alternative für diese Region sieht „Friends of the Earth Middle East" stattdessen sanften Tourismus in intakter[5] Umwelt. Außerdem soll die Wassergewinnung durch Meerwasserentsalzung gefördert werden. Ziel ist es, dem Jordan sein Wasser zu belassen und damit das Tote Meer zu erhalten.

[4] **Friends oft he Earth Middle East:** „Freunde der Erde" – Organisation zum Schutz der Erde und der Natur im Mittleren Osten
[5] **intakt:** unzerstört, „gesund"

Teil 2

5 Ein Kanal zur Rettung des Toten Meeres

Die Politiker in Israel und Jordanien haben jedoch andere Pläne. Sie möchten einen Kanal bauen, der Wasser vom Roten Meer ins Tote Meer leitet – 200 Kilometer lang durch die Wüste. Sie argumentieren mit dem zusätzlichen Nutzen, den das natürliche Gefälle zwischen den Gewässern bringe: Man könne entlang des Kanals Wasserkraftwerke zur Stromerzeugung bauen.

6 Doch viele Wissenschaftler warnen vor den Risiken, wenn Wasser aus dem Roten Meer mit dem zehnmal salzhaltigeren und stark mineralhaltigen Wasser des Toten Meeres gemischt wird. In Experimenten hat sich unter anderem gezeigt: Es könnte zu Gipsbildung[6] kommen und sich das Tote Meer in eine stinkende Milchsuppe verwandeln. Außerdem würde der Kanal über wichtige Grundwasserspeicher im Boden hinwegführen. Bei einem möglichen Leck im Kanalbett würden diese mit Salzwasser verunreinigt werden – eine ökologische Katastrophe. Der Streit zwischen Politikern, Befürwortern und Gegnern des Kanals dauert an. Und bis zu dessen Lösung wird es auch keine irgendwie geartete Rettung für das Tote Meer geben. Auf jeden Fall stimmen viele Wissenschaftler mittlerweile dem Vorschlag der „Friends of the Earth Middle East" zu, dem Jordan weniger Wasser zu entnehmen. Fest steht: Wenn nichts getan wird, ist das Tote Meer in 50 Jahren nur noch ein unbedeutender kleiner Tümpel, umgeben von einer Salzwüste.

6 Was in einem Absatz zusammensteht, gehört zusammen.

a. Schreibe zu jedem deiner ausgewählten Absätze eine Überschrift auf, die aus dem Text oder eine eigene.
Tipp: Lasse unter jeder Überschrift genügend Platz für die Schlüsselwörter.

b. Schreibe die Schlüsselwörter unter jede Absatzüberschrift.

[6] **der Gips:** ein vorwiegend weißes Salz, das in Wasser löslich ist

7 Hast du die wichtigen Informationen verstanden?
Prüfe es mit den folgenden Sätzen zur Auswahl.
Tipp: Die Buchstaben vor den richtigen Antworten ergeben ein Lösungswort.

In dem Sachtext geht es um ...	
P	Salz.
R	Wasserqualität.
S	Gefahren für das Tote Meer.
Das Tote Meer liegt an der Grenze ...	
M	zwischen Syrien und Israel.
O	Jordanien und Israel.
N	Ägypten und Israel.
Der Wasserspiegel im Toten Meer ...	
K	ist in den letzten Jahrzehnten gleich geblieben.
L	ist in den letzten Jahren bedrohlich gestiegen.
N	ist in den letzten Jahren immer mehr gesunken.
Der Jordan ist ...	
N	der wichtigste Zufluss für das Tote Meer.
O	eine Landschaft in der Nähe des Toten Meeres.
P	ein Gebirge in Jordanien.
Wenn das Tote Meer stirbt, ...	
D	gibt es mehr Lebensraum für Tiere.
E	werden auch Tiere ihren Lebensraum verlieren.
F	ändert sich am Lebensraum für Tiere nichts.

8 Zu deinen Textteilen gehören auch Bilder.
a. Beschreibe jedes Bild in zwei bis drei Sätzen schriftlich.
b. Welche Textstellen werden durch die Bilder genauer beschrieben?
Schreibe die Zeilenangaben auf.

9 Welche Wörter werden unter deinen Textteilen erklärt?
Schreibe die Wörter mit den Erklärungen auf.

10 Erkläre diese Wörter mit Hilfe eines Wörterbuchs oder Lexikons:
der Krater, die Oase, der Kibbuz.

11 Die Grafik auf Seite 44 erklärt eine Textstelle genauer.
a. Finde die passende Textstelle und lies sie noch einmal.
b. Was sagt die Grafik genauer als der Text?
Notiere es.

Z Du hast auch den 2. Teil des Textes gelesen?
Dann hast du noch weitere Informationen bekommen.

Z 12 Finde im Text Informationen, die diese Fragen beantworten:
- Was könnte geschehen, wenn Wasser aus dem Roten Meer ins Tote Meer geleitet wird?
- Wie könnte verhindert werden, dass der Wasserspiegel im Roten Meer noch weiter sinkt?

4. Schritt: Nach dem Lesen
Mit Hilfe deiner Informationen erarbeitest du nun deine Präsentation.

Die Informationen zur Textknackeraufgabe auswählen und ordnen

13 Du hast einen oder beide Teile des Sachtextes „Das Tote Meer stirbt" gelesen.
Was ist für deine Zuhörer interessant?
a. Lies noch einmal deine Notizen zum Sachtext.
b. Markiere Wichtiges mit Hilfe der Leitfragen.

Z 14 Du hast zusätzlich den 2. Teil gelesen.
Markiere auch Antworten auf diese Frage:
Welche Risiken sind mit einem Kanalbau zwischen dem Roten Meer und dem Toten Meer verbunden?

Leitfragen:
- Wo liegt das Tote Meer?
- Was ist das Besondere am Toten Meer?
- Wodurch ist der hohe Salzgehalt entstanden?
- Wodurch ist das Tote Meer bedroht?
- Wie könnte das Tote Meer vielleicht gerettet werden?

Die Präsentation vorbereiten und halten

W 15 Wähle aus:
- Du kannst deine Ergebnisse auf Overhead-Folien darstellen.
- Du kannst deine Präsentation mit Hilfe eines geeigneten Programms auf dem Computer gestalten.

Tipps:
- Schreibe eine passende Überschrift auf jede Folie.
- Wähle eine gut lesbare Schrift und Schriftgröße.
- Schreibe zu jeder Überschrift nur wenige, besonders wichtige Stichworte auf.
- Wähle Fotos aus, die du auf einer Folie oder mit dem Computer zeigen möchtest.
- Notiere auf einem Blatt, was du zu den einzelnen Folien sagen möchtest.
- Notiere auch, an welcher Stelle deines Vortrages welche Folie gezeigt werden soll.

Ein Beruf für dich

Wo bist du in zwei Jahren?

Was soll ich nur werden?
Wie soll ich mich entscheiden?
...

Ich bin ja nicht allein.
Ich kann mir Hilfe holen: ...

1 a. Seht euch die Bilder an.
b. Lest die Gedanken.
c. Tauscht euch über diese Fragen aus:
- In welcher Situation befinden sich Nora und Milo?
- Was denkt Nora? Was denkt Milo?
- Welche Gefühle bewegen die beiden dabei?

1 Nora/Milo ist/fühlt sich ... froh/erleichtert/optimistisch/nachdenklich/ernst/unentschlossen/unsicher/ängstlich/...
Sie/Er hat Hoffnung/eine Idee/Mut/Zweifel/Angst/...

Wo siehst du dich in fünf Jahren?

2 Welche Fragen bewegen euch im Moment?
Vor welchen Entscheidungen steht ihr?

a. Notiert eure persönlichen Fragen und mögliche erste Antworten.
b. Nur falls ihr wollt: Tauscht euch über eure Notizen aus.

In diesem Kapitel planst du deine berufliche **Zukunft**.
Du erfährst, wie du dich erfolgreich um einen **Ausbildungsplatz** bewirbst.
Du legst für dich ein **Berufswahl-Portfolio** an: eine Mappe, in der du alle Materialien zu Bewerbung, Praktikum und Beruf sammelst.

2 Was möchte ich werden? / Was kann ich gut? / Wo finde ich Hilfe? / Wie finde ich einen Ausbildungsplatz?

Wo stehst du heute?

Ein Steckbrief kann dir helfen, die Frage zu beantworten.

Steckbrief: Wo ich stehe

Name:

Alter:

Unterstützung bekomme ich von:

Meine Wunschberufe:

Meine Vorbilder sind:

Mein größter Wunsch für meine Zukunft:

Davon träume ich:

Meine Familie empfiehlt mir:

Jn meinem Praktikum habe ich ausprobiert:

1 Lege einen Steckbrief über dich an.
  a. Wähle aus den Angaben rechts drei weitere für deinen Steckbrief aus.
  b. Fülle den Steckbrief in Stichworten aus.

Du bist einzigartig – deine Stärken, deine Talente, deine Eigenschaften, das, was du in vielen Jahren gelernt hast.

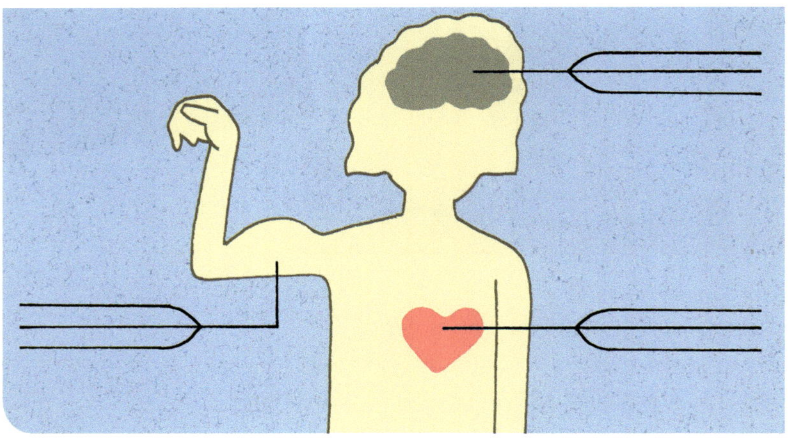

helfen
organisieren
rechnen
Ordnung schaffen
kreativ sein
Konflikte bewältigen
mit Werkzeug arbeiten
...
die Zuverlässigkeit
die Pünktlichkeit
die Ausdauer
die Genauigkeit
die Computerkenntnisse
das Gedächtnis
...

2 a. Zeichne dich selbst auf ein Blatt Papier.
  b. Beschrifte die Zeichnung mit deinen Stärken und Fähigkeiten.

3 a. Werte deine Ergebnisse mit einer Partnerin oder einem Partner aus.
  b. Ergänze deine Arbeitsblätter mit Hilfe der Partnerin oder des Partners.

Wie erreichst du deine Ziele?

Mit Hilfe deiner Ergebnisse von Seite 50 kannst du deine Ziele für die Zukunft formulieren.

4 Welche Ziele möchtest du erreichen? Schreibe deine Ziele für die nahe und die fernere Zukunft auf. Die Leitfragen helfen dir dabei.

Leitfragen:
- Für welchen Beruf bin ich geeignet?
- In welchem Beruf habe ich gute Zukunftschancen?
- Wo kann ich mich noch informieren?
- Wie und wo finde ich eine geeignete Ausbildungsstelle?

...

Ein wirksamer Weg, dich zu informieren, sind Telefonate: bei der Berufsberatung oder auch direkt bei einem möglichen Ausbildungsbetrieb.

5 Wie könnte das Telefongespräch verlaufen? Schreibe das Gespräch in einer sinnvollen Reihenfolge auf.

Ausbildungssuchende/-r:

- Ich besuche die Gesamtschule Carl Benz und werde sie mit dem Mittleren Bildungsabschluss verlassen.
- Guten Tag, Herr Cengiz. Mein Name ist Milo Sihar. Ich möchte gerne Dachdecker werden und bin auf der Suche nach einem Ausbildungsplatz. Können Sie mir sagen, ob Ihre Firma in diesem Jahr Auszubildende aufnimmt?
- Ihre Dachdeckerei ist stadtbekannt. Außerdem hat meine Tante sie mir empfohlen.
- Ich arbeite ausgesprochen gern mit verschiedenen Werkstoffen. Meinem Cousin habe ich schon oft bei Dachreparaturen geholfen. Seit ein paar Jahren bin ich außerdem in einem Modellbauverein. Und das Baugewerbe insgesamt interessiert mich schon lange.
- Das werde ich tun. Vielen Dank für die Auskunft, Herr Cengiz. Auf Wiederhören.

Gesprächspartner/-in im Ausbildungsbetrieb:

- Weshalb möchtest du ausgerechnet bei uns eine Ausbildung machen?
- Aktuell suchen wir tatsächlich eine Auszubildende oder einen Auszubildenden. In welche Schule gehst du und welchen Abschluss wirst du erreichen?
- Dachdeckerei „Kraft", Sie sprechen mit Murat Cengiz.
- Das klingt, als ob du gut zu uns passen würdest. Was hältst du davon, wenn du dich mal bei uns umschaust? An diesem oder am nächsten Donnerstag könntest du ab 16 Uhr bei uns vorbeikommen.
- Wie bist du darauf gekommen, dass du Dachdecker werden möchtest?
- Ich freue mich darauf, dich kennen zu lernen. Auf Wiederhören.

6 a. Lest das Telefongespräch mit verteilten Rollen.
b. Spielt das Telefonat mit eigenen Worten nach. Setzt euch dazu Rücken an Rücken.
Tipp: Ersetzt die hervorgehobenen Wortgruppen durch eigene Angaben.

4 die Agentur für Arbeit, der Berufsberatungslehrer/die Berufsberatungslehrerin, die Eltern, die Mitschüler/Mitschülerinnen, der Berufsberater/die Berufsberaterin, die Internetportale

Was wird im Beruf verlangt? Was kannst du gut?

In Zeitungen findest du die aktuellen Ausbildungsstellen in deiner Region.
Aber oft sind diese Anzeigen sehr kurz und knapp.

Rechtsanwalt Gerke & Partner

Wir suchen zum 01.08. eine/n Auszubildende/n als
Rechtsanwalts- und **Notarfachangestellte/n.**
Einstellungsvoraussetzung:
Realschulabschluss/Mittlere Reife

Auf Ihre aussagekräftige Bewerbung freuen wir uns.
Bitte richten Sie Ihre Bewerbung an:
RA Hans Gerke & Partner
Leifstraße 147 – 46110 Musterhausen
Tel.: 09X90/0XX901 Fax: 09X90/0XX902
www.rechtsanwalt-gerecht.de

Wir suchen zum nächstmöglichen Termin
eine/n zuverlässige/n und engagierte/n

Elektroinstallateur/in

sowie zum 01.08.2017 eine/n
Auszubildende/n
zum/zur Elektroniker/-in für
Energie- u. Gebäudetechnik.
Schriftliche Bewerbungen erbeten an:
ELEKTRO-LEITER
Spatzengasse 12, 85481 Grünstadt
Tel.: 00078 / 222XX12

1 Welche Art Angaben findest du in den Stellenanzeigen in der Zeitung? Mache dir Notizen in allgemeiner Form.

Starthilfe
Stellenanzeige in der Zeitung:
Name der Firma/des Arbeitgebers
...

2 Welche Angaben benötigst du noch, wenn du dich für oder gegen einen Ausbildungsberuf entscheiden willst? Notiere.

Im Internet und in den Materialien der Berufsberatungen findest du ausführliche Informationen und Anzeigen zu Ausbildungsberufen.

Ausbildung zum/zur Dachdecker/-in

Dächer und Wände mit Dachziegeln, Dachpappe und Schieferplatten decken und abdichten.

1 : 3 Jahre
2 : Bauwesen
3 : Hauptschulabschluss
4 : **Während der Ausbildung lernen die Dachdecker/-innen folgende Inhalte:**
- Einrichten[1] einer Baustelle
- Herstellen einer Holzkonstruktion
- Beschichten und Bekleiden eines Bauteils
- Decken eines Steildaches mit Dachziegeln
- Fertigen[2] eines Flachdaches
- Warten[3] und Reparieren eines Daches

5 : **Angehende Dachdecker/-innen sollten folgende Eigenschaften mitbringen:**
- Freude am Arbeiten im Freien
- Schwindelfreiheit, gute Körperkraft
- zügige Arbeitsweise, Teamfähigkeit
- gutes Augenmaß
- Geometrie und Rechnen
- handwerkliches Geschick

2 die Arbeitszeiten, nötige Vorkenntnisse und Fähigkeiten, die Aufgaben, die Betriebsgröße

[1] **einrichten:** aufbauen [2] **fertigen:** bauen [3] **warten:** in Stand halten, sich kümmern um

Ausbildung zum Kaufmann/ zur Kauffrau im Einzelhandel

1 ______: 3 Jahre
2 ______: Handel
3 ______: Realschulabschluss/Mittlere Reife
4 ______: Verkaufen von Waren, Bedienen und Beraten der Kunden, Reklamationen[1], Warenbestellung/-kontrolle/-lagerung, Warenplatzierung, Bedienen der Kassensysteme

Unterlagen:
→ vollständige Bewerbungsunterlagen
→ tabellarischer Lebenslauf
→ die letzten zwei Zeugnisse
→ Praktikumsnachweise, Beurteilungen
→ Anschreiben

5 ______:

- 75 % Kunden beraten und betreuen
- 58 % Mit EDV-Systemen umgehen
- 33 % Arbeit selbstständig organisieren
- 58 % Wirtschaftlich denken und handeln
- 8 % Fremdsprachen anwenden
- 58 % Im Team arbeiten

3 Die zwei Internetanzeigen sagen Genaueres über die Ausbildungsberufe.
a. Welche Ausbildungsberufe werden vorgestellt?
b. Was wird von den Auszubildenden verlangt? Was erwartet sie in der Ausbildung? Ordne die Teilüberschriften an die richtigen Stellen 1 bis 5.

Teilüberschriften:
Ausbildungsbereich
Voraussetzungen
Empfohlener Schulabschluss
Ausbildungsdauer
Ausbildungsinhalte

4
- Welche Anforderungen in den beiden Internetanzeigen kämen für *euch* in Frage?
- Was erwartet *ihr* von eurer Ausbildung?

Tauscht euch darüber aus.

5
- Welche Stärken und Fähigkeiten könnt ihr in eure Ausbildung einbringen?
- Was erwartet ihr von eurer Ausbildung und eurem Beruf?
- Welche Ausbildungsbereiche und Berufsfelder kommen für euch in Frage?

Nehmt euch ausreichend Zeit für diese Überlegungen. Macht euch ausführliche Notizen.

Z **6** a. Recherchiert weiter zu den Fragen in Aufgabe 5. Findet Informationen im Internet, bei Ausbildungsbetrieben und bei der Berufsberatung.
b. Holt euch Rat bei Personen, denen ihr vertraut.
c. Ergänzt eure Notizen zu Aufgabe 5.

5 interessant, abwechslungsreich, die Herausforderungen, der Spaß, die Karriere

[1] **die Reklamation:** Beschwerde, Beanstandung einer Ware

Was wird von deiner Bewerbung erwartet?

Mit deiner Bewerbung wirbst du für *dich*.
Aber *wie* kannst du Ausbilderinnen und Ausbilder für dich gewinnen?
Zwei von ihnen geben dir hier ein paar Tipps.

Frau Renicke betreibt eine kleine Schneiderei.

Herr Asmuth bildet in seiner Werkstatt aus.

1 Lies die Tipps der beiden Ausbilder.

In deine Bewerbungsmappe gehören außer dem Bewerbungsschreiben der Lebenslauf und die beiden letzten Zeugnisse. Dein Lichtbild kann eingescannt auf dem Anschreiben erscheinen, es kann aber auch lose beigefügt werden (versehen mit deinem Namen). Lege außerdem Praktikumsbescheinigungen, auch zum Beispiel Teilnahmebescheinigungen an Kursen bei. Im Prinzip alles, was deine besonderen Kenntnisse bestätigt, die nicht auf den Zeugnissen stehen.

Das Bewerbungsschreiben fällt vielen nicht ganz leicht. Das kann ich gut verstehen: Denn mit wenigen Sätzen möchtest du sagen, dass genau du der oder die Richtige für diese Ausbildung bist. Dein Schreiben sollte persönlich sein. Es muss gar nicht lang sein. Schreibe zum Beispiel, woher du von der Ausbildungsstelle weißt und warum du dich dafür interessierst. Aber schreibe nicht einfach nur irgendwo fertige Sätze ab.

Dein Foto ist sehr wichtig. So kann ich mir ein erstes Bild von dir als Bewerberin oder Bewerber machen – im wahrsten Sinne des Wortes. Das Bild sollte natürlich und freundlich wirken. Du solltest nicht versuchen, als eine andere Person zu erscheinen. Schließlich möchtest du ja in die Firma passen. Das solltest du auch mit der Kleidung und der Frisur zeigen.

Selbstverständlich erwarte ich, dass alle Bewerbungsunterlagen fehlerfrei und ordentlich sind und auch der üblichen Form entsprechen. Was das heißt, kannst du im Internet und in Ratgebern nachlesen. Ich empfehle, die Bewerbungsunterlagen einem oder zwei erfahrenen Verwandten oder Bekannten zum Überprüfen zu geben.

2 Was gehört alles in deine Bewerbungsmappe?

a. Schreibe eine Liste mit der Überschrift „Meine Bewerbungsmappe".
b. Erkundige dich, ob du für deine Wunsch-Ausbildung weitere Unterlagen benötigst.
c. Notiere dir die wichtigsten Tipps. Schreibe Überschriften mit auf.

Welche Angaben gehören in das Bewerbungsschreiben?

Bewerbungsschreiben? – Ich weiß nicht so richtig, was ich schreiben soll …

3 • Was solltet ihr in das Bewerbungsschreiben schreiben?
• Wie könnt ihr die Ausbilder von euch überzeugen?
a. Sammelt Vorschläge und Ideen.
b. Notiert euch die besten Vorschläge, z. B. auch erste Formulierungen.

4 Wie sollte dein Bewerbungsschreiben aufgebaut sein?
Ordne den Nummern 1 bis 9 die Teile eines Bewerbungsschreibens zu.

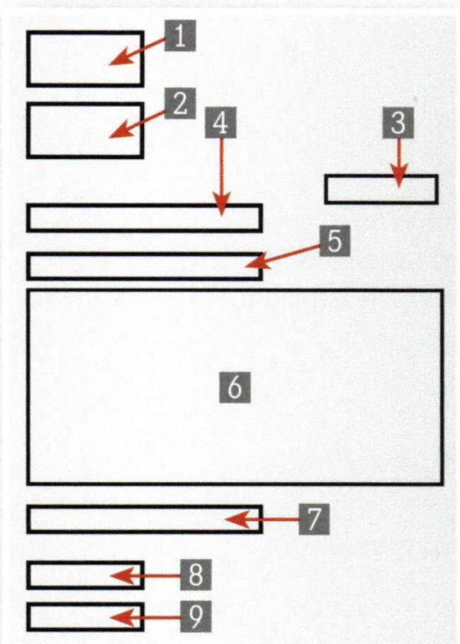

die **Anrede:**
Sehr geehrte Frau …/Sehr geehrter Herr …
der **Empfänger:**
Adresse mit Ansprechpartner
die **Unterschrift**
der **Ort und** das **Datum**
der **Brieftext**
der **Betreff (= die Überschrift):**
Bewerbung als …
Ihre Stellenanzeige vom …/
Unser Telefonat vom …
der **Absender:**
mit Telefonnummer und E-Mail-Adresse
die **Grußformel**
die **Anlagen**

Z Was solltest du in der Bewerbung vermeiden?

Die größten Fehler in den Bewerbungsunterlagen

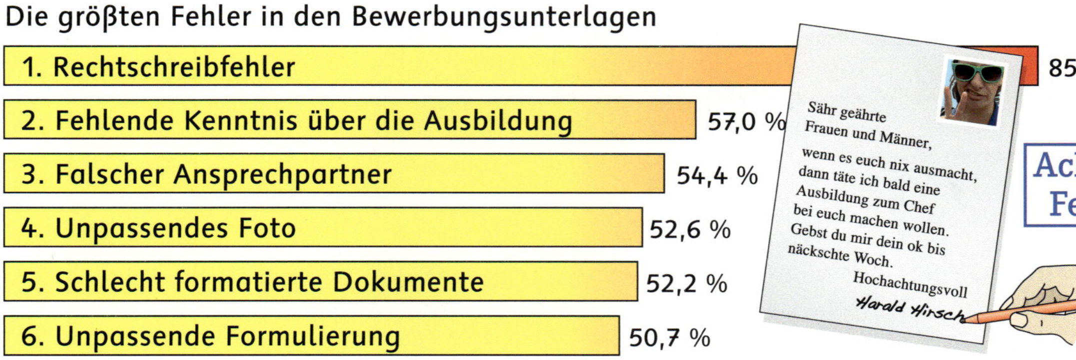

Achtung: Fehler!

Z 5 Wertet die Grafik aus: Zieht Konsequenzen für eure eigene Bewerbung.

3 Was hat dein Interesse an der Ausbildung geweckt? Eine Stellenanzeige? Die Berufsberatung? …
Dein Alter/deine Schule/dein angestrebter Abschluss?
Was weißt du über den Betrieb, das ihn für dich interessant macht?
Welche besondere Fähigkeit spricht für dich in dieser Firma/in diesem Beruf?
Warum soll man sich für dich entscheiden? – Das wichtigste Argument in wenigen Worten.

Ein Bewerbungsschreiben

Milo bewirbt sich mit diesem Schreiben um einen Ausbildungsplatz.

Milo Sihar
Westring 4
47119 Duisburg
Tel.: 05XX/11XX999
E-Mail: milo.sihar@mail.de

Duisburg, 17. Januar 2016

Dachdeckerei Kraft
Herrn Murat Cengiz
Schwimmbadstraße 47
47445 Moers

Bewerbung um einen Ausbildungsplatz als Dachdecker
Unser Gespräch vom 12.01.2016

Sehr geehrter Herr Cengiz,

wie ich aus unserem Vorgespräch weiß, suchen Sie zum August einen Auszubildenden für den Beruf des Dachdeckers. Bei meinem Praktikumstag in Ihrem Betrieb konnte ich erleben, wie vielfältig die Aufgaben eines Dachdeckers sind: Sie bauen nicht nur die unterschiedlichsten Dachformen. Sie kennen sich auch mit der äußeren Gestaltung ganzer Häuser aus und kümmern sich um Wärmedämmung.

Über diese Themen möchte ich alles lernen. Außerdem arbeite ich sehr gern bei jedem Wetter unter freiem Himmel, auch in der Höhe. Als Modellbauer kann ich sehr gut mit unterschiedlichen Werkstoffen umgehen und eigene Ideen einbringen. Durch meine vielfältigen sportlichen Aktivitäten bringe ich Kraft und Ausdauer für diesen Beruf mit.

Ich bin 16 Jahre alt und werde im Sommer den Mittleren Bildungsabschluss in der Gesamtschule Duisburg Süd erwerben.

Mein letztes längeres Betriebspraktikum absolvierte ich erfolgreich beim Bauunternehmen Reiner in Duisburg. Dort hat sich bestätigt, dass mich vor allem die Dacharbeiten reizen und dass ich ein verlässlicher Team-Arbeiter bin.

Bitte geben Sie mir die Gelegenheit, Sie persönlich von mir zu überzeugen.

Mit freundlichen Grüßen

Milo Sihar

Milo Sihar

Anlagen:
tabellarischer Lebenslauf
Zeugnisse der 8. und 9. Klasse
Praktikumsbescheinigungen

Zusammen mit einer Partnerin oder einem Partner könnt ihr Milos Bewerbungsschreiben prüfen.

1 Enthält Milos Schreiben alle notwendigen Bestandteile? Vergleicht es mit der Übersicht auf Seite 55.

2
- Welche Sätze und Formulierungen findet ihr überzeugend?
- Was hättet ihr vielleicht anders geschrieben?

a. Bewertet Milos Bewerbungsschreiben.
b. Notiert euch besonders gelungene Formulierungen. Notiert auch eure eigenen Änderungsvorschläge.

Jetzt bist du dran!
Du planst und schreibst nun dein eigenes Bewerbungsschreiben.
W **Wähle aus:**
- **Lege dir zunächst in deinem Computer eine Musterseite an.** → Aufgabe 3
- **Oder schreibe direkt dein persönliches Bewerbungsschreiben.** → Aufgabe 4

3 Mit Hilfe der Vorlage auf Seite 55 kannst du dir eine Musterseite anlegen. Sie kann dir als Vorlage für viele künftige Bewerbungsschreiben dienen.

Tipps für die Musterseite

- Richte am Computer eine Seite entsprechend der **Vorlage** ein. Achte auf die richtigen Randmaße und Zeilenabstände: Die Randmaße darfst du aufrunden.
- Richte dir einen **Ordner „Bewerbungen"** ein. Speichere dort die Vorlage ab.
- Schreibe alle **Angaben** auf, die sich **nicht** oder selten **ändern**.
- Verwende eine übliche **Schriftart** (z. B. Arial, Times New Roman) in der **Schriftgröße** 10 bis 12 pt.
- Wenn du dich dann bewerben möchtest, öffne die Vorlage und speichere sie als Erstes **unter einem neuen Namen** ab, am besten mit dem Datum: *Bewerbung_Dachdeckerei-Kraft_Jan-2016*.

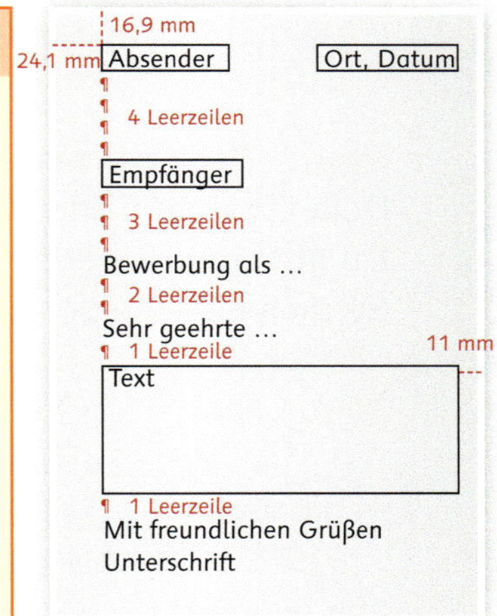

4 Schreibe dein Bewerbungsschreiben für deine Wunsch-Ausbildung.
- Lies noch einmal deine Arbeitsergebnisse von Seite 55.
- Lege dein Schreiben entsprechend der Vorlage an.
- Schreibe einen möglichst persönlichen Text, der genau zu dir und der Ausbildungsstelle passt.
- Schreibe so, dass sich der oder die Empfänger ein genaues Bild von dir machen können und sich für dich interessieren.

Sehr geehrte Damen und Herren, ...

Bewerbungsschreiben bestimmen mit über deine Zukunft: Du möchtest wichtige Personen von dir überzeugen.

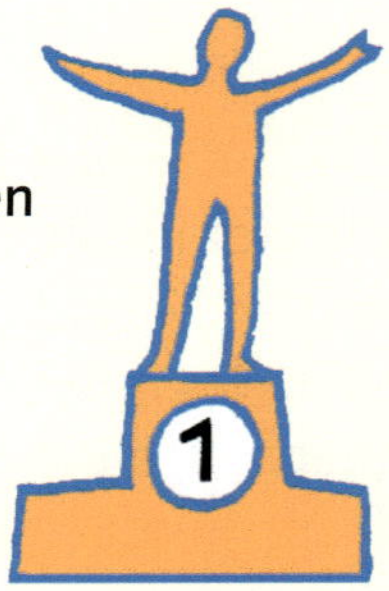

Tipp 1: Die Einleitung

Der erste Satz sollte ein „Volltreffer" sein: Die Ausbilder sollten unbedingt weiterlesen und mehr von dir erfahren wollen.

1 Schreibe gelungene erste Sätze auf.
- Setze dazu die Satzteile passend zusammen.
- Ergänze Wörter und Wortgruppen, die zu dir passen.

Sehr geehrte Damen und Herren,
schon seit vielen Jahren habe ich den Traum, ...
in Ihrer Stellenanzeige suchen Sie ...
als ich Ihre Anzeige las, wusste ich gleich: ...
mit großem Interesse las ich in der Zeitung, ...
seit meinem ... Lebensjahr, wünsche ich mir, ...

... Ich muss mich bei Ihnen bewerben.
... eine/n Auszubildende/n für den Beruf ...
... später einmal als ... zu arbeiten.
... eines Tages den Beruf eines/einer ... auszuüben.
... dass Sie ... suchen.

2 Welche Sätze findest du besonders für dein Bewerbungsschreiben geeignet? Nummeriere die drei gelungensten.

Tipp 2: Dein stärkstes Argument

Dein Bewerbungsschreiben sollte nicht länger als eine Seite sein. Du hast also Platz für genau *ein* starkes Argument, warum man sich für dich entscheiden soll. (Weitere Gründe gehören in den Lebenslauf!)

3 a. Lies und vergleiche die folgenden Sätze: Welche Sätze findest du stark? Welche nicht so stark?
b. Schreibe drei starke Sätze ab.
c. Schreibe für dich selbst drei starke Sätze auf.

- Nach meinem Praktikum wäre ich am liebsten weiter jeden Tag zu Ihnen in die Firma gekommen: Dieser Beruf ist genau das Richtige für mich!
- Seit drei Jahren arbeite ich in meiner Freizeit in der Kfz-Werkstatt mit. Diese Arbeit gehört zu meinem Leben einfach dazu.
- Ich habe immer schon gern gegessen. Nun möchte ich kochen lernen.
- Zum Geburtstag habe ich einen Töpferkurs geschenkt bekommen. Das hat mir so viel Spaß gemacht, dass ich mich entschieden habe, einen Handwerksberuf zu erlernen.
- Ich arbeite nicht nur in der Mode-AG mit, auch zu Hause beschäftige ich mich intensiv mit dem Thema Mode und Handel.

1 ... schon seit vielen Jahren habe ich den Traum, später als Tischlerin zu arbeiten. / ... in Ihrer Stellenanzeige suchen Sie eine/n Auszubildende/n für den Beruf des Frisörs. ...

Tipp 3: Treffende Wortwahl

In deinem Bewerbungsschreiben sollst du dich auf nur einer Seite treffend beschreiben und positiv darstellen. Dafür benötigst du kraftvolle und ausdrucksstarke Wörter und Wortgruppen.

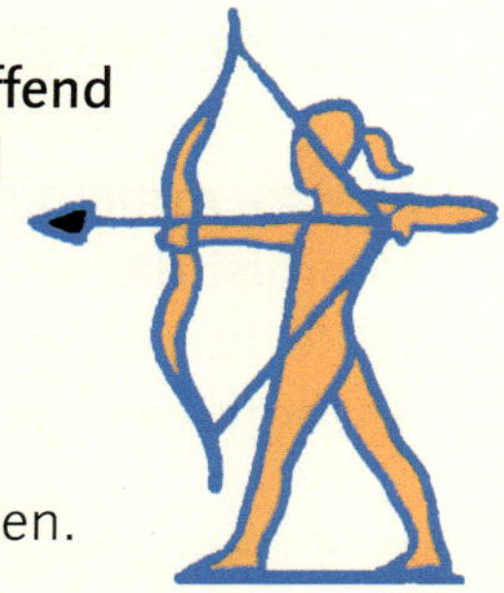

4 Unterschiedliche Berufe verlangen unterschiedliche Fähigkeiten.
Schreibe für fünf Berufe Sätze auf.
Du kannst die Berufe aus dem Kasten oder andere Berufe auswählen.

- körperlich belastbar sein
- völlig selbstständig arbeiten können
- kontaktfreudig sein
- sich höflich und zuvorkommend verhalten
- rechnerisch denken können
- mit Geduld und Sorgfalt handeln
- sich durch Ausdauer und Einfühlungsvermögen auszeichnen
- handwerkliches Geschick beweisen

die Köchin/der Koch
die Frisörin/der Frisör
die Altenpflegerin/der Altenpfleger
die Bürokauffrau/der Bürokaufmann

Tipp 4: Keine Rechtschreibfehler!

Dein Bewerbungsschreiben sollte nicht nur die richtige Form und den passenden Inhalt haben, sondern es sollte auch völlig fehlerfrei sein.

fehlerfrei

5 a. Finde die sechs Rechtschreibfehler in folgendem Bewerbungsschreiben.
b. Schreibe den Text verbessert auf:
Schreibe die höfliche Anrede groß.

Merkwissen

Die höfliche **Anrede** *Sie, Ihnen, Ihr* schreibst du **groß**.

Achtung: Fehler!

Sehr geehrte Frau Müller,

über ihre Stellenanzeige auf der Internetseite www.azubi-azubine.de habe ich erfahren, dass sie ab September 2015 Ausbildungsplätze zur Kauffrau im Einzelhandel anbieten.
Ich möchte mich bei ihnen um einen Ausbildungsplatz bewerben.
Aus meinem Praktikum bei ihnen weiß ich, dass ihr Unternehmen junge Mitarbeiterinnen und Mitarbeiter besonders fördert und eine sehr gute Ausbildung anbietet.

Ich würde mich sehr freuen, wenn sie mich zu einem Vorstellungsgespräch einladen.

Mit freundlichen Grüßen

Ana Miritz

4 Als Koch muss ich früh aufstehen können, körperlich belastbar sein und … /
Eine Bürokauffrau kann gut rechnerisch denken, gut schreiben und … / …

Ein Bewerbungsschreiben überarbeiten

Das Überarbeiten deines Bewerbungsschreibens ist ein wichtiger Schritt: Du prüfst die Richtigkeit deiner persönlichen Angaben, die Form und die Rechtschreibung. Sei sorgfältig – es geht um deine Zukunft!

W 1 Wähle aus:
- Prüfe und überarbeite dein eigenes Bewerbungsschreiben. Oder:
- Tausche deine Bewerbung mit der einer Partnerin oder eines Partners. Überarbeitet eure Schreiben gemeinsam. Oder:
- Trainiere das Überarbeiten an Noras folgendem Entwurf.

Nora Klein
Gänsepfad 3
88888 Musterhausen
Tel.: 017X9/2XX4422

Spedition Kellermeyer
Landstr. 47
99999 Oberdorf

Bewerbung um einen Ausbildungsplatz

Hallo,

Hiermit möchte ich mich um einen Ausbildungsplatz in ihrer Firma bewerben. Ich wollte schon immer Speditionskauffrau werden und da kommt mir diese freie Stelle gerade recht.

Ich gehe im moment in die Kopernikus-Schule und werde vielleicht im nächsten Jahr den Abschluss bekommen.

Schon als Kind habe ich mich sehr für Fahrzeuge interessiert. Mein Praktikum habe ich in der Transportabteilung gemacht. Das war total spannend.
Von ihrer Firma habe ich von meinem Onkel gehört, der vor 12 Jahren mal bei ihnen gearbeitet hat.

Ich würde mich sehr freuen, wenn sie mich zu einem persönlichen Gespräch einladen würden.

Bis dann

Nora Klein

- Welche Angaben sollten noch ergänzt werden?
- Was ist nicht gut verständlich?
- Was lässt sich besser oder genauer oder angemessener formulieren?
- Wie werden Anrede und Gruß höflicher?
- Wie kann mehr Interesse beim Empfänger geweckt werden?
- Welche Rechtschreibfehler sind enthalten?

→ Einen Zeitungsartikel über Berufswünsche und Berufsanforderungen kannst du auf den Seiten 309 bis 312 lesen.

Der tabellarische Lebenslauf

Der Lebenslauf besteht aus einer Tabelle mit mehreren Abschnitten. Außer den wichtigsten Daten zu deiner Person und deinem Leben schreibst du Informationen auf, die zu deiner Wunsch-Ausbildung und der Firma passen.

W 1 Mit Hilfe von Noras Lebenslauf kannst du deinen eigenen Lebenslauf überprüfen und ergänzen oder neu anlegen und schreiben.
Wähle aus:
- Hast du bereits einen Lebenslauf abgespeichert, z. B. aus dem letzten Praktikum? Dann überarbeite ihn.
- Oder plane, schreibe und überarbeite einen neuen Lebenslauf.

Lebenslauf

Persönliche Daten[1]

Name	Nora Klein
Geburtsdatum	27. Juni 2000
Geburtsort	Musterhausen
Anschrift	Gänsepfad 3 88888 Musterhausen
Telefon	017X9/2XX4422
E-Mail	nora.klein@mail.de

Schulbildung

Grundschule	2006–2010 Muster-Grundschule
Weiterführende Schule	2010–2015 Kopernikus-Schule
Lieblingsfächer	Physik, …
Schulische Aktivitäten	AG Umwelt, …
Schulabschluss (voraussichtlich)	Mittlerer Abschluss 2015

Interessen und Kenntnisse[2]

Kenntnisse	…
Praktika	2014 … 2014 Transportabteilung Möbelhaus Herzog
Hobbys	Fahrzeuge, Verkehr und Umwelt
Sonstige Aktivitäten	…

Musterhausen, 17.01.2015

Nora Klein
Nora Klein[3]

1 Die Angaben zu deiner Familie, zur Staatsangehörigkeit und zur Religion sind freiwillig.
2 Du solltest hier alle Dinge aufzählen, die für die Ausbildung wichtig sind. (Chillen ist kein Hobby!)
3 Unterschreibe deinen Lebenslauf mit der Hand.
Achte darauf, dass das Datum mit dem Datum auf dem Anschreiben übereinstimmt.

Z Die „dritte Seite" in deiner Bewerbung

Die „dritte Seite" ist keine Pflichtseite in deiner Bewerbungsmappe. Man nennt sie auch „Bonusseite". Sie ist eine weitere Chance, auf dich aufmerksam zu machen und das Interesse der Ausbilder oder zukünftigen Arbeitgeber zu wecken.

1 Lies Noras „dritte Seite".

Was Sie über mich wissen sollten

Was ich selbstverständlich finde	In den Prüfungen zum Mittleren Schulabschluss werde ich noch einmal alles geben. So kann ich die Schule mit einem guten Notendurchschnitt beenden.
Worauf ich Wert lege	– Ich gebe nicht schnell auf. – Wenn ich etwas anfange, dann bringe ich es auch zu Ende. – Auf mich kann man sich verlassen.
Was mir wichtig ist	Mein Hobby unterscheidet sich von dem meiner Freundinnen: Ich bin fasziniert von modernen Fahrzeugen und dem Thema Verkehr. Modern heißt aber auch: mit wenig Kraftstoff auf kurzen Wegen, also die Umwelt schonend, zum Ziel zu kommen.

Musterhausen, 17.01.2015

Nora Klein

2 Wie hat Nora ihre dritte Seite aufgebaut?
- Skizziere den Aufbau auf einem Blatt Papier.
- Beschrifte das Blatt.

3 Welche persönlichen Stärken und Eigenschaften nennt Nora? Schreibe sie auf.

3 das Durchhaltevermögen, die Entschlossenheit, …

Auch du kannst deiner Bewerbung eine „dritte Seite" hinzufügen.

4 a. Überlege, welche Stärken du hast.
- Was ist dir in deinem Leben wichtig?
- In welchen Schulfächern bist du am besten?
- Welche Hobbys oder besonderen Interessen hast du?
- Welche praktischen Erfahrungen kannst du vorweisen?
- Welche zusätzlichen Kenntnisse hast du erworben, die für den Beruf wichtig sind?
- Welche Stärken, Eigenschaften, Fähigkeiten, Argumente sprechen außerdem für dich?

b. Mache dir Notizen.

5 Dein Wunschberuf stellt bestimmte Anforderungen.
In deinem Wunschbetrieb werden bestimmte Fähigkeiten benötigt.
Wähle aus und notiere:
Welche deiner Stärken passen besonders zu deinem Wunschberuf und zu deinem Wunschbetrieb?
Tipp: Berufsbilder und Informationen über Betriebe findest du auch im Internet.

6 Gestalte deine „dritte Seite": Sie soll mit wenigen Sätzen überzeugen.
a. Wähle aus: Möchtest du deine Seite wie Noras Seite aufbauen oder wie eine der folgenden beiden Seiten?
b. Bringe deine ausgewählten Stärken in eine übersichtliche Form.
c. Überlege dir eine treffende Überschrift.

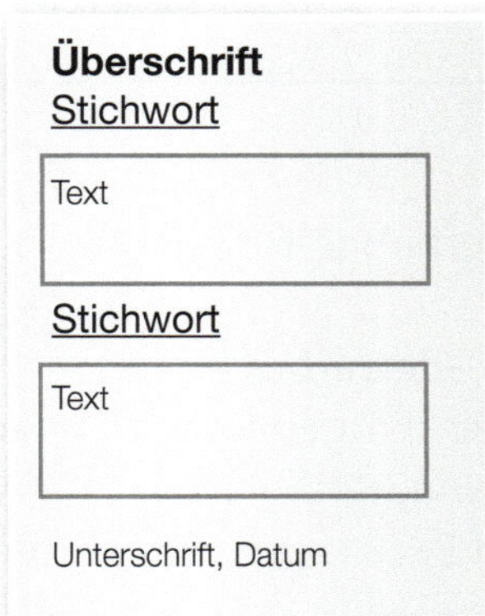

Was Sie über mich wissen sollten
Zu meiner Person
Was mir wichtig ist
Persönliche Informationen
...

7
- Tauscht eure „dritten Seiten" untereinander aus.
- Überprüft, ob die Stärken zu den Anforderungen passen. Sprecht darüber.

Training: Keine Angst vor Online-Bewerbungen!

Bewerbungen per E-Mail

Manche Betriebe erwarten von den Bewerberinnen und Bewerbern eine Online-Bewerbung. Dabei werden die gleichen Unterlagen wie mit der Post eingesendet, aber eben in einer E-Mail.

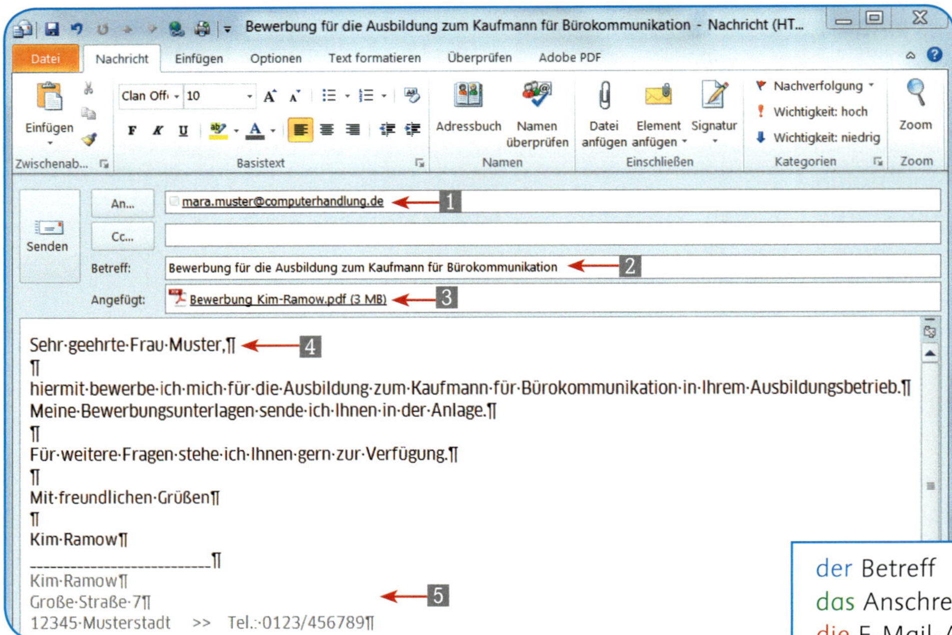

der Betreff
das Anschreiben
die E-Mail-Adresse der Ansprechpartnerin
die eigene Adresse
die Bewerbungsunterlagen

1 Ordnet die Wörter vom Rand den passenden Teilen der Bewerbungs-E-Mail zu.

2
a. Lest die Tipps für die Online-Bewerbung.
Macht euch Notizen zu euren Fragen oder zu unklaren Tipps.
b. Tauscht euch mit der Partnerin, dem Partner oder mit der Klasse aus.
Tipp: Überlegt, wen ihr bei Bedarf um Hilfe bitten könnt.
c. Entwerft am Computer eine eigene E-Mail für eure Bewerbung.

Tipps für die Online-Bewerbung

- Verwende gut lesbare und **häufig genutzte Schriftarten**, keine ungewöhnlichen Schriften.
- Wandle Bewerbungsschreiben und Lebenslauf in **nicht veränderbare Dateiformate** um.
- **Scanne** Zeugnisse, Praktikumsnachweise usw. ein. Achte auf **gute Qualität**.
- Gib den Dateien **aussagekräftige Namen**.
- Sende **höchstens drei Dateien** als Anhang mit, also keine zu große Datenmenge.

Online-Tests für Bewerberinnen und Bewerber

Manche Ausbildungsbetriebe lassen dich einen Online-Test machen. Es geht nicht darum, dass du alles richtig machst. Trau dich einfach!

1 Oft testen die Aufgaben dein Allgemeinwissen und ein paar Grundfähigkeiten.
   a. Lies die Beispielaufgaben und die Antworten.
   b. Zu welchen Wissensgebieten gehören die einzelnen Aufgaben? Ordne zu.
   c. Löse den Test. Es ergibt sich ein Lösungswort.

Kopfrechnen
Geografie
Geschichte
logisches Denkvermögen
Rechtschreibung

1. In welchem Jahr wurde die Bundesrepublik Deutschland gegründet?

[M] 1945 [S] 1949 [K] 1952 [P] 1956

2. Kettenaufgabe: 7 + 18 – 9 + 65 + 11 – 43 + 3 = ?

[A] 73 [T] 63 [U] 52 [E] 62

3. Wie viele Nachbarstaaten hat Deutschland?

[R] 6 [S] 7 [W] 8 [P] 9

4. Sprache : Wörter = Musik : ?

[O] Notenschlüssel [E] Töne [A] Instrumente [I] Lieder

5. Welcher Satz ist korrekt?

[N] Ich fürchte, dass mein Portemonaie weg ist.
[L] Ich fürchte, das mein Portemonnaie weg ist.
[R] Ich fürchte, dass mein Portemonnaie weg ist.
[F] Ich fürchte, das mein Portemonaie weg ist.

Z 2 Recherchiere im Internet nach weiteren Bewerbungstests.

Z 3 Manchmal sollst du dich selbst in bestimmten Situationen einschätzen.
- Was wollen Ausbilder durch solche Fragen erfahren?
- Wie würdest du damit umgehen?

Besprich es in Partnerarbeit oder in der Klasse.

1. Ihre Kollegin fällt aus. Es gibt aber dringende Aufgaben. Was tun Sie?

[A] Ich übernehme Aufgaben. [B] Ich frage den Chef um Rat. [C] Ich warte ab.

2. Bei einer Betriebsfeier geht es laut und wild zu. Was tun Sie?

[A] Ich bin mittendrin. [B] Ich halte mich in einer ruhigen Ecke auf. [C] Das kommt auf meine Stimmung an.

Training: Vorstellungsgespräche vorbereiten

Was erwartet dich?

Okan hat eine Einladung zu einem Vorstellungsgespräch erhalten. Er spricht darüber mit seiner Schwester Malia.

1 Lest das Gespräch mit verteilten Rollen.

Malia: Herzlichen Glückwunsch! Die wollen dich kennen lernen und herausfinden, ob du zu ihrem Betrieb passt. Jetzt musst du einen guten Eindruck machen.
Okan: Ja schon, aber was soll ich denn über mich sagen?
Malia: Na alles, was für die interessant sein könnte: Was kannst du gut? Was macht dir Spaß? Welche positiven Eigenschaften hast du?

Was könnt *ihr* gut?

2 Zum Warmwerden: das Stärken-Spiel! Welche besonderen Stärken hat jeder von euch?
- Ihr habt drei Minuten Zeit – seht auf die Uhr.
- Abwechselnd sagt ihr einen vollständigen Satz, in dem ihr eine eurer Stärken benennt.
- Wie viele Stärken bekommt jeder zusammen? Zählt mit.

Starthilfe

Partner 1: „Ich kann gut rechnen."
Partner 2: „Ich kümmere mich um unser Aquarium."
Partner 1: „Ich bin geduldig, wenn ich …"

3 Erzählt euch gegenseitig in einigen Sätzen etwas über euch. Beantwortet dabei Malias Fragen von oben.
Tipps: Stellt euch vor, dass ihr mit einem fremden Erwachsenen sprecht, nicht mit euren Freunden.
Die folgenden Wortgruppen können euch Anregungen geben.

- Ich bin 16 Jahre alt … Zurzeit besuche ich …
- Ich bin im Computerclub / bei den Schülerlotsen / in der Streitschlichter-AG / in der Basketballmannschaft / in der Schülerband / bei den Pfadfinderinnen …
- Ich interessiere mich für den Schulblog / für Filme / fürs Klettern …
- Ich möchte gern anderen Menschen helfen / mich um Tiere kümmern / in einem Büro arbeiten / etwas Handwerkliches tun …
- Ich bin sportlich / zuverlässig / ordentlich / Klassensprecherin …
- Ich kann gut zuhören / Geschichten schreiben / etwas zusammenbauen …

4 Welche Voraussetzungen bringst du für deinen Wunschberuf mit?
Tipp: Für deine schriftliche Bewerbung hast du schon Anforderungen für den Beruf gesammelt.

→ die eigenen Stärken: Seiten 50, 53

a. Sprich in vollständigen Sätzen über die Anforderungen, die du erfüllst.
b. Nenne auch Beispiele, an denen man deine Stärken erkennen kann.

Starthilfe
Als Glaser muss man die Bauteile genau einpassen. Das liegt mir, denn in meiner Freizeit baue ich gern kleine Möbel …

Auch deine Schwächen könnten angesprochen werden.
Dabei geht es darum, ob du sie kennst und bereit bist, an ihnen zu arbeiten.

5 a. Überlege Antworten auf folgende Fragen:
- Was würden Sie als Ihre größte Schwäche bezeichnen?
- Wie gehen Sie damit um?

b. Trage deiner Partnerin oder deinem Partner die Antwort vor. Dann wechselt ihr.
c. Übe die Antwort an einer Frage nach einer weiteren Schwäche.

Starthilfe
Ich bin manchmal unorganisiert und möchte mehrere Dinge gleichzeitig erledigen. Dann hilft mir eine Checkliste …

Dein Gesprächspartner im Vorstellungsgespräch möchte herausfinden,
ob du für den Ausbildungsplatz geeignet bist. Dazu stellt er Fragen.

6 Was möchte der Betrieb mit jeder Frage herausfinden? Ordne die Fragen den passenden Absichten zu.

Starthilfe
Warum haben Sie sich bei uns beworben?
Der Betrieb möchte herausfinden, ob du dich über die Firma gut informiert hast.

Mit diesen Fragen musst du rechnen:	Der Betrieb möchte herausfinden, …
1 Warum haben Sie sich bei uns beworben?	A wie du dich deiner Meinung nach von anderen unterscheidest.
2 Weshalb soll es diese Ausbildung sein?	B ob du in den Fächern gut bist, die zur Ausbildung passen.
3 Was sind Ihre Stärken?	C ob du dich über die Firma gut informiert hast.
4 Wo sehen Sie bei sich Schwächen?	D ob du dich über den Beruf informiert hast.
5 Weshalb sollten wir uns für Sie entscheiden?	E ob deine Stärken zum Beruf passen.
6 Was sind Ihre Lieblingsfächer?	F womit du dich beschäftigst und ob das zum Beruf passt.
7 Was tun Sie in Ihrer Freizeit?	G ob du bei unangenehmen Fragen cool bleibst und ehrlich bist.

7 Formuliere zu jeder Frage in Aufgabe 6 deine Antwort und schreibe sie auf.

Wie trittst du auf?

Du kannst in dem Gespräch auch selbst Fragen stellen. Damit zeigst du Interesse am Unternehmen und an den Tätigkeiten in der Ausbildung.

1 a. Lies die folgenden Fragen eines Bewerbers in einem Vorstellungsgespräch.
b. Überlege: Welche Fragen machen keinen guten Eindruck? Warum?
c. Formuliere die ungeschickten Fragen um oder ersetze sie durch andere Fragen.
- Wie ist der Ablauf in der Ausbildung?
- Gibt es eine Ansprechpartnerin oder einen Ansprechpartner für die Auszubildenden?
- Darf ich hier auch meine Lieblingsjeans tragen?
- Bis wann kann ich mit einem Bescheid rechnen?
- Wann gibt es den ersten Urlaub?
- Haben Sie eine Kantine im Haus?
- Wie heißen die anderen Auszubildenden?

2 Welche Fragen möchtest du selbst im Vorstellungsgespräch stellen? Schreibe deine Fragen auf.
Tipps:
- Du kannst Fragen stellen zur Organisation der Ausbildung, zu den Arbeitsbedingungen, zum Gebäude des Betriebs, zum Ablauf des Bewerbungsverfahrens.
- Du kannst deine Notizen auch im Vorstellungsgespräch benutzen.

In einem Vorstellungsgespräch kommt es aber nicht nur darauf an, *was* gesagt wird. Auch die Körpersprache verrät viel.

3 Wie wirkt die Körpersprache der Jugendlichen auf den Bildern?
a. Beschreibt die Gestik und Mimik der Jugendlichen.
b. Tauscht euch darüber aus, wie sie auf euch wirken.
c. Setzt euch selbst in verschiedenen Positionen hin. Beschreibt, wie ihr euch dabei fühlt.

1 Gibt es eine bestimmte Kleiderordnung in der Abteilung? Wie sieht die Urlaubsregelung aus? Welche anderen Auszubildenden …

4 Welche Signale der Körpersprache können im Vorstellungsgespräch einen guten Eindruck vermitteln?

a. Erarbeitet eine Übersicht in Form eines Clusters.

b. Tauscht euch darüber aus, wie eure Körpersprache auf andere wirkt.

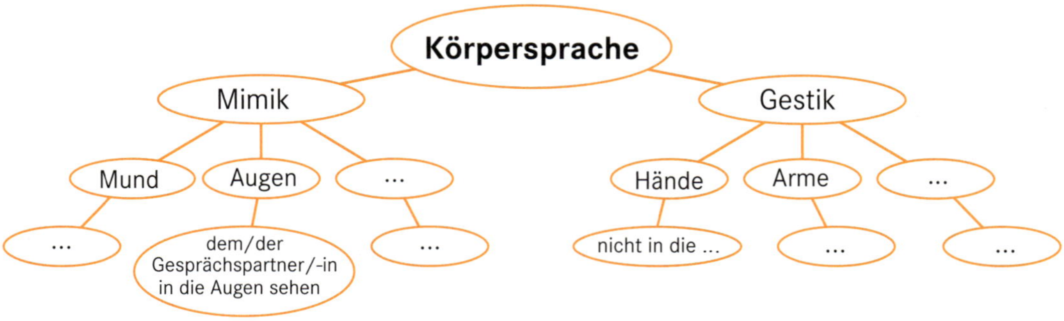

Für einen guten Eindruck brauchst du auch die passende Kleidung.

5 a. Sprecht über die Kleidung auf den Bildern auf Seite 68.

- Wer ist für ein Vorstellungsgespräch unpassend gekleidet? Warum?
- Wer ist am besten für ein Vorstellungsgespräch in einem Hotel gekleidet?

b. Schreibt Tipps für die richtige Kleiderwahl auf.

Starthilfe

Die Kleidung sollte zum Betrieb passen.
Piercings sollte man entfernen.
Die Kleidung sollte …

Um in einem Vorstellungsgespräch sicher und überlegt aufzutreten, könnt ihr den Ablauf in einem Rollenspiel trainieren.

Körperhaltung: offen, abgewandt …
Blickkontakt: oft, selten, nicht …
Sprache: deutlich, undeutlich …
Gesichtsausdruck: freundlich …
Antworten: verständlich, unklar …
Fragen: aufmerksam, interessiert …
Anrede: mit Namen, höflich …
Gesprächsverhalten: lässt ausreden…

6 Gruppenarbeit!
Entwickelt zuerst einen Beobachtungsbogen für die Auswertung des Rollenspiels.
Formuliert Fragen zur Wirkung der Bewerber.
Tipp: Nutzt dazu die Wortgruppen am Rand.

Starthilfe

1. Wie wirkt die Körperhaltung?
2. Wie oft gab es …?

7 Gruppenarbeit!

a. Bildet Vierergruppen.

b. Führt jeweils zu zweit das Rollenspiel durch. Tauscht dann die Rollen.

c. Die übrigen Gruppenmitglieder notieren ihre Beobachtungen. Verwendet dazu den Beobachtungsbogen in Aufgabe 7.

d. Gebt als Beobachter der Bewerberin oder dem Bewerber ein Feedback mit Hilfe eures Beobachtungsbogens.

Auf der Suche nach

福

счастье

fortune

talih

1 Klassengespräch!
- Was erkennt ihr auf den Bildern?
- Was macht euch neugierig? Was ist euch unbekannt?
- Was sagen euch die Texte?
- Welche weiteren Wörter für **Glück** kennt ihr? In welchen Sprachen?

1 福 [sprich: fu]: ein chinesisches Zeichen für Glück;
fortune (engl.): to seek one's fortune: sein Glück suchen;
der Schmied: ein Handwerksberuf, er formt Gegenstände aus Metall
Ich sehe/erkenne/… einen Glücksbringer/einen Elefanten/ein Schwein/…
Auf dem einen Foto/Auf der einen Abbildung ist ein Ausbildungsvertrag/ein Schlüssel/… zu sehen/abgebildet/zu erkennen.

dem Glück

felicidad

sreća

Jeder ist seines Glückes Schmied.

2 Was ist Glück für **euch**?
- Wann seid **ihr** glücklich?
- Wonach sucht **ihr**?

Tauscht euch aus.

In diesem Kapitel begleitet ihr Janne ein Stück auf der Suche nach ihrem Glück. Dabei denkt ihr auch über eure eigenen Wünsche und Träume nach. Ihr lest Geschichten und schreibt eure Gedanken dazu auf. So entsteht euer persönliches Glücksbuch.

2 Ich bin glücklich, wenn … / Für mich ist Glück … / Glücklich sein heißt für mich …

Viele Zeichen und Wörter für Glück

Zeichen und Wörter für das Glück gibt es viele.

1 Sieh dir die Bilder genau an.
Achte auf Einzelheiten.
Welches Bild spricht dich am meisten an?

2 **Automatisches Schreiben!**
Beim automatischen Schreiben schreibst du ohne Unterbrechung das auf, was dir gerade in den Kopf kommt.
Das kann dir helfen, Ideen zu sammeln.
Oder du kannst dir etwas über dich selbst bewusst machen.

- Nimm ein neues Blatt Papier.
- Sieh dir noch einmal dein Lieblingsbild oben an.
- Denke an die Frage: **Was ist Glück?**
- Schreibe einfach, ohne abzusetzen, los.
  Und wenn dir zwischendurch nichts einfällt, schreibst du schwungvolle Formen.

3 Welche deiner Glücksgedanken aus Aufgabe 2 gefallen dir besonders?
Schreibe sie in eine Skizze deines Lieblingsbildes hinein.

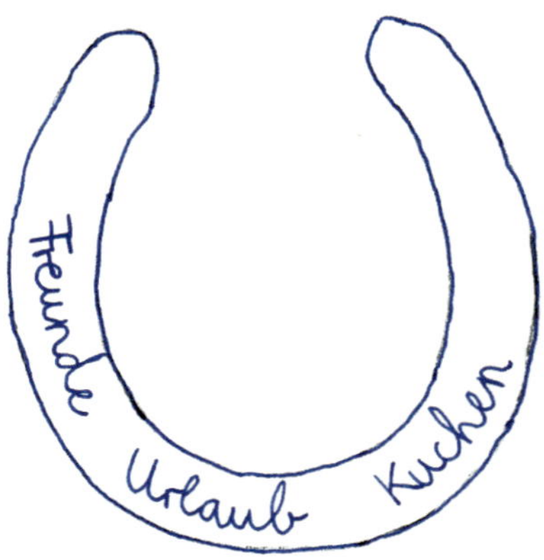

Z **4** Welche Zeichen und Wörter für Glück gibt es außerdem auf der Welt?

a. Recherchiere im Internet.
   Tipp: Vielleicht hast du auch Lust, dich mit Glücksbringern zu beschäftigen.
b. Wähle ein oder zwei Zeichen und Wörter aus, die dir besonders gefallen.
   Beschreibe und erkläre sie auf einem Blatt für dein Glücksbuch.
c. Stelle deine Ergebnisse der Klasse vor.

4 der Schornsteinfeger, der Glückspfennig, die Hasenpfote, Fatimas Hand, …
geluk, felicità, laime, lykke, …

Im Inneren von Glückskeksen findet ihr nicht nur Weisheiten zum Thema Glück, sondern oft auch mehr oder weniger sinnvolle Ratschläge für das Leben.

Das Glück gibt dem einen die Nüsse, dem anderen die Schalen.

Das Glück liegt in uns.

Jeder ist seines Glückes Schmied.

Glück und Glas, wie leicht bricht das.

Das Glück muss man erobern.

5 Erklärt euch gegenseitig die Bedeutung der Sprichwörter.
Erzählt euch von Erlebnissen, zu denen der eine oder andere Satz passt.

In vielen Popsongs geht es um die Suche nach dem Glück, so auch in diesem deutschsprachigen Song der Band „Frida Gold".

Wovon sollen wir träumen?
So wie wir sind, so wie wir sind,
so wie wir sind
Woran können wir glauben?
Wo führt das hin? Was kommt und bleibt? So wie wir sind
[...]

6 Klassengespräch!
- Welche Fragen werden in dem Song gestellt?
- Wann habt ihr euch schon einmal solche Fragen gestellt?

7
- Was sind deine Träume?
- Welche Ziele hast du?
- Was ist dir wichtig?

Zeichne eine große Traumwolke auf ein Blatt Papier.
Schreibe einen kurzen Text in die Traumwolke.

Z 8 Die Band „Frida Gold" ist in Deutschland bekannt und erfolgreich.
Die Bandmitglieder sind alle längst erwachsen.
Unterscheiden sich ihre Fragen an das Leben und an das Glück von deinen?
Lies und untersuche dazu den vollständigen Songtext.

→ Den vollständigen Song findest du in „Weiterführendes" auf Seite 319.

5 Jeder muss sein Glück selbst finden. / Du musst dich anstrengen, um glücklich zu sein. / Nicht jeder hat Glück. ...

Ein Jugendbuch über die Suche nach dem Glück

Im Jugendbuch „Glückskeks-Momente“ begleitet ihr Janne auf ihrer Suche nach dem Glück.

1 Lies den Ausschnitt aus dem Jugendbuch mit Hilfe des Textknackers.

1. Vor dem Lesen: Bilder
2. Das erste Lesen
3. Den Text genau lesen

Glückskeks-Momente

Cora Gofferjé

1 *Hallo, Janne!*
Abendessen ist im Kühlschrank – Wir haben Dir die Reste von dem Buffet für die Krügers dagelassen. Lena schläft heute bei Anna. Bei uns wird's spät. Küsschen, Mama! ➜

Gerade als ich den Zettel wütend zerknüllen will, weil ich so eine Stinkwut auf meine Mutter habe, sehe ich den Pfeil, der andeutet, dass der Brief auf der Rückseite noch weitergeht.

PS: Der Brief von der Gastronomie-Akademie[1] *aus Genf ist gekommen, habe ihn auf Dein Bett gelegt. Rufst Du uns sofort an, wenn Du ihn geöffnet hast?!*

2 In Windeseile sprinte ich die Treppenstufen hoch. Das Telefon klingelt. Egal, ich habe jetzt keine Zeit. Dann gehe ich doch dran, es könnte ja etwas Wichtiges sein. Es ist was Wichtiges, nämlich Pauline. „Hi, was ist los? Noch sauer? In der Schule bist du mir heute auch aus dem Weg gegangen. Dachte, ich könnte uns 'ne schön scharfe Pizza Vulcano bestellen und dazu ziehen wir uns 'ne Staffel Gilmore-Girls rein.“
„Sonst gerne, aber meine Eltern haben den Kühlschrank bis zum Anschlag vollgestopft mit Fressalien. Außerdem ist heute schlecht ...“ „Du bist doch sauer!“ „Nein! ... Ja! ... Vielleicht! ... Ach, ich weiß auch nicht.

[1] **die Gastronomie-Akademie:** eine Schule, in der man das Kochen, das Servieren und das Hotelfach lernen kann

Du hast mir so viel um die Ohren gehauen, das muss ich erst mal verdauen!" „Können wir doch gemeinsam, beim Plündern eures Kühlschranks. Los, Janne, sei kein Frosch, ich komme jetzt rüber und dann reden wir noch mal über alles, okay? Ich weiß, manchmal bin ich wie ein ICE und überrolle dich einfach auf offener Strecke." „Ich hab Post!", höre ich mich plötzlich sagen. „Hä?" „Na ja, hier liegt ein Brief auf dem Bett von der Gastronomie-Akademie und ich wollte ihn gerade öffnen." „Warte auf mich … bin gleich da!" Bevor ich etwas entgegnen kann, hat sie aufgelegt. Dabei wollte ich heute Abend lieber alleine sein und nochmal in Ruhe über alles nachdenken, auch über Marc und so.

2 Der Zettel der Mutter – Paulines Anruf – die Sache mit Marc: Welche Gedanken könnten Janne durch den Kopf gehen? Zeichne eine Gedankenblase auf ein Blatt Papier und schreibe einige Gedanken hinein.

3 Zurück in meinem Zimmer schließe ich schnell die Fenster. Es hat zu regnen angefangen. Mit nackten Füßen stehe ich in einer kleinen Pfütze, die sich bereits auf dem Boden gebildet hat. Bewegungslos verharre[2] ich dort und starre auf das Bett. Dort liegt er. Ein eierschalenfarbener DIN-A4-Briefumschlag. Bevor ich ihn öffne, muss ich unbedingt aufwischen. Zeit schinden[3] ist angesagt. Aus dem Badezimmer hole ich ein Handtuch und rubble über den Boden, gehe zurück ins Bad und werfe es in den Wäschekorb. Dann setze ich mich auf den Badewannenrand und beäuge eingehend meine Füße. Dabei fällt mir auf, dass der zweite Zeh länger ist als der dicke. Komisch, da habe ich noch nie drauf geachtet.

4 Janne, das ist jetzt echt blöd und feige von dir. Du sitzt hier im Badezimmer rum und glotzt deine Zehen an, anstatt den Brief zu öffnen, der dein Leben verändern kann. Langsam schlurfe ich zurück in mein Zimmer und steuere direkt auf mein Bett zu. Ehrfürchtig[4] nehme ich den Umschlag in die Hand. Das Papier sieht richtig exklusiv aus, selbst die Briefmarke vermittelt einen Hauch von Luxus. Richtig eingeschüchtert gestehe ich mir ein, dass ich ja eigentlich nichts auf so einer Elite-Schule[5] zu suchen habe und dass ich das Geld dafür ja nie im Leben zusammenkriege, auch wenn Papa und Mama mich noch so sehr unterstützen wollen. Dann reiße ich den Umschlag auf. Wenn hier jetzt drinsteht, dass die mich [… nach dem Abitur] annehmen, dann … Ja, was dann?

3 Den Brief öffnet Janne nicht gleich. Warum lässt sich Janne so viel Zeit? Schreibe eine Begründung auf.

[2] **verharren:** still stehen bleiben
[3] **Zeit schinden:** etwas hinauszögern
[4] **ehrfürchtig:** voller Respekt
[5] **die Elite-Schule:** eine gute und teure Schule

2 der Freund, die Zukunft, der Ausbildungsplatz, der Streit …
3 Janne hat Angst/ist unsicher, weil … / Sie weiß nicht, … / Sie hofft, … / …

5 Plötzlich klingelt es Sturm[6]. Pauline. Langsam gehe ich die Treppe hinunter. Durch das Bullauge[7] sehe ich sie, wie immer die Nase platt an der Scheibe. Langsam öffne ich die Tür. „Komm rein!“ Atemlos hechtet sie herein und schüttelt ihre nassen Locken. „Haste ihn aufgemacht?“ „Ja!“ „Oh“, kommt es enttäuscht aus ihrem Mund, „und was steht drin? Biste angenommen?“ „Keine Ahnung!“ „Ich denk, du hast ihn aufgemacht!“ Suchend kramt sie in ihrem Rucksack herum. „Das habe ich, aber ich habe ihn nicht gelesen.“ „Hier, Versöhnungsschokoküsse!“ Sie drückt mir eine Jumbopackung in die Hand. „Danke, aber ich habe heute keinen Hunger auf Schokoküsse!“, kralle ich mich an dem Brief fest und zerknülle ihn fast dabei. Pauline sieht mich besorgt an und legt mir prüfend die Hand auf die Stirn. „Du hast Fieber!“ „So'n Quatsch“, wehre ich ihre Hand ab. „Ich habe einfach nur keinen Appetit. Mir schlägt so was immer auf den Magen!“ „So was? Meinste damit, das mit mir? Was ich dir gesagt habe und so?“, fragt sie besorgt. „Ja, auch!“ „Janne, ich bin deine Freundin!“

6 „Ja, ja, und alle meinen es nur gut mit mir. Du, meine Mutter, Marc …“ Ich werde plötzlich richtig sauer und in meiner Wut reiße ich den Brief aus dem Umschlag. Pauline verrenkt sich fast den Kopf, um ein paar Zeilen zu lesen. „Wir freuen uns … Hey, das fängt gut an. Das ist was Positives. Los, Janne, lies vor. Schließlich geht's ja auch um mein Schicksal, wenn meine beste Freundin übernächstes Jahr in die Schweiz abdampft.“ Langsam lasse ich mich aufs Bett fallen. „Wir freuen uns …“, lese ich jetzt mit verkloßter Stimme, „dass wir Sie im übernächsten Jahr auf unserer Akademie begrüßen dürfen. … Näää“, klinge ich etwas debil[8]. „Das fasse ich nicht!“ „Doch, Janne. Das wolltest du doch immer. Jetzt hast du's geschafft.“

4 Was steht in dem Brief? Schreibe es mit eigenen Worten auf.

Liebe Janne Xxxx,

wir freuen uns, dass …

7 Dann legt sie den Kopf schief und sieht mich eindringlich an. „Bist du glücklich?“ Und dann bricht plötzlich dieses New-York-Virus aus, mit dem Joe mich infiziert hat, und ich erzähle ihr von dem Wettbewerb. „Joe hat mir da so einen Floh ins Ohr gesetzt[9]. Wenn ich ehrlich bin, habe ich ihn bisher ganz gut verdrängt – nicht den Floh, also eher den Gedanken daran …“ „Du sprichst in Rätseln!“ „Also, er findet meine Filme richtig klasse, vor allem den letzten Film bei den Ströndals. Na ja, und die Filmwerkstatt Rhein-Ruhr hat einen Wettbewerb mit dem Thema Liebe ausgeschrieben und da passt mein Film genau rein, ich meine, ich bräuchte noch nicht einmal einen zu drehen, ich könnte den dort einschicken, ich muss nur noch die Stöndals fragen, ob sie damit einverstanden sind … Da kann man einen Preis gewinnen: sechs Wochen Workshop in New York! Das stell ich mir echt super vor, aber ich traue mich nicht!“, beende ich meinen Ausbruch.

6 **Sturm klingeln:** ununterbrochen klingeln
7 das **Bullauge:** hier: rundes Fenster in der Tür
8 **debil:** dumm
9 **einen Floh ins Ohr setzen:** einen Gedanken in den Kopf setzen

8 Mit großen Augen starrt Pauline mich an. „Janne, so habe ich dich ja noch nie erlebt. Seit ich dich kenne, warst du noch nie so euphorisch[10]. Ich habe grad richtig eine Gänsehaut gekriegt. Mensch, Janne, das ist genau dein Ding. Ich gebe Joe recht, deine Filme sind wirklich genial und die Filmerei, das ist es doch, was dich wirklich interessiert, und nicht der Catering-Service. Sonst hättest du jetzt nicht so ekstatisch davon geredet. Von der Gastronomie-Schule habe ich dich jedenfalls bisher noch nie so begeistert reden hören. Du musst dich bewerben, Janne." Ich sacke in mich zusammen.

5 „Bist du glücklich?", fragt Pauline Janne.

- Warum müsste Janne glücklich sein?
- Warum kann sie sich nicht so richtig freuen?

Schreibe es auf.

9 Zack! Ein Kissen landet auf meinem Kopf. „Wenn du es nicht wagst, wirst du es auch nie erfahren. Mensch, Janne, das ist ein Mega-Ding. Joe ist doch kein Blödi, ich meine, der weiß, wovon er spricht, und wenn er dir rät, dich zu bewerben, dann tu das gefälligst. New York, Amerika, Filme – das ist ein Traum!" „Und ich befürchte fast, es ist *mein* Traum!", klinge ich verwaschen unter dem Kissen, das ich mir mittlerweile fest auf das Gesicht presse. „Das ist ein Zeichen. Ich meine, jetzt, wo du deinen positiven Bescheid[11] für Genf bekommst, genau jetzt hast du die Chance, dich bei diesem Wettbewerb zu melden. Verstehst du nicht, Janne, wenn du daran teilnimmst und wirklich gewinnst, hast du dich endlich mal selber für etwas entschieden. Du allein und niemand anders!" „Entschieden?" „Na ja, entweder für das Leben, das dir deine Eltern vorsetzen, oder das Leben, das du dir wirklich wünschst!" „Aber ich weiß doch gar nicht, was ich mir wirklich wünsche!" „Fürs Erste doch zumindest New York, oder?!" Ruckartig zieht sie mir das Kissen vom Kopf. „Pauline, sei mir nicht böse, aber ich muss jetzt wirklich alleine sein", rolle ich mich zur Seite und krümme mich wie ein Embryo[12], um meine gemischten Gefühle im Alleingang zu sortieren. Zärtlich drückt sie mir noch einen Kuss drauf. „Du wirst schon das Richtige machen!" Dann streichelt Pauline mir sanft übers Haar, bevor sie sich auf Zehenspitzen rausschleicht und das Licht löscht.

10 **euphorisch**: begeistert
11 der **Bescheid**: die Antwort
12 der **Embryo**: frühe Form eines Babys im Bauch der Mutter

10 Am nächsten Morgen wache ich schweißgebadet auf. Ich hatte wieder einen dieser Rennträume. Mama steht plötzlich in der Tür. „Du hast ja in deiner Kleidung geschlafen!" „Na und?", pampe ich sie an. Sie kommt näher an mein Bett. „Was ist los, Janne? Schlechte Nachrichten?" Wortlos drehe ich mich auf die andere Seite. „Es gibt doch auch noch andere gute Gastronomieschulen", versucht sie mich zu trösten. „Ist mir scheißegal!" Ich rolle mich zum Fenster und bin nicht in der Lage, ihr zu sagen, dass es hier grad gar nicht um die Gastronomie-Akademie geht. „Jetzt ist es aber langsam gut, Janne. Ich kann schließlich auch nichts dafür, wenn die dich abgelehnt haben!", klingt sie jetzt ebenfalls leicht gereizt. „Nee, wenn es so wäre, könntest du dafür wohl wirklich nichts. Aber dafür, dass du dich ständig in alles einmischst, dafür kannst du was." „Aha, eine Mutter-Tochter-Diskussion!" „Ja, eine längst überfällige!" „Na, dann schieß mal los[13]!" Ich spüre, wie sich Mama neben mich aufs Bett setzt.

11 „Was soll das eigentlich mit Marc und dieser ganzen Schwiegersohn-Nummer? Heirate du ihn doch!" Besser, ich drehe mich jetzt nicht zu ihr um, sonst verliere ich wieder den Mut. „Kind, Janne, entschuldige bitte, aber ich dachte, du liebst Marc, und er gehört für mich schon wie selbstverständlich mit zur Familie." „Ja, für dich ist ja alles irgendwie selbstverständlich. So wie es ganz klar war, dass ich den Catering-Service übernehme. Dass ich die Schule mit links schaffe, dass ich zwar nicht so hübsch bin wie Lena, aber dafür klug, dass ich eines Tages Marc heirate, das ist alles immer soooooooooo selbstverständlich für dich!" Beruhigend legt sie ihre Hand auf meine Schulter und will mich zu sich herumdrehen, aber ich schüttele sie ab. Ich kann jetzt keine Berührung ertragen. „Aber Janne, ich dachte, das wären auch alles *deine* Träume!" Abrupt[14] drehe ich mich jetzt doch um, sehe sie an und schreie erbost[15]: „Meine Träume!? Ich weiß doch noch nicht mal, was meine Träume überhaupt sind. Die hast du doch für mich festgelegt. Es sind deine Scheißträume. Kapierst du das nicht?"

6 Was meint Janne mit den letzten Sätzen (Zeilen 161–164)?

a. Sprecht mit einer Partnerin, einem Partner oder in der Klasse darüber.

b. Schreibt Jannes Sätze in eine Sprechblase. Erklärt die Sätze schriftlich in einem kurzen Text.

Starthilfe

Janne fühlt sich, …
Janne ist der Meinung, dass ihre Eltern …
Sie würde …, weil …

[13] **losschießen:** anfangen zu reden
[14] **abrupt:** ruckartig, schnell und plötzlich
[15] **erbost:** böse

12 Plötzlich wird die Tür aufgerissen. Papa steht im Türrahmen. „Was ist denn hier los?", will er mit besorgtem Gesicht wissen. „Janne hat eine Absage von der Gastronomie-Akademie bekommen, Hase, und jetzt ist sie natürlich furchtbar aufgelöst!" „So ein Schwachsinn. Hast du mir denn gerade gar nicht zugehört?", schreie ich wieder. „Du bist der Grund! Du! Du! Du! Und nochmals DU! Und außerdem", meine Stimme überschlägt sich fast, „bin ich gar nicht abgelehnt worden!" Wieder will sie mich anfassen, doch ich werde stocksteif und meine abwehrenden Hände machen ihr klar, dass ich keine Berührung ertragen kann.

„Geh bitte raus, Mama. Bitte. Und du auch, Papa." Anscheinend merken sie, wie ernst es mir ist, denn das erste Mal in meinem Leben respektieren sie tatsächlich meine Wünsche. Draußen vor der Tür höre ich sie tuscheln, aber es ist mir egal.

7 Im Gespräch mit den Eltern brechen aus Janne heftige Gefühle hervor.
a. Zeichne einen großen Blitz auf ein Blatt Papier.
b. Schreibe passende Textstellen hinein.

8 Klassendiskussion!
Janne muss sich entscheiden.
- Welche Gründe könnte Janne für ihr Zögern haben?
- Wie könnte Janne mit den Wünschen ihrer Eltern umgehen?

9 Manchmal kann eine Pro-und-Kontra-Liste dabei helfen, wichtige Entscheidungen zu treffen.
a. Schreibe zunächst auf, welche Entscheidungen Janne zu treffen hat.
b. Überlege dir Argumente für und gegen die einzelnen Möglichkeiten. Schreibe die Liste mit den Argumenten ebenfalls auf.

Pro: was dafür spricht	Kontra: was dagegen spricht

9 der Traum, eine sichere Zukunft, das Risiko, die Erwartungen, Geld verdienen, das Talent, langweilig, aufregend …

Zu dem Auszug aus dem Jugendbuch schreiben

Eine E-Mail oder einen Tagebucheintrag schreiben

Gibt es eine Figur in dem Buch „Glückskeks-Momente", die dich besonders anspricht? Dann kannst du dich hier in sie hineinversetzen und aus ihrer Sicht schreiben.

W **1** Wähle eine Figur aus.
- Überlege, was du über sie weißt.
- Mache dir Notizen über die Figur, ihre Situation, ihren Charakter, ihre Probleme …

  Tipp: Du kannst auch einen kurzen Steckbrief über sie schreiben.

W **2** Wähle eine Schreibaufgabe aus und bearbeite sie:
- Du kannst eine **E-Mail** an eine andere Figur schreiben, z. B. als Janne an Pauline oder auch als Jannes Vater an Marc.
- Du kannst einen **Tagebucheintrag** als eine der Figuren verfassen, z. B. als Pauline oder als Marc oder …

Hallo Pauline, stell dir vor, was heute Morgen passiert ist. Meine Mutter kam in mein Zimmer und da …

Lieber Marc, heute Morgen hatten meine Frau und ich ein Gespräch mit Janne. Wusstest du denn, dass …

Heute besuchte ich Janne. Zunächst dachte ich ja, sie wäre sauer auf mich. Aber dann bemerkte ich doch, dass es etwas ganz anderes bei ihr war …

Einen Dialog schreiben

„‚Geh bitte raus, Mama. Bitte. Und du auch, Papa.' … Draußen vor der Tür höre ich sie tuscheln, aber es ist mir egal."

3 Was flüstern die Eltern vor der Tür?

a. Sprich mit einer Partnerin oder einem Partner darüber.
b. Zeichnet Sprechblasen und schreibt das Gespräch auf.
c. Spielt euer Gespräch als kurze Szene vor der Klasse.

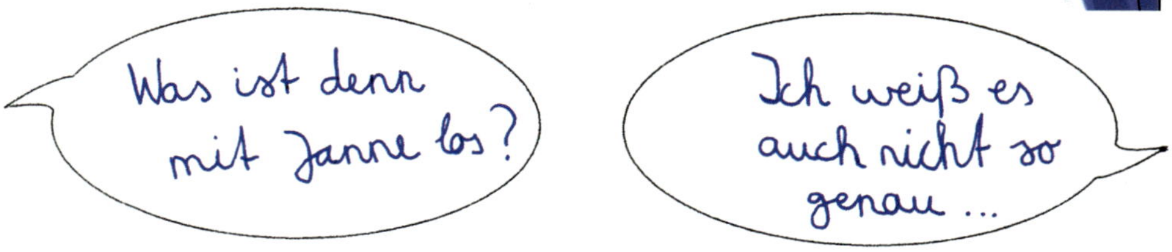

2 Wortgruppen, die Gefühle ausdrücken: ich bin hin- und hergerissen, ich habe mich erschrocken, etwas hat mich verletzt, etwas hat mich geärgert, etwas fand ich unfair …

Einen inneren Monolog schreiben

In einem Sitzkreis könnt ihr zunächst verschiedene Figuren aus dem Jugendbuch genauer „kennen lernen". Danach schreibt jeder einen inneren Monolog zu einer ausgewählten Figur.

3
- Bildet einen Sitzkreis.
  Tipp: Arbeitet in Gruppen zu fünft oder zu sechst zusammen.
- In die Mitte setzt sich eine Person, die in die Figur aus dem Buch „hineinschlüpft".
- Die anderen im Sitzkreis stellen der Person in der Mitte Fragen. Diese antwortet aus der Sicht der Figur.

4 Schreibe einen inneren Monolog aus der Sicht der Person. Die Tipps aus der Arbeitstechnik helfen dir.

Eigentlich wollte ich doch mit meiner
Mutter heute gar keinen Streit anfangen.
Aber es hat mich so verletzt, dass …,
und da ist einfach alles aus mir …

Arbeitstechnik

Einen inneren Monolog schreiben

Ein innerer Monolog ist ein **Gedankenfluss** einer **Figur** in einer Geschichte oder einem Buch.
Wenn du selbst einen inneren Monolog schreibst, zeigst du, dass du den **Text** und die Figur **verstanden** hast.
- Beginne vielleicht mit einem Zitat aus dem Text und knüpfe dort an.
- Versetze dich in die Figur und in die Situation hinein:
  Was geht in ihrem Kopf vor?
  Was ist der Figur **wichtig**? Was beschäftigt sie?
  Vor welchen **Aufgaben** steht sie?
  Was **fühlt** sie? Was **denkt** sie?
- Beantworte die Fragen **aus der Sicht der Figur**.
  Drücke dich so aus, **wie die Figur sprechen** oder schreiben würde.
- Schreibe so, dass es zum **Charakter** und zur bisherigen **Handlungsweise** der Person passt.
- Sei kreativ: **Gedanken** sind nicht sortiert. Sie fliegen durcheinander, schweifen ab, brechen ab …

Einen persönlichen Brief schreiben

Janne muss noch mehr Entscheidungen treffen.

„Findest du nicht“, Mama lässt sich auf einen Barhocker fallen, „du hättest uns davon in Kenntnis setzen sollen, dass du deine Beziehung mit Marc beendet hast?“

Schluck. Sie wissen es tatsächlich. Alle. Am besten direkt zur Gegenwehr ansetzen.

„Ich *finde*, ich muss darüber erst einmal *alleine* nachdenken. So einfach war das für mich auch nicht. Und ich hätte euch schon davon ‚in Kenntnis gesetzt‘, aber erst dann, wenn ich meine, dass der richtige Zeitpunkt da ist!“

„Aber wir hängen doch auch sehr an Marc!“, schluckt Mama schwer.

„Na, das war ja auch unübersehbar!“, kommt es patzig aus meinem Mund.

„Janne, was ist eigentlich los?“ Mama erhebt sich vom Stuhl und kommt auf mich zu.

„Weißt du eigentlich, wie ich mir vorkomme? Ständig mischst du dich in mein Leben ein […]“

Janne bricht das Gespräch ab, geht in ihr Zimmer und ordnet ihre Gedanken. Diese schreibt sie in einem Brief an ihre Mutter auf.

	Ort, Datum
Liebe ,	passende Anrede
hoffentlich habe ich vorhin nicht . *Geht es dir gut?*	Einleitung: Anlass für den Brief
Auf diesem Wege möchte ich dir erklären, warum ich . *Ich finde/fühle/denke, dass ich* .	Hauptteil: Was bedeutet die Entscheidung für Jannes nahe Zukunft? Welche Gefühle spielen eine Rolle? …
Liebe Grüße,	Gruß
deine Janne	Unterschrift

1 Was könnte Janne schreiben?
Versetze dich in die Figur hinein.
Schreibe Jannes Gedanken in Briefform auf ein Blatt Papier.

1 Ich versuche erst einmal …; du solltest versuchen, auch … zu verstehen, dass …; … meine eigene Entscheidung …; ich bin enttäuscht über …/darüber, dass …; … Angst vor …/Angst, dass …; ich wünsche mir, dass …

Die eigene Meinung formulieren

In einem Brief kannst du deine persönliche Meinung aufschreiben und begründen.

1 Lies die beiden Briefauszüge.

Liebe Frau …,
… Ich finde es gut, dass Ihre Tochter Janne sich entschieden hat, Marc zu verlassen. Ich bin sehr erleichtert, denn Janne war sich ohnehin nie ganz sicher. Ich spüre, dass Janne jetzt Unterstützung braucht. Dafür gibt es verschiedene Gründe: Sie muss wichtige Entscheidungen treffen. Und falls sie nach New York gehen sollte, muss sie sich um vieles kümmern. …
Viele Grüße von Pauline

Liebe Janne,
… Ich bin enttäuscht, dass du Marc einfach verlassen hast. Ich mag Marc sehr und er hat dich immer unterstützt. Und sicherlich hängt er sehr an dir. In unserer Familie haben wir uns doch immer alle gut mit ihm verstanden. …
Deine Mutter

2 a. Schreibe die beiden Briefe ab.
b. • Welche Meinungen werden in den Briefen geäußert?
• Wie werden die Meinungen begründet?
Markiere es in unterschiedlichen Farben.
c. Kreise Wörter und Wortgruppen ein, mit denen du Meinungen formulieren kannst.
d. Unterstreiche Wörter und Wortgruppen, an denen du Begründungen erkennst.

3 Schreibe eine Liste mit den Meinungen und den Begründungen
Tipp: Du kannst Stichworte aufschreiben oder zusammenfassende kurze Sätze.
• Schreibe die Meinungen auf die linke Seite.
• Schreibe die Begründungen rechts daneben.

Starthilfe

Meinung	Begründung
• gut, dass Janne Marc verlässt …	• Janne war sich nie … …

4 Schreibe deine eigenen Meinungen über Janne, ihre Situation, ihre Familie und ihre Freunde in einem Brief auf. Begründe jede einzelne Meinung.

5 Überprüft gegenseitig eure Briefe. Achtet auch auf die Rechtschreibung.

Was jemand gesagt hat

In dem Roman „Glückskeks-Momente" muss Janne eine weit reichende Entscheidung für ihr Leben treffen.

Aus einer Buchbesprechung

… In einer Auseinandersetzung mit Janne meint die Mutter, dass Janne ihren Freund Marc immer noch liebe und er für sie doch schon zur Familie gehöre. Janne aber wirft ihrer Mutter vor, dass für sie alles immer irgendwie selbstverständlich sei und dass sie, Janne, auch den Catering-Service übernehmen werde. Im Grunde wisse die Mutter aber nicht, welche Träume Janne wirklich habe. Das sei immer von der Mutter festgelegt worden.

1 Worüber sprechen Janne und ihre Mutter?
Schreibe einen Satz auf.

2 Was wirft Janne ihrer Mutter vor?
a. Ergänze diese Sätze mit den passenden Verbformen aus dem Text.
b. Markiere die Verbformen in deinen Sätzen.

Janne _____ ihren Freund Marc immer noch.
Marc _____ für die Mutter schon zur Familie.
Für die Mutter _____ alles immer irgendwie selbstverständlich.
Janne _____ selbstverständlich auch den Catering-Service übernehmen.
Die Mutter _____ nicht, welches ihre Träume wirklich _____.
Das _____ immer von der Mutter für sie festgelegt worden.

Merkwissen

Mit dem **Konjunktiv I** kannst du etwas wiedergeben, das jemand anderes gesagt hat:
*„Im Grunde **triffst du** alle Entscheidungen für mich."* ➔ *Im Grunde **treffe die Mutter** alle Entscheidungen für Janne.*

3 a. Schreibe die Verbformen aus Aufgabe 2 mit den Personalpronomen untereinander auf.
b. Schreibe jeweils die „normale" Verbform (Präsens, Futur I, Perfekt) daneben.
c. Markiere die Unterschiede.

3 die „normale" Verbform: der Indikativ = die Wirklichkeitsform
die Mutter – sie; für die Mutter – für sie; Janne – sie; ihre Träume – sie; Marc – er
ich bin/werde/weiß/habe/liebe/gehöre, du bist/wirst/weißt/hast/liebst/gehörst,
er/es/sie ist/wird/weiß/hat/liebt/gehört

Was könnte Janne zu ihrer Mutter gesagt haben?

„Ich fühle mich ständig von dir bevormundet.
Das will ich nicht länger hinnehmen.
Künftig werde ich über mein Leben selbst entscheiden.
Bisher hat mich niemand gefragt, was ich denn wirklich will.
Auch mein Freund Marc interessiert sich kaum dafür.
Im Gegenteil:
Nach wie vor denkt er in erster Linie immer nur an sich."

4 a. Schreibe die Verbformen aus der Sprechblase untereinander auf.
b. Schreibe jeweils den Konjunktiv I daneben.

5 a. Schreibe die Sätze aus Aufgabe 4 als indirekte Rede auf.
Tipp: Denke daran, dass sich auch die Pronomen verändern.
b. Was hat sich verändert?
Markiere es.

Starthilfe
Sie fühle sich ständig von ihr bevormundet. Das …

Janne erklärt, warum sie gern nach New York gehen würde.

„Joe hat mir da so einen Floh ins Ohr gesetzt. Wenn ich ehrlich bin, habe ich ihn bisher ganz gut verdrängt. Er findet meine Filme richtig klasse, vor allem den letzten Film bei den Stöndals. Na ja, und die Filmwerkstatt Rhein-Ruhr hat einen Wettbewerb mit dem Thema Liebe ausgeschrieben, und dort passt mein Film genau rein. Dabei kann man einen Preis gewinnen: sechs Wochen Workshop in New York! Das stelle ich mir echt super vor, aber ich traue mich nicht!"

6 Welche Chance hätte Janne in New York?
Schreibe die Antwort in einem Satz auf.

7 Wie könnte dieser Text indirekt wiedergegeben werden?
a. Welche Verbformen und welche Pronomen musst du verändern?
Tipp: Auf einer Folie, die du auf den Text legst, kannst du sie markieren.
b. Schreibe den Text mit den richtigen Formen im Konjunktiv I auf.

5 er/sie/man/das sei/habe/finde/passe/könne/stelle … sich vor/traue … sich nicht
mir – ihr, ich – sie; meine – ihre, mein – ihr; ich mir – sie sich

Z Wissenschaftler erforschen das Glück

Die Glücksforschung ist die Erforschung der Bedingungen, unter denen sich Menschen als glücklich bezeichnen und/oder glücklich sind. Diese Grafik ist nur ein Beispiel für zahllose Umfragen und Erhebungen zum Thema „Glück“.

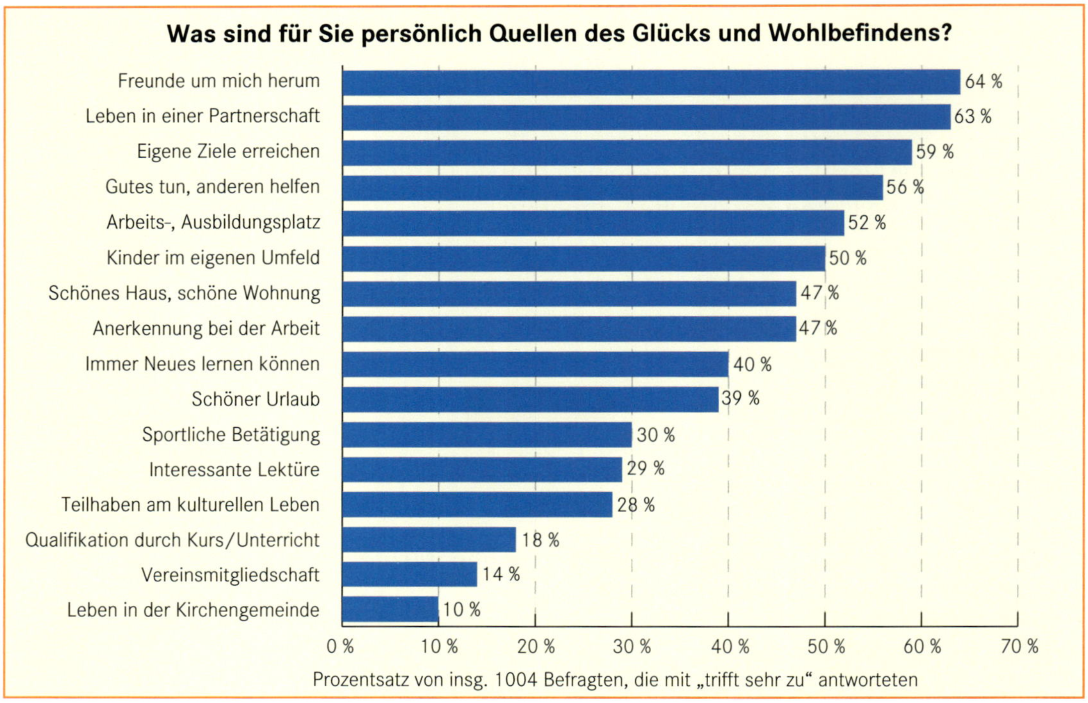

1 Werte die Grafik in einem kurzen Text für dein Glücksbuch aus:
- Was veranschaulicht die Grafik?
- Welche Quellen des Glücks gibt es deiner Meinung nach außerdem?

W **2** Auch Online-Zeitungen schreiben manchmal über die Glücksforschung. Wähle aus:
- Fasse den folgenden Artikel in eigenen Worten zusammen.
- Informiere deine Klasse in einem Kurzreferat über den Artikel.

Wissenschaftler korrigieren unser Bild vom Glück

1 Müssten die beiden Lottospieler, die jetzt den Jackpot geknackt haben, nicht ganz besonders glücklich sein? Nicht unbedingt, behaupten Glücksforscher: Statistisch gesehen sei ein Lottomillionär kaum glücklicher als Menschen, die jeden Euro zweimal umdrehen müssten. Aber was macht uns eigentlich glücklich?

2 Wer in einer Internet-Buchhandlung das Stichwort „Glück“ eingibt, erhält inzwischen rund 14 000 Treffer. Doch die Ratgeber auf diesem Sektor werden wieder bescheidener. „Glück, was ist das?“ heißt das jüngste Buch zum Thema, das von dem Psychiater Hans Förstl und der Journalistin Helwi Braunmiller (beide München) im Herder-Verlag (Freiburg) veröffentlicht wurde. Statt vollmundiger Versprechen der Kategorie „So kriegen Sie alles, was Sie wollen“ erläutert es in verständlicher Sprache die wissenschaftlich erforschten Faktoren, die uns glücklich machen. Wobei Glück in erster Linie nicht als philosophischer Begriff, sondern ganz einfach als Lebensgefühl definiert wird. Wer glücklich sein will, braucht demnach nicht einen großen Gewinn, sondern manchmal einen riesigen Verlust. Viele Krebskranke mussten beispielsweise erst ihre Gesundheit verlieren, um schätzen zu lernen, was sie am Leben haben. Peter Herschbach von der Technischen Universität München hat bei der Auswertung von 30 Studien mit 11 000 untersuchten Menschen herausgefunden: Krebskranke beurteilen ihre Lebensqualität besser als viele Gesunde. Das liegt unter anderem daran, dass die Krankheit sie wieder achtsam macht für die kleinen Glücksmomente des Alltags, während gesunde Menschen sich permanent mit denen vergleichen, denen es (noch) besser geht als ihnen.

3 Alle internationalen Studien belegen, dass Glücksgefühle eng mit interessanten Aktivitäten verbunden sind. Malen, Klettern, Musizieren, kreative Lösungen austüfteln – all das bringt das menschliche Gehirn in einen Zustand, den der amerikanische Glücksforschungspionier Mihály Csíkszentmihályi als „Flow“ (Fließen) bezeichnet hat. Auch eine feste Partnerschaft macht, statistisch gesehen, glücklich – und zwar noch häufiger mit Trauschein als ohne, wie mehrere Studien gezeigt haben. Wer zudem regelmäßig etwas Sport treibt, den belohnt der Körper mit einer Extraportion Dopamin, das für das gute Lebensgefühl mitverantwortlich ist.

4 Komplizierter verhält sich der Zusammenhang zwischen Glück und Religion. Es gibt viele Belege, dass Menschen mit einem tiefen Glauben sehr viel häufiger glücklich sind als etwa Atheisten. Allerdings scheint das vor allem in Ländern zu gelten, die insgesamt stark religiös sind. In säkularen Nationen kommen auch die Nichtreligiösen auf ein ansehnliches Glücksniveau. Gerade dieses Thema macht ein Dilemma deutlich, vor dem die Glücksforschung bis heute steht. Sie kann schwer beurteilen, was zuerst da war: das Glück oder der Glücksfaktor. Sind religiöse Menschen glücklicher – oder neigen glückliche Menschen zur Religion? Sind aktive Menschen glücklicher – oder neigen glückliche Menschen zu mehr Aktivitäten? So lange diese Frage nicht entschieden ist, dürfen auch beim Lottomillionär keine voreiligen Schlüsse gezogen werden. Sollte er oder sie nach der Auszahlung der 32 Millionen glücklich sein, dann ist es sehr wahrscheinlich, dass diese Person auch ohne das viele Geld ein glücklicher Mensch gewesen wäre.

Training: Mit der Methode des inneren Teams entscheiden

Janne hat nach dem Gespräch mit Pauline fast spontan zugesagt, an dem sechswöchigen Workshop in New York teilzunehmen. Doch am nächsten Tag macht sie sich Gedanken.

„Plötzlich bin ich unendlich traurig und sehe die Dinge nicht mehr so klar wie gestern Abend. War es vielleicht doch eine Kurzschlusshandlung? Habe ich mich von Pauline und dem ganzen Brimborium[1] überfahren lassen? Warum hat mich ihre Aussage so stark beeinflusst? Wenn sie wüsste, was sie bei mir ausgelöst hat. Ausgerechnet in der Phase, wo ich sowieso an meinem Lebensweg zweifle, was für ein Zufall."

1 Warum zweifelt Janne an ihrem „Lebensweg"?
Notiere Stichworte.
Tipp: Lies noch einmal die Absätze 4 **bis** 9 auf den Seiten 75 bis 77.

2 Janne hat eine Entscheidung getroffen.
Sie stellt sich am nächsten Tag viele Fragen.
a. Schreibe Jannes Fragen auf.
b. Beantworte die Fragen aus der Sicht Jannes.
Begründe deine Antworten.
Tipp: Schreibe die Fragen und die Antworten in Tabellenform auf.

3 Vergleiche deine Antworten mit denen einer anderen Schülerin oder eines anderen Schülers.

4 „Plötzlich bin ich unendlich traurig und sehe die Dinge nicht mehr so klar …"
Welche Gründe könnte es dafür geben?
Notiere es.
Tipp: Die Ergebnisse aus Aufgabe 3 helfen dir.

5 a. Stellt eure Ergebnisse aus Aufgabe 4 der Klasse vor.
b. Diskutiert darüber.
c. Notiert euch wichtige Ergebnisse.

[1] das **Brimborium:** das Gerede drumherum

2 Es war eine/keine Kurzschlusshandlung, denn Janne hat/hat nicht / weil Janne … hat.

Die Ich-Botschaften des inneren Teams können Janne helfen, die Dinge wieder klarer zu sehen.
Das sind Stimmen aus Jannes innerem Team:

6 a. Übertrage die Sprechblasen in dein Heft.
b. Welche Teammitglieder sollen mit Janne sprechen? Finde passende Namen.
c. Schreibe ihre Namen über die Sprechblasen.

7 a. Finde zu jedem der acht Teammitglieder eine passende Äußerung.
b. Schreibe sie in die Sprechblasen mit den passenden Namen.
Tipps:
- Zwei Teammitglieder haben sich bereits geäußert.
- Deine Notizen zu den Aufgaben 3 bis 5 und die Arbeitstechnik helfen dir.

8 Sieht Janne nach dem Gespräch mit dem inneren Team die Dinge klarer?
a. Schreibe ein mögliches Ergebnis des Gesprächs mit ihrem inneren Team auf.
b. Wie ist es zu diesem Ergebnis gekommen? Begründe es.

Arbeitstechnik

Das Modell „Das innere Team“ anwenden

Mit Hilfe des inneren Teams kannst du verstehen, **was in dir vorgeht.**
- Schreibe zunächst **die Fragestellung** auf.
- Schreibe **die verschiedenen Gedanken und Gefühle** auf, die du dazu hast. Das sind die einzelnen **Teammitglieder**. Du kannst jedem einen Namen geben.
- Lass dir genügend **Zeit** und **schreibe alles auf**, was dir einfällt.
- Lies dir alles noch einmal durch und **wäge** die einzelnen Meinungen der Teammitglieder **gründlich ab**. Denke auch an die **Konsequenzen**.

6 die Chefin, die Selbstbewusste, die Außenseiterin, die Gegenspielerin, die Zaghafte, die Wachsame, die Nachdenkliche, die Entschlossene, die Unentschlossene, die Suchende, die praktisch Denkende, die Abwägende ...

7 Wenn ich..., dann muss ich aber auch ... / Aber was wird...? / Ich kann doch nicht einfach .../ Vielleicht könnte ich .../ Warum soll ich denn ...?/ Egal, ich ... / Ich muss doch endlich einmal ... /Ja, ich kann ...

Alles aus Kunststoff

1

2

3

6
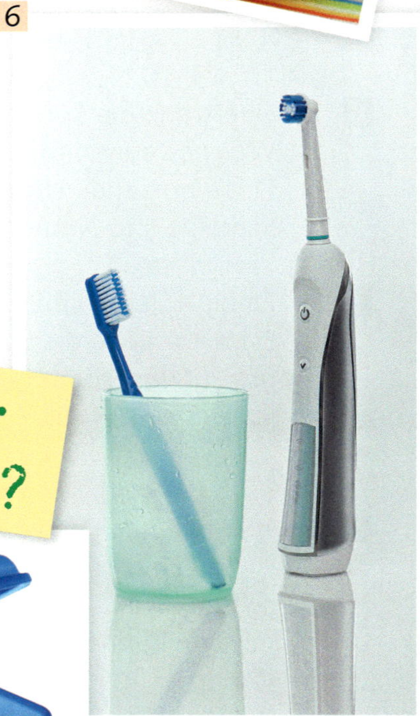

Brauchen wir das alles noch?

4

5

1 Klassengespräch!
- Was seht ihr auf den Bildern?
- Welche Eigenschaften haben diese Gegenstände?
- Woraus hat man früher diese oder ähnliche Dinge gefertigt?

1 Dinge aus Kunststoff in unserem Alltag, Kunststoff-Müllhalde, eine Formel für Kunststoff, biologisch abbaubare Verpackungen, verschiedene Meinungen/eine Diskussion über Kunststoff-Müll
reißfest, stabil, formbeständig, auslaufsicher, geruchlos, praktisch, wiederverwendbar …
aus Papier, Holz, Stoff, Borsten, Glas …

7

8

Oder kann das weg?

9

10

11

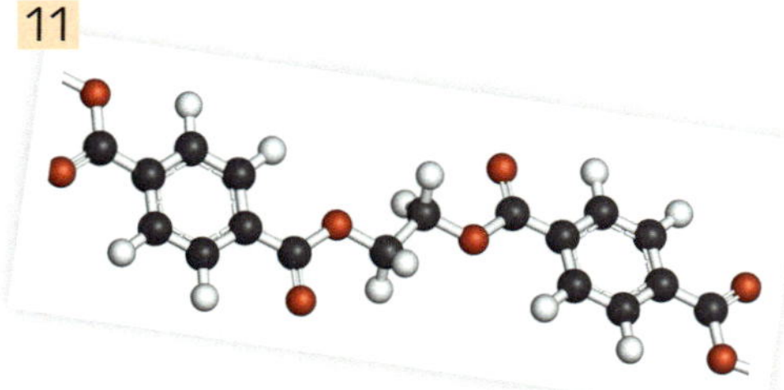

2 Auch in eurem Alltag gibt es Kunststoff.
- Wann und wo verwendet *ihr* Kunststoff?
- Wie viel Kunststoff benötigt ihr in eurem Leben?

Tauscht euch darüber aus.

Was ist Kunststoff? Wie viel Kunststoff brauchen wir wirklich?
Und was passiert eigentlich mit dem Kunststoff-Müll?
In diesem Kapitel bildet ihr euch eine eigene Meinung zum Thema.
Ihr nehmt mündlich und schriftlich Stellung dazu.

2 im Alltag, beim Einkauf, beim Picknick …

Kunststoffe in unserem Alltag

Das Thema Kunststoff ist so wichtig, dass es dazu sogar Filme gibt.

1 Beschreibt das Filmplakat.
- Welche Gegenstände aus Kunststoff erkennt ihr?
- Welche der Dinge kennt ihr aus eurem Alltag?

2 Lest den folgenden Werbetext zum Film.
- Wovon könnte der Film handeln?
- Was ist mit „Kinder des Plastikzeitalters" gemeint?

Tauscht euch darüber aus.

Wir sind Kinder des Plastikzeitalters: vom Babyschnuller bis zur Trockenhaube, von der Quietscheente bis hin zum Auto.
Plastik ist überall: In den Weltmeeren findet man inzwischen sechsmal mehr Plastik als Plankton[1] und selbst in unserem Blut ist Plastik nachweisbar!
Die Menge an Kunststoffen, die wir seit Beginn des Plastikzeitalters produziert haben, reicht aus, um unseren gesamten Erdball[2] sechsmal in Plastikfolie einzupacken.

[1] **das Plankton:** Gesamtheit der sehr kleinen Lebewesen im Wasser
[2] Die **Oberfläche der Erde** beträgt rund 510 Millionen km^2.

Jeden Tag werfen wir viel Kunststoff weg.

3 Beschreibt das Foto.

Aber was passiert mit dem Kunststoff-Müll?
Marie und Ugur diskutieren darüber.

4 Untersucht Maries und Ugurs Äußerungen.
- Worüber tauschen sich die beiden aus?
- Welche Meinungen haben sie?
- Welche Argumente führen sie an?
- Welche Beispiele nennen sie?

Meinung
Argument
Beispiel

→ Argumentieren in der Zusammenfassung: Seite 292

5 Klassengespräch!
- Welche Dinge aus Kunststoff landen bei euch täglich im Müll?
- Was haltet ihr von Mülltrennung?

5 Lebensmittelverpackungen wie Jogurtbecher, Tüten, Bonbonpapier, Getränkeflaschen …

Einen Sachtext erschließen

Kunststoffe gibt es erst seit ungefähr 100 Jahren.
Über ihre Entwicklung, ihre Vorteile und Nachteile informiert dieser Sachtext.

1 Lies den Sachtext mit den Textknacker-Schritten 1 und 2.

1. Schritt: Vor dem Lesen
2. Schritt: Überfliegendes Lesen

Kunststoffe sind überall

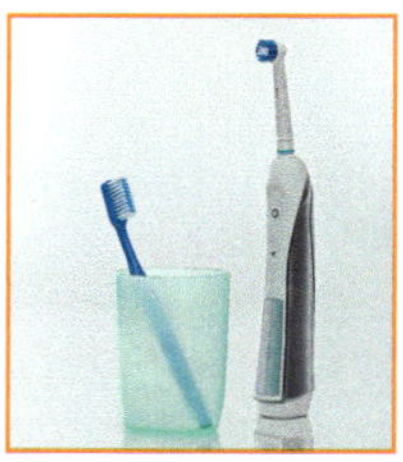

1 Fast überall ist Kunststoff enthalten. Jedes Überraschungsei ist voller Plastikteile. Einkaufstüten und Sonnenbrillen, Haarspangen, Eierlöffel, Smartphones – unglaublich viele Dinge, die wir Tag für Tag in die Hand nehmen oder in den Mund stecken, bestehen aus Kunststoffen. Fast alles kann aus Kunststoffen hergestellt werden: Rohre für die Wasser- und Gasversorgung, Isolierungen für Kabel, Autoteile, Fensterrahmen, Verpackungsmaterial. Hart oder weich, durchsichtig, farbig, formbar, fast unzerstörbar …

2 Lange Zeit haben Menschen von einem Material geträumt, das je nach Bedarf die Eigenschaften von Eisen, Gummi oder Holz hat und das künstlich hergestellt werden kann. Wenn wir heute eine Zahnbürste aus PET (Polyethylenterephthalat) in einen Einkaufskorb aus PVC (Polyvinylchlorid) legen, dann tragen wir über 100 Jahre Chemie-Geschichte mit zur Kasse.

3 Der belgisch-amerikanische Chemiker Leo Hendrik Baekeland (1863–1944) entwickelte einen unlöslichen, formbaren und hitzebeständigen Stoff, den er 1907 unter dem Namen Bakelit patentieren[1] ließ. In den 20er und 30er Jahren des vorigen Jahrhunderts bekam das braune und schwarze Bakelit Konkurrenz. Immer mehr Kunststoffe, die auch beliebig eingefärbt werden können, wurden entwickelt.

4 Die vielen unterschiedlichen Eigenschaften von Kunststoff sind erstaunlich. Wie kommt es aber, dass Dinge wie Schutz- und Sturzhelme oder Karosserieteile von Autos aus Duroplast leicht und unzerstörbar sind? Dass Gegenstände wie Reifen oder elastische Gummibänder aus Elastomeren ihre Gestalt zwar verändern, aber immer wieder in ihre ursprüngliche Form zurückkehren können? Oder dass unsere mittlerweile weit verbreiteten PET-Flaschen, die zur Familie der Thermoplaste gehören, durch Erhitzung und Formung entstehen? Woraus besteht dieses „Material-Chamäleon"[2] namens Kunststoff?

[1] **patentieren:** (z. B. eine Erfindung) rechtlich schützen
[2] **das Chamäleon:** eine Echse, die ihre Hautfarbe der Umgebung anpassen kann; hier: anpassungsfähiges Material

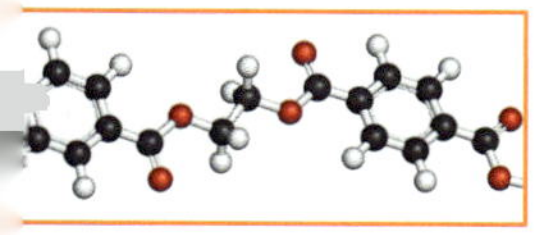

5 Seine Grundbausteine sind die Monomere (monos [griechisch]: allein, einzig), kleine Moleküle, die man aus Erdöl gewinnt. Sie lassen sich zu Ketten von gewünschter Länge zusammensetzen. Daran können weitere Moleküle angedockt[3] werden, sodass vernetzte, verzweigte und verschlungene Molekülketten, die Polymere (poly [griechisch]: viel) entstehen. Im Grunde besteht eine PET-Flasche aus millionenfach sich wiederholenden Polyethylenterephthalat-Teilen, so wie sich der Einkaufskorb aus millionenfach sich wiederholenden Polyvinylchlorid-Teilen zusammenbaut. Die Rohkunststoffe können – je nachdem, welchen Zweck sie erfüllen sollen – mit Farbpartikeln oder anderen chemischen Zusätzen verändert werden, beispielsweise durch Weich- oder Hartmacher. Die Vielzahl an unterschiedlichen Beigaben führt zu der Vielzahl an Kunststoffen und zu fast unbegrenzten Verwendungszwecken.

6 In das Loblied über den Kunststoff mischen sich allerdings auch kritische Töne. Einerseits werden beispielsweise die Weichmacher gebraucht, um spröde[4] Kunststoffe weicher, biegsamer und dehnbarer zu machen. Sie können dann einfacher bearbeitet werden oder erzeugen erst die Eigenschaften, die das Endprodukt haben soll. Andererseits können die Weichmacher aus dem Material austreten. Sie gelangen in die Umwelt oder auch in die Nahrungskette von Mensch und Tier. So stecken die Weichmacher in Textilien, sie werden in Lacken[5] und in Dichtungsmasse verwendet und auch in Fußbodenbelägen. Sie kommen in Plüschtieren, Kunststoff-Schnullern und Kinderspielzeug vor. Weichmacher werden durch Wasser aus dem Kunststoff gespült und können dadurch mit der Nahrung aufgenommen werden. Das kann schlimmstenfalls zu Erkrankungen führen. Das PET, das in der Lebensmittelindustrie außer für Flaschen auch für Lebensmittelverpackungen genutzt wird, ist nicht ganz frei von Schadstoffen.

7 Zu einem echten Problem ist ausgerechnet einer der größten Vorzüge von Kunststoffen geworden: ihre Langlebigkeit, ja ihre Unzerstörbarkeit. Denn was wird aus den Millionen Tonnen von Plastikmüll? Billig herzustellen, praktisch in der Benutzung, niemand, der darauf verzichten möchte. Doch jede geleerte Shampooflasche, jeder leere Joghurtbecher, jedes weggeworfene Kinderspielzeug muss entsorgt oder nach Möglichkeit recycelt[6] werden. So werden zum Beispiel PET-Flaschen ungefähr zwanzigmal wieder in den Umlauf gebracht, bevor Millionen von ihnen zu kleinen Flakes zerhäckselt werden. Aus dem Granulat entstehen wieder neue PET-Flaschen oder die Flakes werden als Feuerungsmittel in Heizkraftwerken und Müllverbrennungsanlagen genutzt.

[3] **andocken:** verketten, verknüpfen
[4] **spröde:** leicht brechend
[5] **der Lack, die Lacke (die Lackfarbe)**
[6] **recyceln:** wiederaufbereiten, wiederverwerten

8 Das Entsorgen von Kunststoff-Produkten ist jedoch problematisch; weder Säuren noch Laugen können die Kunststoffe zersetzen. Viele Dinge, die aus Kunststoff bestehen, werden nicht als Mehrweg-, sondern als Wegwerfartikel hergestellt. Sie verrotten nicht und „leben" eine sehr, sehr lange Zeit, nämlich Hunderte von Jahren, in Böden und im Wasser. Auch Mikroorganismen[7] wie die Bodenbakterien „beißen" sich an Kunststoffen „die Zähne aus".

9 Mittlerweile treiben mehrere Millionen Tonnen Kunststoff-Müll auf den Weltmeeren. Im Nordpazifik hat sich ein Mahlstrom[8] aus dem „Alleskönner" gebildet, der die Größe Mitteleuropas hat. Zwar zerreiben und zerreißen die Kräfte des Ozeans Duroplaste und Thermoplaste und die Elastomere, zwar werden die Millionen von Joghurtbechern, Sportschuhen, Teddybären, Einkaufstüten, Plastikkanistern, Getränkekartons u. v. a. sozusagen pulverisiert – aber in diesem Zustand werden sie von den Meeresbewohnern zusammen mit dem nahrhaften Plankton aufgenommen. Ihre Verdauung versagt, sie sterben qualvoll – oder sie werden von uns Menschen gefangen, liegen neben PET-Flasche und Joghurtbecher im Einkaufskorb und enden in unseren Mägen.

10 Es geht nicht darum, auf Kunststoffe zu verzichten. Sie haben in allen Formen, Farben und Zuständen ihren nützlichen Platz in unserer Welt. Aber wir müssen lernen, sorgsam mit ihnen umzugehen. Beispielsweise können Dinge aus Thermoplasten wieder eingeschmolzen, anders geformt und wiederverwertet werden. Andere Kunststoffe, beispielsweise Schaumpolystyrol-Verpackungen, können zur Bodenverbesserung in der Landwirtschaft oder bei der Herstellung von Schaumpolystyrol-Beton verwendet werden. Es lassen sich mittlerweile etliche Produkte – wie Fußbodenbeläge oder PVC-Rohre – erneut als Verpackungen oder Produkte wie Blumen- und Getränkekästen, Gießkannen usw. einsetzen. Und die PET-Flaschen mit unserem Lieblingsgetränk lassen sich auch in einem Stoffbeutel statt in einer Plastiktüte nach Hause tragen. Sogenannte Bio-Kunststoffe werden entwickelt. Etliche Verpackungsmaterialien lassen sich heute schon aus Stärke[9] herstellen. Aber sind sie die Lösung?

2 Was findest du an dem Text „Kunststoff ist überall" besonders interessant? Schreibe es auf.
Tipp: Schreibe die Textüberschrift darüber.

3 Welche Fragen hast du zum Text? Was hast du nicht verstanden? Schreibe deine Fragen und Bemerkungen auf.

[7] die **Mikroorganismen:** mikroskopisch kleine Lebewesen
[8] der **Mahlstrom:** ein gefährlicher Wirbel, eine starke strudelige Strömung
[9] die **Stärke:** ein wichtiger Speicherstoff in Pflanzen, wird z. B. aus Kartoffeln oder Getreide gewonnen

Finde mit dem 3. Schritt des Textknackers wichtige Informationen.

3. Schritt:
Den Text genau lesen

4 Lies den Text noch einmal Absatz für Absatz.
a. Schreibe für jeden Absatz eine passende Zwischenüberschrift auf.
b. Notiere Schlüsselwörter unter jede Zwischenüberschrift.
Tipp: • Markiere die Schlüsselwörter im Text zunächst auf Folie.
• In den Absätzen 1 bis 3 sind die **Schlüsselwörter** bereits hervorgehoben.

Starthilfe

Absatz 1: – überall ist Kunststoff
– viele Dinge bestehen aus Kunststoffen
– ...

Absatz 2: ...

5 Sieh dir die Bilder neben dem Text noch einmal genau an.
Sie helfen dir, den Text besser zu verstehen.

Z **6** Im Text werden verschiedene **Fachwörter für Kunststoff** verwendet.
a. Schreibe sie aus dem Text heraus.
b. Was wird über diese Kunststoffe gesagt? Notiere knappe Stichworte.

Starthilfe

Polyethylenterephthalat (PET): z. B. Zahnbürsten und ...
...

7 Manche Wörter werden im Text oder in den Fußnoten erklärt.
a. Lies noch einmal die Sätze mit diesen Wörtern und die Worterklärungen.
b. Kläre weitere unbekannte Wörter mit dem Lexikon oder dem Wörterbuch.

Im Text findest du Argumente für und gegen die Verwendung von Kunststoffen.

4. Schritt:
Nach dem Lesen

8 Trage die Argumente geordnet in eine Tabelle ein.

Argumente **für** Kunststoffe	Argumente **gegen** Kunststoffe
Fast alles kann daraus hergestellt werden	...

Z **9** a. Welche Teilschritte waren besonders hilfreich, um den Text zu verstehen? Wertet eure Arbeit mit dem Textknacker aus.
b. Tauscht eure Fragen aus Aufgabe 3 aus. Beantwortet sie euch gegenseitig.

Eine Argumentationskette entwickeln

Mark, Samira und Onur wollen in der Klasse über den Gebrauch von PET-Flaschen diskutieren.

1 Sieh dir das Bild an und lies die Sprechblasen.

1 Mark
PET-Flaschen sind so praktisch. Sie sind leichter als Glas und so gut wie unzerstörbar. Diese hier benutze ich schon lange.

3 Onur
Und guck mal auf das Haltbarkeitsdatum. Das läuft im Vergleich zu Getränken in Glasflaschen fast doppelt so schnell ab.

2 Samira
Unzerstörbar – genau das ist das Problem! Kunststoffe sind schwer zu entsorgen. Sie verrotten nicht.

1. Schritt: Eine Meinung kurz und klar formulieren

Meinung

2 Welche Meinungen vertreten Samira, Mark und Onur?
- Übertrage die Tabelle in dein Heft.
- Schreibe zu jeder Person einen Satz.

	Samira	**Mark**	**...**
Meinung	Unzerstörbar – genau das ist das Problem!	...	...
Argument	...	...	...
Beispiel	...	...	

2. Schritt: Eine Meinung mit einem Argument begründen

Argument

3 Wie begründen Samira, Mark und Onur ihre Meinung?
Ergänze deine Tabelle.

Kunststoffe verrotten nicht.

3. Schritt: Das Argument mit einem Beispiel veranschaulichen

Beispiel

4 Mit welchen Beispielen stützen die drei ihre Argumente?
Schreibe Beispiele in die Tabelle.

5 Was hältst du vom Gebrauch von PET-Flaschen?
a. Schreibe deine Meinung auf.
b. Veranschauliche sie mit einem Argument.
c. Stütze dein Argument mit einem Beispiel.

Meinung
Argument
Beispiel

4. Schritt: Eine Schlussfolgerung formulieren

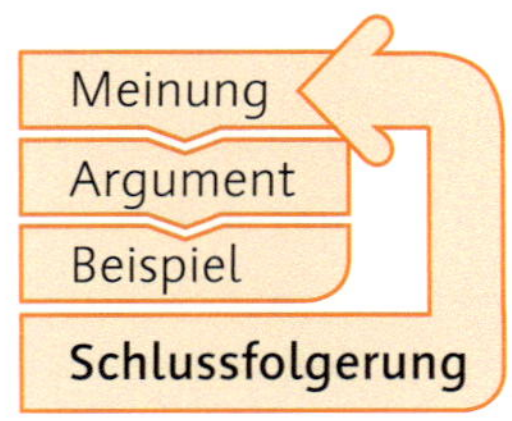

6 Was schlussfolgerst du aus deinem Argument und dem Beispiel?
Schreibe einen Satz, der sich auf deine Meinung bezieht.

7 Überprüfe anhand der Arbeitstechnik die einzelnen Schritte deiner Argumentationskette.

Arbeitstechnik

Eine Argumentationskette entwickeln

Eine Argumentationskette hilft dir, andere von einer Meinung, einem Projekt oder einem Wunsch zu überzeugen.
1. Schritt: Bring deine **Meinung** kurz und klar zum Ausdruck.
2. Schritt: Begründe sie mit einem oder mehreren **Argumenten**.
3. Schritt: Stütze deine Argumente mit **Beispielen**.
4. Schritt: Formuliere am Ende deine **Schlussfolgerung**, die sich auf deine Meinung bezieht.

Ja oder Nein zur PET-Flasche?
So könnte das Thema einer Diskussion in eurer Klasse lauten.

8 Führt eine Klassendiskussion.
- Wählt einen Diskussionsleiter.
- Tauscht eure Argumente aus.
- Geht auf die Redebeiträge eurer Vorredner ein.
- Haltet das Ergebnis eurer Diskussion schriftlich fest.

Tipp: Nutzt eure Antworten aus den Aufgaben 5 und 6.

4 Samira: Millionen Tonnen Kunststoff-Müll treiben auf den Weltmeeren …

6 Daher … Deshalb … Aus diesem Grund …

Schriftlich Stellung nehmen

In der Schülerzeitung geht die Diskussion weiter.
Lui schreibt den folgenden Artikel:

Sind wir Matrosen auf einem Müllschiff?

Vorige Woche las ich von einem Schiff, das Plastikmüll aus Europa über die Meere bringt. Es gibt ganze Müllflotten[1], aber dieses eine Schiff namens „Break of Dawn“ wurde plötzlich überall abgewiesen. Es fährt auf den Meeren umher und wird den Müll nicht mehr los.

Als ich davon las, wurde mir mulmig[2] zumute. Wir alle gebrauchen und verbrauchen ohne Ende Dinge aus Plastik. Haben die ihren Zweck erfüllt, werfen wir sie weg. Und wir wissen nicht genau, wohin sie gelangen. Wir wissen zwar von den riesigen Müllhalden, aber wir hoffen, dass alles gut ausgehen wird. Außerdem verbrauchen wir bei der Herstellung von Kunststoff einen der Schätze unseres Planeten: das Erdöl. Vielleicht, dachte ich, sind wir alle Matrosen auf einem Müllschiff und sollten uns überlegen, woher diese Müllmengen kommen. Warum sind viele Sachen so aufwendig verpackt? Warum schmeißen wir so vieles weg, nur weil es nicht angesagt ist?

Und dann fiel mir noch ein Lied von Michael Jackson ein, das genauso heißt wie das Müllschiff, „Break of Dawn“ („Vor Tagesanbruch“). „Let's not wait, the sun is out, let's get up and let's get out“, singt er. „Lass uns nicht warten, die Sonne scheint, lass uns aufstehen und lass uns rausgehen“ – und lass uns überlegen, was wir wirklich brauchen.

Lui W.

1 Was denkt Lui über unseren Umgang mit Plastik? Schreibe seine Meinung in einem Satz auf.

2 Lui argumentiert, dass es zu viel Plastikmüll gibt. Mit welchen Beispielen stützt er sein Argument? Schreibe sie auf.

3 Welche Schlussfolgerung zieht Lui daraus? Schreibe sie in einem Satz auf.

Starthilfe
Deshalb schlägt er vor, … /
Aus diesen Gründen …

[1] die **Flotte**: größerer Verband von Schiffen
[2] **mulmig**: nicht ganz wohl, unbehaglich

2 es gibt ganze Müllflotten / wir werfen viele Dinge weg / riesige Müllhalden / der Verbrauch von Erdöl / der Verpackungsmüll

In einem Leserbrief kannst du deine Meinung darlegen und zum Thema Stellung nehmen.

4 Nimm Stellung zu Luis Artikel.
Nutze die Arbeitstechnik.
Beginne mit der Einleitung.

Einleitung
Thema
Meinung

Starthilfe

In der Schülerzeitung vom … habe ich den Artikel von Lui W. gelesen.
Darin geht es um …
Ich bin derselben/anderer Meinung als …

5 Schreibe den Hauptteil.
Nenne und erkläre drei Argumente.
Veranschauliche sie mit Beispielen.
Tipp: Führe dein stärkstes Argument zum Schluss an.

Hauptteil
Argument
Beispiel

Starthilfe

Mehrere Millionen Tonnen Kunststoff-Müll treiben …
Zum Beispiel hat sich im Nordpazifik …

6 Gehe im Hauptteil auch auf Luis Argumente ein.
Du kannst sie stützen oder entkräften.

Starthilfe

So ist Lui der Meinung, dass …, jedoch …

7 Schreibe den Schluss.
Überlege dir Vorschläge oder stelle weitere Fragen.

Schluss
Schlussfolgerung

Arbeitstechnik

Schriftlich Stellung nehmen

Gliedere deine Stellungnahme in drei Teile.

1. Die Einleitung:
- Nenne das Thema.
- Schreibe auf, warum du Stellung nimmst.
- Schreibe dann deine Meinung.

2. Der Hauptteil:
- Begründe deine Meinung mit Argumenten.
- Veranschauliche deine Argumente mit Beispielen.
- Hebe dein stärkstes Argument bis zum Schluss auf.
- Gehe auf Gegenargumente ein. Entkräfte sie möglichst.

3. Der Schluss:
- Fasse deine begründete Meinung noch einmal kurz zusammen.
- Formuliere eine Schlussfolgerung.
- Rege deine Leserinnen und Leser zur weiteren Diskussion an.

7 Wir brauchen neue Ideen! Ich könnte mir z. B. vorstellen, dass …
Wir müssen weiter darüber nachdenken, wie wir z. B. …

Textverknüpfer verwenden

Mit Textverknüpfern kannst du Zusammenhänge besser verstehen. Sie helfen dir z. B., in Texten Argumente oder Beispiele zu erkennen.

Ich nutze meine Lunchbox aus Kunststoff täglich, weil sie praktisch ist.
So sind beispielsweise meine Snacks auch nachmittags noch knackig und frisch.
Aber es gibt auch Leute, die vor Giftstoffen im Kunststoff warnen.
Deshalb achte ich beim Kauf einer Lunchbox auf das Gütesiegel.

1 In den Sätzen sind die **Textverknüpfer** hervorgehoben.
Erkennst du mit ihrer Hilfe die Satzinhalte?
Ordne die Textverknüpfer in einer Tabelle zu.

Starthilfe

Argument	Gegenargument	Beispiel	Schlussfolgerung
weil	…	…	…

2 Ordne auch diese Textverknüpfer in die Tabelle:

denn, folglich, jedoch, daher, wegen, andererseits, darum

Mit einigen Textverknüpfern kannst du Hauptsätze verbinden.

Kunststoff-Verpackungen sind nützlich.

In der modernen Lebensmittelindustrie sind diese Verpackungen sehr vorteilhaft.

Kunststoffe sind sehr praktisch und billig herzustellen.

denn
aber
doch/jedoch

Kunststoff-Verpackungen belasten die Umwelt.

Jede leere Dose muss entsorgt und wiederaufbereitet werden.

Lebensmittel werden dadurch länger haltbar.

3 Verknüpfe je zwei Hauptsätze miteinander.
Achte auf sinnvolle Satzreihen. Schreibe sie auf.

Starthilfe

Kunststoff-Verpackungen sind nützlich, denn …

1 Textverknüpfer können z. B. Konjunktionen oder Adverbien sein.

Fachwörter erschließen

Sachtexte enthalten häufig Fachwörter. Ihre Bedeutung kannst du oft aus dem Zusammenhang erschließen.

Die Kunststoff-Herstellung – Teil 1

Die Grundbausteine in der Kunststoff-Herstellung sind sogenannte Monomere. Das sind kleine Moleküle, die man aus Erdöl gewinnt. Diese kleinen Bausteine lassen sich zu beliebig langen Ketten zusammensetzen. Wenn man diese Ketten chemisch verknüpft, erhält man ganz unterschiedliche Rohkunststoffe. Da diese Rohkunststoffe aus vielen Monomeren aufgebaut sind, bezeichnet man sie auch als Polymere (poly [griechisch]: viel).

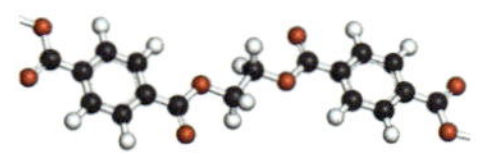

aus Monomeren zusammengesetzte Molekülkette = Polymer

1 Im Text werden zwei Fachwörter erklärt.
Schreibe die Fachwörter mit ihrer Erklärung auf.
Tipp: Die hervorgehobenen Wörter sind die Erklärungen.

Arbeitstechnik

Mit Erklärungshilfen Fachwörter erschließen

Diese Erklärungshilfen werden häufig in Sachtexten verwendet:
- Fachwörter aus anderen Sprachen werden **zerlegt** und **übersetzt**.
- Fachwörter werden mit Zusammensetzungen **aus bekannten Wörtern** erklärt.
- Das Fachwort wird mit einer Wortgruppe **umschrieben**.
- Das Fachwort wird durch ein **weiteres Fachwort** erklärt.
- Das Fachwort wird durch eine **Abbildung** erklärt.

2 Welche Erklärungshilfen verwendet der Text über Aufgabe 1?
Beschreibe es mit Beispielen aus dem Text.

Die Kunststoff-Herstellung – Teil 2

Generell unterscheidet man drei Arten von Kunststoffen: Thermoplaste, Duroplaste und Elastomere. Thermoplaste (thermos [griechisch]: warm) sind Kunststoffe, die beim Erhitzen erweichen. Liegen sie in weicher Form vor, kann man sie beliebig formen.

3 Im Text werden drei Fachwörter genannt.
a. Schreibe die Fachwörter auf.
b. Erkläre das Fachwort **Thermoplaste** mit eigenen Worten.
c. Welche Erklärungshilfen werden im Text verwendet? Schreibe sie auf.

Starthilfe

Das Wort … wird aus dem Griechischen übersetzt und heißt …

Schriftlich Stellung nehmen

Die Verwendung von Kunststoffen und deren Entsorgung stellen uns vor immer neue Probleme. Auch der folgende Sachtext informiert darüber.

1. Vor dem Lesen
2. Den Text überfliegen
3. Den Text genau lesen
4. Nach dem Lesen

1 Lies den Sachtext mit dem Textknacker.

Neue Aufgaben für alte Kunststoffe

1 Zwei von drei Kunststoff-Produkten sind länger als acht Jahre in Gebrauch. Kunststoff-Fensterrahmen beispielsweise halten sogar jahrzehntelang. Es gibt aber auch viele sehr kurzlebige Produkte; dazu gehören vor allem Verpackungen, die etwa ein Drittel aller Nahrungsmittel in Deutschland einhüllen und die man nach Gebrauch wegwirft. Das macht Müll und ist Verschwendung, weil in Kunststoffen sehr viel Energie steckt: Die Kunststoffe Polystyrol (PS) und Polyethylen (PE) würden beim Verbrennen mehr Energie liefern als Heizöl.

2 Man hat sich deshalb überlegt, was man verbessern könnte. Anfang der 1990er Jahre wurde in Deutschland das Kreislaufwirtschafts- und Abfallgesetz erlassen. Darin steht, dass Abfälle vermieden, verwertet, zur Energiegewinnung genutzt oder ordnungsgemäß entsorgt werden sollen. Und so sammelt man in Deutschland heute etwa die Hälfte der Kunststoffe wieder ein und verwertet sie fast vollständig.

3 Auf eine ausgefallene Idee und pfiffige Wiederverwendungsmöglichkeit für PET-Flaschen kam Andreas Froese: Die Flaschen werden mit Schutt und Sand gefüllt und zum Hausbau in verschiedenen Ländern Lateinamerikas und in Indien verwendet. Dazu werden die vollen Flaschen aufeinandergestapelt und mittels Lehm miteinander verbunden.

4 Wiederverwertungsfirmen unterscheiden die werkstoffliche von der rohstofflichen Verwertung. Werkstoffliche Verwertung ist das Recycling – der gesammelte Kunststoff bildet das Ausgangsmaterial für ein neues Produkt: Alte Kunststoff-Fensterrahmen aus Polyvinylchlorid werden zu neuen geformt; ein Gemisch verschiedener Kunststoffe als Rohstoff, etwa, wenn er aus vielen kleinen, verschmutzten Teilen besteht. Dann wird er chemisch in die einzelnen Inhaltsstoffe zerlegt, die z. B. zur Herstellung von Käseverpackungen, Waschmitteln, Schmieröl oder sogar Medikamenten dienen – und so prägt Kunststoff sogar mehrfach unsere Welt.

2 Welche Probleme und Ideen gibt es bei der Verwendung und Entsorgung von Kunststoffen?
Schreibe Argumente und Beispiele in Stichworten aus dem Text heraus.

Mündlich Stellung nehmen

Bereitet eine Podiumsdiskussion über Gefahren und Nutzen von Kunststoffen vor. Verwendet dafür alle Informationen dieses Kapitels.

1 Überlegt gemeinsam, welche Interessenvertreter ihr einladen wollt.

2 Bildet Gruppen für die Moderation, für die einzelnen Interessenvertreter und für die Beobachter.
Tipp: Legt in jeder Gruppe eine Checkliste mit allen Aufgaben an.

Checkliste: Eine Podiumsdiskussion vorbereiten	ja	nein
Haben wir die Sitzordnung berücksichtigt?		
Haben wir einen Zeitplan für den Diskussionsverlauf geschrieben (Gruppe Moderation)?		
Haben wir …?		

3 Führt die Podiumsdiskussion durch.
Wertet sie anschließend anhand der Beobachtungsbögen aus.

Beobachtungsbogen:

Thema der Diskussion:

…

Gesprächsverlauf:

…

Argumentationsketten:

für:	*gegen:*
…	…
…	…

Einigung/Ergebnis:

…

➜ Eine weitere Podiumsdiskussion könnt ihr auf den Seiten 108–109 durchführen.

1 z. B.: einen Umweltschützer, die Chefin einer Recyclingfirma, einen Spielzeughersteller, besorgte Eltern

Informationen bewerten

Die Entsorgung von Kunststoff-Müll bleibt ein Problem. Dieser Sachtext informiert darüber, welche Aufgaben in Zukunft vor uns stehen.

1. Vor dem Lesen
2. Überfliegendes Lesen

1 Lies den Text mit Hilfe des Textknackers.

Die Zukunft der Kunststoffe

1 Schätzungen zufolge wurden 2010 weltweit über 250 Millionen Tonnen Kunststoff produziert. Und die Produktion wird weiterhin steigen, da sich Kunststoffe nicht komplett[1] durch andere Werkstoffe ersetzen lassen. Momentan wird Kunststoff größtenteils aus Erdöl hergestellt. Zwar werden nur 3 bis 5 % des zurzeit geförderten Erdöls für die Kunststoff-Industrie verwendet, doch da Erdöl ein endlicher Rohstoff ist, müssen Alternativen[2] für die Kunststoff-Produktion gefunden werden. Zudem vermutet man, dass sich Konflikte und Kriege um Erdöl zukünftig häufen werden, denn die Abhängigkeit von diesem Rohstoff ist weltweit sehr groß. So gibt es Überlegungen dazu, wie Kunststoff ölunabhängig hergestellt werden kann.

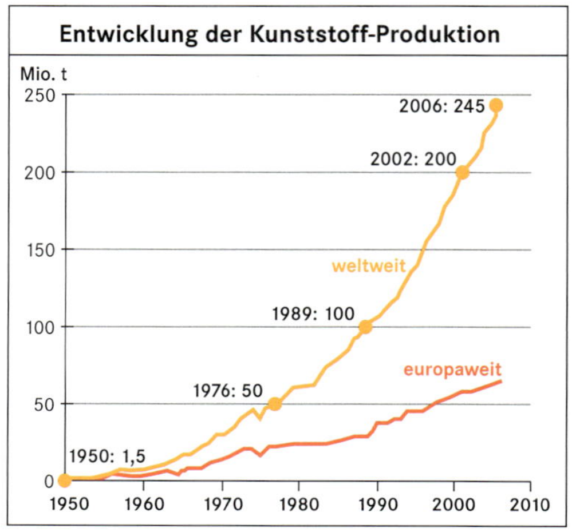

2 Einen Ausweg könnte das Recycling des Kunststoffs bieten. Dabei wird Kunststoff-Müll durch technische Verfahren in seine Ausgangsstoffe, wie z. B. Erdöl, zurückverwandelt, die dann wiederum für die erneute Produktion zur Verfügung stehen. Die riesigen Berge des Kunststoff-Mülls ließen sich so sinnvoll abbauen. Jedoch sind alle bisher entwickelten Recycling-Verfahren noch sehr teuer und energieaufwendig. Aber da Energie aktuell hauptsächlich aus fossilen Rohstoffen[3] gewonnen wird, deren Verbrennung zu einer starken Umweltbelastung führt, muss das Kunststoff-Recycling noch technisch optimiert[4] werden.

[1] **komplett:** vollkommen, vollständig
[2] die **Alternative:** die Wahl/Entscheidung zwischen zwei Möglichkeiten
[3] **fossile Rohstoffe:** natürliche Rohstoffe der Erde, wie Erdöl, Erdgas, Torf, Steinkohle, Braunkohle Ihr Vorkommen ist begrenzt, denn sie erneuern sich nicht.
[4] **optimiert:** verbessert

3 Eine zweite Möglichkeit, um bei der Kunststoff-Produktion nicht mehr vom Erdöl abhängig zu sein, bieten die sogenannten Bio-Kunststoffe. Unter diesem Begriff werden Kunststoffe zusammengefasst, die sich aus nachwachsenden Rohstoffen wie Mais, Zuckerrüben oder Kartoffeln herstellen lassen. Forscher versuchen momentan, Verfahren zur Herstellung von Bio-Kunststoffen zu optimieren.

4 Doch auch hier zeigen sich einige Nachteile. Zunächst werden für die Produktion von nachwachsenden Rohstoffen viel Wasser und umweltbelastender Dünger benötigt. Zudem werden Nahrungsmittel für die Kunststoff-Herstellung genutzt, während weltweit ca. 1 Milliarde Menschen Hunger leiden.

5 Mittlerweile mehren sich auch Stimmen aus der Forschung, die betonen, dass Bio-Kunststoffe nicht schadstofffrei abbaubar sind. Denn schließlich bedeutet der Begriff Bio-Kunststoff nicht automatisch, dass dieser biologisch abbaubar ist. Ob Kunststoffe biologisch abbaubar sind, hängt nicht nur von den Ausgangsstoffen ab, sondern auch von der chemischen Struktur der Kunststoffe sowie ihrer Eigenschaft, sich innerhalb einer bestimmten Zeit in Anwesenheit von Mikroorganismen oder Pilzen zu mehr als neunzig Prozent zu Wasser, Kohlenstoffdioxid und Biomasse[5] abzubauen. Bio-Kunststoffe müssen jedoch oftmals erhitzt werden, um die Abbauprozesse zu beschleunigen, was wiederum zu einem vermehrten Ausstoß des Treibhausgases Kohlenstoffdioxid führt. Außerdem kommt es zu einem verstärkten Ausstoß von Methan, was das Klima der Erde noch stärker belastet als Kohlenstoffdioxid.

6 Kunststoffe werden auch künftig eine Rolle spielen. Doch erdölunabhängige Herstellungsverfahren und das Problem der Anhäufung von Kunststoff-Müll werden die Forschung noch lange beschäftigen.

3. Den Text genau lesen

2 Worum geht es in dem Text? Lies den Text genau.

4. Nach dem Lesen

3 Sprecht über folgende Fragen:
- Warum müssen Alternativen für die Kunststoff-Produktion gefunden werden?
- Welche möglichen anderen Verfahren werden genannt?
- Über welche Vor- und Nachteile dieser Verfahren wird informiert?

Nun kannst du deine Meinung zur Kunststoff-Müllentsorgung darlegen.

4 Nimm schriftlich Stellung zum Thema.
Die Arbeitstechnik auf Seite 101 hilft dir dabei.

[5] **die Biomasse:** Kommt Biomüll auf den Kompost, entsteht z. B. diese organische Substanz.

Training: Mündlich Stellung nehmen

Was haltet ihr von einem Verzicht auf Kunststoff-Produkte in der Schule? In einer Podiumsdiskussion könnt ihr euch dazu austauschen.

1 a. Listet die Kunststoff-Produkte auf, die ihr in der Schule verwendet.
b. Schreibt auf, wodurch die Produkte ersetzt werden könnten.

2 Bereitet in vier Gruppen eine Podiumsdiskussion vor.

Vorbereitung

Gruppe 1: Moderation[1]
- Zeitplan aufstellen: Wie viel Zeit steht für die Diskussion zur Verfügung?
- Anmoderation und Begrüßung schreiben: Wie lautet das Thema? Wer sind die Diskussionsteilnehmer? Darf sich das Publikum beteiligen?
- Fragen formulieren: Wem soll welche Frage gestellt werden?
- Gesprächsregeln festlegen: Was passiert, wenn die Regeln nicht eingehalten werden?
- Abmoderation besprechen: Wie sollte die Diskussion beendet werden?

Ablauf der Diskussion:
- Anmoderation und Begrüßung
- Vorstellen der Teilnehmer/-innen
- Offene Diskussion/Publikumsfragen
- Abmoderation

Gruppen 2 und 3: Befürworter und Gegner (Interessenvertreter)
- Meinungen formulieren: Wer vertritt welchen Standpunkt?
- Argumentationsketten entwickeln: Welche Argumente und Beispiele gibt es?
- Sich selbst vorstellen: Wie stelle ich mich in der Vorstellungsrunde vor? Welche Meinung und welches Argument nenne ich?
- Gruppensprecher wählen: Wer soll die Gruppe vertreten?

Gruppe 4: Beobachter/Publikum
- Fragen formulieren: Wem sollen welche Fragen gestellt werden?
- Beobachtungsbogen ausfüllen: Worauf will ich achten?
- Beobachter festlegen: Wer achtet während der Diskussion worauf?

[1] die **Moderation:** erklärende Worte während einer Diskussion, davor (Anmoderation) oder danach (Abmoderation)

Vor Beginn der Podiumsdiskussion sind einige Vorbereitungen nötig.

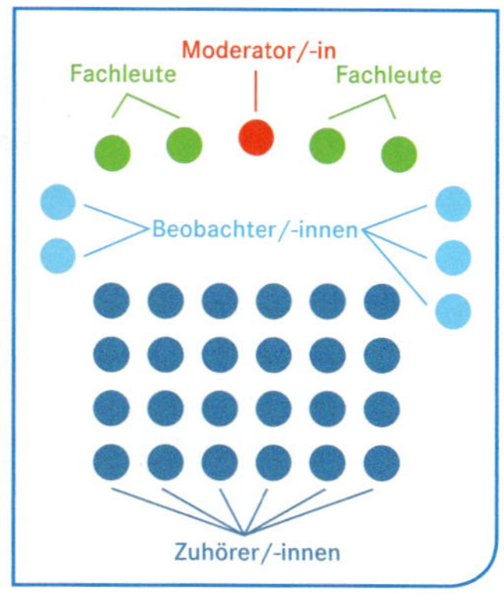

3 Woran müsst ihr außerdem denken?
a. Beschreibt die Sitzordnung mit Hilfe der Fotos und der Grafik.
b. Klärt, was noch zu tun ist, und bereitet alles vor.

Nun kann die Diskussion beginnen.

Durchführung

4 Führt die Podiumsdiskussion durch.
Beachtet bei der Durchführung die Arbeitstechnik.

Auswertung

5 Wertet die Diskussion anschließend aus.
a. Nehmt dazu die Beobachtungsbögen von Seite 105 zu Hilfe.
b. Besprecht auch, was dem Publikum außerdem aufgefallen ist.

Arbeitstechnik

Eine Podiumsdiskussion durchführen

Interessenvertreter oder Fachleute diskutieren vor Publikum auf einem Podium (z. B. einer Bühne).

- Die **Moderatorin oder** der **Moderator** begrüßt alle, stellt das Thema und die Interessenvertreter vor.
- Die **Interessenvertreter** tragen ihre Standpunkte zusammengefasst (Meinungen und Argumente) vor.
- Dann folgt die **offene Diskussion**.
- Hier können die **Interessenvertreter** ihre Standpunkte ausführlicher darstellen (Argumentationsketten).
- Das **Publikum** beteiligt sich durch Fragen und Meinungen.
- Die **Moderatorin oder** der **Moderator** achtet darauf, dass alle zu Wort kommen, der Zeitplan eingehalten wird und die Gesprächsregeln beachtet werden. Sie oder er kann Fragen stellen und das Publikum in die Diskussion einbeziehen. Sie oder er beendet die Diskussion nach Ablauf der Zeit.

3 Tisch als Podium / Moderator in der Mitte / Publikum in Reihen vor dem Podium / Beobachter seitlich des Podiums

Training:
Einen Kommentar schreiben

Einen Zeitungsartikel lesen und sich eine Meinung dazu bilden

In Kunststoffen können schädliche Zusatzstoffe stecken.

Eltern sollen auf Prüfsiegel achten

Schärfere Gesetze gefordert

Spielzeug aus Kunststoff ist günstig herzustellen und schön bunt. Darum ist es sowohl bei Eltern als auch bei Kindern sehr beliebt. Doch immer mehr Meldungen über Schadstoffe in Kunststoffspielzeug verunsichern die Eltern.

In den Medien häufen sich Berichte, in denen Herstellern von Plastikspielzeug vorgeworfen wird, die Gesundheit von Kindern zu gefährden. Den Berichten zufolge gehörten viele Spielsachen aus Kunststoff eher auf die Sondermüll-Deponie[1] als ins Kinderzimmer, denn in Kunststoffen enthaltene Schadstoffe wie Weichmacher sammelten sich in Kinderkörpern an und könnten zu Krankheiten führen. Die Folgen für die Kinder seien gravierend[2], da schon geringe Mengen der Weichmacher z. B. den Hormonhaushalt[3] stören könnten, der unter anderem Wachstum und geistige Entwicklung beeinflusst.

Experten weisen darauf hin, dass Eltern mit gutem Gewissen Spielwaren kaufen können, die ein anerkanntes Prüfsiegel[4] haben. Und auch auf die eigene Nase sei Verlass, denn Spielzeug, das nach Plastik riecht, scheidet auch schädliche Stoffe aus. Diese könnten wiederum von Kindern aufgenommen werden, wenn sie z. B. daran lutschten. Da es für einige Gefahrenstoffe bisher noch keine Grenzwerte gibt, fordert das Bundesamt für Risikobewertung nun strengere Richtlinien.

spiel gut® vom arbeitsausschuß kinderspiel + spielzeug ausgezeichnet recommended

TEXTILES VERTRAUEN Geprüft auf Schadstoffe nach Oeko-Tex® Standard 100 00000000 Institut

XXX GS geprüfte Sicherheit

1 Beantworte die folgenden Fragen in Sätzen:
- Was verunsichert die Eltern?
- Warum sind Weichmacher im Kunststoff so gefährlich?
- Welchen Tipp geben Umweltschützer besorgten Eltern?

[1] die **Sondermüll-Deponie:** Hier werden Sonderabfälle langfristig gelagert.
[2] **gravierend:** belastend
[3] der **Hormonhaushalt:** die Gesamtheit der Hormone im Körper
[4] das **Prüfsiegel:** von einem Institut oder Interessenverband vergebenes Kennzeichen, das etwas über die Qualität eines Produkts aussagt

Zunächst untersuchst du die wichtigsten Aussagen und den Aufbau des Zeitungsartikels.

2 Worum geht es in diesem Artikel?
a. Schreibe Schlüsselwörter heraus.
b. Schreibe dann ein bis zwei Sätze zum Inhalt des Artikels.

3 a. Trage die wichtigsten Aussagen in eine Tabelle ein.
b. Ergänze Argumente und Beispiele, die diese Aussagen stützen.

Starthilfe

wichtigste Aussagen	Argumente	Beispiele
Spielzeughersteller gefährden …	Kunststoffe enthalten …	Weichmacher stören …

Z **4** Welche Aussagen haben dich neugierig gemacht?
a. Schreibe drei Fragen auf, denen du gern nachgehen würdest.
b. Beschaffe dir weitere Informationen dazu, z. B. aus dem Internet.

Nun geht es um deine Meinung zu diesem Thema.

5 Welche Meinung hast du zum Thema „Schadstoffe in Kunststoffspielzeug"? Schreibe deine Meinung in einem Satz auf.
Tipps: • Deine Notizen aus den Aufgaben 2 und 3 helfen dir.
• Du kannst einen der folgenden Satzanfänge nutzen.

Dieses Thema wirft bei mir viele Fragen auf, weil …

Das Thema wird meiner Meinung nach …, weil …

Ich finde es richtig, dass …

Ich denke eher, dass …

Ich habe den Eindruck, …

Meiner Meinung nach ist Spielzeug aus Plastik …, denn …

2 Spielzeug aus Kunststoff … günstig … bunt/sehr beliebt …
In dem Artikel geht es um … / Der Artikel informiert über …

4 Welche Untersuchungen gibt es dazu? / Wer vergibt Prüfsiegel? / Welches Spielzeug ist unbedenklich?

Einen Kommentar zu dem Zeitungsartikel schreiben

In einem Kommentar kannst du deine Meinung zum Thema äußern. Du kannst andere überzeugen oder sie zur Diskussion auffordern.

Vor dem Schreiben:
- Adressat festlegen
- Schreibziel festlegen

1 An wen willst du deinen Kommentar richten? Schreibe es auf.

Starthilfe
- an Freunde
- an alle Eltern
- …

2 Beschreibe das Ziel, das du mit deinem Kommentar verfolgst.

Starthilfe
- Problem soll mehr in die Öffentlichkeit
- Leser sollen sich bewusster entscheiden, welche Produkte sie kaufen
- …

Einleitung

3 Schreibe eine Einleitung zu deinem Kommentar. Beachte die Arbeitstechnik auf Seite 113.
- Zu welchem Thema willst du dich äußern und warum?
- Auf welchen Artikel beziehst du dich?
- Welche Meinung hast du zum Thema?

Tipp: Deine Ergebnisse von Seite 111 helfen dir.

Hauptteil

4 Sammle weitere Aussagen und Argumente.

Aussagen	Argumente
Spielzeughersteller gefährden die Gesundheit von Kindern.	Schadstoffe können Hormonhaushalt von Kindern stören.
	Spielzeug enthält Schadstoffe.
Verbraucher können sich besser schützen.	Kinder müssen nicht mit Spielzeugen überhäuft werden.
	Prüfsiegel bieten Orientierungshilfe.

→ eine Argumentationskette entwickeln: Seite 99

5 Begründe im Hauptteil deine Meinung mit passenden Argumenten und Beispielen.

Tipp: Führe dein stärkstes Argument zum Schluss an.

3 Mit großem Interesse habe ich den Artikel … zum Thema … gelesen. / Ich finde das Thema wichtig, weil … / Meiner Meinung nach …

4 Aussage: Spielzeug muss sicher sein.
Argumente: Kinder nehmen alles in den Mund.
Sie können sich noch nicht selbst schützen.

6 Überprüfe deine Argumente und Beispiele noch einmal.
- Können deine Leser sie nachvollziehen?
- Erreichst du damit dein Schreibziel?

7 Schreibe einen Schluss.
- Knüpfe an dein stärkstes Argument an.
- Formuliere eine Schlussfolgerung.
- Fordere zur weiteren Diskussion auf.

Schluss

Arbeitstechnik

Einen Kommentar schreiben

Vor dem Schreiben:
- Überlege, wen du erreichen willst (**Adressat**).
- Lege das Ziel fest, das du verfolgst (**Schreibziel**).
- Bilde dir eine **eigene Meinung** zum Thema.

Gliedere deinen Kommentar in drei Teile:

1. Die Einleitung
- Nenne das **Thema**.
- **Begründe**, warum du einen Kommentar verfassen willst.
- Schreibe deine **Meinung** zum Thema auf.

2. Der Hauptteil
- Begründe deine Meinung mit **Argumenten**.
- Veranschauliche deine Argumente mit **Beispielen**.
- Entwickle **Argumentationsketten**.
- Führe dein stärkstes Argument zum Schluss an.
- **Überprüfe**, ob du Adressat und Schreibziel berücksichtig hast.

3. Der Schluss
- **Fasse** deine begründete Meinung noch einmal kurz **zusammen**.
- Formuliere eine **Schlussfolgerung**.
- Rege zur weiteren Diskussion an. Unterbreite Vorschläge.

8 Überarbeite deinen Kommentar mit Hilfe der Checkliste.

Checkliste: Einen Kommentar schreiben	*ja*	*nein*
Habe ich Adressat und Schreibziel berücksichtigt?		
Habe ich den Kommentar in drei Teilen aufgebaut?		
Habe ich in Einleitung und Schluss meine Meinung formuliert?		
Habe ich im Hauptteil Argumentationsketten überzeugend entwickelt?		
Habe ich mich klar und deutlich ausgedrückt?		
Habe ich niemanden beleidigt? Ist mein Ton angemessen?		

7 Abschließend möchte ich noch einmal darauf hinweisen, dass … /
Aus diesem Grunde wäre es … / Wir sollten …

Rap-Geschichte(n)

1

3

2

1 Klassengespräch!
Seht euch die Bilder an und beschreibt sie.

1 Auf Bild 1 ist … zu sehen. / Die Breakdancerin auf Bild 4 trägt … / Bild 2 zeigt …
die Rapperin, der Rapper, die Band, cool, rappen, das Graffito, die Kleidung, der Schmuck, glitzernd, golden, typisch, der Move [sprich: muw] – die Moves

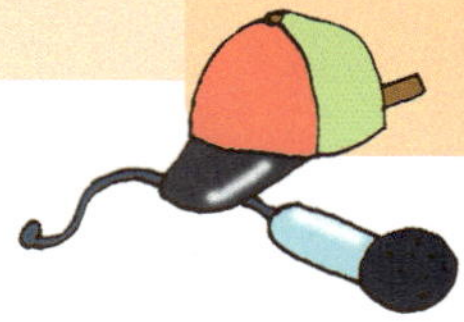

4

6

5

2 a. Was wisst ihr über das Thema Rap?
Tauscht euch darüber aus.
b. Was interessiert euch am Thema Rap?
Tragt es an der Tafel zusammen.

**In diesem Kapitel informiert ihr euch über das Thema Rap.
Ihr lest dazu verschiedene Texte und sammelt Informationen.
Zum Schluss schreibt ihr einen informierenden Text für eine Internetseite oder eine Wandzeitung.**

2 Im Rap geht es um … / Rap heißt/ist/zeigt … / Rapper sind/machen/singen über … /
Rap kommt aus …
die Musik, USA, deutschsprachiger Rap, der Rhythmus, reimen, der Sprechgesang,
der DJ [sprich: di-dschej]

Rap als Teil der Hip-Hop-Welt

Rap ist nicht nur Musik und Sprechgesang. Rap gehört zu einer ganzen Welt aus Mode, Tanz, Kunst, Konzerten, Veranstaltungen – eben der Welt des Hip-Hop.

1

3

2

4

1 Was gehört alles zur Welt des Rap und des Hip-Hop? Beschreibt die Abbildungen.

2 a. Ordnet die Wörter aus der Welt des Rap den Tätigkeiten zu.
b. Erklärt die Wörter und die Tätigkeiten.
c. Schreibt die Wörter und die Worterklärungen als Übersicht auf.

der Rap
tanzen
Platten auflegen
der Breakdance
das Graffito – die Graffiti
das DJing
sprechen
malen

Die Welt des Rap und des Hip-Hop

das DJing
(Platten …)
für die Rap-Fans
Musik machen

1 die englischen Wörter: der Rap [sprich: räp], der Breakdance [sprich: bre-ikdäns], das Graffito [sprich: 'gräfitou], die Graffiti, das DJing [sprich: di-dsche-ing]

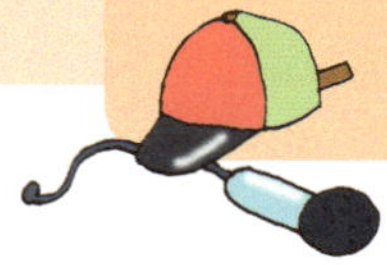

Die Hip-Hop-Band „Die Fantastischen Vier" hat
den Rapgesang in deutscher Sprache populär gemacht.

Hört euch den hier an

Beck, Dürr, Rieke, Schmidt

... manchmal sprech ich es am stück und
manchmal muss ich's buchstabieren
manchmal philosophieren
manchmal dinge proklamieren
manchmal muss mein Dee Jot Hausmarke[1]
das plattenkratzen[2] demonstrieren
tust du zu viel an meinem text interpretieren
kann's passiern dass es dir schwerfällt dich
darüber zu amüsieren
zeit zum applaudieren denn mein Dee Jot ist jetzt dran
die nadeln zu strapazieren und deshalb hört euch den hier an

hör auf den kopf zu rasieren durch die Straßen zu marschieren
wir können nicht riskieren uns noch mal zu isolieren
wenn kulturen kollidieren darf man nicht diskriminieren
sondern muss sich informieren um sich umzuorientieren
ist die psyche nicht in ordnung tut man zu viel konsumieren
legal oder illegal man muss sich therapieren
ich will euch nicht schockieren denn da liegt mir nicht viel dran
deshalb werd ich jetzt pausieren und verbleib mit hört euch den hier an

3 Versucht den Text rhythmisch wie einen Rap zu sprechen.
Tipps:
- Klopft oder klatscht den Rhythmus mit.
- Probiert verschiedene Betonungen aus.

4 Nicht zu viel am Text interpretieren, sondern lieber darüber amüsieren!
Dafür müsst ihr nicht jede Zeile genau verstehen.
a. Erklärt mit eigenen Worten, worum es geht.
b. Wählt euch drei Wörter mit **-ieren** aus. Erklärt die jeweiligen Textzeilen.
c. Lest den Lexikonartikel über Rap.

Rap, der: → Der Rap, ein rhythmischer Sprechgesang, entstand Anfang der 1970er Jahre in den ärmeren Stadtteilen (Gettos) amerikanischer Großstädte. Die Rap-Songs spiegelten den Alltag, die Probleme, die Gefühle und Gedanken der Jugendlichen wider, die oft geprägt waren von Armut, Arbeitslosigkeit und Benachteiligung. Rapper tragen ihre zum Teil auch spontan ausgedachten Texte zur Begleitmusik aus dem Kassetten- oder CD-Spieler vor, oft auch einfach auf der Straße. Der Begleitpart kann aber auch nur mit der Stimme ausgeführt werden.

1 **Dee Jot Hausmarke:** DJ Hausmarke: der DJ der „Fantastischen Vier"
2 das **Plattenkratzen:** englisch: scratching, Technik beim DJing

2 buchstabieren: langsam sagen, applaudieren: klatschen, kollidieren ... diskriminieren: wenn Kulturen zusammenstoßen, darf man niemanden benachteiligen

Informationen über Rap sammeln

Deine Klasse plant ein Projekt zum Thema Rap. Du beschäftigst dich mit dem Ursprung des Rap, ausgewählten Rappern und Rap-Texten. Zum Schluss schreibst du einen informierenden Text für die Internetseite eurer Schule.

1. Vor dem Lesen
2. Das erste Lesen
3. Den Text genau lesen

1 Lies die Materialien M1 bis M6 mit Hilfe des Textknackers.

M1 Auf den Spuren des Rap

Aus einer New-York-Reportage von Sven Mock

1 Mitten in New York beginnt die Geschichte des Rap. Ich stehe hier am Broadway[1]. Alles ist unfassbar groß und überwältigend und irgendwie schön. Doch an dieser Stelle hat sie nicht begonnen, die Geschichte des Rap. Wir müssen dafür in Gegenden New Yorks gehen, in die sich Touristen nur selten verirren. Dort möchte ich mich umsehen und einige besondere Menschen treffen.

2 Das nächste Taxi fährt mich über verstopfte Straßen direkt in die Bronx[2]. Hier hat die Geschichte des Hip-Hop und damit des Rap begonnen. Ich schaue mich um. Nichts ist mehr zu sehen von den atemberaubend hohen Gebäuden, dem Glanz und der eigenartigen Schönheit der Stadt. Ich befinde mich in einem Stadtteil, der in den 1960er Jahren ein Ort war, in dem es viele Probleme gab. Hier gab es eine hohe Kriminalitätsrate, Banden beherrschten diesen Stadtteil mit Gewalt. Hier lebten die Menschen in ständiger Angst um Leib und Leben.

3 Ich erfahre von MC Pale, einem meiner ersten Gesprächspartner, dass Afrika Bambaataa hier geboren wurde und aufwuchs. Auch er war Mitglied einer dieser Banden, der Black Spades. Um hier gut zu leben, sahen viele keinen anderen Ausweg als den in die Kriminalität. So auch er. Doch die Gewalt holte auch Bambaataa ein: Er musste mit eigenen Augen ansehen, wie einer seiner besten Freunde erschossen wurde. Ein unerträglicher Anblick und ein derart grausames Ereignis, dass Bambaataa sich von seinem bisherigen Leben abkehrte, um von nun an solche Grausamkeiten zu verhindern und einen neuen Weg zu gehen. Und als ersten wichtigen Schritt gründete er die Zulu Nation.

[1] der **Broadway:** große Straße in dem Stadtteil Manhattan in New York
[2] die **Bronx:** multikultureller Stadtteil New Yorks mit vielen Menschen aus anderen Ländern

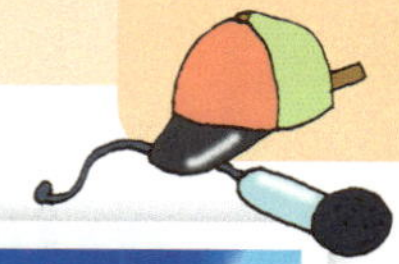

4 „Stop the violence" – „Stoppt die Gewalt" war eines der obersten Ziele seiner Zulu Nation. Wie das funktionieren kann, erlebe ich bei meinem ersten Hip-Hop-Battle in New York City: Überschüssige Energie und Frust, aber eben auch Kreativität und Wortwitz werden als Scheinkampf[3] auf einer Bühne ausgetragen und ausgelebt. In der Anfangszeit des Hip-Hop wurde so mehr als nur eine echte Prügelei unter Kontrahenten[4] oder verfeindeten Banden vermieden. Statt Gewaltausbrüchen erlebte und erlebt die begeistert mitgehende Zuschauermenge Sprechgesang, scharfzüngige Reime, akrobatischen Breakdance oder coole Graffiti, mit denen sich die Hip-Hopper messen. Sehr schnell verselbstständigten sich Rap, Breakdance und Graffiti und entwickelten sich zu einem eigenen Lebensstil, der auch in der Sprache und in der Mode seinen Ausdruck fand.

M2 Interview mit Lucy Z

rap-news: Hallo Lucy. Du bist noch ziemlich jung und trotzdem schon bekannt in der Hip-Hop-Szene. Wie bist du zum Rappen gekommen?

Lucy Z: Ich bin mit Rap groß geworden und habe mich auch schon früh für Breakdance und den Style begeistert. Schon als Kind habe ich die Moves[5] und das Reimen ausprobiert. Heute sind sie für mich eine Art Ventil. Inzwischen kann ich so am besten ausdrücken, wie mich Dinge, die ich erlebt habe, beschäftigen.

rap-news: Welche Themen beschäftigen dich besonders?

Lucy Z: Alles, was mich berührt. Zum Beispiel, wenn mich etwas ärgert oder traurig macht. Ich schreibe mir alles in mein Blackbook, das typische Notizbuch der Rapper. Am Anfang ist es vielleicht ungewohnt, Dinge direkt in Reimform zu schreiben. Aber irgendwann ist es wie eine eigene Sprache. Man kann gar nicht anders. Manchmal denke ich sogar schon in Reimen. Das ist schon komisch, macht aber wahnsinnig viel Spaß.

rap-news: Wo trägst du deine Texte vor?

Lucy Z: Es gibt sogenannte Battles. Man trifft sich dann und zeigt vor Publikum, was man kann. Der MC[6] übernimmt das Vorstellen. Er ist eine Art Moderator. Es „kämpfen" immer zwei Rapper gegeneinander. Sie haben dann drei Minuten Zeit, um zu zeigen, was sie können.

rap-news: Wer entscheidet dann, wer gewonnen hat?

Lucy Z: Das Publikum entscheidet, wer ihm am besten gefallen hat. Das ist doch klar. Und selbstverständlich akzeptieren wir die Entscheidung immer. Bei uns geht es um Respekt. Wir respektieren einander. Das ist wichtig.

[3] der **Scheinkampf**: kein echter Kampf, die Teilnehmer tun nur so
[4] die **Kontrahenten**: die Gegner in einem Wettkampf
[5] die **Moves**: die Tanzbewegungen
[6] der **MC**: Master of Ceremonies

M3 Und los

Die Fantastischen Vier: Beck, Dürr, Rieke, Schmidt

Yeah,
Das Leben war gut,
atme durch, nimm noch nen Zug
Yeah
Denn das Leben ist kurz,
schwer und gefährlich genug
Ja o. k.
Ist nen echt alter Hut, es tut weh
Aber du lernst dazu
Also hey
Starte den nächsten Versuch,
denn mehr kannst du nicht tun

Außer fallen, wieder aufstehen und oben zu bleiben
Den Fokus erweitern, den Globus bereisen
Den Tourbus besteigen, paar Proben zu schmeißen.
Den Bonus zu feiern, bevor es vorbei ist.
Von vorne beginnen, vergessen, vergeben
Im Lotto gewinnen, nen besseres Leben
Es locker zu nehmen, mal nen Wunder vollbringen
Nicht nach unten sehen, einfach nur springen.

Und los!
Wir wollen ne Revolution
Oder ne schnelle Million
Im Moment fehlt die Vision
Doch irgendwas findet sich schon [...]

M4 Der Rap heute

Der Song „King Tim III" der Fatback Band wird oft genannt, wenn es um die erste Rap-Aufnahme geht. Frühe Rap-Erfolge feierten solche Musiker wie „Grandmaster Flash And The Furious Five" oder „The Sugarhill Gang". Im Laufe der Zeit kamen zahlreiche weitere Rapper hinzu, die dem Rap einen festen Platz auch außerhalb der Gettos und innerhalb des Musikgeschäfts verschafften. Seit den 1970er Jahren behandelte der Rap oft politische und soziale Themen, berichtete über Missstände, Kriminalität und Drogen. Die teils sehr direkte Sprache bis hin zu aggressiven Ausdrucksformen hat dem Rap nicht nur Freunde gebracht. Manche Medien und Musikverlage zeichneten und zeichnen diese Form der populären Musik daher in negativen und düsteren Farben. Allerdings durchaus auch aus Berechnung: Der sogenannte Gangsta-Rap von bösen Jungs verkauft sich besser als die Musik von Künstlern, die ein positives, nachdenkliches Image pflegen.

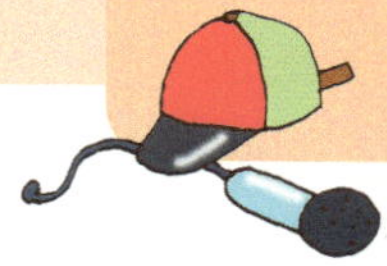

M5 Ein Hip-Hop-Duo rappt die Nachrichten

Dakar. Eine neue Form der Nachrichtenvermittlung erfreut sich im Senegal wachsender Beliebtheit: Seit vergangenem Jahr präsentiert das Hip-Hop-Duo Xuman und Keyti das Neueste aus aller Welt mit Rhythmus, Parodie und Reim. Das „gerappte Telejournal" (JTR) wird jeden Freitag auf dem lokalen Privatsender 2STV ausgestrahlt und danach auf das Videoportal YouTube gestellt. Dort zählte der JTR-Kanal Ende Juli 2014 fast 12.500 Abonnenten. „Wir bringen ganz gewöhnliche Nachrichten, nur als Rap und mit Humor", sagt der 41-jährige Keyti, dessen richtiger Name Cheikh Sene lautet. „Allerdings verkünden wir nicht einfach nur die Nachrichten, wir kommentieren sie auch und sind dabei mit Zustimmung unserer Zuschauer sehr subjektiv." Die Idee zu den Rap-Nachrichten hatte Xuman, ein schmaler Mittvierziger mit Dreadlocks und dem bürgerlichen Namen Makhtar Fall. Seit Jahren moderiert er Fernseh- und Radiosendungen und ärgerte sich jedes Mal, wenn er das Mikrophon zur vollen Stunde an trockene Nachrichtensprecher abgeben musste: „Ich sagte mir, es wäre nicht schlecht, Rap mit Nachrichten oder Bildung zu mischen."

M6 „RAPortagen" erreichen Millionen

Die Münchner Hip-Hop-Gruppe „Blumentopf" kommentierte auf ihre Weise die Spiele der deutschen Nationalelf der Fußball-WM 2014 in Brasilien. Eine „RAPortage" lief beispielsweise in der Halbzeit der Partie Deutschland – Ghana, die über 24 Millionen Zuschauer in der ARD sahen. Selbst, wenn einige davon die Halbzeitpause kurz für einen Toilettengang genutzt haben werden, dürften noch viele Millionen Deutsche die witzig-rasante „RAPortage" gesehen haben. Schließlich hat die ARD nach eigenem Bekunden „Blumentopf" für die Berichterstattung in Reimform engagiert, weil es im Vorfeld des Turniers viele Anfragen von Zuschauern gegeben habe.

Bereits seit der Fußball-Weltmeisterschaft 2006 läuft das sehr spezielle Fußballmusik-Genre, mit dem „Blumentopf" in anderthalb Minuten die Deutschland-Spiele zu Clips verarbeitet, äußerst erfolgreich im Ersten. Auch im Netz seien die Blumentopf-„RAPortagen" von Anfang an ein Riesenerfolg gewesen, heißt es bei der ARD, denn schon 2006 seien die ersten „RAPortagen" innerhalb von 48 Stunden auf YouTube über 100 000-mal angeklickt worden. Bei den folgenden Fußball-Welt- und Europameisterschaften ist das Format deshalb fortgeführt worden.

W Die Materialien zum Thema Rap auswerten

4. Nach dem Lesen

W Um zu zeigen, dass du die Materialien auf den Seiten 118 bis 121 verstanden hast, kannst du zwischen zwei Möglichkeiten wählen:

- Du kannst die Aufgaben zu den einzelnen Materialien bearbeiten und Fragen beantworten. → Aufgaben zu M1 bis M6 auf den Seiten 122–123
- Du kannst aber auch kurze Zusammenfassungen zu den einzelnen Materialien schreiben. → Aufgabe 1 auf Seite 123

zu **M1** Die Reportage führt dich auf die Spuren des Rap. → M1: Seiten 118–119
a. Trage zusammen, welche Spuren der Reporter entdeckt.
b. Was hast du über Afrika Bambaataa erfahren? Fasse es zusammen.

zu **M2** a. Warum rappt Lucy Z? Nenne einige ihrer Beweggründe. → M2: Seite 119
b. Wovon handeln ihre Texte? Schreibe es auf.

zu **M3** a. Der Rap-Song der Fantastischen Vier heißt „Und los". Erkläre den Titel mit deinen Worten. → M3: Seite 120
b Welche Zeilen aus dem Song treffen auf dich zu? Oder: Welche Zeilen sprechen dich besonders an?
- Zitiere die Zeilen mit Zeilenangaben.
- Erkläre den Bezug zu dir.

zu **M4** Welche Aussagen treffen auf den Zeitungsartikel zu? Schreibe die zutreffenden Aussagen auf: → M4: Seite 120

- Musiker wie The Sugarhill Gang hatten erst in den späten 1990er Jahren Erfolg.
- Seit den 1970er Jahren ging es in den Rap-Texten oft um Missstände, Kriminalität und Drogen.
- Besonders beliebt waren von Anfang an die aggressiven Ausdrucksformen des Rap.
- Die Plattenfirmen machen mit Gangsta-Rap ein gutes Geschäft.

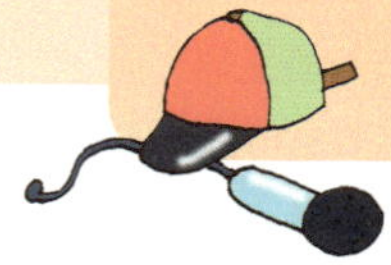

zu M5 Welche Informationen kannst du dem Zeitungsartikel entnehmen? Gib Antworten auf die **W**-Fragen.

→ M5: Seite 121

- Wer?
- Wo? In welchem Land?
- Was machen die Personen?
- Warum?
- Welche Besonderheiten werden genannt?

zu M6 Erkläre den Begriff **RAPortage** mit eigenen Worten. Beschreibe ein Beispiel einer RAPortage.

→ M6: Seite 121

W Du kannst die Materialien auf den Seiten 118 bis 121 mit eigenen Worten zusammenfassen.

W 1 Fasse jedes Material M1 bis M6 einzeln zusammen.
Die Arbeitstechnik hilft dir dabei.
Tipp: Manche Materialien kannst du in wenigen Sätzen zusammenfassen. Bei anderen kannst du ruhig etwas mehr schreiben.

Arbeitstechnik

Einen Text zusammenfassen

Mit einer Zusammenfassung **gibst** du den **Inhalt** eines Textes verkürzt wieder.
- Wende zunächst den **Textknacker** an, damit du selbst den Inhalt des Textes **verstehst**.
- **Beantworte** diese **Leitfragen** zunächst in Stichworten:
  - **Was für ein Text** ist das?
  - Wer ist der **Autor** oder die **Autorin**?
  - Was ist das **Thema** des Textes in einem Satz?
  - Worum geht es in den einzelnen **Absätzen**?
  - Was ist das **Ziel** oder die **Hauptaussage** des Textes?
- Formuliere dann aus den Stichworten eigene Sätze für die Zusammenfassung:
  - Schreibe im **Präsens**.
  - Gib **nur wenige wichtige Informationen** und Aussagen aus dem Text wieder.
- Fasse dich **kurz**: Du musst nicht jeden Gedanken aus dem Text darstellen.
  - Verzichte auf ausführliche Beschreibungen und Beispiele.

Einen informierenden Text schreiben

1 Lies die folgende Schreibaufgabe mit Hilfe des Aufgabenknackers.

➜ Aufgabenknacker in der Übersicht: Seite 289

Aufgabe: Deine Klasse plant ein Projekt zum Thema Rap.

A Beschäftige dich mit dem Ursprung des Rap, mit ausgewählten Rappern und mit Rap-Texten.

B Schreibe einen informierenden Text über Rap für die Internetseite eurer Schule. Gehe auch auf diese Fragen ein:
- Was hast du über die Ursprünge des Rap erfahren?
- Welche Themen werden in Raps aufgegriffen?
- Welche Formen des Rap oder besonderen Ereignisse hast du kennen gelernt?

C Schreibe zum Schluss deine persönliche Meinung zum Rap auf. Du kannst zum Beispiel über deine Erfahrungen mit Rap berichten.

D Überarbeite deinen Text, am besten am Computer.

2 a. Lege deine Notizen zu den Aufgaben auf den Seiten 114 bis 123 bereit.
b. Lies und ordne deine Notizen entsprechend deiner Schreibaufgabe.

3 Schreibe die Einleitung für deinen informierenden Text.

Einleitung

- Schreibe einen ersten Satz, der deine Leserinnen und Leser neugierig macht.
- Gehe auch auf das Rap-Projekt ein.
- Schreibe insgesamt drei oder vier vollständige Sätze auf.

Tipp: Achte von Anfang an auf abwechslungsreiche Satzanfänge.

Starthilfe

Im nächsten Halbjahr planen wir in unserer Klasse ein Projekt …

4 Schreibe nun Absatz für Absatz den Hauptteil.

Hauptteil

- Bearbeite dazu sorgfältig die Teilaufgaben B und C.
- Verwende deine Arbeitsergebnisse von den Seiten 122 und 123.
- Zu Inhalten, die dich besonders interessieren, kannst du ausführlicher schreiben.
- Du kannst immer auch deine eigenen Erfahrungen mit einbeziehen.
- Schreibe auch deine eigene Meinung auf: Was bedeutet das Rap-Projekt für euch Schülerinnen und Schüler?

Achte darauf, dass du dabei immer sachlich formulierst.

5 Schreibe den Schluss.

Schluss

Fasse deine Ergebnisse noch einmal in wenigen Sätzen zusammen.

W **6** Überarbeite deinen Text selbstständig oder mit Hilfe der Seite 125.

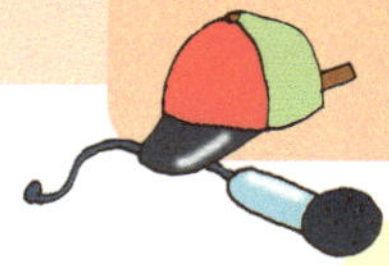

Den Text überarbeiten

Hast du deinen informierenden Text zunächst mit der Hand geschrieben? Dann ist es sinnvoll, den Text vor dem Überarbeiten oder beim Überarbeiten mit dem Computer aufzuschreiben. So kannst du die Korrektur- und die Überarbeitungsfunktion des Computers nutzen.

1 Finde eine passende Überschrift, die das Interesse deiner Leserinnen und Leser weckt.
Schreibe die Überschrift auf.

2 Überarbeite deinen Text mit einer Partnerin oder einem Partner.
- Lies deinen Text vor.
- Berate dich mit der Partnerin oder dem Partner mit Hilfe der Checkfragen.
- Überarbeite den Text mit Hilfe der Checkfragen.
- Kontrolliere zusammen mit der Partnerin oder dem Partner die Rechtschreibung.
  Tipp: Du kannst die automatische Rechtschreibkorrektur im Computer nutzen.
  Aber beachte: Der Computer macht nur Vorschläge.
  Entscheiden musst du selbst!

Checkliste:	ja	nein
Sind alle Teilaufgaben vollständig bearbeitet?		
Jst der Text verständlich?		
Jst der Text übersichtlich gegliedert und logisch aufgebaut? Steht Zusammengehörendes in Absätzen zusammen?		
Jst der Text sachlich und in einer angemessenen Sprache geschrieben?		
Sind die Satzanfänge abwechslungsreich?		
Sind die Verben und die Adjektive treffend und lebendig?		
Sind die Zeitformen der Verben einheitlich und passend?		

Z 3 Wie soll eure Internetseite für das Rap-Projekt gestaltet werden?
- Sprecht gemeinsam über die Gestaltung.
- Überlegt euch mögliche Gestaltungsmittel (Schrift, Farben, Grafiken, Bilder usw.).
- Setzt eure Vorschläge in dem Text um.

→ Tipps für die Projektarbeit und für Arbeitspläne: Seite 291

MfG, z. B. und Co.

In vielen Sachtexten findest du Abkürzungen. Die Fantastischen Vier haben fast einen ganzen Rap nur aus Abkürzungen geschrieben.

1 Lies den Rap-Text.

MfG
Die Fantastischen Vier

ARD, ZDF, C&A, BRD, DDR und USA
BSE, HIV und DRK, GbR, GmbH, ihr könnt mich mal
THX, VHS und FSK, RAF, LSD und FKK
DVU, AKW und KKK, RHP, USW, LmaA
PLZ, UPS und DPD, BMX, BPM und XTC
EMI, CBS und BMG, ADAC, DLRG, ojemine
EKZ, RTL und DFB, ABS, TÜV und BMW
KMH, ICE und Eschede, PVC, FCKW, is nich' o. k.

MfG – mit freundlichen Grüßen
die Welt liegt uns zu Füßen, denn wir stehen drauf
wir gehen drauf für ein Leben voller Schall und Rauch
bevor wir fallen, fallen wir lieber auf.

2 a. Welche Abkürzungen aus dem Rap-Text kennst du? Schreibe sie untereinander auf.
b. Wofür stehen die Abkürzungen? Notiere die Bedeutungen, die du kennst.

3 Tausche dich mit einer Partnerin oder einem Partner über die euch bekannten Abkürzungen aus. Könnt ihr zusammen weitere Bedeutungen finden?

4 Finde für mindestens zehn weitere Abkürzungen in dem Rap-Text die Bedeutung. Du kannst ein Wörterbuch oder das Internet nutzen und Freunde, Eltern oder Mitschüler fragen.

Starthilfe

ARD	Arbeitsgemeinschaft der öffentlich-rechtlichen Rundfunkanstalten der Bundesrepublik Deutschland
ZDF	Zweites Deutsches …
C&A	…

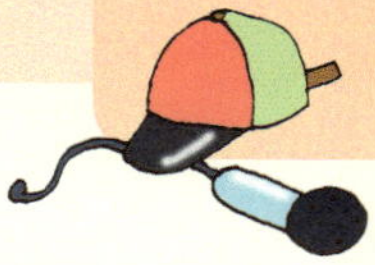

5 a. Finde die Abkürzungen im folgenden Text.
b. Wofür stehen die Abkürzungen?
Schreibe die Abkürzungen und ihre Bedeutung in einer Tabelle auf.

Auf S. 130 findest du z. B. einen Text über die Fantastischen Vier. In dem Text geht es um die Band bzw. ihre Mitglieder. Im Text steht u. a., woher die Bandmitglieder kommen, d. h., wo sie geboren sind. Du kannst auch herausfinden, was sie in ihrer Freizeit unternehmen (vgl. S. 136), wo sie gern Urlaub machen usw.

Wenn eine Abkürzung aus zwei Wörtern besteht und du sie mit einem Punkt abkürzt, musst du ein Leerzeichen zwischen den beiden Teilen lassen.

6 Schreibe drei eigene Sätze mit Abkürzungen. Du kannst die Abkürzungen in Aufgabe 5 benutzen oder andere Abkürzungen.
Tipp: Achte besonders auf die Groß- und Kleinschreibung und darauf, ob du einen Punkt setzen musst oder nicht.

Es gibt verschiedene Arten von Abkürzungen.

Z **7** Was ist der Unterschied zwischen den Abkürzungen in Aufgabe 5 und den Abkürzungen in dem Rap-Text?
Tipp: Achte darauf, wie sie geschrieben und ausgesprochen werden.

8 Es gibt noch weitere Arten von Abkürzungen.
Ordne die folgenden Abkürzungen den Bedeutungen zu.

Info	Omnibus
Kripo	Information
Schiri	Schiedsrichter
Abi	Kriminalpolizei
Bus	Abitur

9 Wie werden Abkürzungen gebildet? Lies das Merkwissen:

Merkwissen

Es gibt vier **Arten von Abkürzungen**:
1. Abkürzungen mit einem Punkt: **z. B.**, **vgl.**, **S.**
2. Buchstabenwörter: **ARD**, **TÜV**, **WM**
3. Silbenwörter: **Kripo**, **Schiri**, **Kita**
4. Kurzwörter: **Info**, **Bus**, **Lok**

Abkürzungen mit einem Punkt sprichst du immer als vollständiges Wort aus.

Z „Plötzlich öffnen sich Tür'n ..."

Den eigenen Lebensweg zu finden,
das ist manchmal nicht ganz leicht.

Ontogenie[1] Amewu

Ich merk', wie sich der Griff löst,
es ist schön zu seh'n, wie mich die Wärme in das Licht führt.
Wer will das nicht spür'n, plötzlich öffnen sich Tür'n,
die man vorher nicht mal sah und die sich sonst auch nicht rühr'n.
Du kannst dein Ich spür'n, kannst alles akzeptier'n,
zuerst fühlst du dich nackt und frierst, doch findest diese Kraft in dir.
Angst in deiner Seele kannst du fühlen und dann abstrahier'n,
adaptier'n an andere, statt zu hassen und zu attackier'n.
Es fühlt sich neu, doch bekannt an,
triffst du heut den Teufel, bietest du ihm deine Hand an.
Er verwandelt sich zu etwas anderem, dankt dir in Gedanken,
denn er fühlte sich verstanden,
im Innersten die schillernden und schimmernden,
Neubeginn entspringenden, feurigen, sich windenden
Farben, die auch jetzt in meiner Stimme sind,
wenn in mir die Stille singt.
Ich lass sie aus dem Körper und du hörst, wie sie dem Wind entspringt.

Freier Fall mit Segeln und Auftrieb,
Fallenlassen bringt meine Seele zum Aufstieg,
kein Zweifel, der Erleben hinausschiebt,
ein roter Pfeil, der den Weg durch das Blau fliegt.
Als erster und als letzter Ton der Schöpfungsmanifestation
entsteht er und belebt er durch die Stimmgewalt des Metatron[2].
Viele Male vorher hab ich leise seinen Text vernomm',
doch diesmal ist das Wort so klar, als kenne ich die Sätze schon.
Ich öffne die Augen, ich bin drin, die Erschöpfung ist draußen;
rundum erneuert ein Punkt, fest umschlungen von den Funken des Feuers,
die Flamme brennt und es ist nun mein Dank, der als Gedanke brennt,
das Leben in sich anerkennt, es nehmen kann und dann verschenkt.
Ein anderer Mensch? Nein, nur jemand, der die Angst bekämpft
vor seiner eigenen Schöpfungskraft und wieder selbst die Flamme lenkt.

[1] die **Ontogenie** (die Ontogenese): die Entwicklung eines Einzelwesens
[2] der **Metatron:** Name eines Engels. Er gilt als Engel der Wahrheit, der Liebe und des Willens, der dabei helfen soll, den persönlichen Lebensweg zu erkennen und ihn auch zu leben.

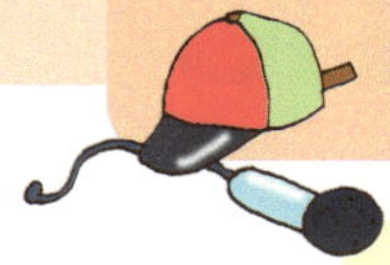

1 a. Sprich den Rap mehrmals vor dich hin.
- Was hörst du?
- Wie könnte sich das Ich in dem Rap fühlen?
- Was fällt dir auf, z. B. an der Sprache, am Inhalt …?

b. Notiere Stichworte.

2 Was ist das Thema des Rap?

a. Welche Schlüsselwörter oder Wortgruppen fallen dir beim Lesen auf? Notiere sie.
Tipp: Du kannst auch eine Folie über den Text legen und markieren.

b. Fasse zusammen, worum es deiner Meinung nach in dem Rap geht.

3
- Welche Erfahrungen hat das Ich in dem Rap auf seinem Lebensweg gemacht?
- Mit welchen sprachlichen Mitteln wird das ausgedrückt?

Finde passende Textstellen. Notiere deine Gedanken.

4 An einigen Stellen wendet sich das Ich auch an die Hörer.

a. Finde passende Textstellen.

b. Wozu fordert das Ich auf? Notiere es.

5 Der Sprecher verwendet auch Bilder und Metaphern.

a. Finde Beispiele im Text.

b. Was könnten diese Bilder und Metaphern bedeuten? Erkläre sie.

6 In einem Interview hat Amewu auch über seine Absichten gesprochen.

a. Was möchte der Rapper erreichen?
Finde Antworten in dem Auszug aus dem Interview.

b. Welche Textstellen in „Ontogenie" drücken diese Absichten aus? Notiere.

Aus einem Interview mit Amewu über sein Album „Leidkultur"

rap.de: Um noch mal auf das „Leid" aus dem Albumtitel zurückzukommen: Ist das ein großer Faktor in deinem persönlichen Leben?
Amewu: Ja klar, zu einem Teil ist das mein Charakter. Ich bin halt ein sehr melancholischer Mensch. Aber meiner Meinung nach ist es auch sehr leicht, in dieser Welt melancholisch zu werden. Es passieren halt sehr viele Dinge, die Richtung Abgrund zielen, und es wird das Dogma vertreten, dass es so sein muss und wir immer weiter in die eingeschlagene Richtung gehen müssen.
Aber ich will da auch ein wenig gegen den Strom schwimmen.
Ich will den Leuten bewusst machen, was sie alles machen können.
Die Leute sollen sich ihrer selbst bewusst werden. Sie sollen Wissen darüber erlangen, was mit ihnen passiert.

7 Schreibe deine Gedanken zu dem Rap „Ontogenie" in einem zusammenhängenden Text auf. Nutze dabei deine Erkenntnisse aus den Aufgaben 1 bis 6.

Training: Einen informativen Text schreiben

Der Artikel „Heiße Beats und flinke Zungen" wurde in einer Online-Zeitung veröffentlicht. Du liest den Artikel mit Hilfe des Textknackers und fasst ihn zum Schluss unter dieser Fragestellung zusammen:

? Mit welchen Themen beschäftigen sich Rapper und Rap-Texte?

1 Lies den folgenden Sachtext mit Hilfe des Textknackers. Wende zunächst die Schritte 1 bis 3 an.

1. Vor dem Lesen: Bild und Überschrift
2. Überfliegend lesen
3. Genau lesen

Heiße Beats und flinke Zungen

Von Felicitas Lachmayr, Fürstenfeldbruck

Der Rapper Perquist kritisiert in seinen Texten die Massentierhaltung und den Saatgutkonzern Monsanto – und das in einem atemberaubenden Tempo.

Bei der Hip-Hop-Party „Original Classic Beats" heizen die fünf Bands ihren Besuchern ordentlich ein. Statt Gangster-Rap gibt es positive Texte und Gesellschaftskritik, die das Publikum zum Mittanzen und Mitsingen bewegen. Es wurde heiß im Unterhaus, als der erste Rapper am Samstagabend die Bühne betrat. Und das nicht nur wegen der Papierflammen, die rechts und links der Bühne flackerten. Auch die fünf Hip-Hop-Bands heizten den etwa 240 Zuhörern an diesem Abend ordentlich ein.

Den Anfang machte der Germeringer Rapper „Perquist". Er begeisterte die Gäste mit lyrischen Texten, in denen er über den Sinn des Lebens philosophierte. „Mir ist es wichtig, dass meine Texte eine sinnvolle Message enthalten", sagte der junge Musiker nach seinem gelungenen Auftritt. So widmet er sich in seinen Songs auch aktuellen gesellschaftlichen oder politischen Themen. Mit kritischen Textzeilen rappte er über Massentierhaltung oder gegen einen Saatgutkonzern, und das in einem Tempo, das dem Zuhörer ein gewisses Maß an Konzentration abverlangte. „Doubletime" nennt sich dieser Rap-Stil im Fachjargon, bei dem der Rapper in doppelter Geschwindigkeit, also doppelt so schnell wie der Beat, seine Textzeilen zum Besten gibt. Er selbst bezeichnet seine Musik als „Mischung aus alter Schule und experimentellem Stil".

Nach ihm stand der Rapper „Ziggy Brown“ auf der Bühne. In seinen Songs dreht sich alles um die menschliche Gefühlswelt. Er erzählt von gescheiterten Beziehungen oder unerfüllten Wünschen, die jeder in sich trägt. „Ich verarbeite häufig persönliche Erlebnisse in meinen Texten“, sagt der Fürstenfeldbrucker Rapper, der an diesem Abend nicht nur seine eigene Musik auf der Bühne präsentierte. Er stellte auch sein 2013 ins Leben gerufenes Projekt „We Rap for Respect“ vor, mit dem er Schüler und Jugendliche für Hip-Hop begeistern und ihnen die Möglichkeit bieten möchte, sich darüber auszudrücken. Denn für ihn ist Rap „ein gutes Medium, um Frust abzubauen und sich mit Wortgewalt Respekt zu verschaffen“. Mit insgesamt 50 Jugendlichen aus dem Brucker und Germeringer Jugendzentrum sowie der Schule West in Fürstenfeldbruck arbeitet er mittlerweile zusammen.

Vier von ihnen konnten an diesem Abend schon ihr Talent unter Beweis stellen, als sie einen ihrer selbst geschriebenen Songs vortrugen und die Zuhörer damit begeisterten. „Ich war stolz wie ein großer Bruder, als ich sie da oben stehen sah“, sagte der engagierte Musiker. „Ich war doppelt vertreten, durch mich selbst und durch die Kids, das war richtig cool.“ Und auch die Hip-Hop-Band „Der Zweig“ überzeugte ihre Fans im Unterhaus mit aussagekräftigen Texten und treibenden Beats. Mit einer Mischung aus positiven Songs und Texten, die zum Nachdenken anregen, verarbeiteten sie Alltagsthemen auf erzählerische Weise und sorgten so für gute Laune. „Wir wollen, dass sich die Leute damit identifizieren können“, sagte Kristian Kovacs alias DJ Doppel K. Das gelang den fünf Jungs von „Der Zweig“ auch, denn bei ihnen hieß es: Hände in die Luft und mitfeiern. Spontane Freestyle-Elemente taten ein Übriges.
Und auch die letzten Acts des Abends, „Lux und Cap Kendricks“ sowie die beiden Musiker „Boshi San und David Seinz“, die in der Münchner Hip-Hop-Szene bereits bekannt sind, konnten die Menge mitreißen. Damit begeisterte die Party „Original Classic Beats“, die schon im letzten Jahr zahlreiche Hip-Hop-Fans aus der Umgebung anzog, Fans und Künstler gleichermaßen.

Der Erlös der Feier geht an den Verein „For a Better World 2morrow“, der Schulprojekte in Afrika unterstützt und jugendlichen Asylbewerbern im Landkreis hilft, sich leichter zu integrieren. Gründer Fabio Beinhofer überraschte die Zuschauer mit einer fünfminütigen Rap-Einlage, in der er seinen 2014 gegründeten Verein vorstellte. „Es war megacool“, sagt Kristian Kovacs, Mitglied der Band „Der Zweig“ und Organisator der Party. „Er hat mich damit echt überrascht, und es hat super zu unserem Hip-Hop-Abend gepasst.“
Das Konzert endete mit einer After-Show-Party bis in die frühen Morgenstunden.

(SZ vom 24.02.2015)

2 Fasse im 4. Textknacker-Schritt den Sachtext zusammen:

4. Nach dem Lesen

- Lasse dich durch die Textknacker-Frage leiten:
  ? Mit welchen Themen beschäftigen sich Rapper und Rap-Texte?
- Wende die Arbeitstechnik „Einen Text zusammenfassen“ an. ➜ Arbeitstechnik: Seite 123

Gedichte und Lieder über das Leben

„Ach, was soll der Mensch verlangen?“ Diese und ähnliche Fragen an das Leben haben sich Menschen zu allen Zeiten gestellt. Johann Wolfgang von Goethe formuliert sie 1789 in einem Gedicht.

Beherzigung[1] Johann Wolfgang von Goethe

Ach, was soll der Mensch verlangen?
Ist es besser, ruhig bleiben?
Klammernd fest sich anzuhangen[2]?
Ist es besser, sich zu treiben?
Soll er sich ein Häuschen bauen?
Soll er unter Zelten leben?
Soll er auf die Felsen trauen?
Selbst die festen Felsen beben.

Eines schickt sich nicht[3] für alle!
Sehe jeder, wie er's treibe[4],
Sehe jeder, wo er bleibe,
Und wer steht, dass er nicht falle!

People pattern[5]

1 a. Lest das Gedicht mehrmals still.
b. Notiert Stichworte zu folgenden Fragen:
- Welche Fragen stellt das lyrische Ich im Gedicht?
- Wem könnte es diese Fragen stellen?

Merkmal: Gedichte haben ein lyrisches Ich.

2 Das Bild neben dem Gedicht stammt aus unserer Zeit.
a. Beschreibt: Was seht ihr auf dem Bild?
b. Erläutert: Was bedeutet die Bildunterschrift „People pattern“?
c. Was könnte das Bild mit dem Gedicht zu tun haben?

3 „Eines schickt sich nicht für alle!“
Tauscht eure Gedanken zu dem Vers aus.

Z **4** a. Wie beantwortest du dir die Fragen aus dem Gedicht? Schreibe deine Antworten auf.
b. Die letzte Verszeile enthält ein sprachliches Bild. Wie verstehst du dieses Bild? Schreibe deine Gedanken dazu auf.

[1] die **Beherzigung:** Nomen zu beherzigen: etwas befolgen, sich an etwas halten, sich nach etwas richten
[2] **klammernd sich anzuhangen:** dem Trend unkritisch zu folgen
[3] **schickt sich nicht:** hier: passt nicht
[4] **wie er's treibe:** wie er leben möchte, welches Ziel er hat
[5] **pattern:** Muster

Ein Regen aus roten Rosen

Um Wünsche an das Leben geht es auch in diesem Song.

Für mich soll's rote Rosen regnen

Hildegard Knef

Mit sechzehn, sagte ich still:
ich will,
will groß sein, will siegen,
will froh sein, nie lügen.
Mit sechzehn, sagte ich still:
ich will,
will alles oder nichts.

Für mich soll's rote Rosen regnen,
mir sollten sämtliche Wunder
begegnen,
die Welt sollte sich umgestalten
und ihre Sorgen für sich behalten.
[...]

Rote Rosen sollen antiken Sagen nach aus der Morgenröte entstanden sein. Seither gelten sie als ein Symbol für die Liebe, die Freude und die Jugend. Rosenblüten verwelken jedoch schnell. Deshalb gelten sie auch als ein Zeichen der Vergänglichkeit.

5 In dem Song spricht das lyrische Ich darüber, wie es sein möchte.
- a. Lest diese Verse vor.
- b. Sprecht darüber, was es bedeuten kann,
  - groß sein zu wollen, siegen zu wollen,
  - froh sein zu wollen, nie lügen zu wollen,
  - alles oder nichts zu wollen.
- c. Wie stellt ihr euch einen Menschen vor, der so sein möchte?

6 Die Wünsche an das Leben werden mit einer Metapher beschrieben.
- a. Lest die Verszeile laut vor.
- b. Erklärt die Metapher:
  - Welche Bedeutung haben Rosen im Leben der Menschen?
  - Was bedeutet Regen?
  - Was wäre für das lyrische Ich ein Regen aus roten Rosen?
- c. Fasst zusammen: Was bedeutet diese Metapher?

Merkmal:
Metaphern sind sprachliche Bilder. Sie drücken die übertragene Bedeutung eines Wortes oder einer Wortgruppe aus.

Z **7** Wie möchtest du selbst sein? Welche Wünsche hast du an das Leben? Schreibe ein Parallelgedicht.
Tipp: Überlege: Passt eine andere Metapher vielleicht besser zu dir?

7 ... Mit ... sage ich still/laut/klar ... Schnee, der leise fällt; Sonne ... Meer ...

„Und am Ende der Straße steht ein Haus am See“

In diesem Songtext wird das Leben mit einer Straße verglichen.

Haus am See
Peter Fox

Hier bin ich gebor’n und laufe durch die Straßen,
kenn’ die Gesichter, jedes Haus und jeden Laden.
Ich muss mal weg, kenn jede Taube hier beim Namen.
Daumen raus, ich warte auf ’ne schicke Frau mit schnellem Wagen.
Die Sonne blendet, alles fliegt vorbei.
Und die Welt hinter mir wird langsam klein.
Doch die Welt vor mir ist für mich gemacht!
Ich weiß, sie wartet und ich hol sie ab!
Ich hab den Tag auf meiner Seite,
ich hab Rückenwind!
Ein Frauenchor am Straßenrand,
der für mich singt!
Ich lehne mich zurück und
guck ins tiefe Blau,
Schließ’ die Augen und lauf einfach geradeaus.

Und am Ende der Straße steht ein Haus am See.
Orangenbaumblätter liegen auf dem Weg.
Ich hab 20 Kinder, meine Frau ist schön.
Alle komm’n vorbei, ich brauch nie rauszugehen.
Ich suche neues Land mit unbekannten Straßen.
Fremde Gesichter und keiner kennt mein’n Namen!
Alles gewinnen beim Spiel mit gezinkten Karten.
Alles verlieren, Gott hat einen harten linken Haken.
Ich grabe Schätze aus im Schnee und Sand,
und Frauen rauben mir jeden Verstand!
Doch irgendwann werd ich vom Glück verfolgt
und komm zurück mit beiden Taschen voll Gold.
Ich lad’ die alten Vögel und Verwandten ein.
Und alle fang’n vor Freude an zu wein’n.
Wir grillen, die Mamas kochen und wir saufen Schnaps.
Und feiern eine Woche jede Nacht.

Und der Mond scheint hell auf mein Haus am See.
Orangenbaumblätter liegen auf dem Weg.
Ich hab 20 Kinder, meine Frau ist schön.
Alle komm’n vorbei, ich brauch nie rauszugehen.
Und am Ende der Straße steht ein Haus am See […]
Hier bin ich gebor’n, hier werd ich begraben.
Hab taube Ohr’n, ’nen weißen Bart und sitz im Garten.
Meine 100 Enkel spielen Cricket auf’m Rasen.
Wenn ich so daran denke, kann ich’s eigentlich kaum erwarten.

1 a. Welche Textstellen aus dem Song hast du dir nach dem ersten Lesen gemerkt? Notiere sie.
b. Gibt es eine Textstelle, die dich besonders beeindruckt hat? Finde die Textstelle und lies sie vor.

„Ich muss mal weg" heißt es in dem Songtext.

2 Lies den Text noch einmal genau.
Beantworte die folgenden Fragen mit passenden Textstellen:
- Warum will das lyrische Ich weg von zu Hause?
- Wie fühlt sich das lyrische Ich zu Beginn seines Wegs?
- Wo beginnt für das lyrische Ich etwas Neues?

Lies die Textstellen vor.

„Die Straße" ist ein sprachliches Bild für den Weg des lyrischen Ichs.

3 Beantwortet die folgenden Fragen gemeinsam:
a. Wovon träumt das lyrische Ich auf seinem Weg?
b. Was erlebt das lyrische Ich bis zum „Ende der Straße"?
Notiert Stichworte.

Merkmal:
Sprachliche Bilder machen Gedichte anschaulich.

„Und am Ende der Straße steht ein Haus am See."

4 a. Was kann das Bild vom Haus am See am Ende der Straße bedeuten?
b. Wie versteht ihr die beiden letzten Verszeilen?
Tauscht euch darüber aus.

5 In dem Song gibt es noch weitere sprachliche Bilder.
a. Finde diese sprachlichen Bilder.
Tipp: Einige sprachliche Bilder sind blau hervorgehoben.
b. Schreibe auf, was die Bilder bedeuten können.

6 An einigen Stellen übertreibt das lyrische Ich.
a. Finde solche Übertreibungen.
b. Wie wirken diese Übertreibungen auf dich? Beschreibe es.

Das lyrische Ich in dem Song träumt von einem „Haus am See".

7 Wovon träumst du?
Schreibe es auf.

Z **8** Das lyrische Ich begegnet uns in Gedichten auf unterschiedliche Weise.
Beantworte die folgenden Fragen:
- Woran erkennst du das lyrische Ich in den Texten von Hildegard Knef und Peter Fox?
- Woran erkennst du das lyrische Ich in Goethes Gedicht auf Seite 132?

5 „[…], ich hab Rückenwind" – mir geht es gut, es fällt mir alles leicht …
6 fröhlich, überschwänglich, angeberisch, unrealistisch, ironisch, erschreckend …

Ein Dichter und seine Sehnsucht

Der türkische Dichter Nâzım Hikmet beschreibt in vielen seiner Gedichte die Sehnsucht nach einem freien Leben.

Davet[1]
[...] Yaşamak! Bir ağaç gibi tek ve hür
ve bir orman gibi kardeşçesine,
bu hasret bizim.

Einladung
[...] Leben! Wie ein Baum, einzeln und frei
und brüderlich wie ein Wald,
das ist unsere Sehnsucht.

Invitation
[...] To live! Like a tree alone and free
like a forest in brotherhood,
this yearning is ours.

1 Das Gedicht, aus dem dieser Ausschnitt stammt, heißt „Einladung“. Beantwortet die folgenden Fragen:

- Wozu lädt das lyrische Ich ein?

  Tipp: Ein wichtiges Wort ist in allen drei Fassungen durch ein Satzzeichen hervorgehoben.
- Wie versteht ihr eine solche Einladung? Sprecht darüber.

2 Das lyrische Ich sehnt sich nach Freiheit und Gemeinschaft zugleich.

a. Welche Wortgruppen beschreiben diese Sehnsucht? Lest sie vor.

b. Erklärt die Vergleiche in dem Gedicht.
- Was bedeutet es für einen Baum, allein auf einer Wiese zu stehen?
- Was bedeutet es für einen Baum, in einem Wald zu wachsen?

Merkmal:
Vergleiche machen Gedichte anschaulich.

c. Wie lässt sich das freie Leben mit einem Leben in der Gemeinschaft verbinden? Tauscht euch darüber in der Klasse aus.

3 Welche Vergleiche passen vielleicht zu deinem Leben? Schreibe ein ähnliches Gedicht.

Starthilfe
Leben wie ein Vogel ...

Z **4** Die Überschrift „Davet“ lässt sich auch mit dem Wort Aufforderung übersetzen.

a. Überlege: Inwiefern würde diese Übersetzung die Aussage des Gedichts verändern?

b. Vergleiche Hikmets Gedicht mit Goethes Gedicht „Beherzigung“ auf Seite 132. Welche Gemeinsamkeiten kannst du finden? Schreibe deine Gedanken dazu auf.

[1] **davet** (türkisch): die Aufforderung, die Einladung

Das Meer und das Glück

In vielen Gedichten Nâzım Hikmets kommt das Meer vor.

Sehnsucht

Nâzım Hikmet

Heimkehren will ich zum Meer,
hineintauchen in den blauen Wasserspiegel,
ins Meer!
Die Schiffe streben zum Horizont,
hell und weit,
ihre straffen Segel sind nicht gebläht vom Leid.
Ich wäre glücklich, könnt' ich einmal
auf einem solchen Schiff Wache tun.
Da uns der Tod eines Tages gewiss ist,
nun, so möchte ich wie ein in der Flut versickerndes Licht
verlöschen im Meer!
Heimkehren will ich zum Meer!
Heimkehren zum Meer!

1 a. Sieh dir das Bild an. Beschreibe:
- Was siehst du auf dem Bild?
- Welche Stimmung vermittelt das Bild?

b. Schreibe deine Gedanken zu dem Bild in Stichworten auf.

2 Lest euch das Gedicht gegenseitig vor. Besprecht anschließend:
- Welche Stimmung vermittelt das Gedicht?
- Vermitteln Bild und Gedicht ähnliche Stimmungen?

3 Das lyrische Ich möchte zurück zum Meer.

a. Wonach sehnt sich das lyrische Ich in dem Gedicht? Findet passende Textstellen.

b. Wofür könnte das Meer eine Metapher sein? Findet Textstellen, in denen das deutlich wird.

Merkmal:
Metaphern machen Gedichte anschaulich.

4 Bereite einen ausdrucksvollen Gedichtvortrag vor.

a. Lies das Gedicht laut. Achte besonders auf die Vers-Enden:
- Welche Verse enden mit einem Zeilensprung?
- Was musst du beim Vortragen des Zeilensprungs beachten?

b. Trage das Gedicht vor.

Merkmal:
Der Zeilensprung (das Enjambement): Die Verse sind ineinander verschränkt.

2 Stimmungen: heiter, traurig, bedrückt, hoffnungsvoll, glücklich, einsam, in Aufbruchstimmung, sehnsuchtsvoll

„Das Meer musst du sein, ..."

1 a. Seht euch das Bild an.
b. Sammelt Ideen zu dem Bild:
- Was seht ihr auf dem Bild?
- Was kann die Person im Bild sehen?
- Was könnte die Person beim Anblick des Meeres denken oder fühlen?

Über dem Meer die bunte Wolke

Nâzım Hikmet

Über dem Meer die bunte Wolke
Darauf das silberne Schiff
Darinnen der gelbe Fisch

In der Tiefe blauer Tang[1]
An der Küste ein nackter Mann
Der steht da und überlegt

Soll ich die Wolke sein?
Oder das Schiff? Oder der Fisch?
Oder vielleicht der Tang?

Weder noch!
Das Meer musst du sein,
mein Sohn!

Mit seiner Wolke,
Mit seinem Schiff,
Mit seinem Fisch,
Mit seinem Tang

2 a. Lies das Gedicht mehrmals still.
- Welche Gedanken und Gefühle aus Aufgabe 1 findest du in dem Gedicht wieder?
- Was ist in dem Gedicht anders?
- Welche Fragen hast du an das Gedicht?

b. Notiere deine Antworten und Fragen.
c. Tausche dich mit einem Partner oder einer Partnerin aus.

3 Lest das Gedicht mit verteilten Rollen vor.
Ihr könnt die Rollen so aufteilen:
- Rolle 1: Verse 1 bis 6,
- Rolle 2: Verse 7 bis 9,
- Rolle 3: Verse 10 bis 16.

[1] **der Tang**: Algen, die im Meerwasser frei umherschwimmen

4 „Der steht da und überlegt", so heißt es in Vers 6. Beschreibe: Was könnte geschehen, wenn sich der Mann an der Küste in die Wolke, das Schiff, den Fisch oder den Tang verwandeln würde?
Tipp: Überlege: Wie gehören sie alle zusammen: die Wolken und das Meer, das Meer und die Schifffahrt, der Fisch und der Tang und das Meer?

5 „Das Meer musst du sein, mein Sohn!"
Was kann diese Metapher alles bedeuten?
Schreibe es auf.

Merkmal:
Metaphern machen Gedichte anschaulich.

6 In den Versen 1 bis 5 kommen keine Verben vor.
a. Überlege, welche Verben in den Versen ergänzt werden könnten.
b. Schreibe die Verse mit den Verben auf.

7 a. Tragt eure Ergebnisse vor.
b. Lest euch die Verse ohne Verben vor.
c. Vergleicht: Wie wirken die Verse mit den Verben? Wie wirken sie ohne Verben?

8 Untersucht nun die Verse 8 und 9.
Tipp: Geht so vor wie in den Aufgaben 6 und 7.

Merkmal:
Die Sprache im Gedicht ist besonders „dicht": Gesagt wird nur das für eine Aussage und einen Rhythmus Wichtige.

Die Werke eines Autors werden oft durch sein Leben beeinflusst.

Nâzım Hikmet (1902 bis 1963) war ein türkischer Schriftsteller. Geboren wurde er am Ägäischen Meer, in Saloniki, das seit 1913 zu Griechenland gehört.
Mit 12 Jahren schrieb Nâzım Hikmet seine ersten Gedichte. In Istanbul besuchte er später die Marineschule. Da er sich stark für die Freiheit unterdrückter Menschen einsetzte, musste er 1921 aus Istanbul fliehen. Wegen seiner politischen Tätigkeit wurde er in den folgenden Jahren immer wieder zu Gefängnisstrafen verurteilt, 1938 zu 28 Jahren Haft. Erst nach einem Hungerstreik und Protesten aus der ganzen Welt kam er als Schwerkranker 1950 frei. Ein Jahr später verließ er dann endgültig sein Heimatland und lebte bis zu seinem Tode in Moskau. Sein Wunsch, in seinem Heimatland begraben zu werden, wurde ihm nicht erfüllt. Nâzım Hikmet zählt zu den bedeutendsten Dichtern der Türkei.

Z 9 Inwiefern könnten Nâzım Hikmets Gedichte durch seine Biografie beeinflusst sein? Halte dazu einen Kurzvortrag.

6 Über dem Meer steht/hängt/schwebt/leuchtet/droht/...
gleitet/braust/eilt/fährt/...; schwimmt/lauert/nähert sich/jagt ...;
gedeiht/wächst/schwebt/liegt/...; steht/sitzt/sonnt sich/friert/läuft/...

Ein Gedicht über die Sehnsucht

Wonach sich junge Menschen vor ca. 180 Jahren sehnten, erfährst du in einem Gedicht von Joseph von Eichendorff. Er schrieb es im Jahr 1834.

Sehnsucht

Joseph von Eichendorff

Es schienen so golden die Sterne,
Am Fenster ich einsam stand
Und hörte aus weiter Ferne
Ein Posthorn[1] im stillen Land.
Das Herz mir im Leibe entbrennte,
Da hab ich mir heimlich gedacht:
Ach, wer da mitreisen könnte
In der prächtigen Sommernacht!

Zwei junge Gesellen gingen
Vorüber am Bergeshang,
Ich hörte im Wandern sie singen
Die stille Gegend entlang:
Von schwindelnden Felsenschlüften[2],
Wo die Wälder rauschen so sacht,
Von Quellen, die von den Klüften
Sich stürzen in die Waldesnacht.

Sie sangen von Marmorbildern,
Von Gärten, die überm Gestein
In dämmernden Lauben verwildern,
Palästen im Mondenschein,
Wo die Mädchen am Fenster lauschen,
Wann der Lauten[3] Klang erwacht
Und die Brunnen verschlafen rauschen
In der prächtigen Sommernacht.

1 a. Lies das Gedicht mehrmals still.
Schließe dann die Augen, überlege dabei:
- Was siehst du in Gedanken?
- Was hörst du?
- Was fühlst du?

b. Notiere Stichworte.

2 In welcher Stimmung befindet sich das lyrische Ich?
- In welchen Versen wird das deutlich?
- Ergänze deine Notizen zu Aufgabe 1.

3 Die sprachlichen Bilder sprechen von Sehnsucht.
a. Lies noch einmal die 2. und die 3. Strophe des Gedichts.
Wovon singen die Gesellen?
b. Notiere Wortgruppen.

[1] das **Posthorn**: das Signalhorn des Postkutschers
[2] die **Felsenschlüfte**: ein altes Wort für die Felsenschluchten
[3] die **Laute**: ein Zupfinstrument

4 Den Gesang der jungen Gesellen kann man auch als Metapher für das Leben verstehen, das sich die Gesellen vorstellen.
  a. Wähle drei Bilder aus ihrem Gesang aus.
  b. Welche Sehnsucht spricht aus diesen Bildern? Erkläre es.

Die Gestaltung des Gedichts und die Stimmung hängen zusammen.

5 Wie ist das Gedicht gegliedert? Beschreibe den Aufbau der Strophen.

Merkmale:
Gedichte sind in Verse und Strophen gegliedert.
Gedichte reimen sich häufig.

6 Untersuche das Reimschema in dem Gedicht.
  a. Schreibe die letzten Wörter aller Verse untereinander.
  b. Markiere die Reimwörter, die zusammengehören.
  c. Beschreibe das Reimschema. → Reimschemata: Seite 286

7 Untersuche das Metrum in dem Gedicht.
  a. Lege eine Folie über das Gedicht.
  b. Lies das Gedicht noch einmal. Markiere dabei die betonten Silben.
  c. Wie wechseln betonte und unbetonte Silben in den Versen? Beschreibe.

Z **8** Schreibe einen zusammenhängenden Text über das Gedicht „Sehnsucht" von Joseph von Eichendorff. Beachte dabei auch, welchen Zusammenhang es zwischen der Form und der Stimmung im Gedicht gibt.

Z **9** Vergleiche Joseph von Eichendorffs Gedicht „Sehnsucht" mit Nâzım Hikmets Gedicht „Sehnsucht". Halte die Ergebnisse in einer Tabelle fest.

	Joseph von Eichendorff: Sehnsucht	Nâzım Hikmet: Sehnsucht
Inhalt	Sehnsucht nach der Welt	Sehnsucht nach …
Stimmung	…	…
Reimschema	…	…
…	…	…

Prüfungsvorbereitung: Ein Gedicht interpretieren

Das Gedicht genau lesen und erschließen

Der Schriftsteller und Dichter Hermann Hesse schrieb dieses Gedicht 1941 nach einer langen Krankheit.

Hermann Hesse

1 a. Lies zunächst nur die Überschrift und die hervorgehobenen Wörter in der 1. Strophe.
b. Worum könnte es in dem Gedicht gehen? Notiere es.

Stufen Hermann Hesse

Wie jede Blüte welkt und jede Jugend
Dem Alter weicht, blüht jede Lebensstufe,
Blüht jede Weisheit auch und jede Tugend
Zu ihrer Zeit und darf nicht ewig dauern.
Es muß das Herz bei jedem Lebensrufe
Bereit zum Abschied sein und Neubeginne,
Um sich in Tapferkeit und ohne Trauern
In andre, neue Bindungen zu geben.
Und jedem Anfang wohnt ein Zauber inne,
Der uns beschützt und der uns hilft zu leben.

Wir sollen heiter Raum um Raum durchschreiten,
An keinem wie an einer Heimat hängen,
Der Weltgeist will nicht fesseln uns und engen,
Er will uns Stuf' um Stufe heben, weiten.
Kaum sind wir heimisch einem Lebenskreise
Und traulich eingewohnt, so droht Erschlaffen,
Nur wer bereit zu Aufbruch ist und Reise,
Mag lähmender Gewöhnung sich entraffen.

Es wird vielleicht auch noch die Todesstunde
Uns neuen Räumen jung entgegensenden,
Des Lebens Ruf an uns wird niemals enden ...
Wohlan denn, Herz, nimm Abschied und gesunde! R

Was heißt: Die Jugend welkt?

Was ist eine Lebensstufe?

Wie kann das Leben rufen?

Gehören Abschied und Neubeginn zusammen?

In Partnerarbeit könnt ihr euch genauer mit den Schlüsselwörtern beschäftigen. Dann versteht ihr das Gedicht besser.

2 In der ersten Strophe sind einige Schlüsselwörter hervorgehoben.
a. Lest die Schlüsselwörter und auch die Fragen neben der Strophe.
b. Sprecht über die Fragen und überlegt euch mögliche Antworten.

3 a. Findet weitere Schlüsselwörter in den anderen Strophen.
Tipp: Ihr könnt zunächst selbst weitere Wörter und Wortgruppen auf Folie markieren.
b. Stellt euch gegenseitig Fragen dazu und sprecht darüber.

Die Strophen einzeln zu untersuchen, hilft, das Gedicht als Ganzes zu verstehen.

4 Was wird über das Leben gesagt?
Schreibt für jede Strophe ein bis zwei Sätze auf.

Starthilfe

1. Strophe: Das Leben besteht auch aus Veränderungen, aus Abschieden und neuen Anfängen. Der Mensch muss sich ebenfalls verändern.
...

5 Was geschieht auf jeder Lebensstufe?
Beschreibt es mit euren eigenen Worten.

6 a. Wen spricht das lyrische Ich in den einzelnen Strophen an?
Belegt eure Antwort mit Textstellen aus dem Gedicht.
b. Was fordert das lyrische Ich? Formuliert Aufforderungssätze.

„Und jedem Anfang wohnt ein Zauber inne,
Der uns beschützt und der uns hilft zu leben."
Diese Verse aus dem Gedicht sind sehr berühmt.

7 Deutet das Gedicht: Erklärt die Bedeutung dieser Verse mit Hilfe der Fragen:
- Welche verschiedenen Anfänge kann es im Leben geben?
- Wie passen die Verse und die Überschrift zusammen?
- Was könnte an einem Anfang „zauberhaft" sein?
- Welche Gefühle und Gedanken könnte man haben?
- Wann habt ihr schon einmal den „Zauber des Anfangs" erlebt?

Die Interpretation schreiben

Du schreibst nun einen zusammenhängenden Text über die Ergebnisse deiner Interpretation.

1 a. Nenne in der Einleitung den Titel, den Dichter und die Textart.
b. Beschreibe das Thema des Gedichts.
c. Fasse den Inhalt knapp zusammen.

Einleitung

Starthilfe
In dem Gedicht „…“ von … geht es um …

Im Hauptteil fasst du deine Ergebnisse von Seite 143 zusammen.

2 Schreibe den Hauptteil deiner Interpretation.

Hauptteil

- Konzentriere dich in jedem Absatz auf ein Merkmal oder einen Grundgedanken.
- „Springe“ nicht zwischen deinen verschiedenen Ergebnissen oder Erkenntnissen „hin und her“: Die Leserinnen und Leser sollen deinen Gedankengängen folgen können.
- Vermeide häufige Wortwiederholungen und immer gleiche Satzanfänge.
- Verwende auch unterschiedliche treffende, ausdrucksstarke Verben und Adjektive, um die Besonderheiten des Gedichts herauszuarbeiten.

Im Hauptteil äußerst du dich auch zur Form des Gedichtes.

3 Untersuche die äußere Form des Gedichtes.
Äußere dich zu diesen Merkmalen:
- die Anzahl der Strophen,
- das Reimschema,
- die sprachlichen Bilder, z. B. Vergleiche und Metaphern.

Starthilfe
Das Gedicht besteht aus … Strophen.
Das Reimschema ist … Hesse verwendet in seinem Gedicht Metaphern, wie z. B. …
Eine Besonderheit ist, dass das lyrische Ich …

4 Schreibe zum Schluss, wie das Gedicht auf dich wirkt.
Du kannst einen Bezug zu deinem Leben herstellen.
Du kannst auch deine Deutungen noch einmal zusammenfassen.

Schluss

Starthilfe
Das Gedicht wirkt auf mich ermutigend/froh/lebendig/wie …, weil es …
Es hat auch/nichts mit meinem Leben zu tun. Denn …
Es gefällt mir/gefällt mir nicht, weil …

2 … Das lyrische Ich ist ein … Es spricht … an. In Zeile … fordert es … auf, …
Auf mich wirkt das so, als ob … Aber in der dritten Strophe …

Ein weiteres Gedicht selbstständig interpretieren

Auf allen Stufen des Lebens gibt es einen Begleiter: die Hoffnung.

Die Hoffnung   Friedrich Schiller

Es reden und träumen die Menschen viel
Von bessern künftigen Tagen,
Nach einem glücklichen goldenen Ziel
Sieht man sie rennen und jagen,
Die Welt wird alt und wieder jung,
Doch der Mensch hofft immer Verbesserung.

Die Hoffnung führt ihn ins Leben ein,
Sie umflattert den fröhlichen Knaben,
Den Jüngling bezaubert ihr Zauberschein,
Sie wird mit dem Greis nicht begraben;
Denn beschließt er im Grabe den müden Lauf,
Noch am Grabe pflanzt er – die Hoffnung auf.

Es ist kein leerer, schmeichelnder Wahn,
Erzeugt im Gehirne der Toren[1],
Im Herzen kündet es laut sich an,
Zu was Besserem sind wir geboren,
Und was die innere Stimme spricht,
Das täuscht die hoffende Seele nicht.

1 Schreibe eine zusammenhängende Interpretation des Gedichts.

Arbeitstechnik

Ein Gedicht interpretieren

Mit einer Interpretation zeigst du, dass du das Gedicht verstanden hast.
Du **fasst** den **Inhalt** und die Ergebnisse deiner **Analyse zusammen**.
Du **deutest** den **Inhalt** und die **Form** und **belegst** deine Deutung mit passenden Textstellen aus dem Gedicht. Du schreibst im **Präsens**.

1. Einleitung: Du nennst den Titel, die Dichterin oder den Dichter, die Textart. Du beschreibst kurz das Thema des Gedichts und fasst den Inhalt knapp zusammen.

2. Hauptteil: Du analysierst den Inhalt, die Gestaltung, die Sprache und die Form. Dabei gehst du auf **Gedichtmerkmale** ein und beschreibst auch ihre **Wirkung**:
- die besondere Form: die Strophen, die Verse, die Reimform …
- der Sprechrhythmus: das Versmaß (das Metrum), der Zeilensprung (das Enjambement)
- der Sprecher im Gedicht: das lyrische Ich
- die besondere Sprache, die das Gedicht zum Klingen bringt
- die Sprachbilder: die Vergleiche, die Metaphern, die Personifikationen
- besondere Wörter, Wiederholungen und andere sprachliche Besonderheiten

3. Schluss: Du fasst die Ergebnisse deiner Analyse zusammen. Du deutest das Gedicht als Ganzes, erläuterst deine Meinung und die Wirkung des Gedichts auf dich.

[1] **der Tor:** der Narr, der Idiot

Mitten ins Geschehen – Kurzgeschichten

Plötzlich mittendrin

In dieser Geschichte springen wir mitten auf eine Bühne, zusammen mit einem jungen Rapper.

Merkmal:
plötzlich mittendrin

Einen Versuch ist es wert

Heinz Müller

1 Aufgeregt betrat er die Bühne. Er spürte seinen Herzschlag bis zum Hals. Doch eigentlich konnte nichts schiefgehen, denn immer wieder hatte er die Songs für seine Performance geprobt, besonders den von seinem Idol Elziknal. Für alle Fälle hatte er aber auch einen eigenen Rap mit einem mitreißenden Drum-Rhythmus dazu geschrieben.

2 Da war sein Einsatz: Er hörte sich die ersten Zeilen seines Idols rappen und kam gut in die oft geübten Moves. Aber was war mit dem Publikum los? Er blickte auf die eher müden Körper hinunter. Kaum ein Wippen oder ein hochgereckter Arm war zu erkennen. Elziknals Raps waren doch angesagt! Und nun das … So sehr er sich auch mühte, das Publikum sprang einfach nicht an.

3 Ein Gedanke fuhr ihm wie ein Blitz durch seinen Kopf:
Du bist nicht Elziknal.
Sei du selbst! Das ist deine Chance! Sei cool und zeige deinen eigenen Style! Rappe deinen eigenen Song! – Einmal tief durchgeatmet, und schon legte er los:

„Hallo zusammen, jetzt komm ich aber
mit meinem Style;
was ich nun rappe, ist ganz allein von mir ein Teil:
Ich denk jetzt an Dinge, die mir wichtig sind,
die ganz bestimmt auch für euch nicht unwichtig sind:
Ich bin ich, und wir sind wir,
So leben wir miteinander hier …“

4 Der Rest wurde vom Beifall übertönt. Das hatte er sich so gewünscht.
Und alle stimmten immer wieder in den Hook ein:

„Ich bin ich, und wir sind wir,
So leben wir miteinander hier …“

1 Die Geschichte erzählt von einem besonderen Ereignis.
- Welches Ereignis erlebte die Hauptfigur?
- Was dachte und fühlte die Hauptfigur am Anfang der Geschichte?

Tauscht euch darüber aus.

Merkmal:
ein kurzer Ausschnitt aus dem Leben

2 Die Hauptfigur war zunächst über das Publikum enttäuscht. Notiere Gründe dafür.

3 In der Geschichte gibt es dann aber einen Wendepunkt.
a. Finde die Textstelle.
b. Was passierte plötzlich? Schreibe es auf.

Merkmal:
ein entscheidender Moment – ein Wendepunkt

4
- Warum hatte die Hauptfigur plötzlich Erfolg?
- Wie könnte es weitergehen?

Tauscht euch darüber in der Klasse aus.

Merkmal:
ein offenes Ende

Die Kurzgeschichte wird von einem Er-Erzähler erzählt.

W **5** Erzähle die Kurzgeschichte aus der Sicht der Hauptfigur in der **Ich**-Form.
Wähle aus:
- Du kannst die Geschichte im **Präteritum** erzählen.
- Du kannst die Geschichte auch im **Präsens** erzählen. Dann wird sie noch spannender.

Starthilfe

Aufgeregt betrat ich die Bühne. Ich spürte meinen Herzschlag …

Aufgeregt betrete ich die Bühne! Ich spüre meinen Herzschlag …

Z **6** a. Lest eure Fassungen der Kurzgeschichte in der Klasse vor.
b. Wie wirken die unterschiedlichen Fassungen der Geschichte auf euch? Sprecht darüber.

Z **7** Wie könnte der Rap weitergehen?
a. Sammelt Ideen und notiert sie euch.
Tipp: Sammelt auch Reimwörter, die zu eurem Leben und euren Gedanken passen.
b. Schreibt den Rap weiter.

1 **2** Die Hauptfigur ist ein … Die Hauptfigur befindet sich …, nimmt vielleicht an … teil/tritt … auf …, … denkt, dass …, fühlt sich zuerst …, dann …
zu Beginn des Auftritts …, während des Songs …, nach dem ersten Song
aufgeregt, sicher, unsicher, selbstbewusst, gespannt, gespannt auf …

4 Die Hauptfigur begeistert/ist jetzt erfolgreich, weil … / ahmt nicht mehr … nach / kopiert/imitiert nicht einfach …, sondern … / hat eigene Ideen/Einfälle …

Die Merkmale einer Kurzgeschichte erkennen

„Nach der Sache von vorhin …“ heißt eine Textstelle in der folgenden Kurzgeschichte. Auch in ihr gibt es einen ganz besonderen Wendepunkt.

Generalvertreter Ellebracht begeht Fahrerflucht

Josef Reding

1 Ich habe nicht auf die neue Breite geachtet, dachte Ellebracht. Nur deswegen ist es so gekommen. Der hemdsärmelige Mann hob die rechte Hand vom Lenkrad und wischte sich hastig über die Brust. Als er die Hand zurücklegte, spürte er, dass sie noch immer schweißig war, so schweißig wie sein Gesicht und sein Körper. Schweißig vor Angst. Nur wegen der Breite ist alles gekommen, dachte der Mann wieder. Er dachte es hastig. Er dachte es so, wie man stammelt[1]. Die Breite des Wagens, diese neue, unbekannte Breite. Ich hätte das bedenken sollen. Jäh drückte der Fuß Ellebrachts auf die Bremse. Der Wagen kreischte und stand. Eine Handbreit vor dem **Rotlicht**, das vor dem Eisenbahnübergang warnte. Fehlte grade noch!, dachte Ellebracht. Fehlte grade noch, dass ich nun wegen einer so geringen Sache wie Überfahren eines Stopplichtes von der Polizei bemerkt werde. Das wäre entsetzlich. Nach der Sache von vorhin …

2 Mit hohlem Heulen raste ein D-Zug[2] vorbei. Ein paar zerrissene Lichtreflexe, ein Stuckern, ein verwehter Pfiff. Die Ampel klickte auf **Grün** um. Ellebracht ließ seinen Wagen nach vorn schießen. Als er aufgeregt den Schalthebel in den dritten Gang hineinstieß, hatte er die Kupplung zu nachlässig betätigt. Im Getriebe knirschte es hässlich. Bei dem Geräusch bekam Ellebracht einen üblen Geschmack auf der Zunge. Hört sich an wie vorhin, dachte er. Hört sich an wie vorhin, als ich die Breite des Wagens nicht richtig eingeschätzt hatte. Dadurch ist es passiert. Aber das wäre jedem so gegangen. Bis gestern hatte ich den Volkswagen gefahren. Immer nur den Volkswagen, sechs Jahre lang. Und heute Morgen zum ersten Mal diesen breiten Straßenkreuzer. Mit dem VW wäre ich an dem Radfahrer glatt vorbeigekommen. Aber so … Fahr langsamer, kommandierte

[1] **wie man stammelt**: als wenn man stottern würde
[2] **der D-Zug**: der Schnellzug

Ellebracht sich selbst. Schließlich passiert ein neues Unglück in den nächsten Minuten. Jetzt, wo du bald bei Karin bist und den Kindern.

3 Karin und die Kinder. Ellebrachts Schläfen pochten. Er versuchte sich zu beruhigen: Du musstest weg von der Unfallstelle, gerade wegen Karin und der Kinder. Denn was wird, wenn du vor Gericht und ins Gefängnis musst? Die vier Glas Bier, die du während der Konferenz getrunken hast, hätten bei der Blutprobe für deine Schuld gezeugt und dann? Der Aufstieg deines Geschäfts wäre abgeknickt worden. Nicht etwa darum, weil man etwas Ehrenrühriges in deinem Unfall gesehen hätte. Wie hatte doch der Geschäftsführer von Walterscheidt & Co. gesagt, als er die alte Frau auf dem Zebrastreifen verletzt hatte? Kavaliersdelikt[3]! Nein, nicht vor der Schädigung meines Rufes fürchte ich mich. Aber die vier oder sechs Wochen, die ich vielleicht im Gefängnis sitzen muss, die verderben mir das Konzept! Während der Zeit schickt die Konkurrenz ganze Vertreterkolonnen in meinen Bezirk und würgt mich ab. Und was dann? Wie wird es dann mit diesem Wagen? Und mit dem neuen Haus? Und was sagt Ursula, die wir aufs Pensionat[4] in die Schweiz schicken wollten? „Du hast richtig gehandelt!", sagte Ellebracht jetzt laut, und er verstärkte den Druck auf das Gaspedal. „Du hast so gehandelt, wie man es als Familienvater von dir erwartet."

4 Verdammte **Rotlichter**!, dachte Ellebracht weiter und brachte den Wagen zum Stehen. Ich will nach Hause. Ich kann erst ruhig durchatmen, wenn der Wagen in der Garage steht und ich bei der Familie bin. Und wann ist der Mann mit dem Fahrrad bei seiner Familie? Der Mann, der mit ausgebreiteten Armen wie ein Kreuz am Straßenrand gelegen hat? Der Mann, der nur ein wenig den Kopf herumdrehte – du hast es im Rückspiegel deutlich gesehen –, als du den bereits abgestoppten Wagen wieder anfahren ließest, weil dir die wahnsinnige Angst vor den Folgen dieses Unfalls im Nacken saß? Du, wann ist dieser Mann bei seiner Familie? Jetzt werd bloß nicht sentimental!, dachte Ellebracht. Jetzt werd bloß nicht dramatisch! Bist doch ein nüchterner Geschäftsmann!

5 Ellebracht sah stur nach vorn und erschrak. Da war ein Kreuz. Ein Kreuz an seinem Wagen. So ein Kreuz, wie es der Mann vorhin gewesen war. Ellebracht versuchte zu grinsen. Kriege dich bloß wieder ein, dachte er. Du siehst doch, was es ist. Das war mal das Firmenzeichen auf der Kühlerhaube. Es ist von dem Zusammenprall mit dem Fahrrad angeknickt worden und hat sich zu einem Kreuz verbogen. Ellebracht konnte nicht anders. Er musste immerfort auf dieses Kreuz starren. Ich steige aus, dachte er. Ich steige aus und biege das Ding wieder zurecht. Schon tastete seine Hand zum Türgriff, als er zusammenzuckte.

3 das **Kavaliersdelikt**: eine Straftat, die als nicht so schlimm betrachtet wird
4 das **Pensionat**: das Internat

Am Kreuz schillerte es, verstärkt durch das Licht der Signalampel. „Ich muss nach Hause!", stöhnte Ellebracht und schwitzte noch mehr. „Wann kommt denn endlich Grün?" Die feuchten Finger zuckten zum Hemdkragen, versuchten, den Knopf hinter der Krawatte zu lösen. Aber der Perlmutterknopf entglitt einige Male dem Zugriff. **Grün**! Der Schwitzende riss einfach den Hemdkragen auf und fuhr an. Das Kreuz macht mich verrückt, dachte er. Ich kann das nicht mehr sehen! Und wie der Mann dalag. Ob man ihn jetzt schon gefunden hat? Ob er schon so kalt und starr ist wie das Kreuz vor mir?

6 Ellebracht stoppte. Diesmal war kein Rotlicht da. Nichts. Nur das Kreuz. Nur das Kreuz, das einen riesigen Schatten warf in den Wagen hinein. Nur das Kreuz, das vor dem Hintergrund des Scheinwerferlichtes stand. „Ich kann so nicht nach Hause!", flüsterte der Schwitzende. „Ich kann so nicht zu Karin und den Kindern zurück. Ich kann so zu niemandem zurück!" Ein anderer Wagen überholte Ellebracht. Eine grelle Hupe schmerzte. Ich kann das Kreuz nicht zurechtbiegen und dabei in das Blut greifen. Ich bringe das nicht fertig. Ich kann nicht eher zu irgendeinem zurück, bis ich bei dem Mann gewesen bin. Ellebracht spürte, wie seine Hände trocken wurden und sich fest um das Lenkrad legten. Ohne Mühe wendete der Mann den schweren Wagen und jagte die Straße zurück. Wieder die Signale, die Bahnübergänge, jetzt die Abbiegung, die Waldstraße. Ein paar Steine schepperten gegen die Kotflügel.

7 Ellebracht verlangsamte die Fahrt und seine Augen durchdrangen mit den Scheinwerfern das Dunkel. Da war der Haufen von verbogenem Blech und Stahl. Und da lag das menschliche Kreuz. Als Ellebracht schon den Fuß auf der Erde hatte, sprang ihn wieder die Angst an. Aber dann schlug er die Tür hinter sich zu und lief. Jetzt kniete Ellebracht neben dem Verletzten und drehte ihn behutsam in das Scheinwerferlicht des Wagens. Der blutende Mann schlug die Augen auf und griff zuerst wie abwehrend in das Gesicht Ellebrachts. Dann sagte der Verletzte: „Sie haben – angehalten. Dank–ke!" „Ich habe nicht – ich – bin nur zurückgekommen", sagte Ellebracht.

1 „Nach der Sache von vorhin …"
Woran dachte die Hauptfigur bei diesem Satz?
Verständigt euch über diese Frage.

Merkmal:
plötzlich mittendrin

2 a. Lest noch einmal den Absatz 1.
Tipp: Lest den Absatz **vor**.
b. In welcher Situation befand sich Ellebracht?
Beschreibt die Situation.

Die Kurzgeschichte erzählt, was Ellebracht dachte und fühlte, was er sah und hörte. Es ist, als spräche er mit sich selbst: mal in der Ich-Form, mal in der Du-Form.

3 Notiere Stichworte zu den Absätzen 2 und 3:
- Was tat Ellebracht, nachdem die Ampel grün wurde?
- Worüber dachte er nach?
- Wie bewertete er sein Handeln?

4 **„Verdammte Rotlichter!, dachte Ellebracht weiter und brachte den Wagen zum Stehen."**
- Was wollte Ellebracht an dieser Stelle am liebsten tun? Aber woran musste er denken?
- Welche Frage stellte er sich?

Finde die Antworten im Text. Schreibe sie auf.

5 Die Ampel schaltete dann wieder auf Grün.
Notiere Stichworte zu den Absätzen 6 und 7:
- Welche Gedanken bewegten Ellebracht danach?
- Was tat Ellebracht daraufhin?

Schreibe es zu deinen Notizen von Aufgabe 4.

Merkmal:
ein entscheidender Moment – ein Wendepunkt

6 Fasse zusammen:
- Was bewegte Ellebracht zur Umkehr?
- Wie viel Zeit war wohl bis dahin vergangen?

Merkmal:
ein kurzer Ausschnitt aus dem Leben

7 Lies noch einmal den Schluss der Geschichte.
- Was sagte Ellebracht zu dem Radfahrer?
- Wie sagte er es?

Erkläre es.

Z **8** Warum ist die Geschichte über Ellebracht eine Kurzgeschichte? Erkläre es mit Hilfe der Merkmale und deiner Notizen zu den Aufgaben 2 bis 7.

Z **In Kurzgeschichten werden Gedanken, Gefühle und Wahrnehmungen häufig in der Ich-Form wiedergegeben. Das nennt man einen inneren Monolog.**

Merkmal:
ein innerer Monolog

9 Der Radfahrer bleibt zunächst verletzt und allein auf der Straße liegen.
Schreibe seine Gedanken, Gefühle und Wahrnehmungen als inneren Monolog auf.

Figuren charakterisieren

Kurz nach dem Ende des 2. Weltkrieges war der Alltag schwer. Da zeigten die Menschen oft ganz besondere Eigenschaften – wie die Figuren in dieser Kurzgeschichte von Wolfgang Borchert.

1 Lies die Kurzgeschichte mit den Textknacker-Schritten 1 bis 3.

1. Vor dem Lesen: Bilder
2. Das erste Lesen
3. Den Text genau lesen

Das Brot
Wolfgang Borchert

1 Plötzlich wachte sie auf. Es war halb drei. Sie überlegte, warum sie aufgewacht war. Ach so! In der Küche hatte jemand gegen einen Stuhl gestoßen. Sie horchte nach der Küche. Es war still. Es war zu still und als sie mit der Hand über das Bett neben sich fuhr, fand sie es leer. Das war es, was es so besonders still gemacht hatte: Sein Atem fehlte. Sie stand auf und tappte durch die dunkle Wohnung zur Küche. In der Küche trafen sie sich. Die Uhr war halb drei. Sie sah etwas Weißes am Küchenschrank stehen. Sie machte Licht. Sie standen sich im Hemd gegenüber. Nachts. Um halb drei. In der Küche.

2 Auf dem Küchentisch stand der Brotteller. Sie sah, dass er sich Brot abgeschnitten hatte. Das Messer lag noch neben dem Teller. Und auf der Decke lagen Brotkrümel. Wenn sie abends zu Bett gingen, machte sie immer das Tischtuch sauber. Jeden Abend. Aber nun lagen Krümel auf dem Tuch. Und das Messer lag da. Sie fühlte, wie die Kälte der Fliesen langsam an ihr hochkroch. Und sie sah von dem Teller weg.

3 „Ich dachte, hier wäre was", sagte er und sah in der Küche umher. „Ich habe auch was gehört", antwortete sie und dabei fand sie, dass er nachts im Hemd doch schon recht alt aussah. So alt wie er war. Dreiundsechzig. Tagsüber sah er manchmal jünger aus. Sie sieht doch schon alt aus, dachte er, im Hemd sieht sie doch ziemlich alt aus. Aber das liegt vielleicht an den Haaren. Bei den Frauen liegt das nachts immer an den Haaren. Die machen dann auf einmal so alt.

4 „Du hättest Schuhe anziehen sollen. So barfuß auf den kalten Fliesen. Du erkältest dich noch."
Sie sah ihn nicht an, weil sie nicht ertragen konnte, dass er log. Dass er log, nachdem sie neununddreißig Jahre verheiratet waren.
„Ich dachte, hier wäre was", sagte er noch einmal und sah wieder so sinnlos von einer Ecke in die andere, „ich hörte hier was. Da dachte ich, hier wäre was."
„Ich hab auch was gehört. Aber es war wohl nichts." Sie stellte den Teller vom Tisch und schnippte die Krümel von der Decke.

„Nein, es war wohl nichts", echote er unsicher.
Sie kam ihm zu Hilfe: „Komm man. Das war wohl draußen. Komm man zu Bett. Du erkältest dich noch. Auf den kalten Fliesen."
Er sah zum Fenster hin. „Ja, das muss wohl draußen gewesen sein. Ich dachte, es wäre hier."

5 Sie hob die Hand zum Lichtschalter. Ich muss das Licht jetzt ausmachen, sonst muss ich nach dem Teller sehen, dachte sie. Ich darf doch nicht nach dem Teller sehen. „Komm man", sagte sie und machte das Licht aus, „das war wohl draußen. Die Dachrinne schlägt immer bei Wind gegen die Wand. Es war sicher die Dachrinne. Bei Wind klappert sie immer."
Sie tappten sich beide über den dunklen Korridor zum Schlafzimmer. Ihre nackten Füße platschten auf den Fußboden. „Wind ist ja", meinte er. „Wind war schon die ganze Nacht."
Als sie im Bett lagen, sagte sie: „Ja, Wind war schon die ganze Nacht. Es war wohl die Dachrinne."
„Ja, ich dachte, es wäre in der Küche. Es war wohl die Dachrinne."
Er sagte das, als ob er schon halb im Schlaf wäre.

6 Aber sie merkte, wie unecht seine Stimme klang, wenn er log. „Es ist kalt", sagte sie und gähnte leise, „ich krieche unter die Decke. Gute Nacht."
„Nacht", antwortete er und noch: „Ja, kalt ist es schon ganz schön."
Dann war es still. Nach vielen Minuten hörte sie, dass er leise und vorsichtig kaute. Sie atmete absichtlich tief und gleichmäßig, damit er nicht merken sollte, dass sie noch wach war. Aber sein Kauen war so regelmäßig, dass sie davon langsam einschlief.

7 Als er am nächsten Abend nach Hause kam, schob sie ihm vier Scheiben Brot hin. Sonst hatte er immer nur drei essen können.
„Du kannst ruhig vier essen", sagte sie und ging von der Lampe weg. „Ich kann dieses Brot nicht so recht vertragen. Iss du man eine mehr. Ich vertrag es nicht so gut."
Sie sah, wie er sich tief über den Teller beugte. Er sah nicht auf. In diesem Augenblick tat er ihr leid.
„Du kannst doch nicht nur zwei Scheiben essen", sagte er auf seinen Teller.
„Doch. Abends vertrag ich das Brot nicht gut. Iss man. Iss man."
Erst nach einer Weile setzte sie sich unter die Lampe an den Tisch.

2
- Worüber habt ihr euch beim Lesen gewundert?
- Was wisst ihr über den Alltag der Menschen nach dem 2. Weltkrieg?

a. Tauscht euch darüber aus.
b. Schreibt Stichworte auf.

Merkmal:
ein alltägliches Geschehen

Die Figuren kennen lernen und charakterisieren

Die Figuren in der Geschichte „Das Brot" haben besondere Charaktereigenschaften.

1
- Welche Figuren kommen in der Geschichte vor?
- Was erfährst du über die Figuren?

a. Lies noch einmal den Absatz 3.
b. Beantworte die Fragen in Stichworten.
Schreibe deine Stichworte in eine Tabelle.

Starthilfe

die Frau	der …
verheiratet	
• findet, dass ihr Mann … aussieht …	…

2 Die Figuren begegnen uns in einer alltäglichen Situation.
Beantworte die folgenden Fragen.
- Was erfährst du über den Alltag der Figuren?
- In welcher besonderen Situation begegnen uns die Hauptfiguren?

**Was die Figuren sagen, denken und fühlen,
verrät uns viel über ihren Charakter.**

W **3** Wählt aus:
- Lest die Absätze 4 und 5 mit verteilten Rollen.

Tipp: Ihr braucht auch einen Erzähler oder eine Erzählerin.
- Oder spielt das Gespräch mit mehreren Gruppen.

4 In diesem Gespräch spielen auch Lügen eine Rolle.
a. Finde die Textstellen.
b. Welche Lügen kommen vor?
Schreibe sie in deine Tabelle von Aufgabe 1.

5
- Warum lügt der Mann?
- Warum lügt die Frau?

Finde Gründe. Schreibe sie auf.

6 Deine Notizen zu den Aufgaben auf dieser Seite
sagen dir etwas über die Charaktereigenschaften der Figuren.
Notiere treffende Charaktereigenschaften.

6 ängstlich, aufbrausend, besorgt, einfühlsam, enttäuscht, fürsorglich, mitleidig, mutig, rücksichtsvoll, ruhig, schweigsam, unzufrieden, wortkarg

7 Mit welchen Textstellen kannst du die Charaktereigenschaften begründen?
Schreibe die Zeilennummern hinter die Eigenschaften.

Merkwissen

Manchmal werden in Erzählungen und Geschichten die **Charaktereigenschaften der Figuren** nicht direkt genannt. Dann kann man sie aus den **Äußerungen** oder **Handlungen** der Figuren ableiten.
Man sagt auch: Die Figuren werden **indirekt charakterisiert**.

8 a. Lies noch einmal die Absätze 6 und 7 der Geschichte.
b. Notiere weitere Charaktereigenschaften der Figuren. Notiere Textstellen als Belege.

Eine Charakteristik schreiben

Mit den Ergebnissen aus den Aufgaben 1 bis 8 kannst du nun einen zusammenhängenden Text über die Eigenschaften und Besonderheiten einer der Figuren aus der Kurzgeschichte schreiben.

1 a. Wähle eine der beiden Figuren aus: die Frau oder den Mann.
b. Schreibe die Einleitung der Charakteristik:
- Welche Figur hast du ausgewählt?
- Wie heißt die Kurzgeschichte?
- Wer hat die Kurzgeschichte geschrieben?

Einleitung

2 Schreibe den Hauptteil der Charakteristik:
- Wie sind die Lebensumstände der Figur?
- Was hast du über das Äußere der Figur erfahren?
- Wie verhält sich die Figur in der Geschichte?
- Welche Eigenschaften zeigen sich dabei?

Tipp: Belege deine Meinung mit passenden Textstellen.

Hauptteil

3 Schreibe zum Schluss auf:
- Wie beurteilst du die Figur?
- Oder: Was möchtest du vielleicht noch über die Figur erfahren?

Schluss

→ die Arbeitstechnik „Eine literarische Figur charakterisieren" auf einen Blick: Seite 183

 **2** Die Frau/Der Mann ist … Sie/Er begegnet dem Mann/der Frau …,
Manchmal scheint sie/er … zu sein; Sie/Er bleibt dabei nicht …, weil …
Besonders deutlich wird das, als …
Auch als …, wirkt sie/er …

Eine kurze Geschichte interpretieren

Hast du das auch schon erlebt? – Du fühlst dich gerade gut, doch plötzlich ist alles ganz anders. So geschieht es in dieser Kurzgeschichte.

1 Lies die folgende Geschichte mit den Textknacker-Schritten 1 bis 3.

1. Vor dem Lesen: Bilder
2. Das erste Lesen
3. Den Text genau lesen

Sommerschnee Tanja Zimmermann

1 Mir ist alles so egal, ich fühle mich gut. Der Regen macht mir nichts aus, meine Stiefel sind durchweicht, die Bahn kommt nicht. Neben mir hält ein Mercedes: „Engelchen, ich fahre dich nach Hause."
Ich hab keine Angst, setze mich einfach neben eine alte Frau, fühle mich sicher, mir kann nichts passieren! In der Bahn stehe ich eingequetscht zwischen nass stinkenden Persianermänteln und grauen Anzugmännern. Die Bahn bremst, eine dicke Frau fällt gegen mich, drückt mich an die Fensterscheibe. Die Leute fluchen, beschimpfen den Fahrer. Ich lache. Beim Aussteigen drängt jeder den anderen, ich lasse mich treiben, bin glücklich, denke nur an dich!

2 An der Ampel merke ich, dass ich zu laut singe. Eine Mutter mit Kinderwagen lacht mich an, eine aufgetakelte Blondine mustert mich von oben bis unten. Ich weiß, ich bin klatschnass, meine weiße Hose ist nach fünf Tagen eher dunkelgrau, doch ich weiß, dass sie dir gefällt. Meine Haare hängen nass und strähnig auf meiner Schulter. Du hast gesagt, du hast dich schon am ersten Tag in mich verliebt, und da hatte ich auch nasse Haare. Ich laufe schnell über die Straße, leiste mir eine Packung Filterzigaretten, kaufe welche, die mir zu leicht sind, die du am liebsten magst. Ein grelles Quietschen. Ein wütender Autofahrer brüllt, ob ich Tomaten auf den Augen hätte. Ich lache und beruhige ihn mit einem „Kommt nicht noch mal vor." An einem Schaufenster bleibe ich trotzdem stehen, zupfe an meinen Haaren herum, ziehe die Hose über meine Stiefel, will dir ja gefallen. Ich will dir ja sogar sehr gefallen!

3 Auf der Apothekenuhr ist es fünf. Ich laufe quer über die nasse Wiese. Schliddere mehr, als dass ich laufe. Aber ich will dich nicht warten lassen, ich kann das auch nicht. Ich werde dann von Minute zu Minute nervöser, also laufe ich. Bevor ich schelle, atme ich erst ein paarmal tief durch, dann klingel ich, fünfmal, hast du so gesagt. Und meine Freude, dich zu sehen, ist endgültig Sieger über meine Angst. Erst dann bemerke ich den kleinen zusammengefalteten Zettel an der Wand. Ja, es tut dir leid, wirklich leid, dass du Vera wiedergetroffen hast! Ich soll es mir gut gehen lassen. Richtig gut gehen lassen soll ich es mir!

4 Die brennende Zigarette hinterlässt Wunden auf meiner Hand. Das Rattern der vorbeifahrenden Laster, das Kindergeschrei, Hundegebell und das laut aufgedrehte Radio von gegenüber verschwimmen zu einem nervtötenden, Angst einjagenden Einheitsgeräusch, meine Augen nehmen nur noch die gröbsten Umrisse wahr. Wie eine alte Frau gehe ich den endlos langen Weg zur Haltestelle, meine Füße sind nass und kalt in den durchweichten Stiefeln. Ein glatzköpfiger Mann pfeift hinter mir her, bietet mir sein Zimmer und sich an.

5 Verschüchtert stehe ich in der Ecke neben dem Fahrplan, mein Gesicht spiegelt sich in der Scheibe. Wann kommt endlich diese elende Straßenbahn?

2 Klassengespräch!
- Um welchen besonderen Augenblick geht es in dieser Geschichte?
- Was habt ihr vielleicht noch nicht verstanden?

Merkmal:
ein kurzer Ausschnitt aus dem Leben

Die Geschichte genau untersuchen

Eine Geschichte interpretieren heißt, den Inhalt und die Form verstehen, erklären und deuten. Dazu untersuchst du zunächst die Erzählweise und besondere Gestaltungsmittel.

3 Schreibe Stichworte auf:
- Wer erzählt die Geschichte?
- Woran hast du das erkannt?

4 **a.** Beschreibe: In welcher Situation begegnet uns die Erzählerin?
b. Erkläre: Inwiefern ist diese Situation zugleich eine besondere und auch eine alltägliche?

Merkmal:
plötzlich mittendrin

5 Die Geschichte wird im Präsens erzählt.
Wie wirken die beiden folgenden Anfänge auf dich?
- Vergleiche die Anfänge miteinander.
- Notiere Stichworte.

Mir ist alles so egal, ich fühle mich gut. Der Regen macht mir nichts aus, meine Stiefel sind durchweicht, die Bahn kommt nicht.	Mir war alles so egal, ich fühlte mich gut. Der Regen machte mir nichts aus, meine Stiefel waren durchweicht, die Bahn kam nicht.

Z **6** Was fällt dir an dieser Geschichte vielleicht außerdem auf? Notiere es.

Als Nächstes untersuchst du die Handlung und das Verhalten der Hauptfigur.

7 Lege dir für deine Notizen eine Tabelle an.
Du brauchst drei Spalten und sechs Zeilen.

der Handlungsverlauf	äußere Umstände	das Verhalten, die Gedanken, die Gefühle der Hauptfigur
Absatz 1: …	…	…
Absatz …	…	…

8 Beschreibe zu jedem Absatz die äußeren Umstände.
Trage sie in die mittlere Spalte der Tabelle ein.
Tipp: In den Absätzen 1 und 2 sind sie schon orange hervorgehoben.

Merkmal:
ein kurzer Ausschnitt aus dem Leben

9 Was denkt, fühlt und tut die Hauptfigur nacheinander?
a. Finde im Text passende Textstellen.
Tipp: In den Absätzen 1 und 2 sind sie schon blau hervorgehoben.
b. Trage Stichworte in die rechte Spalte der Tabelle ein.

10 In einem entscheidenden Moment hat sich alles verändert.
Ergänze den folgenden Satz und schreibe ihn auf.

Als die Frau ___ findet, erfährt sie, dass der Mann ___, seine frühere Freundin wiedergetroffen hat und offensichtlich wieder ___ zusammen sein will. Sofort ___ der Hauptfigur. Die Welt erscheint ihr nun ___. Sie macht sich ___ auf den Heimweg.

Merkmal:
ein entscheidender Moment –
ein Wendepunkt

11 Notiere Stichworte zu den Zeilen 33 bis 42:
- Wie verhält sich die Figur an dieser Stelle?
- Welche Beweggründe gibt es für ihr Verhalten?
- Welche Charaktereigenschaften zeigt die Figur?

respektlos	selbstbewusst
ängstlich	einsichtig
gleichgültig	wie betäubt
hartnäckig	stolz
verletzlich	enttäuscht

Du setzt die Handlung in Beziehung zur Überschrift.

12 Wie erklärst du dir den Titel „Sommerschnee"?
Notiere deine Ideen in Stichworten.
Notiere auch die Zeilennummern.

8 glitschiger Weg, Verbrennungen, Lärm, Hundegebell, Straßenbahn kommt nicht

9 beeilt sich, schliddert über die nasse Wiese, ist nervös/aufgeregt, klingelt, sieht alles verschwommen, fühlt sich wie alte Frau, Weg zur Haltestelle endlos, verschüchtert

10 den/einen zusammengefalteten Zettel, Vera, mit Vera/mit ihr, ändert/verändert sich das Verhalten/wechselt die Stimmung, kalt und leer, enttäuscht/geschockt/bedrückt

Die Interpretation schreiben und überarbeiten

Deine Arbeitsergebnisse von den Seiten 157 und 158 kannst du in einer Interpretation zusammenfassen.

Einleitung

1 Wecke mit der Einleitung das Interesse deiner Leser, z. B. so:
- Welche Gedanken hattest du beim Lesen des Titels? Worüber hast du gestaunt?
- Worum geht es in der Geschichte?
- Was ist das für eine Geschichte? Wer hat sie geschrieben?
- Wie hat die Geschichte auf dich gewirkt?

Hauptteil

2 Schreibe im Hauptteil deine Gedanken zu der Geschichte auf:
- Mit Hilfe der Leitfragen kannst du den Hauptteil gliedern.
- Schreibe zu allen Punkten auch immer eigene Gedanken auf.
- Belege deine Gedanken mit Textstellen.

Leitfragen:
- Wer ist die Hauptfigur?
- Wie verhält sich die Hauptfigur in verschiedenen Situationen?
- Welche Beweggründe hat die Hauptfigur?
- Welche Charaktereigenschaften werden dabei deutlich?
- Welche besonderen Gestaltungsmittel gibt es in der Geschichte? Wie wirken sie?

Schluss

3 Schreibe einen Schlussteil für deine Interpretation.
- Du kannst Fragen oder Vermutungen zum Fortgang der Geschichte aufschreiben.
- Du kannst die Geschichte persönlich bewerten.

4 Überarbeite deine Interpretation mit Hilfe der Checkliste.

Checkliste: Eine Geschichte interpretieren	*ja*	*nein*
Habe ich meine Leserinnen und Leser über den Jnhalt informiert?		
Habe ich dargestellt, wie die Handlung verläuft?		
Habe ich auch dargestellt, was jeweils Besonderes geschieht?		
Habe ich geschrieben, wie sich die Hauptfigur verhält und warum?		
Habe ich besondere sprachliche Gestaltungsmittel beschrieben?		
Habe ich auch meine eigenen Gedanken, meine Meinung aufgeschrieben:		
- zum Handlungsverlauf?		
- zum Verhalten der Figur?		
- zur Wirkung der Gestaltungsmittel?		

Prüfungsvorbereitung: Die Inhaltsangabe

Eine Kurzgeschichte lesen und verstehen

Der russische Schriftsteller Anton Čechov hat diese Kurzgeschichte vor etwa 130 Jahren am Ende des 19. Jahrhunderts geschrieben.

1 Lies die Kurzgeschichte „Freude" mit dem Textknacker-Schritt 1.
- a. Lies die Überschrift.
- b. Sieh dir die Bilder auf den Seiten 160 bis 162 an.
- c. Worum könnte es in der Kurzgeschichte gehen? Schreibe einen Satz auf.

1. Vor dem Lesen

2 Lies den Text einmal vollständig durch.

2. Das erste Lesen

Freude Anton Čechov

1 Es war Mitternacht.

Mitja Kuldarow stürmte aufgeregt und mit zerzaustem Haar in die elterliche Wohnung und rannte durch alle Zimmer. Die Eltern waren schon schlafen gegangen. Seine Schwester lag im Bett und las gerade die letzte Seite eines Romans. Seine Brüder, die Gymnasiasten[1], schliefen. „Wo kommst du her?", fragten die Eltern erstaunt. „Was ist mit dir los?"

„Ach, fragt mich nicht! Das habe ich nie erwartet! Nein, das habe ich nie erwartet! Das ist … das ist direkt unwahrscheinlich!"

Mitja fing an zu lachen und setzte sich in einen Sessel. Er konnte sich nicht mehr auf den Beinen halten vor Glück.

„Es ist unwahrscheinlich! Ihr könnt euch das nicht vorstellen! Schaut mal her!"

Die Schwester sprang aus dem Bett, hüllte sich in eine Decke und trat zu dem Bruder. Die Gymnasiasten wurden wach.

„Was ist mit dir los? Du siehst ja ganz verstört aus!"

„Das ist vor Freude, Mama! Jetzt kennt mich ganz Russland! Ganz Russland! Früher habt nur ihr allein gewusst, dass es auf dieser Welt einen Kollegienregistrator[2] Dmitri Kuldarow gibt, aber jetzt weiß es ganz Russland! Mamachen[3]! O Gott!"

Mitja sprang auf, lief durch alle Zimmer und setzte sich wieder.

Wann spielt die Kurzgeschichte?

Wer ist die Hauptfigur?
Was möchte die Hauptfigur?
Wo spielt die Kurzgeschichte?
Welche Figuren sind außerdem dabei?
Was tun die Figuren gerade?
Was geschieht plötzlich?

[1] der **Gymnasiast**: der Schüler eines Gymnasiums
[2] der **Kollegienregistrator**: ein Beruf: ein Mitarbeiter in der Personalabteilung oder Verwaltung
[3] das **Mamachen**: Kosewort für die Mutter, Verkleinerungsform von „Mama"

2 „Was ist denn passiert? Sprich doch vernünftig!"

„Ihr lebt wie die wilden Tiere, lest keine Zeitung, schenkt der Öffentlichkeit keine Beachtung, und in den Zeitungen steht so viel Wissenswertes! Wenn was passiert, gleich wird es bekannt, nichts bleibt verborgen. Wie glücklich ich bin! O Gott! In den Zeitungen wird doch nur über berühmte Menschen geschrieben, und hier schreibt man auf einmal über mich!"

„Was sagst du da? Wo denn?"

Papa wurde blass. Mama schaute auf das Heiligenbild[4] und bekreuzigte sich[5]. Die Gymnasiasten sprangen auf und liefen, so wie sie waren, nur in kurzen Nachthemden, zu ihrem älteren Bruder.

„Jawohl! Über mich hat man geschrieben! Jetzt kennt mich ganz Russland! Mama, heben Sie bitte diese Nummer zum Andenken auf! Wir werden sie ab und zu lesen. Schaut mal her."

Mitja zog eine Zeitung aus der Tasche, überreichte sie dem Vater und zeigte mit dem Finger auf eine mit Blaustift umrandete Stelle.

„Lesen Sie!"

Der Vater setzte die Brille auf.

3 „So lesen Sie doch!"

Die Mama schaute auf das Heiligenbild und bekreuzigte sich. Der Papa räusperte sich und begann zu lesen:

„Am 29. Dezember, um elf Uhr abends, als der Kollegienregistrator Dmitri Kuldarow ..."

„Seht ihr, seht ihr? Weiter!"

„... der Kollegienregistrator Dmitri Kuldarow in der Malaja Bronnaja die im Haus von Kosichin befindliche Bierschenke in betrunkenem Zustand verließ ..."

„Das war ich mit Semjon Petrowitsch ... Alles ist ganz genau beschrieben! Fahren Sie fort! Weiter! Hört zu!"

„... in betrunkenem Zustand verließ, rutschte er aus und fiel unter das Pferd des hier stehenden Droschkenkutschers[6], des Bauern Iwan Drotow aus dem Dorf Durykino, Kreis Juchnowsk. Das erschrockene Pferd schritt über Kuldarow hinweg und jagte, nachdem es den Schlitten, in dem der Moskauer Kaufmann der Zweiten Gilde[7], Stepan Lukow, saß, über den Betrunkenen hinweggezogen hatte, die Straße entlang, wurde aber von Hausknechten zum Stehen gebracht.

[4] das **Heiligenbild**: das Bild von einem Heiligen
[5] **sich bekreuzigen**: die Hand in Form eines Kreuzes zu Stirn und Brust führen
[6] der **Droschkenkutscher**: der Kutscher eines offenes Fuhrwerks
[7] die **Gilde**: ein Zusammenschluss von Kaufleuten zur gegenseitigen Unterstützung

Kuldarow, der zunächst bewusstlos war, wurde in das Polizeirevier geschafft und von einem Arzt untersucht. Der Schlag, den er auf den Hinterkopf erhalten hatte ..."
„Das war von der Deichsel[8], Papa. Weiter! Lesen Sie weiter!"
„... den er auf den Hinterkopf erhalten hatte, erwies sich als leicht. Über das Vorgefallene wurde ein Protokoll aufgenommen. Dem Verletzten wurde medizinische Hilfe zuteil ..."

4 „Man hat mir befohlen, den Hinterkopf mit kaltem Wasser anzufeuchten. Habt ihr es jetzt gelesen? Nun? Das ist doch was! Jetzt geht es durch ganz Russland! Geben Sie her!"
Mitja nahm die Zeitung, legte sie zusammen und steckte sie in die Tasche.
„Ich werde zu den Makarows laufen und es ihnen zeigen ... Dann muss ich es noch den Iwanizkis zeigen, dann Natalja Iwanowna und Anissim Wassiljewitsch ... Ich laufe! Lebt wohl!"
Mitja setzte die Mütze mit der Kokarde[9] auf und lief triumphierend und freudestrahlend auf die Straße hinaus.

3 Lies die Kurzgeschichte mit dem 3. Schritt des Textknackers.
  a. Lies die Kurzgeschichte genau und in Ruhe, Absatz für Absatz.
  b. Notiere wichtige Schlüsselwörter aus dem Text.
  Tipp: Die Fragen neben der Kurzgeschichte helfen dir.

3. Den Text genau lesen

Für eine Inhaltsangabe benötigst du noch weitere Angaben zum Text.

4 Beantworte die folgenden Fragen in Stichworten:
- Was für ein Text ist das?
- Wer hat den Text geschrieben?
- Wann ungefähr ist der Text entstanden?

Tipp: Die Antworten findest du auf Seite 160 oben.

Z **5** Du kannst den Text auch genauer beschreiben. Beantworte dazu z. B. diese Fragen:
- Wie wirkt die Kurzgeschichte?
- Welche Merkmale einer Kurzgeschichte erkennst du?
- Welche Besonderheiten gibt es?

[8] die **Deichsel:** eine Vorrichtung an einem Wagen, z. B. um Tiere einzuspannen
[9] die **Kokarde:** ein Abzeichen, hier: von der russischen Armee

Die Inhaltsangabe schreiben

Mit Hilfe deiner Notizen kannst du nun die Inhaltsangabe schreiben.

Einleitung

1 Für die Einleitung markierst du in deinen Notizen Antworten auf diese Fragen:
- Was für ein Text ist das? Welche besonderen Merkmale hat er?
- Wer hat den Text geschrieben?
- Wer ist die Hauptfigur? Welche Figuren kommen außerdem vor?
- Wo spielt die Handlung? Worum geht es?

2 Schreibe nun die Einleitung in vollständigen Sätzen auf.
Tipp: Schreibe im Präsens.

Starthilfe

Die Kurzgeschichte „Freude" von Anton Čechov spielt in einer russischen Familie am Ende des 19. Jahrhunderts. Es ist Nacht. Die Hauptfigur …

Hauptteil

3 Im Hauptteil fasst du die Handlung zusammen.
- Was tun und sagen die Figuren? Warum tun und sagen sie es?
- Wie endet die Kurzgeschichte?

Tipps:
- Schreibe auch den Hauptteil im Präsens.
- Gib die wörtliche Rede mit eigenen Worten wieder. Dabei kannst du den Konjunktiv I verwenden.

→ wörtliche Rede: Seiten 257, 300
→ indirekte Rede: Seiten 84–85

Schluss

W **4** Wähle für den Schluss eine Möglichkeit aus:
- Schreibe, wie dir die Kurzgeschichte gefallen hat und warum.
- Schreibe, was du über die Hauptfigur denkst und warum.
- Schreibe, ob dich diese Kurzgeschichte an ein eigenes Erlebnis erinnert hat.

5 Überprüfe und überarbeite deine Inhaltsangabe mit Hilfe der Checkliste.

Checkliste: Eine Inhaltsangabe schreiben	*ja*	*nein*
– Habe ich in der Einleitung die Textart und den Autor genannt?		
– Habe ich darüber informiert, wo und wann die Handlung spielt?		
– Habe ich darüber informiert, welche Figuren vorkommen?		
– Habe ich im Hauptteil alles Wesentliche zusammengefasst?		
– Habe ich auch geschrieben, was die Figuren sagen und tun?		
– Habe ich geschrieben, wie die Kurzgeschichte endet?		
– Habe ich zum Schluss meine Meinung geschrieben?		
– Habe ich immer im Präsens geschrieben?		
– Habe ich die Satzanfänge abwechslungsreich gestaltet?		
– Ist meine Inhaltsangabe kurz und sachlich?		

Prüfungsvorbereitung: Die Interpretation

Die Geschichte lesen, verstehen und zusammenfassen

Krebse laufen rückwärts, sagt man. Doch was ist, wenn ein Krebs unbedingt lernen will, vorwärts zu gehen?

1. Vor dem Lesen
2. Das erste Lesen

1 Lies die Geschichte mit den Textknacker-Schritten 1 und 2.

Die Geschichte vom jungen Krebs Gianni Rodari

1 Ein junger Krebs dachte bei sich: „Warum gehen alle Krebse in meiner Familie immer rückwärts? Ich will vorwärts gehen lernen, so wie die Frösche, und mein Krebsschwanz soll mir abfallen, wenn ich es nicht fertigbringe." Und heimlich begann er zwischen den Steinen seines heimatlichen Bächleins zu üben. In den ersten Tagen kostete ihn dieses Unternehmen ungeheure Kräfte. Überall stieß er sich und quetschte sich seinen Krebspanzer, unaufhörlich verfing sich ein Bein im anderen. Aber von Mal zu Mal ging es ein bisschen besser, denn: Alles kann man lernen, wenn man will.

2 Als er seiner Sache sicher war, stellte er sich vor seine Familie und sagte: „Jetzt schaut mir einmal zu!" Und machte einen ganz prächtigen kleinen Lauf vorwärts. „Sohn", brach da seine Mutter in Tränen aus, „bist du denn ganz verdreht? Komm doch zu dir – gehe so, wie es dich dein Vater und deine Mutter gelehrt haben. Gehe wie deine Brüder, die dich alle lieben." Seine Brüder jedoch lachten ihn nur aus. Der Vater schaute ihn eine gute Weile streng an und sagte dann: „Schluss damit. Wenn du bei uns bleiben willst, gehe wie alle Krebse. Rückwärts! Wenn du aber nach deinem eigenen Kopf leben willst – der Bach ist groß –, geh fort und komm nie mehr zu uns zurück!" Der brave junge Krebs hatte die Seinen zwar zärtlich lieb, war aber so sicher, er handle richtig, dass ihm nicht die mindesten Zweifel kamen. Er umarmte seine Mutter, sagte Lebewohl zu seinem Vater und zu seinen Brüdern und machte sich auf in die Welt.

3 Als er an einem Grüppchen Kröten vorüberkam, erregte er großes Aufsehen. Sie hockten unter den Blättern einer Wasserlilie, um als gute Gevatterinnen[1] ihren Schwatz zu halten.
„Jetzt geht die Welt verkehrt herum“, sagte eine dicke Kröte, „schaut euch nur diesen jungen Krebs an! Da müsst ihr mir Recht geben!“
„Ja, Respekt gibt es überhaupt nicht mehr“, sagte eine andere.
„Pfui, pfui“, sagte eine dritte. Doch der junge Krebs ließ sich nicht anfechten und ging aufrecht seine Straße weiter, man muss es wirklich sagen.

4 Plötzlich hörte er, wie ihn ein alter Krebs, an dem er vorüberging, rief.
„Guten Tag“, sagte der junge Krebs. Der Alte betrachtete ihn lange, schließlich sagte er: „Was glaubst du, was du da Großartiges anstellst?! Als ich noch jung war, wollte ich auch den Krebsen das Vorwärtsgehen beibringen. Sieh mal, was mir das eingebracht hat. – Ich muss ganz allein leben, und die Leute würden sich lieber die Zunge abbeißen, als ein Wort an mich richten. – Hör auf mich, solange es noch Zeit ist! Bescheide dich[2], lebe wie die anderen! Eines Tages wirst du mir für meinen Rat dankbar sein!“
Der junge Krebs wusste nicht, was er antworten sollte, und blieb stumm. Aber im Innern dachte er: „Ich habe doch Recht! Ich habe Recht!“
Und nachdem er den Alten höflich gegrüßt hatte, setzte er stolz seinen Weg fort.

5 Ob er weit kommt? Ob er sein Glück macht? Ob er alle schiefen Dinge dieser Welt gerade richtet? Wir wissen es nicht, weil er noch mit dem gleichen Mut und der gleichen Entschiedenheit dahinmarschiert wie am ersten Tag. Wir können ihm nur von ganzem Herzen „Gute Reise“ wünschen.

Wenn du eine Geschichte interpretieren möchtest, musst du zunächst ihren Inhalt verstehen.

2 Worum geht es in der Geschichte? Notiere es.

3 a. Lies die Geschichte noch einmal genau mit dem 3. Textknacker-Schritt.
b. Notiere wichtige Schlüsselwörter zum Inhalt der Geschichte.

3. Den Text genau lesen

→ Tipps für die Inhaltsangabe: Seite 295

In deiner Interpretation sagst du etwas über die Besonderheiten des Textes.

4 Mache dir Notizen zu diesen Fragen:
- Was für ein Text ist das?
- Wer hat den Text geschrieben?
- Was passiert nacheinander?

1 die **Gevatterinnen:** die Patentanten; hier: gute Bekannte
2 **bescheide dich:** gib dich zufrieden

Die Geschichte untersuchen

Für deine Interpretation untersuchst und analysierst du das Verhalten und die Beweggründe der Figuren.

1 Schreibe Stichworte auf:
- Welche Figuren kommen in der Geschichte vor?
- Wer ist die Hauptfigur?
- Welche anderen Figuren spielen im Leben der Hauptfigur eine Rolle?

2 Untersuche nun die Hauptfigur genauer:
- Was möchte die Hauptfigur?
- Wie setzt die Hauptfigur ihr Ziel durch?
- Welche Charaktereigenschaften kannst du dabei erkennen?
- Welche Charaktereigenschaften werden direkt genannt?

Tipp: Notiere auch wichtige Textstellen, an denen du das erkannt hast.

3 Auch die anderen Figuren sind wichtig:
- Was möchten die Eltern des jungen Krebses? Warum?
- Was möchte der alte Krebs? Warum?
- Welche Charaktereigenschaften zeigen die Eltern und der alte Krebs?
- Wie denkst du über diese Figuren?

Finde passende Textstellen und mache dir Notizen.

Die Geschichte wird auf besondere Weise erzählt.

4 Notiere Stichworte:
- Wer erzählt die Geschichte?
- Was erfährst du über den Erzähler?
- Wie ist sein Verhältnis zur Hauptfigur?

5 Der Erzähler stellt am Schluss Fragen.
Er kommentiert auch das Geschehen.
- Wem stellt er die Fragen?
- Was wünscht er dem jungen Krebs?
  Wie erklärst du dir diesen Wunsch?

Notiere es.

Merkmal:
ein offenes Ende

2 angeberisch, höflich, respektlos, selbstbewusst, dickköpfig, höflich, undankbar

3 liebevoll, streng, fordernd, verständnislos,
verständnisvoll, hilfsbereit, ermutigend, denken altmodisch

4 betrachtet das Geschehen … von außen/wie von oben/wie aus der Vogelperspektive
… ist keine Figur in der Erzählung / spielt selbst nicht mit / ist keine handelnde Figur
… kennt … genau / weiß genau, was …, / denkt/fühlt wie … / begleitet den jungen Krebs

Die Interpretation schreiben und überarbeiten

1 Schreibe deine Interpretation mit Hilfe der Arbeitstechnik.

Arbeitstechnik

Eine Geschichte interpretieren

Mit einer Interpretation zeigst du, dass du die Geschichte verstanden hast.
- Du **fasst** den Inhalt und die Ergebnisse deiner Analyse **zusammen**.
- Du **deutest** das Geschehen und **belegst** deine Deutung mit passenden Textstellen.
- Du schreibst im **Präsens**.

1. Einleitung: Du nennst den Titel, die Autorin oder den Autor, die Textart.
Du fasst den Inhalt knapp und in der richtigen Reihenfolge zusammen.

2. Hauptteil: Du analysierst den Inhalt, die Gestaltung und die Sprache.
- Nenne wichtige Handlungsschritte der Geschichte.
- Nenne wichtige Eigenschaften der Figuren. Begründe, woran du sie erkannt hast.
- Erkläre wichtige Merkmale der Geschichte.
  Berücksichtige bei Kurzgeschichten die besonderen Merkmale von Kurzgeschichten.
- Erkläre sprachliche Besonderheiten und wie sie auf dich wirken.

3. Schluss: Du fasst die Ergebnisse deiner Analyse zusammen.
Du bewertest die Geschichte und schreibst deine Meinung auf.

Z 2 Im nächsten Schritt überarbeitest du deine Interpretation.
Dafür kannst du dir zunächst eine Checkliste anlegen.
- Schreibe dazu die Arbeitstechnik um.
- Ergänze Fragen zur Vollständigkeit, zur sprachlichen Richtigkeit und zur Qualität deiner Formulierungen, also zum sprachlichen Stil.

Checkliste: Eine Geschichte interpretieren	*ja*	*nein*
Habe ich im Präsens … ?		
Einleitung: – Habe ich … genannt?		
– Habe ich … zusammengefasst?		

W 3 Wählt aus: Überprüft und überarbeitet eure Texte allein oder in der Schreibkonferenz.

→ Regeln für die Schreibkonferenz: Seite 291

Z 4 Vergleiche „Die Geschichte vom jungen Krebs" mit der Geschichte „Einen Versuch ist es wert".
Welche Gemeinsamkeiten gibt es? Welche Unterschiede?

→ die Geschichte „Einen Versuch ist es wert": Seite 146

Leseecke: So ein Drama!

Friedrich Dürrenmatt: Der Besuch der alten Dame

Friedrich Dürrenmatt erzählt in dem Stück eine dramatische Geschichte: Eine alte Dame bringt ein ganzes Dorf dazu, jemanden zu töten. Wie schafft sie das?

Claire Zachanassian kehrt nach 45 Jahren in ihre Heimatstadt Güllen zurück. Inzwischen hat sie ein Milliardenvermögen[1] geerbt. Die Güllener hoffen auf eine großzügige Spende, denn dem Ort und seinen Bewohnern geht es schlecht. Zu Claires Empfang sind der Bürgermeister, der Pfarrer, der 65-jährige Ill[2] und einige Güllener Bürger erschienen. Sie haben sich nicht herausgeputzt, sondern machen einen ziemlich verwahrlosten Eindruck.

1 Was erfährst du über die Hauptfigur? Notiere in Stichworten.
- Wie heißt die alte Dame?
- Wer ist zu ihrem Empfang auf dem Bahnhof Güllen erschienen?
- Was sollte die alte Dame beim Anblick der verwahrlosten Bürger denken?

Merkmal:
Ein Drama ist ein Text, der auf einer Bühne aufgeführt werden soll.

Ein Maler arbeitet noch an einem Plakat mit der Aufschrift „Willkommen, Claire Zachanassian“. Und der Bürgermeister will den anwesenden Güllenern noch sagen, wie sie sich bei ihrer Ankunft verhalten sollen, doch …

Das Donnern des nahenden Zuges macht seine Rede unverständlich.
Kreischende Bremsen.
Auf allen Gesichtern drückt sich fassungsloses Erstaunen aus.
Die fünf auf der Bank springen auf.

Der Maler: Der D-Zug[3]!
Der Erste: Hält!
Der Zweite: In Güllen!
Der Dritte: Im verarmtesten
Der Vierte: Lausigsten
Der Erste: Erbärmlichsten Nest der Strecke Venedig-Stockholm! […]

Merkmal:
Regieanweisungen im Drama geben Hinweise zur Handlung und zum Verhalten der Schauspieler.

2 In der Regieanweisung steht, dass die Figuren „fassungslos erstaunt“ sind. Worüber sollen sie so erstaunt sein? Tauscht euch darüber aus.

[1] das **Milliardenvermögen**: Wenn sie täglich 1000 Euro ausgeben würde, hätte sie die erste Milliarde erst nach 2740 Jahren verbraucht.
[2] **Alfred Ill** (Jil)
[3] der **D-Zug**: ein Schnellzug, der nicht an jedem Bahnhof hält

Die Ankunft der alten Dame

1 Lies den folgenden Ausschnitt aus dem 1. Akt mit Hilfe des Textknackers.

1. Vor dem Lesen
2. Das erste Lesen
3. Den Text genau lesen
4. Nach dem Lesen

Von rechts kommt Claire Zachanassian, zweiundsechzig, rothaarig, Perlenhalsband, riesige goldene Armringe, aufgedonnert, unmöglich, aber gerade darum wieder eine Dame von Welt, mit einer seltsamen Grazie[4], trotz allem Grotesken[5]. Hinter ihr das Gefolge, der Butler Boby, etwa achtzig, mit schwarzer Brille, ihr Gatte VII (groß, schlank, schwarzer Schnurrbart) mit kompletter Fisch-Ausrüstung. Ein aufgeregter Zugführer begleitet die Gruppe, rote Mütze, rote Tasche.

Claire Zachanassian: Ist hier Güllen?

Der Zugführer: Sie haben die Notbremse gezogen, Madame.

Claire Zachanassian: Ich ziehe immer die Notbremse.

Der Zugführer: Ich protestiere. Energisch. Die Notbremse zieht man nie in diesem Lande, auch wenn man in Not ist. Die Pünktlichkeit des Fahrplans ist oberstes Prinzip. Darf ich um eine Erklärung bitten?

Claire Zachanassian: Wir sind doch in Güllen, Moby. Ich erkenne das traurige Nest. Dort drüben der Wald von Konradsweiler mit dem Bach, wo du fischen kannst, Forellen und Hechte, und rechts das Dach der Peterschen Scheune.

III *wie erwachend*: Klara.

Der Lehrer: Die Zachanassian.

Alle: Die Zachanassian.

Der Lehrer: Dabei ist der gemischte Chor nicht bereit, die Jugendgruppe!

Der Bürgermeister: Die Kunstturner, die Feuerwehr!

Der Pfarrer: Der Sigrist[6]!

Der Bürgermeister: Mein Rock[7] fehlt, um Gottes willen, der Zylinder, die Enkelkinder!

Der Erste: Die Kläri Wäscher! Die Kläri Wäscher!

Er springt auf und rast ins Städtchen.

Der Bürgermeister: *ruft ihm nach:* Die Gattin nicht vergessen!

Der Zugführer: Ich warte auf eine Erklärung. Dienstlich. Im Namen der Eisenbahndirektion.

Claire Zachanassian: Sie sind ein Schafskopf. Ich will eben das Städtchen mal besuchen. Soll ich etwa aus Ihrem Schnellzug springen?

Der Zugführer: Sie haben den „Rasenden Roland“ angehalten, nur weil Sie Güllen zu besuchen wünschen?

Er ringt mühsam nach Fassung.

Merkmal:
Ein Drama besteht aus Dialogen (Gesprächen) und Monologen (Selbstgesprächen) und den *Regieanweisungen*.

[4] **die Grazie**: die Anmut
[5] **das Groteske**: das Komische, das Lächerliche
[6] **der Sigrist**: ein Kirchendiener
[7] **der Rock**: ein Jackett

Claire Zachanassian: Natürlich.

Der Zugführer: Madame. Wenn Sie Güllen zu besuchen trachten[8], bitte, steht Ihnen in Kalberstadt der Zwölfuhrvierzig-Personenzug zur Verfügung. Wie aller Welt. Ankunft in Güllen einuhrdreizehn.

Claire Zachanassian: Der Personenzug, der in Loken, Brunnhübel, Beisenbach und Leuthenau hält? Sie wollen mir wohl zumuten, eine halbe Stunde durch diese Gegend zu dampfen[9]? [...]

2 In der Szene werden die folgenden Namen genannt: Klara, Kläri Wäscher und Claire Zachanassian.

- Wer ist mit diesen Namen gemeint?
- Was erzählen die Namen über das Leben der Figur?

Notiert eure Antworten in kurzen Sätzen.

In der folgenden Szene erfährst du noch mehr über die Hauptfigur Claire Zachanassian.

Der Zugführer: Madame, das wird Sie teuer zu stehen kommen.

Claire Zachanassian: Gib ihm tausend, Boby.

Alle *murmelnd*: Tausend.

Der Butler gibt dem Zugführer tausend.

Der Zugführer *verblüfft*: Madame.

Claire Zachanassian: Und dreitausend für die Stiftung zugunsten der Eisenbahnerwitwen.

Alle *murmelnd*: Dreitausend.

Der Zugführer erhält vom Butler dreitausend.

Der Zugführer *verwirrt*: Es gibt keine solche Stiftung, Madame.

Claire Zachanassian: Dann gründen Sie eine.

Der Gemeindepräsident flüstert dem Zugführer etwas ins Ohr.

Der Zugführer *bestürzt*: Gnädige sind Frau Claire Zachanassian? O, pardon. Das ist natürlich etwas anderes. Wir hätten selbstverständlich in Güllen gehalten, wenn wir nur die leiseste Ahnung – da haben Sie Ihr Geld zurück, gnädige Frau – viertausend – mein Gott.

Alle *murmelnd*: Viertausend.

Claire Zachanassian: Behalten Sie die Kleinigkeit.

Alle *murmelnd*: Behalten.

[8] **trachten**: beabsichtigen
[9] **dampfen**: Züge wurden von Dampfloks gezogen.

Der Zugführer: Wünschen gnädige Frau, daß der „Rasende Roland" wartet, bis Sie Güllen besichtigt haben? Die Eisenbahndirektion würde dies mit Freuden billigen. Das Münsterportal soll sehenswert sein. Gotisch. Mit dem Jüngsten Gericht.

Claire Zachanassian: Brausen Sie mit Ihrem Zug davon.

Gatte VII *weinerlich*: Aber die Presse, Mausi, die Presse ist noch nicht ausgestiegen. Die Reporter dinieren ahnungslos im Speisewagen vorne.

Claire Zachanassian: Laß sie weiterdinieren, Moby. Ich brauche die Presse vorerst nicht in Güllen, und später wird sie schon kommen.

Unterdessen hat der Zweite dem Bürgermeister den Rock gebracht. Der Bürgermeister tritt feierlich auf Claire Zachanassian zu. Der Maler und der Vierte auf der Bank heben die Inschrift „Willkommen, Claire Zachanassi..." in die Höhe. Der Maler hat sie nicht ganz beendet.

Der Bahnhofvorstand *hebt die Kelle*: Abfahrt!

Der Zugführer: Wenn gnädige Frau sich nur nicht bei der Eisenbahndirektion beschweren. Es war ein reines Mißverständnis.

Der Zug beginnt sich in Bewegung zu setzen. Der Zugführer springt auf.

Der Bürgermeister: Verehrte, gnädige Frau. Als Bürgermeister von Güllen habe ich die Ehre, Sie, gnädige verehrte Frau, als ein Kind unserer Heimat ...

Durch das Geräusch des davonrasenden Zuges wird der Rest der Rede des Bürgermeisters, der unentwegt weiterspricht, nicht mehr verstanden. [...]

3 Beantworte die folgenden Fragen in einem zusammenhängenden Text:
- Was ist das Besondere an Claires Äußerem?
- Wie spricht sie mit den anderen, z. B. mit dem Gatten VII und dem Zugführer?

Merkmal:
Die Figuren in einem Drama stehen in bestimmten Beziehungen zueinander.

4 Was könnte sich im Leben der Claire Zachanassian verändert haben, seit sie als Kläri Wäscher aus Güllen fortgegangen ist? Ergänze deinen Text aus Aufgabe 3.

Tipp: Du kannst auch zeichnen, wie du dir die Hauptfigur vorstellst: als Kläri Wäscher und als Claire Zachanassian.

3 Claire fällt besonders auf durch ...
Das Besondere an Claire ist ... Claires äußere Erscheinung ist ...
Mit anderen Personen spricht sie herablassend, gebieterisch, herrisch, streng, unzugänglich ...

Was in der Vergangenheit geschah

Nach einer Weile treffen sich Claire Zachanassian und Alfred Ill im Konradsweilerwald bei Güllen. Sie sprechen über ihre Vergangenheit.

Claire Zachanassian: Auf diesem Findling[10] küßten wir uns. Vor mehr als fünfundvierzig Jahren. Wir liebten uns unter diesen Sträuchern, unter dieser Buche, zwischen Fliegenpilzen im Moos. Ich war siebzehn und du noch nicht zwanzig. Dann hast du Mathilde Blumhard geheiratet mit ihrem Kleinwarenladen und ich den alten Zachanassian mit seinen Milliarden aus Armenien. Er fand mich in einem Hamburger Bordell. Meine roten Haare lockten ihn an, den alten, goldenen Maikäfer.

Ill: Klara![11] [...] Dir zuliebe habe ich Mathilde Blumhard geheiratet.

Claire Zachanassian: Sie hatte Geld.

Ill: Du warst jung und schön. Dir gehörte die Zukunft. Ich wollte dein Glück. Da mußte ich auf das meine verzichten.

Claire Zachanassian: Nun ist die Zukunft gekommen.

Ill: Wärest du hier geblieben, wärest du ebenso ruiniert[12] wie ich.

Claire Zachanassian: Du bist ruiniert?

Ill: Ein verkrachter Krämer[13] in einem verkrachten Städtchen.

Claire Zachanassian: Nun habe ich Geld.

Ill: Ich lebe in einer Hölle, seit du von mir gegangen bist.

Claire Zachanassian: Und ich bin die Hölle geworden.

Ill: Ich schlage mich mit meiner Familie herum, die mir jeden Tag die Armut vorhält. [...] Ich führe ein lächerliches Leben. Nicht einmal recht aus dem Städtchen bin ich gekommen. Eine Reise nach Berlin und eine ins Tessin, das ist alles.

Claire Zachanassian: Wozu auch. Ich kenne die Welt. [...]

1 Was geschah vor mehr als 45 Jahren?
Schreibe Stichworte auf.
Tipp: Lies in den ersten 15 Zeilen nach.

2 Was hat sich danach ereignet?
- Finde die Textstellen.
- Schreibe auch hier Stichworte auf.

Starthilfe
- Ill heiratete eine andere (Zeile 113–114)
- Claire heiratete armenischen Milliardär (Zeile 115–116)
- ...

[10] **der Findling:** eiszeitlicher, sehr großer Stein
[11] Damals hieß Claire Zachanassian noch Klara Wäscher.
[12] **ruinieren:** zerstören, zugrunde richten
[13] **der Krämer:** frühere Bezeichnung für Kaufmann

Claire Zachanassian hält Gericht

Am Ende des 1. Akts trifft sich Claire Zachanassian im Wirtshaussaal mit wichtigen Güllener Bürgern. Hier macht sie der Gemeinde ein verlockendes Angebot …

Claire Zachanassian erhebt sich.

Claire Zachanassian: […] Um jedoch meinen Beitrag an eure Freude zu leisten, will ich gleich erklären, daß ich bereit bin, Güllen eine Milliarde zu schenken. Fünfhundert Millionen der Stadt und fünfhundert Millionen verteilt auf jede Familie.

Totenstille.

Der Bürgermeister *stotternd*: Eine Milliarde.

Alle immer noch in Erstarrung.

Claire Zachanassian: Unter einer Bedingung.

Alle brechen in einen unbeschreiblichen Jubel aus. Tanzen herum, stehen auf den Stühlen, der Turner turnt usw. Ill trommelt sich begeistert auf die Brust.

Ill: Die Klara! Goldig! Wunderbar!
Zum Kugeln!
Voll und ganz mein Zauberhexchen!

Er küßt sie.

Der Bürgermeister: Unter einer Bedingung, haben gnädige Frau gesagt. Darf ich diese Bedingung wissen?

Claire Zachanassian: Ich will die Bedingung nennen. Ich gebe euch eine Milliarde und kaufe mir dafür die Gerechtigkeit.

Totenstille.

Der Bürgermeister: Wie ist dies zu verstehen, gnädige Frau?

Claire Zachanassian: Wie ich es sagte.

Der Bürgermeister: Die Gerechtigkeit kann man doch nicht kaufen!

Claire Zachanassian: Man kann alles kaufen.

Der Bürgermeister: Ich verstehe immer noch nicht. […]

1 Tauscht euch über folgende Fragen aus.
- Welches Angebot macht Claire der Gemeinde Güllen?
- Wie verhält sich die Gemeinde, als sie das Angebot hört?
- Welche Bedingung stellt Claire?

2 Lest die Szene mit verteilten Rollen.
- Bereitet euch vor und lest den Text eurer Rolle mehrmals.
- Drückt mit eurer Stimme Gefühle aus, die zur Figur passen.
- Achtet auf die Hinweise in den Regieanweisungen.

Merkmal:
Regieanweisungen geben auch Hinweise auf Sprechweisen der Schauspieler (z. B. *stotternd*, *begeistert* usw.).

So geht die Szene weiter:

Claire Zachanassian: Tritt vor, Boby.

Der Butler[14] tritt von rechts in die Mitte zwischen die drei Tische, zieht die dunkle Brille ab.

Der Butler: Ich weiß nicht, ob mich noch jemand von euch erkennt.

Der Lehrer: Der Oberrichter Hofer. […]

3 Wovon werden der Lehrer und die anderen Güllener überrascht? Erkläre es.

Über die Ereignisse im Wirtshaussaal berichtet ein Reporter für die „Güllener Zeitung".

Skandal im Wirtshaus

Während Güllen auf die großzügige Spende der Claire Zachanassian hofft und zugleich entsetzt über ihre Bedingung ist, bahnt sich hier im Wirtshaussaal ein Skandal[15] an, denn nun kommt die Wahrheit ans Licht.

Claire Zachanassians Butler entpuppte sich als ehemaliger Oberrichter, der vor 45 Jahren, im Jahre 1910, Kläri Wäschers Vaterschaftsklage verhandelt hatte. Ans Tageslicht kam, dass er sich damals von zwei gekauften Zeugen täuschen ließ. Jacob Hühnlein und Ludwig Sparr waren vom Beklagten Ill mit einem Liter Schnaps bestochen worden. Sie hatten angegeben, mit der Klägerin geschlafen zu haben, sodass die Vaterschaft nicht geklärt werden konnte. Und Ill war straffrei ausgegangen. Das ist aber nur die eine Seite des Skandals! Sicherlich ist Claire Zachanassians Reise nach Güllen trotz ihres Spendenangebots wohl auch Teil ihres Rachefeldzugs. Als reiche Frau konnte es sich Claire Zachanassian leisten, Jacob Hühnlein und Ludwig Sparr ausfindig zu machen und sie für ihren Meineid zu bestrafen. Als blinde Eunuchen[16] Koby und Loby – sie wurden kastriert und geblendet[17] – gehören sie nun zu ihrem Gefolge. Wir dürfen gespannt sein, was nach Redaktionsschluss noch ans Tageslicht kommt, denn eine neue Verhandlung steht noch bevor. Wir werden berichten.

4 Beantworte die folgenden Fragen in Stichworten:
- Was wurde vor dem damaligen Oberrichter verhandelt?
- Wer wurde vor 45 Jahren, im Jahr 1910, angeklagt?
- Was ist mit den angeblichen Zeugen Hühnlein und Sparr geschehen?
- Wie ging der Prozess damals aus?

14 der **Butler** [engl.; sprich: battler]: ein Diener
15 der **Skandal:** ein Ereignis, das großes Aufsehen erregt
16 der **Eunuch:** Mann, dem die Hoden entfernt wurden
17 **kastrieren und blenden:** Hoden entfernen und Augenlicht nehmen

Nachdem alle wissen, was vor 45 Jahren geschehen ist, beginnt die neue Verhandlung.

Der Butler: Dies ist die Geschichte: Ein Richter, ein Angeklagter, zwei falsche Zeugen, ein Fehlurteil im Jahre 1910. Ist es nicht so, Klägerin?

Claire Zachanassian steht auf.

Claire Zachanassian: Es ist so.

Ill *stampft auf den Boden*: Verjährt, alles verjährt! Eine alte, verrückte Geschichte.

Der Butler: Was geschah mit dem Kind, Klägerin?

Claire Zachanassian *leise*: Es lebte ein Jahr.

Der Butler: Was geschah mit Ihnen?

Claire Zachanassian: Ich wurde eine Dirne[18].

Der Butler: Weshalb?

Claire Zachanassian: Das Urteil des Gerichts machte mich dazu.

Der Butler: Und nun wollen Sie Gerechtigkeit, Claire Zachanassian?

Claire Zachanassian: Ich kann sie mir leisten. Eine Milliarde für Güllen, wenn jemand Alfred Ill tötet.

Totenstille. Frau Ill stürzt auf Ill zu, umklammert ihn.

Frau Ill: Fredi!

Ill: Zauberhexchen! Das kannst du doch nicht fordern! Das Leben ging doch längst weiter!

Claire Zachanassian: Das Leben ging weiter, aber ich habe nichts vergessen, Ill. Weder den Konradsweilerwald noch die Petersche Scheune, weder die Schlafkammer der Witwe Boll noch deinen Verrat. Nun sind wir alt geworden, beide, du verkommen und ich von den Messern der Chirurgen zerfleischt, und jetzt will ich, daß wir abrechnen, beide: Du hast dein Leben gewählt und mich in das meine gezwungen. Du wolltest, daß die Zeit aufgehoben würde, eben, im Wald unserer Jugend, voll von Vergänglichkeit. Nun habe ich sie aufgehoben, und nun will ich Gerechtigkeit, Gerechtigkeit für eine Milliarde.

Der Bürgermeister steht auf, bleich, würdig.

Der Bürgermeister: Frau Zachanassian: Noch sind wir in Europa, noch sind wir keine Heiden[19]. Ich lehne im Namen der Stadt Güllen das Angebot ab. Im Namen der Menschlichkeit.
Lieber bleiben wir arm denn blutbefleckt.

Riesiger Beifall

Claire Zachanassian: Ich warte. [...]

5 Tauscht euch über die Konflikte aus.
- Warum fordert Claire Gerechtigkeit?
- Warum lehnt der Bürgermeister das Angebot ab?

Merkmal:
Die Figuren und ihre Beziehungen zueinander zeigen den Konflikt in einem Drama.

[18] **die Dirne:** eine Prostituierte
[19] **die Heiden:** Menschen, die mit keiner Religion verbunden sind

Die Abstimmung

Einige Tage nach Claires Angebot wird im Theatersaal des Goldenen Apostels darüber abgestimmt. Der Bürgermeister ergreift feierlich das Wort. Alle sprechen ihm nach.

Der Bürgermeister: Wer reinen Herzens die Gerechtigkeit verwirklichen will, erhebe die Hand.

Alle erheben die Hand.

Der Bürgermeister: Die Stiftung der Claire Zachanassian ist angenommen. Einstimmig. Nicht des Geldes,

Die Gemeinde: Nicht des Geldes,

Der Bürgermeister: Sondern der Gerechtigkeit wegen.

Die Gemeinde: Sondern der Gerechtigkeit wegen.

Der Bürgermeister: Und aus Gewissensnot.

Die Gemeinde: Und aus Gewissensnot.

Der Bürgermeister: Denn wir können nicht leben, wenn wir ein Verbrechen unter uns dulden,

Die Gemeinde: Denn wir können nicht leben, wenn wir ein Verbrechen unter uns dulden,

Der Bürgermeister: Welches wir ausrotten müssen.

Die Gemeinde: Welches wir ausrotten müssen.

Der Bürgermeister: Damit unsere Seelen nicht Schaden erleiden.

Die Gemeinde: Damit unsere Seelen nicht Schaden erleiden.

Der Bürgermeister: Und unsere heiligsten Güter.

Die Gemeinde: Und unsere heiligsten Güter.

Stille. […]

1 Sprecht über folgende Fragen:
- Wie ist die Abstimmung ausgegangen?
- Wie begründen die Güllener ihre Entscheidung?
- Wie bewertet ihr das Verhalten der Güllener?

2 Lest die Szene mit verteilten Rollen.
- Legt fest, wer die Rolle des Bürgermeisters sprechen soll.
- Übt die Sätze, die die Gemeinde spricht, als Sprechchor.
- Lest dann die ganze Szene mit verteilten Rollen.

Tipp: Beachtet auch die Hinweise auf Seite 173, Aufgabe 2.

Z **3** Zur Abstimmung hat der Bürgermeister auch Journalisten, Vertreter von Rundfunk und Film eingeladen. Sprecht über mögliche Gründe, warum er das getan hat.

Siegt die Gerechtigkeit?

Nach der Abstimmung fordert der Bürgermeister die Vertreter der Medien auf, den Saal zu verlassen. Die Bühne wird dunkel und die Güllener bilden eine Gasse. Der Bürgermeister hat Alfred Ill eine Zigarette angeboten.

Ill raucht.

Der Pfarrer *hilflos*: Ich werde für Sie beten.

Ill: Beten Sie für Güllen.

Ill raucht.

Der Pfarrer steht langsam auf.

Der Pfarrer: Gott sei uns gnädig.

Der Pfarrer geht langsam in die Reihen der andern.

Der Bürgermeister: Erheben Sie sich, Alfred Ill.

Ill zögert.

Der Polizist: Steh auf, du Schwein.

Er reißt ihn in die Höhe.

Der Bürgermeister: Polizeiwachtmeister, beherrschen Sie sich.

Der Polizist: Verzeihung. Es ging mit mir durch.

Der Bürgermeister: Kommen Sie, Alfred Ill.

Ill läßt die Zigarette fallen, tritt sie mit dem Fuß aus. Geht dann langsam in die Mitte der Bühne, kehrt sich mit dem Rücken gegen das Publikum.

Der Bürgermeister: Gehen Sie in die Gasse.

Ill zögert.

Der Polizist: Los, geh.

Ill geht langsam in die Gasse der schweigenden Männer. Ganz hinten stellt sich ihm der Turner entgegen. Ill bleibt stehen, kehrt sich um, sieht, wie sich unbarmherzig die Gasse schließt, sinkt in die Knie. Die Gasse verwandelt sich in einen Menschenknäuel, lautlos, der sich ballt, der langsam niederkauert[20]*. Stille.*

Von links vorne kommen Journalisten. Es wird hell.

Pressemann I: Was ist denn hier los?

Der Menschenknäuel lockert sich auf. Die Männer sammeln sich im Hintergrund, schweigend. Zurück bleibt nur der Arzt, vor einem Leichnam[21] *kniend, über den ein kariertes Tischtuch gebreitet ist, wie es in Wirtschaften*[22] *üblich ist.*

Der Arzt steht auf. Nimmt das Stethoskop ab.

Der Arzt: Herzschlag.

Stille.

Der Bürgermeister: Tod aus Freude.

Pressemann I: Tod aus Freude.

Pressemann II: Das Leben schreibt die schönsten Geschichten.

Pressemann I: An die Arbeit.

20 **niederkauern:** sich in tiefer Kniebeuge hocken
21 **der Leichnam:** ein toter menschlicher Körper
22 **die Wirtschaften:** Gaststätten

[...] Von links kommt Claire Zachanassian, vom Butler gefolgt. Sie sieht den Leichnam, bleibt stehen, geht dann langsam nach der Mitte der Bühne, kehrt sich gegen das Publikum.

Claire Zachanassian: Bringt ihn her.

Roby und Toby kommen mit einer Bahre, legen Ill darauf und bringen ihn vor die Füße Claire Zachanassians.

Claire Zachanassian *unbeweglich***:** Deck ihn auf, Boby.

Der Butler deckt das Gesicht Ills auf. Sie betrachtet es, regungslos, lange.

Claire Zachanassian: Er ist wieder so, wie er war, vor langer Zeit, der schwarze Panther. Deck ihn zu.

Der Butler deckt das Gesicht wieder zu.

Claire Zachanassian: Tragt ihn in den Sarg.

Roby und Toby tragen den Leichnam nach links hinaus.

Claire Zachanassian: Führ mich in mein Zimmer, Boby. Laß die Koffer packen. Wir fahren nach Capri.

Der Butler reicht ihr den Arm, sie geht langsam nach links hinaus, bleibt stehen.

Claire Zachanassian: Bürgermeister.

Von hinten, aus den Reihen der schweigenden Männer, kommt langsam der Bürgermeister nach vorne.

Claire Zachanassian: Der Check.

Sie überreicht ihm ein Papier und geht mit dem Butler hinaus. [...] R

1 Was geschieht in dieser Szene im Theatersaal des Wirtshauses? Fasse das Geschehen mit eigenen Worten zusammen.
Tipp: Lies noch einmal besonders gründlich die Regieanweisung in den Zeilen 240 bis 244.

2 Wie erklärt der Bürgermeister Alfred Ills Tod? Sammelt Gründe, warum der Bürgermeister nicht die Wahrheit sagt.

3 Wie reagiert Claire Zachanassian auf Alfred Ills Tod? Tauscht euch aus.

4 Klassengespräch!
- Wie beurteilt ihr das Verhalten der Hauptfiguren?
- Hat die Gerechtigkeit eurer Meinung nach gesiegt?

Z **5** Welche Szenen haben euch am stärksten beeindruckt? Spielt diese Szenen.

1 In dieser Szene wird Claires Bedingung erfüllt, denn ...
Die Szene erzählt, wie Alfred Ill ...

Der Autor Friedrich Dürrenmatt und sein Stück

Manchmal verstehst du ein Buch oder einen Text besser, wenn du auch etwas über das Leben des Dichters erfährst.

Friedrich Dürrenmatt

Der Schweizer Schriftsteller Friedrich Dürrenmatt wurde 1921 in Konolfingen (Kanton Bern) geboren. Drei Jahre später kam seine Schwester zur Welt. Sein Vater war protestantischer Pfarrer. 1935 zog die Familie Dürrenmatt nach Bern um, wo Friedrich zuerst das Berner Freie Gymnasium besuchte und 1941 am Humboldtianum, einem anderen Gymnasium, das Abitur mit der Gesamtnote „knapp ausreichend" bestand. Nach dem Abitur studierte Dürrenmatt in Zürich und Bern die Fächer Literatur, Philosophie und Naturwissenschaften. Obwohl er auch gut malen und zeichnen konnte, entschied er sich dann für den Beruf eines Schriftstellers. Durch seine Theaterstücke wurde er schnell bekannt. Sein Stück „Der Besuch der alten Dame" entstand 1956. Mit ihm bekam er auch internationale Anerkennung. Im Nachwort dazu schrieb Dürrenmatt: „‚Der Besuch der alten Dame' ist eine Geschichte, die sich irgendwo in Mitteleuropa in einer kleinen Stadt ereignet, geschrieben von einem, der sich von diesen Leuten durchaus nicht distanziert[1] und der sich nicht sicher ist, ob er anders handeln würde. […] Ich beschreibe Menschen, nicht Marionetten[2], eine Handlung, nicht eine Allegorie[3], stelle eine Welt auf …" Fünf Jahre später entstand sein Stück „Die Physiker". Aber auch spannende Kriminalerzählungen schrieb Friedrich Dürrenmatt, z. B. „Der Richter und sein Henker" (1950). In „Das Versprechen" (1958) geht es um den unaufgeklärten Mord an einem kleinen Kind. Für sein Schaffen wurde Dürrenmatt, der im Jahre 1990 starb, mehrfach ausgezeichnet. Viele seiner Werke spielen vor dem geschichtlichen Hintergrund des Wirtschaftswunders in den 1950er Jahren. In diesem Zusammenhang stellt Dürrenmatt wiederholt die Frage nach moralischem Verhalten, aber auch nach der Korruption[4] in der Gesellschaft.

1 Lies noch einmal die Zeilen 14 bis 18.
Was meint der Autor damit im Hinblick auf die Figuren in seinem Stück?
Schreibe deine Meinung auf.

2 Schreibe einen tabellarischen Lebenslauf zu Friedrich Dürrenmatt.
Tipp: Die Jahreszahlen im Text helfen dir dabei.

[1] **sich distanzieren:** von jemandem oder von etwas abrücken
[2] **die Marionetten:** willenlose, käufliche Menschen
[3] **die Allegorie:** ein Sinnbild; Verkörperung eines abstrakten Begriffs
[4] **die Korruption:** die Bestechlichkeit

Prüfungsvorbereitung: Die Charakteristik

Eine Figur aus einem Drama charakterisieren

Hier untersuchst du die Hauptfigur in dem Drama „Der Besuch der alten Dame" von Friedrich Dürrenmatt genauer.

1 Notiere Stichworte zu folgenden Fragen:
- In welchem Stück kommt Claire Zachanassian vor?
- Wer hat das Stück geschrieben?
- Wer ist diese Figur?
- Wie wird die Figur auch noch genannt?
- Was fällt an der Figur besonders auf?

Tipps: Lies noch einmal nach: Seite 169, Zeilen 12 bis 18; Seite 172, Zeilen 107 bis 118; Seite 175, Zeilen 182 bis 191.

Es geht darum, das Verhalten der Figur in verschiedenen Situationen zu untersuchen. So kannst du die Charaktereigenschaften der Figur entdecken.

Der Zugführer: Sie haben die Notbremse gezogen, Madame.
Claire Zachnassian: Ich ziehe immer die Notbremse.
(Seite 169, Zeilen 20 bis 21)

2 a. Lies noch einmal die Textauszüge auf den Seiten 169 bis 171.
b. Notiere Stichworte zu diesen Fragen:
- Was geschieht bei Claires Ankunft in Güllen?
- Wie verhält sich Claire gegenüber den anderen Figuren?
- Was sagt das über ihren Charakter aus?

Tipp: Trage deine Ergebnisse in eine Tabelle ein.

Starthilfe

Situation	Verhalten der Figur	Seite / Zeile	Charaktereigenschaften
Die Ankunft Claires in Güllen Dialog mit dem Zugführer	Claire zieht die Notbremse.	S. 169, Z. 21	herablassend …
	Sie bietet dem Zugführer Geld an.		…

2 herablassend / mitfühlend / ignorant / anmaßend / herrschsüchtig / selbstbewusst / einsichtig / uneinsichtig / herrisch / großzügig / geizig / verschwenderisch

Zu Ehren Claire Zachanassians gibt der Bürgermeister einen Empfang.
In dieser Szene erfährst du viel über Claires Charakter.

Der Bürgermeister: […] Und gar Sie, gnädige Frau – als blond – *Ill flüstert ihm etwas zu* – rotgelockter Wildfang[1] tollten Sie durch unsere nun leider verlotterten[2] Gassen – wer kannte Sie nicht. Schon damals spürte jeder den Zauber Ihrer Persönlichkeit, ahnte den kommenden Aufstieg zu der schwindelnden Höhe der Menschheit[3]. *Er zieht das Notizbüchlein hervor.* Unvergessen sind Sie geblieben. In der Tat. Ihre Leistung in der Schule wird noch jetzt von der Lehrerschaft als Vorbild hingestellt, waren Sie doch besonders im wichtigsten Fach erstaunlich, in der Pflanzen- und Tierkunde, als Ausdruck Ihres Mitgefühls zu allem Kreatürlichen[4], Schutzbedürftigen. Ihre Gerechtigkeitsliebe und Ihr Sinn für Wohltätigkeit erregte schon damals die Bewunderung weiter Kreise. […] aus dem rotgelockten Wildfang wurde eine Dame, die die Welt mit ihrer Wohltätigkeit überschüttet […]

Claire Zachanassian: […] Eure selbstlose Freude über meinen Besuch rührt mich. Ich war zwar ein etwas anderes Kind, als ich nun in der Rede des Bürgermeisters vorkomme […] Um jedoch meinen Beitrag an eure Freude zu leisten, will ich gleich erklären, daß ich bereit bin, Güllen eine Milliarde zu schenken. Fünfhundert Millionen der Stadt und fünfhundert Millionen verteilt auf alle Familien. […] Unter einer Bedingung.

Ill: Die Klara! Goldig! Wunderbar! Zum Kugeln! Voll und ganz mein Zauberhexchen! *Er küsst sie.*

Der Bürgermeister: Unter einer Bedingung, haben gnädige Frau gesagt. Darf ich diese Bedingung wissen?

Claire Zachanassian: Ich will die Bedingung nennen. Ich gebe euch eine Milliarde und kaufe mir dafür die Gerechtigkeit.
Totenstille. […] Ⓡ

3 Der Bürgermeister und Ill schwärmen von der früheren Claire.
a. Welche Eigenschaften Claires beschreiben sie?
b. Ergänze deine Tabelle aus Aufgabe 2.
Tipp: Einige Eigenschaften sind im Text bereits hervorgehoben.

4 Wie reagiert Claire Zachanassian auf diese Reden?
Notiere in Stichworten.

1 der **Wildfang:** bedeutet hier: wildes, ausgelassenes Kind
2 **verlottert:** verwahrlost, verkommen
3 die **schwindelnde Höhe der Menschheit:** Gemeint sind hier die „Schönen und Reichen", die oberen Zehntausend.
4 das **Kreatürliche:** alle Lebewesen auf der Welt

4 ist gerührt/fühlt sich geschmeichelt/zu Recht, zu Unrecht gelobt/reagiert sachlich, unsachlich, bestürzt/sieht sich auch so, ganz anders

Zuvor haben sich Claire und Ill im Konradsweilerwald getroffen.

5 Lies noch einmal die Szene auf Seite 172.
  a. Beschreibe die Situation in Stichworten.
  b. Schreibe auch zu Claires Biografie Stichworte auf.

6 Claire sagt über sich selbst, sie sei die Hölle geworden (Zeile 129).
  a. Was könnte sie damit meinen? Schreibe deine Vermutungen auf.
  b. Ergänze deine Tabelle aus Aufgabe 2.

Claire Zachanassian lüftet das Geheimnis ihrer Reise nach Güllen.

Ill:	Zauberhexchen, das kannst du doch nicht fordern! Das Leben ging doch längst weiter! *(Seite 175, Zeilen 180–181)*
Claire Zachanassian:	Das Leben ging weiter, aber ich habe nichts vergessen, Ill. [...]

7 Was hat Claires Reise mit ihrer Biografie zu tun?
  a. Lies die Szene auf Seite 175.
  b. Lies auch den Zeitungsbericht auf Seite 174.

8 Welche Charaktereigenschaften Claires erkennst du in dieser Szene?
Trage deine Ergebnisse aus Aufgabe 7 in deine Tabelle ein.

Vor ihrer Abreise erscheint Claire Zachanassian wieder im Saal.

9 Lies noch einmal den Text auf Seite 178.
  a. Beantworte die folgenden Fragen.
    - Wie reagiert Claire Zachanassian auf Ills Tod?
    - Welche Gründe gibt es für ihre Reaktion?
    - Was sagt das über ihren Charakter aus?
  b. Vervollständige deine Tabelle.

6 weiß genau, was sie Koby und Loby angetan hat und was sie nun von den Güllenern verlangt – ist ehrlich zu sich selbst
7 will sich rächen, will endlich Gerechtigkeit, kann den Tod des Kindes nicht vergessen
8 unerbittlich / nachgiebig / unnachgiebig / beherrscht / unbeherrscht / verständnisvoll / rachsüchtig / fordernd / einsichtig
9 gerührt / ungerührt / eiskalt / unbewegt / teilnahmslos / innerlich aufgewühlt

Die Charakteristik schreiben

Deine Erkenntnisse aus den Aufgaben 1 bis 9 stellst du nun in einem zusammenhängenden Text dar. Du schreibst im Präsens.

1 Lies zunächst die Arbeitstechnik auf dieser Seite.

2 Schreibe in der Einleitung allgemeine Angaben zur Figur auf.

Einleitung

3 Gehe im Hauptteil auf diese Fragen ein:

Hauptteil

- Was erfährst du über die Gefühle der Figur?
- Wie verhält sich die Figur in bestimmten Situationen?
- Wie reagiert sie auf Äußerungen und Handlungsweisen anderer?
- Warum reagiert sie gerade so?
- Welche Charaktereigenschaften sind dabei zu erkennen?
- Was sagen andere Figuren über sie?
- Was sagen die Regieanweisungen über ihren Charakter aus?

Tipp: Belege deine Erkenntnisse mit Textstellen.

4 Fasse im Schlussteil deinen Gesamteindruck von der Figur zusammen. Schreibe deine Meinung auf und begründe sie.

Schluss

Arbeitstechnik

Eine Figur charakterisieren

In einer Charakteristik beschreibst du die **Merkmale** und **Eigenheiten** einer literarischen Figur. Sie können im Text direkt oder indirekt dargestellt werden, z. B.:
- durch die Art, wie die Figur **spricht**, **denkt**, **fühlt** oder **handelt**,
- durch **Äußerungen anderer** Figuren über sie.

Du schreibst im **Präsens**.

Einleitung
- Nenne den Namen der Figur, den Titel des Textes und den Namen des Autors.
- Beschreibe, das Äußere der Figur, z. B. Name, Alter, Lebensumstände …

Hauptteil
- Beschreibe, was du über die Gefühle, Gedanken, Verhaltensweisen und Wünsche der Figur erfährst und welche Charaktereigenschaften sie zeigt.
- Beschreibe, auch ihr Verhältnis zu anderen Figuren.

Schluss
- Beurteile die Figur und ihr Verhalten aus deiner Sicht.

5 Überarbeite deine Charakteristik.
Tipp: Formuliere zunächst die Arbeitstechnik in eine Checkliste um.

2 Claire Zachanassian ist … in dem Stück … von … / … ist … alt und erscheint zuerst wie … / In ihrer Jugend …

3 Man merkt/erkennt/sieht das daran, dass … / In dieser Situation/ einer anderen Situation ist sie …, z. B. als sie …,

Sachen zum Lachen

Heute schon gelacht?

1

2

3

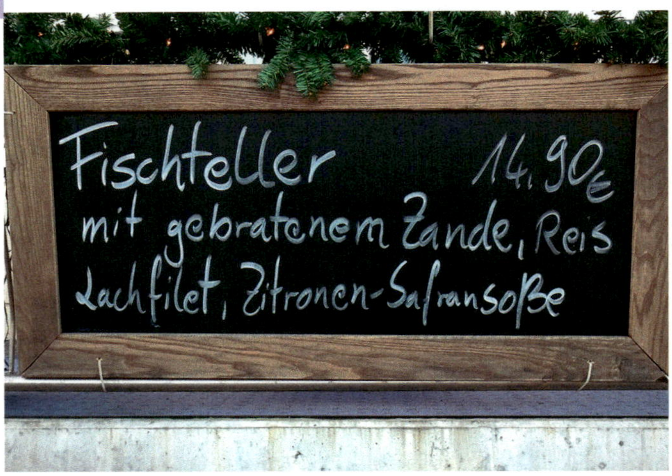

4

1 Seht euch die Bilder an.
Lest die Texte sehr genau.
Beschreibt die Situationen.

1 Bild 3: lustiger Schreibfehler (Lachfilet)

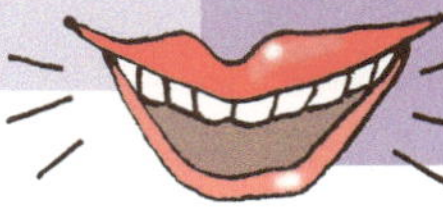

5

6

Treffen sich zwei Schnecken.
Fragt die eine:
„Warum hast du ein blaues Auge?“
Sagt die andere:
„Auf dem Weg nach Hause kam plötzlich
ein Pilz aus der Erde geschossen!“

7

8

2 Klassengespräch!
- Wann lachen Menschen?
- Worüber lachen Menschen?

Tauscht euch dazu aus.

3 Was bringt dich zum Lachen?
Beschreibe mindestens drei verschiedene Gründe oder Situationen.

2 die Comedians, der Witz, die Grimasse, das Fernsehen, die Show, der Comic – die Comics, der Cartoon, die Karikatur, das Selfie, das Internet

Witziges in Wort und Bild

Witze können aus verschiedenen Gründen komisch wirken.
Wenn ein Witz mit einer Überraschung endet,
dann können wir über ihn lachen oder zumindest schmunzeln.

Doppelte Bedeutung

1
Stehen zwei Schafe auf der Wiese.
Sagt das eine: „Mäh!"
Darauf das andere: „Mäh doch selber!"

2
Kommt ein Fuchs um sechs Uhr morgens in den Hühnerstall und ruft:
„Raus aus den Federn!"

3
„Ihr Wagen ist völlig überladen! Ich muss Ihnen leider den Führerschein abnehmen", sagt der Polizist zu einem Autofahrer.
„Aber das ist doch lächerlich", antwortet dieser, „der Führerschein wiegt doch höchstens 50 Gramm!"

Tiere handeln wie Menschen

4
Ein Mann kommt in eine Tierhandlung und verlangt einen Eisbären. Der Händler hat auch einen da und sagt: „Der ist sehr zahm und kuschelig, Sie dürfen ihn nur NIEMALS an die Nase fassen!"
Zu Hause ist dann auch alles ganz prima, bis der Mann eines Tages denkt: „Ich halt's nicht mehr aus! Ich muss ihn an die Nase fassen!"
Er tut's und der Eisbär springt mit Gebrüll auf ihn los.
Der Mann rennt weg, Treppe rauf, Treppe runter, um den Wohnzimmertisch, um den Küchentisch, der Eisbär immer knapp dahinter.
Schließlich ist der Mann völlig erschöpft, der Eisbär erreicht ihn, haut ihm von hinten mit seiner Pranke auf die Schulter und sagt: „Du bist!"

5
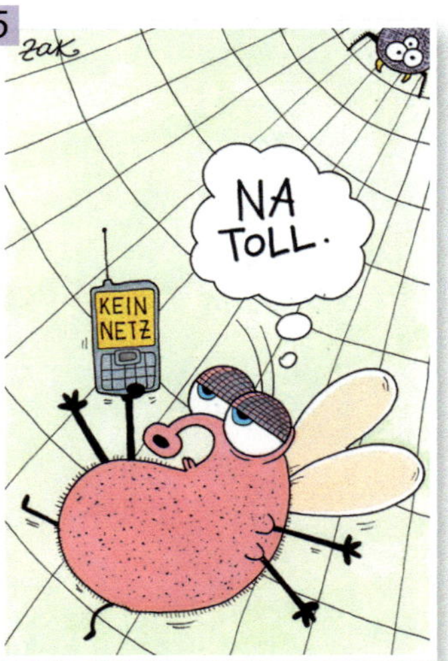

1 Lest die Texte und seht euch den Cartoon[1] an.
- Wie überraschen die Witze und der Cartoon?
- Wo steckt die doppelte Bedeutung in den Witzen 1 bis 3?
- Was macht die „menschlichen" Tiere witzig?

Erklärt die Pointen.

Poin|te, die: → (französisch) [sprich: Po-änte]: die Überraschung, der „Knalleffekt", der Höhepunkt eines Witzes oder eines anderen Textes

[1] **der Cartoon** [englisch; sprich: Kartuun]: Bild, das eine komische Geschichte oder Szene erzählt

„Falsche“ Erwartungen

6
Im Opernhaus ist gerade der letzte Ton verklungen. Noch bevor der Beifall einsetzen kann, springt ein Mann auf und schreit: „Haaalloo? Ist hier ein Arzt, ist hier ein Arzt?“ Ein anderer Mann steht auf und ruft: „Ja! Ich bin Arzt!“ Darauf der erste: „Und? Wie hat es Ihnen gefallen, Herr Kollege?“

7
Es klingelt an der Tür, Klein Fritzchen macht die Tür auf. Er ruft zu seinem Vater: „Papa, hier vor der Tür steht ein Mann, der sagt, er sammelt für das neue Schwimmbad.“ Antwortet ihm der Vater: „Ist gut, gib ihm drei Eimer Wasser mit.“

2 Die Witze 6 und 7 beziehen sich auf Alltagssituationen.
- Was würde man eigentlich am Ende erwarten?
- Was überrascht also zum Schluss?

Tauscht euch darüber aus.

Ein Werbespot im Radio

8
„Sven, du hast dein Handy vergessen und da habe ich deinen Status gelesen. Hier spricht dein Vater. Weißt du? Der alte Sack, der Facebook nie raffen wird. Ich hab mal über deinen Account Kinderfotos von dir hochgeladen – findest du im Album ‚Held in Blümchen-Strumpfhosen‘. Äh, du bist jetzt Gründer der Gruppe ‚Sei ein Mann und weine laut‘, dir gefallen ‚Katzenbabys‘ und du spielst ‚Mein kleiner Ponyhof‘. Und ich hab deinen Beziehungsstatus geändert … konnte Steffi eh nie leiden. Sei nicht traurig, mein Großer, dafür hab ich 'ne guuute ‚Freundin‘ von dir geadded: deine Klassenlehrerin.“

9

3 Witze gut erzählen können ist eine Kunst! Probiert es aus.
- Wählt jeder einen Text auf den Seiten 186 und 187 aus.
- Lest den Text vor.
- Besprecht und übt, wie ihr euren Text wirkungsvoll vortragen könnt.

Z **4** a. Welche Witze auf den Seiten 184 bis 187 findet ihr witzig? Warum? Tauscht euch darüber aus.
b. Kennt ihr Witze? Erzählt sie.

3 wirkungsvolle Vortragsweise durch Betonung einzelner Wörter oder Wortgruppen, durch Mimik und Gestik, durch Pausen an den richtigen Stellen

Ironisches

Manchmal wirkt ein Text erst dann richtig, wenn er ausdrucksstark vorgetragen wird.

1. Vor dem Lesen
2. Das erste Lesen
3. Den Text genau lesen

1 Wie verstehst du den folgenden Text? Lies den Text mit dem Textknacker.
- Lies die Überschrift. Was erwartest du?
- Was macht dich neugierig?
- Welche Wörter und Wortgruppen fallen dir auf? Warum?

Mein schöner Schulalltag

Matthias Kalusch

[1] Wenn morgens der Wecker klingelt, ist die Freude auf die Schule kaum noch auszuhalten. Man springt schnell aus dem Bett und macht sich für das Frühstück fertig. Es werden ein paar Bissen heruntergeschlungen und dann rennt man so schnell wie möglich zur Bushaltestelle, wo man ungeduldig wartet. Man hört überall Stimmen: „Ich will in die Schule." Und endlich kommt der Bus. Er wird samt Fahrer gestürmt. Im Bus sitzt jeder auf seinem gut gepolsterten Schlafsessel und ist auf das heutige Programm gespannt. Wenn man aber die Schule vor Augen hat und in den modern ausgebauten Bahnhof einfährt, ist die Spannung an einem Höhepunkt angelangt.

[2] Man stürmt die Kasse, aber glücklicherweise ist der Eintritt frei. Dafür muss man jedoch noch eine halbe Stunde im Vorraum auf die Stars warten. Die Stars haben einen eigenen Parkplatz und kommen durch den Hintereingang in ihre Garderoben, um sich vor ihren Fans zu retten. Es gibt zwar auch einen Zugang vom Vorraum zu den Garderoben, doch dieser wird von zwei Mitgliedern des Veranstaltungsteams bewacht. Sie haben ein Wachhäuschen, das leider fast nur aus Glas besteht, aber ab und zu lassen die beiden auch mal jemanden in die Garderoben. Wenn sie Glück haben, können sie sogar ein Autogramm erhaschen.

[3] Die Stars schicken vor ihren Auftritten einen Kollegen in den Vorraum, der soll sich einen Eindruck von der Stimmung der Fans machen. Er geht im Vorraum auf und ab, dabei sieht er sich die wartenden Fans an. Dann werden die Veranstaltungsräume aufgeschlossen. Alle strömen hinein und setzen sich auf die reservierten Plätze.

1 Freude auf die Schule – kaum noch auszuhalten?
springt schnell aus dem Bett – trifft eher zu, wenn man verschlafen hat? …

Nach fünfminütigem Warten kommt der erste längst erwartete Star. Tosende Fans – ein Riesendurcheinander. Nach weiteren fünf Minuten wird es wieder ruhiger. Hier und da noch ein Zwischenruf. Viele, aber nicht alle haben ihrem Star ein Geschenk in Form von schriftlichen Arbeiten mitgebracht.

Ein Auftritt dauert 45 Minuten, aber manchmal bleibt ein Star infolge der vielen „Zugabe"-Rufe noch fünf bis zehn Minuten länger. Zwischen den Auftritten sind Pausen, in denen man sich mit Erfrischungen versorgen kann. An einem Tag finden sechs bis sieben Auftritte statt [...]

2 Bereite den Text zum Vorlesen vor.
- Wie wirkt der Text auf dich?
- Welche Textstellen willst du besonders wirkungsvoll vortragen?
- Welche Wirkung willst du erreichen?

3 Lies den Text vor.
- Achte dabei auf die Textstellen, die du besonders betonen willst.
- Deine Zuhörer sollen die Wirkung des Textes verstehen.

Der Text enthält viele ironisch gemeinte Wörter und Wortgruppen. Das heißt, diese Textstellen bedeuten genau das Gegenteil.

Iro|nie, die: → (griechisch): die Verstellung, die Vortäuschung

4 a. Erkläre deinem Partner die Ironie im folgenden Dialog.
b. Erzählt euch gegenseitig ein eigenes Beispiel für Ironie.

5 Lege eine Tabelle an.
Schreibe Stellen aus dem Text heraus, die ironisch gemeint sind.
Stelle ihnen die eigentliche Bedeutung gegenüber.

Starthilfe

ironisch gemeint	bedeutet eigentlich
„ist die Freude an der Schule kaum noch auszuhalten" (Z. 1–2)	...
...	die Lehrerinnen und Lehrer

3 besondere Betonung z. B. durch verstellte Stimme oder Augenzwinkern
4 „Na toll!" bedeutet eigentlich: „Das gefällt mir gar nicht."

Satirisches

Satirische Texte können auf humorvolle Weise sehr unterhaltsam sein. Leserinnen und Leser können lachend kritisiert, belehrt oder überzeugt werden.

1 Lest die Überschrift des Textes.
- Was könnte in dem Artikel stehen?
- Schreibt eure Ideen auf.
- Tauscht euch darüber aus.

2 Lies nun den folgenden Artikel mit Hilfe des Textknackers.
- Was erzählt dir das Bild?
- Welche Wörter, Wortgruppen oder Absätze fallen dir auf?
- Welche Schlüsselwörter findest du?
- Welche Fragen hast du an den Text?

Handyausfall löst Katastrophe bei Konzert aus

Jean Gnatzig

Panik, Tränen und blutende Finger

Nachdem ein elektromagnetischer Impuls[1] alle Handys in der Konzerthalle lahmgelegt hatte, wusste das Publikum nicht mehr ein noch aus. Jetzt ist die Politik gefordert.

Was ein unbeschwerter Abend mit der neuen Indierock[2]-Hoffnung „The This" werden sollte, entpuppte[3] sich für die Konzertbesucher als Hölle, aus der es kein Entkommen gab.

Laptop war der Auslöser

Ein elektromagnetischer Impuls, der nach ersten Ermittlungen durch das Polyesterhemd[4] und den Laptop des Gitarristen ausgelöst wurde, legte sämtliche Mobiltelefone in der Halle und in einem Umkreis von mehreren Kilometern komplett lahm. Ein zufällig am Katastrophenort anwesender Sanitäter beschreibt Bilder des Grauens: „Tränenüberströmte Menschen fuhren mechanisch[5] mit ihren Fingern über tote Displays, manche so heftig, dass die Kuppen bluteten. Anderen musste man die Arme brechen, damit sie endlich nicht mehr ihre Handys in die Höhe hielten. ‚Aber ich muss doch fotografieren', stammelten sie immer wieder. Ich werde diese Gesichter niemals vergessen."

[1] der **Impuls:** hier: ein kurzer Strom- oder Spannungsstoß
[2] **Indierock:** Kurzform von Independent Rock; eine Musikrichtung
[3] **sich entpuppen:** sich überraschend herausstellen
[4] das **Polyesterhemd:** Hemd, das aus Chemiefasern hergestellt ist
[5] **mechanisch:** automatisch, ohne nachzudenken

Opfer konnten keine Hilfe anfordern

Aber für andere kam es noch schlimmer: Viele Opfer blieben ohne ärztliche Behandlung, weil die Betroffenen ohne Mobiltelefon keine Hilfe rufen konnten. Die Überlebenden des Unglücks berichten übereinstimmend, dass es nicht so sehr der körperliche Schmerz war, der ihnen zu schaffen machte.

Malte F., SMS-Werbetexter aus Hagen, erinnert sich: „Es war die reinste seelische Folter: Plötzlich musste man ohne jegliche Ablenkung diese Musik hören, diese Typen da auf der Bühne sehen und mit den Freunden neben sich reden. So etwas möchte ich nie wieder erleben!"

Politik jetzt in der Pflicht

Die unter Schock stehenden Vertreter der Mobilfunk-Branche sehen nach dem verheerenden[6] Vorfall die Politik in der Pflicht: „Die Zeit ist reif für ein generelles Verbot von Kulturveranstaltungen während der Handybedienung."

3 Worum geht es in dem Text?
Notiere die wichtigsten Vorkommnisse in Stichworten.

Starthilfe

- Rockkonzert wird nach Stromstoß unterbrochen
- durch Stromstoß funktionieren alle Handys der Besucher nicht mehr
- …

4 Welche Bedeutung haben die Vorkommnisse für die Konzertbesucher?
- Wozu benötigen die Besucher so dringend ihre Handys?
- Was ist das Besondere an einem Konzert?
- Tauscht euch über diese Fragen aus.

5 Wie wirkt der Text auf dich?
- Was ist daran wie im richtigen Leben?
- Was wirkt daran übertrieben?

Sprecht darüber.

Z **6** a. Lest den Lexikoneintrag zu **Satire**.
b. Erklärt, was an dem Text „Handyausfall löst Katastrophe bei Konzert aus" satirisch ist.

Sa|ti|re, die: → (lateinisch): die ironisch-witzige Darstellung von menschlichen Schwächen in literarischen Texten; satirische Texte verspotten und übertreiben häufig

[6] **verheerend:** furchtbar, katastrophal

4 zum Abrufen/Versenden von Nachrichten, zum Fotografieren und Filmen, zum Hilferufen
Musiker live erleben, Atmosphäre in der Menge miterleben, gemeinsames Erlebnis mit Freunden haben

Eine Karikatur verstehen

Karikaturen sind oft übertriebene Darstellungen. Sie zeigen Zustände und Widersprüche in unserem Leben auf zugespitzte Weise. Manchmal ist es schwierig, diese Botschaften zu entschlüsseln.

1 Sieh dir das Bild an.
- Um welche Situation geht es?
- Welche Figuren sind zu sehen?
- Was tun die Figuren?

2 Passt der Text zur Situation?
a. Lies die Sprechblase.
b. Was könnte der Postbeamte vorher gesagt haben? Schreibe einen möglichen Sprechtext.

3
- Warum ist der Postkunde so erstaunt?
- Was meint der Postkunde eigentlich?

Tauscht euch darüber aus.

4 Welche Situation wird hier übertrieben dargestellt? Schreibe einen kurzen Text zu dieser Karikatur.

Ka|ri|ka|tur, die:
→ (lateinisch): die Überladung, die Übertreibung; komisch überzeichnete Darstellung von Menschen und gesellschaftlichen Zuständen

→ Arbeitstechnik „Eine Karikatur beschreiben“: Seite 291

1 in der Post, ein Brief soll abgeschickt werden, Postbeamter und Postkunde
2 Es geht leider nicht, den Brief gleichzeitig an Ihre Freunde zu senden.
3 Postkunde meint eigentlich das Versenden einer E-Mail

Ein Lachprojekt

Auf dieser Seite könnt ihr mit viel Humor eure Kreativität entfalten.

1 Gestaltet ein eigenes Lachprojekt. Geht so vor:
- Sammelt zunächst Vorschläge und diskutiert sie.
- Entscheidet euch für ein Projekt.
- Legt einen Projektplan an.
- Tragt bis zu den festgelegten Terminen Fotos, Bilder, Witze und lustige Meldungen zusammen.
- Sichtet das Material und wählt das Beste für euer Projekt aus.

→ Projektplan: Seite 291

Eine Lachwand/Lachausstellung gestalten
Zum Beispiel thematisch sammeln:
- *Leben in sozialen Netzwerken*
- *Handys in der Schule*
- *Tiere zum Lachen*
- *Schulalltag einmal anders*
- *Freizeitsport und Sportvereine*

Dr. K. hat mir neue Zähne eingesetzt, die zu meiner Zufriedenheit ausgefallen sind.

Selbstgemachtes
- *eigene Witze schreiben*
- *eigene Cartoons zeichnen*
- *„Lacher" fotografieren*

Satirische Geschichten schreiben

Wie ich mir im Urlaub die Nase verbrannte

Zu spät zum Unterricht? Die besten Ausreden, die ich jemals erfand

Ein Lachbuch herstellen
- *die besten Witze*
- *die lustigsten Fotos*
- *die tollsten Cartoons*
- *alles ins Layout bringen*
- *Fotobuch im Netz erstellen*

Ein Urlauber fragt den Strandwächter: „Gibt es hier Krebse, Seeigel oder sonstiges Stachelgetier?"
„Seien Sie ganz beruhigt, die Haie fressen alles weg."

Fenster in die Vergangenheit

Die Zwanzigerjahre

Wie lebten die Menschen in der Großstadt vor 90 Jahren?
Wie sah ihr Alltag aus? Was gab es für Sorgen in Deutschland?
Wie durch ein Fenster könnt ihr hier in die Vergangenheit sehen.

1 Blickt durch das Fenster!
- Was könnt ihr alles erkennen?
- Welche Besonderheiten entdeckt ihr?
- Worüber wundert ihr euch?

Beschreibt die Collage.

Z **2** Vergleicht die Collage mit eurem heutigen Leben:
- Was könntet ihr durch ein Fenster in die heutige Zeit sehen?
- Wie unterscheiden sich die Gegenstände und Situationen heute und vor 90 Jahren?

1 das Telefon, die Litfaßsäule, das Grammofon, das Radio, die Straßenbahn, der Bus, die U-Bahn, …

2 der Computer, das Smartphone, der Flachbildschirm …

Radios und Fernseher in jedem Haus? –
Davon konnte Anfang der 1920er Jahre keine Rede sein!

… Und nun der aktuelle Schlager der Comedian Harmonists: ♫ Wochenend und Sonnenschein, und dann mit dir im Wald allein …

Erst 1923 gab es die erste offizielle Radiosendung in Deutschland. Sie hatte nur ein paar hundert Hörer. Aber schon ein paar Jahre später waren es mehrere Millionen. Denn die Technik und die Medien entwickelten sich sehr rasch weiter.

3 Wie könnte sich das Leben durch die Verbreitung des Radios verändert haben?
Tauscht euch über eure Vermutungen aus.

4 a. Lest die folgenden Radiomeldungen aus den 1920er Jahren laut vor.
Tipp: Versucht wie Radiomoderatoren zu sprechen.
b. Welche Neuigkeiten gab es vor 90 Jahren?
Wertet die Radiomeldungen gemeinsam aus.

Auf der Funkausstellung in Berlin wurde das erste Bildfunkgerät – Fernseher genannt – von der Firma Telefunken vorgestellt.

In Berlin wurde heute die schnellste Zeitungspresse der Welt in Betrieb genommen. Nun werden täglich so viele Zeitungen wie nie zuvor gedruckt.

Frau trägt kurz: In diesem Jahr ist der Bubikopf zur Modefrisur erklärt worden …

In Berlin wurde der erste abendfüllende Tonfilm „Melodie der Welt" uraufgeführt. Der Dokumentarfilm zeigt das Leben der Menschen in verschiedenen Erdteilen …

Berlin hat in Sachen Fortschritt und Unterhaltung die Nase vorn: Das Luxuskino „Titania-Palast" wurde feierlich eröffnet.

In der vergangenen Woche wurde der neueste Roman von Alfred Döblin veröffentlicht – „Berlin Alexanderplatz", ein wahrer Großstadtroman …

5 Welche Eindrücke gewinnt ihr vom Lebensalltag der Menschen vor 90 Jahren? Tauscht euch darüber aus.

3 die Nachrichten, die Musik, die Informationen, die Kultur, die Unterhaltung …

5 viele neue Entwicklungen, aufregend, der Fortschritt …

Einen Roman aus dieser Zeit kennen lernen

Nach vier langen Jahren im Gefängnis wird Franz Biberkopf an einem kalten, grauen Wintertag endlich entlassen.

Da stehe ich nun
vor dem Gefängnis und bin frei. Aber was nun? …
Wo soll ich nur hin? Alles sieht so fremd aus …
Was wird aus mir? Kann ich es überhaupt schaffen? …
Was wohl die anderen im Gefängnis gerade tun? …

1 Welche Gedanken beschäftigen Franz?
Sprecht über seine Situation.

Der Roman „Berlin Alexanderplatz" von Alfred Döblin erzählt die Geschichte des ehemaligen Transportarbeiters Franz Biberkopf. So sah 1929 die allererste Ausgabe des Romans aus:

Von einem einfachen MANN wird hier erzählt,
der in BERLIN am ALEXANDERPLATZ
als Straßenhändler steht.
Der MANN hat vor, anständig zu sein,
da stellt ihm das Leben hinterlistig ein Bein.
Er wird betrogen, er wird in Verbrechen
reingezogen, zuletzt wird ihm seine BRAUT
genommen und auf rohe Weise umgebracht.
Ganz aus ist es mit dem MANN
FRANZ BIBERKOPF.
Am Schluss erhält er eine sehr klare Belehrung:
MAN FÄNGT NICHT SEIN LEBEN
MIT GUTEN WORTEN UND VORSÄTZEN AN,
MIT ERKENNEN UND VERSTEHEN FÄNGT
MAN ES AN UND MIT DEM RICHTIGEN
NEBENMANN.
Ramponiert steht er zuletzt wieder
am ALEXANDERPLATZ,
das Leben hat ihn mächtig angefasst.

2 Sprecht über die Titelseite des Romans: über die Bilder und den Text.
- Worum geht es in dem Roman?
- Wie versteht ihr die rot gedruckte Belehrung?

1 aus dem Gefängnis entlassen, unsicher, neue Freiheit, die Zukunftsangst, das Gefängnis als Zuhause …

2 das Verbrechen, die Liebesgeschichte, aus seinen Fehlern lernen …

3 Lies den Anfang des Romans auf den Seiten 197 bis 199 mit den Textknacker-Schritten 1 und 2.

1. Bilder und Überschrift
2. Einmal durchlesen

Berlin Alexanderplatz

Alfred Döblin

Hier im Beginn verlässt Franz Biberkopf das Gefängnis Tegel, in das ihn ein früheres sinnloses Leben geführt hat. Er fasst in Berlin schwer wieder Fuß, aber schließlich gelingt es ihm doch, worüber er sich freut, und er tut nun den Schwur, anständig zu sein.

Mit der 41 in die Stadt

1 Er stand vor dem Tor des Tegeler Gefängnisses und war frei. Gestern hatte er noch hinten auf den Äckern Kartoffeln geharkt[1] mit den andern, in Sträflingskleidung, jetzt ging er im gelben Sommermantel, sie harkten hinten, er war frei. Er ließ Elektrische[2] auf Elektrische vorbeifahren, drückte den Rücken an die rote Mauer und ging nicht. Der Aufseher am Tor spazierte einige Male an ihm vorbei, zeigte ihm seine Bahn, er ging nicht. Der schreckliche Augenblick war gekommen (schrecklich, Franze, warum schrecklich?), die vier Jahre waren um. Die schwarzen eisernen Torflügel, die er seit einem Jahre mit wachsendem Widerwillen betrachtet hatte (Widerwillen, warum Widerwillen?), waren hinter ihm geschlossen. Man setzte ihn wieder aus. Drin saßen die andern, tischlerten, lackierten, sortierten, klebten, hatten noch zwei Jahre, fünf Jahre. Er stand an der Haltestelle. Die Strafe beginnt.

2 Er schüttelte sich, schluckte. Er trat sich auf den Fuß. Dann nahm er einen Anlauf und saß in der Elektrischen. Mitten unter den Leuten. Los. Das war zuerst, als wenn man beim Zahnarzt sitzt, der eine Wurzel mit der Zange gepackt hat und zieht, der Schmerz wächst, der Kopf will platzen. Er drehte den Kopf zurück nach der roten Mauer, aber die Elektrische sauste mit ihm auf den Schienen weg, dann stand nur noch sein Kopf in der Richtung des Gefängnisses. Der Wagen machte eine Biegung, Bäume, Häuser traten dazwischen. Lebhafte Straßen tauchten auf, die Seestraße, Leute stiegen ein und aus. In ihm schrie es entsetzt: Achtung, Achtung, es geht los. Seine Nasenspitze vereiste, über seine Backe schwirrte es. „Zwölf Uhr Mittagszeitung", „B. Z.", „Die neuste Illustrierte", „Die Funkstunde neu", „Noch jemand zugestiegen?" Die Schupos[3] haben jetzt blaue Uniformen.

1 **Kartoffeln geharkt**: Kartoffeln auf dem Feld mit einer Harke aufgehäuft
2 **die Elektrische**: die Straßenbahn
3 **die Schupos**: die Schutzpolizisten

3 Er stieg unbeachtet wieder aus dem Wagen, war unter Menschen. Was war denn? Nichts. Haltung, ausgehungertes Schwein, reiß dich zusammen, kriegst meine Faust zu riechen. Gewimmel, welch Gewimmel. Wie sich das bewegte. Mein Brägen[4] hat wohl kein Schmalz mehr, der ist wohl ganz ausgetrocknet. Was war das alles. Schuhgeschäfte, Hutgeschäfte, Glühlampen, Destillen[5]. Die Menschen müssen doch Schuhe haben, wenn sie so viel rumlaufen, wir hatten ja auch eine Schusterei, wollen das mal festhalten. Hundert blanke Scheiben, lass die doch blitzern, die werden dir doch nicht bange machen, kannst sie ja kaputt schlagen, was ist denn mit die, sind eben blankgeputzt. [...]

4 Schreck fuhr in ihn, als er die Rosenthaler Straße herunterging und in einer kleinen Kneipe ein Mann und eine Frau dicht am Fenster saßen: Die gossen sich Bier aus Seideln[6] in den Hals, ja was war dabei, sie tranken eben, sie hatten Gabeln und stachen sich damit Fleischstücke in den Mund, dann zogen sie die Gabeln wieder heraus und bluteten nicht. Oh, krampfte sich sein Leib zusammen, ich kriege es nicht weg, wo soll ich hin? Es antwortete: Die Strafe. Er konnte nicht zurück, er war mit der Elektrischen so weit hierher gefahren, er war aus dem Gefängnis entlassen und musste hier hinein, noch tiefer hinein. Das weiß ich, seufzte er in sich, dass ich hier rinmuss und dass ich aus dem Gefängnis entlassen bin. Sie mussten mich ja entlassen, die Strafe war um, hat seine Ordnung, der Bürokrat tut seine Pflicht. Ich geh auch rin, aber ich möchte nicht, mein Gott, ich kann nicht.

5 Er wanderte die Rosenthaler Straße am Warenhaus Tietz vorbei, nach rechts bog er ein in die schmale Sophienstraße. Er dachte, diese Straße ist dunkler, wo es dunkel ist, wird es besser sein. Die Gefangenen werden in Einzelhaft, Zellenhaft und Gemeinschaftshaft untergebracht. Bei Einzelhaft wird der Gefangene bei Tag und Nacht unausgesetzt von andern Gefangenen gesondert gehalten. Bei Zellenhaft wird der Gefangene in einer Zelle untergebracht, jedoch bei Bewegung im Freien, beim Unterricht, Gottesdienst mit andern zusammengebracht. Die Wagen tobten und klingelten weiter, es rann Häuserfront neben Häuserfront ohne Aufhören hin. Und Dächer waren auf den Häusern, die schwebten auf den Häusern, seine Augen irrten nach oben: Wenn die Dächer nur nicht abrutschten, aber die Häuser standen grade. Wo soll ick armer Deibel hin, er latschte an der Häuserwand lang, es nahm kein Ende damit. Ich bin ein ganz großer Dussel, man wird sich hier doch noch durchschlängeln können, fünf Minuten, zehn Minuten, dann trinkt man einen Kognak[7] und setzt sich. Auf entsprechendes Glockenzeichen ist sofort mit der Arbeit zu beginnen. Sie darf nur unterbrochen werden in der zum Essen,

[4] **der Brägen:** der Kopf, das Gehirn
[5] **die Destillen:** die Kneipen
[6] **aus Seideln:** aus Biergläsern
[7] **der Kognak:** starker Alkohol, Branntwein

Spaziergang, Unterricht bestimmten Zeit. Beim Spaziergang haben die Gefangenen die Arme ausgestreckt zu halten und sie vor- und rückwärts zu bewegen.

6 Da war ein Haus, er nahm den Blick weg von dem Pflaster, eine Haustür stieß er auf, und aus seiner Brust kam ein trauriges, brummendes Oh, Oh. Er schlug die Arme umeinander, so, mein Junge, hier frierst du nicht. Die Hoftür öffnete sich, einer schlurfte an ihm vorbei, stellte sich hinter ihn. Er ächzte jetzt, ihm tat wohl zu ächzen. Er hatte in der ersten Einzelhaft immer so geächzt und sich gefreut, dass er seine Stimme hörte, da hat man was, es ist noch nicht alles vorbei. Das taten viele in den Zellen, einige am Anfang, andere später, wenn sie sich einsam fühlten. Dann fingen sie damit an, das war noch was Menschliches, es tröstete sie. So stand der Mann in dem Hausflur, hörte das schreckliche Lärmen von der Straße nicht, die irrsinnigen Häuser waren nicht da. Mit gespitztem Munde grunzte er und ermutigte sich, die Hände in den Taschen geballt. Seine Schultern im gelben Sommermantel waren zusammengezogen zur Abwehr.

3. Genau lesen

4 Lies den Romanauszug noch einmal in Ruhe, Absatz für Absatz.
- Schreibe für jeden Absatz eine Zwischenüberschrift auf.
- Notiere unter jede Zwischenüberschrift Schlüsselwörter.
- Kläre unbekannte Wörter mit Hilfe der Fußnoten und mit einem Wörterbuch.

Starthilfe

Absatz 1: Vor dem Gefängnistor
- gerade entlassen
- gestern noch ein Sträfling

...

4. Nach dem Lesen

5 In kleinen Gruppen oder in Partnerarbeit könnt ihr euch über den Romanauszug verständigen.
- Bearbeitet mindestens eine Frage pro Gruppe.
- Macht euch Notizen.
- Notiert euch Zeilenangaben als Belegstellen.

Fragen zum Romanauszug:
- Was erfahrt ihr über Franz Biberkopf?
- Wie wirkt die Großstadt Berlin auf Franz Biberkopf?
- Welche Gedanken und Gefühle bewegen Franz Biberkopf?

6 **a.** Diskutiert die Ergebnisse eurer Gruppenarbeit in der Klasse.
b. Besprecht auch, was euch an dem Buch interessiert.

Der Autor Alfred Döblin um 1930

Franz Biberkopf läuft weiter ziellos durch die winterlichen Straßen Berlins und flüchtet sich schließlich ins Kino.

7 Es regnete. Links in der Münzstraße blinkten Schilder, die Kinos waren. An der Ecke kam er nicht durch, die Menschen standen an einem Zaun, da ging es tief runter, die Schienen der Elektrischen liefen auf Bohlen frei in der Luft, eben fuhr langsam eine Elektrische rüber. Sieh mal an, die bauen Untergrundbahn, muss doch Arbeit geben in Berlin. Da war noch ein Kino. Jugendlichen unter 17 Jahren ist der Eintritt verboten. Auf dem Riesenplakat stand knallrot ein Herr auf der Treppe, und ein duftes junges Mädchen umfasste seine Beine, sie lag auf der Treppe, und er schnitt oben ein kesses Gesicht[8]. Darunter stand: Elternlos, Schicksal eines Waisenkindes in 6 Akten. Jawoll, das seh ich mir an. Das Orchestrion[9] paukte. Eintritt 60 Pfennig.

8 Ein Mann zu der Kassiererin: „Fräulein, ists nicht billiger für einen alten Landsturm[10] ohne Bauch?"
„Nee, nur für Kinder unter fünf Monaten, mit nem Lutschpfropfen."
„Gemacht. So alt sind wir. Neujeborene auf Stottern[11]."
„Na, also fuffzig, mal rin."
Hinter dem schlängelte sich ein Junger, Schlanker mit Halstuch an: „Frollein, ich möchte rin, aber nich zahlen."
„Wie is mich denn. Lass dich von deine Mutti aufs Töppchen setzen."
„Na, darf ich rin?"
„Wo?"
„Ins Kino".
„Hier is keen Kino."
„Nanu, is hier keen Kino?"
Sie rief durchs Kassenfenster zum Aufpasser an der Tür: „Maxe, komm mal her. Da möcht einer wissen, ob hier Kino ist. Geld hat er keins. Zeig ihm mal, was hier ist."
„Wat hier ist, junger Mann? Hamse das noch nicht bemerkt? Hier ist die Armenkasse, Abteilung Münzstraße."
Er schob den Schlanken von der Kasse, zeigte ihm die Faust: „Wennste willst, zahl ich dir jleich aus."

9 Franz schob rin[12]. Es war gerade Pause. Der lange Raum war knüppeldick voll, 90 Prozent Männer in Mützen, die nehmen sie nicht ab. Drei Lampen an der Decke sind rot verhängt. Vorn ein gelbes Klavier mit Paketen drauf. Das Orchestrion macht ununterbrochen Krach. Dann wird es finster und der Film läuft. Einem Gänsemädchen soll Bildung beigebracht werden, warum, wird einem so mittendrin nicht klar. Sie wischte sich die Nase mit der Hand,

8 ein **kesses Gesicht**: ein freches Gesicht
9 das **Orchestrion**: ein großes Musikinstrument
10 der **Landsturm**: ein Soldat
11 **auf Stottern**: auf Ratenzahlung
12 **schob rin**: ging rein

sie kratzte sich auf der Treppe den Hintern, alles im Kino lachte.
Ganz wunderbar ergriff es Franz, als das Kichern um ihn losging.
Lauter Menschen, freie Leute, amüsieren sich, hat ihnen keiner was zu sagen,
wunderbar schön, und ich stehe mittenmang[13]!

7 Notiere für die Absätze 7 bis 9 Zwischenüberschriften und Schlüsselwörter.

Der Roman spielt in einer Zeit des raschen technischen Fortschritts.

8 Welche Hinweise auf den technischen Fortschritt findest du in dem Romanauszug? Mache dir Notizen mit Zeilenangaben.

9 „Lauter Menschen, freie Leute …", denkt Franz im Kino.
a. Was erfährst du über das Kinopublikum? Beschreibe es.
b. Erkläre Franz' Gedanken und Gefühle.

Z **In Absatz 8 wird im Berliner Dialekt gesprochen.**

Z **10** a. Findet in Absatz 8 Wörter und Wortgruppen des Berliner Dialekts.
b. Lest sie euch mehrmals gegenseitig vor.
c. Übt, den ganzen Absatz 8 mit verteilten Rollen zu lesen.

Tipps:
- „Übersetzt" gemeinsam die einzelnen Sätze.
- Probiert beim lauten Lesen verschiedene Betonungen aus.

Z **11** Außer der wörtlichen Rede gibt es noch weitere „Stimmen" im Text:
- den Erzähler, der in der **Er**-Form über Franz erzählt,
- die „innere Stimme", die in der **Ich**- oder **Du**-Form spricht,
- den „Kommentator", der das Geschehen für die Leser bewertet.

a. Findet in den Romanauszügen Beispiele für die verschiedenen Stimmen.
b. Informiert euch über diese sogenannte **Montage-Technik**.

Z **Der Roman ist verfilmt worden: Es gibt einen Kinofilm von 1931 und eine Fernsehverfilmung von 1980. Beide sind in Deutschland sehr berühmt.**

Z **12** a. Seht euch noch einmal die Filmfotos auf den Seiten 196 bis 201 an.
b. Tauscht euch über die Fotos aus:
- Wie wirken die Fotos auf euch?
- Was erzählen sie euch über die Zeit und über Franz?

[13] **mittenmang:** mittendrin

Großstadtliebe und Großstadtleid in Gedichten

In den Zwanzigerjahren des 20. Jahrhunderts entstehen auch viele Gedichte, die sich mit dem Lebensgefühl und den Alltagsproblemen der Menschen in dieser Zeit beschäftigen. 1933 beschreibt die Dichterin Mascha Kaléko in einem Gedicht eine Großstadtliebe und ihr Ende.

Großstadtliebe

Mascha Kaléko

Man lernt sich irgendwo ganz flüchtig kennen
Und gibt sich irgendwann ein Rendezvous[1].
Ein Irgendwas, – 's ist nicht genau zu nennen –
Verführt dazu, sich gar nicht mehr zu trennen.
Beim zweiten Himbeereis sagt man sich ‚du'.

Man hat sich lieb und ahnt im Grau der Tage
Das Leuchten froher Abendstunden schon.
Man teilt die Alltagssorgen und die Plage[2],
Man teilt die Freuden der Gehaltszulage,
... Das übrige besorgt das Telephon.

Man trifft sich im Gewühl der Großstadtstraßen.
Zu Hause geht es nicht. Man wohnt möbliert.
– Durch das Gewirr von Lärm und Autorasen,
– Vorbei am Klatsch der Tanten und der Basen[3].
Geht man zu zweien still und unberührt.

Man küßt sich dann und wann auf stillen Bänken,
– Beziehungsweise auf dem Paddelboot.
Erotik muß auf Sonntag sich beschränken.
... Wer denkt daran, an später noch zu denken?
Man spricht konkret[4] und wird nur selten rot.

Man schenkt sich keine Rosen und Narzissen,
Und schickt auch keinen Pagen[5] sich ins Haus.
– Hat man genug von Weekendfahrt und Küssen,
Läßt mans einander durch die Reichspost wissen
Per Stenographenschrift[6] ein Wörtchen: ‚aus'! R

Aus dem Gedicht von Mascha Kaléko lässt sich an einigen Stellen ableiten, wie die jungen Leute damals gelebt haben.

1 Worum geht es in dem Gedicht?
Beschreibe: Wie entwickelt sich hier die Liebe? Und wie endet sie?

[1] **das Rendezvous**: das Treffen
[2] **die Plage**: unangenehme Dinge
[3] **die Basen**: die Cousinen
[4] **man spricht konkret**: man sagt sich alles ganz direkt
[5] **die Pagen**: die Boten
[6] **per Stenographenschrift**: per Kurzschrift, Schrift aus einfachen Zeichen

2 Was erfährst du über den Alltag vor ungefähr 90 Jahren?
Gehe die Strophen einzeln durch und schreibe möglichst aus jeder Strophe eine alltägliche Handlung oder Erfahrung heraus.

Starthilfe

Strophe 1, Zeile 5:
- Man isst Himbeereis.
- Leute, die sich nicht kennen, siezen sich zunächst.

Strophe 2, Zeile …: …

3 In der dritten Strophe heißt es:

„Man trifft sich im Gewühl der Großstadtstraßen.
Zu Hause geht es nicht. Man wohnt möbliert."

Warum hat sich zu der damaligen Zeit ein junges, verliebtes Paar nicht zu Hause getroffen?
Sprecht über eure Vermutungen.

Auf einen Café-Tisch gekritzelt

Mascha Kaléko

Ich bin das lange Warten nicht gewohnt,
Ich habe immer andre warten lassen.
Nun hock ich zwischen leeren Kaffeetassen
Und frage mich, ob sich dies alles lohnt.

Es ist so anders als in früheren Tagen.
Wie spüren beide stumm: das ist der Rest.
Frag doch nicht so. – Es läßt sich vieles sagen,
Was sich im Grunde doch nicht sagen läßt.

Halbeins. So spät! Die Gäste sind zu zählen.
Ich packe meinen Optimismus ein.
In dieser Stadt mit vier Millionen Seelen
Scheint eine Seele ziemlich rar zu sein. R

Mascha Kaléko

4 a. Vergleicht die beiden Gedichte Mascha Kalékos miteinander.
b. Inwiefern zeigt sich in den beiden Gedichten die Sachlichkeit und Nüchternheit der Großstadt?
Tauscht euch darüber aus.

Z 5
- Informiert euch über das Leben Mascha Kalékos.
- Stellt einen Zusammenhang zwischen ihrem Leben und ihren Texten her.

→ Kurzinformationen: Seite 329

Wenn Besucher vom Land in eine Großstadt wie Berlin kamen, waren sie womöglich über den Lärm und die Hektik erschrocken. Davon erzählt dieses Gedicht aus dem Jahr 1929.

Besuch vom Lande

Erich Kästner

Sie stehen verstört am Potsdamer Platz.
Und finden Berlin zu laut.
Die Nacht glüht auf in Kilowatts[1].
Ein Fräulein sagt heiser: „Komm mit, mein Schatz!"
Und zeigt entsetzlich viel Haut.

Sie wissen vor Staunen nicht aus und nicht ein.
Sie stehen und wundern sich bloß.
Die Bahnen rasseln. Die Autos schrein.
Sie möchten am liebsten zu Hause sein.
Und finden Berlin zu groß.

Es klingt, als ob die Großstadt stöhnt,
weil irgendwer sie schilt[2].
Die Häuser funkeln. Die U-Bahn dröhnt.
Sie sind das alles so gar nicht gewöhnt.
Und finden Berlin zu wild.

Sie machen vor Angst die Beine krumm.
Und machen alles verkehrt.
Sie lächeln bestürzt. Und sie warten dumm.
Und stehn auf dem Potsdamer Platz herum,
bis man sie überfährt.

1 Wie nehmen die Besucher das nächtliche Berlin wahr? Notiert ihre Eindrücke in Stichworten.

2 „Und stehn auf dem Potsdamer Platz herum, bis man sie überfährt." Was ist ernst gemeint? Was ist Übertreibung? Was ist scherzhaft? Besprecht diese Fragen an ausgewählten Gedichtzeilen.

Z **3** **a.** Informiert euch auf Seite 329 und im Internet über Erich Kästner.
b. Für welche Art Literatur wurde der Autor berühmt? Sprecht darüber. Bezieht dabei auch das Gedicht „Besuch vom Lande" ein.

Erich Kästner um 1930

[1] **das Kilowatt:** 1000 Watt, Maßeinheit für elektrische Energie
[2] **schilt:** beschimpft, tadelt

Technik, Kunst und Literatur in den Zwanzigerjahren

Das Ölbild „Metropolis" von George Grosz entstand zwar bereits 1916/1917, zeigt aber in beeindruckender Weise, in welche Richtung sich die Kunst in den Zwanzigerjahren entwickelte. Das Bild wird manchmal auch „City" genannt und erlaubt dem Betrachter einen ungewöhnlichen Blick auf die Großstadt.

1 a. Seht euch gemeinsam das Bild an: Wie wirkt das Gemälde auf euch?
b. Beschreibt das Bild.

Arbeitstechnik

Ein Bild beschreiben

- Was ist das **Thema** des Bildes?
- Welche **Stimmung** zeigt das Bild?
- Welche **Farben** herrschen vor?
- Was **fällt** besonders **auf**?
- Was ist auf dem Bild zu sehen? – Im **Vordergrund**? Im **Hintergrund**?
- **Wie** ist das Bild **gestaltet**?
- Wie **wirkt** das Bild auf den Betrachter?

2 a. Lest die folgenden Informationen über die Literatur der Zwanzigerjahre.
b. Setzt die Informationen in Beziehung zu den Texten und Bildern in diesem Kapitel.

Die Literatur der Zwanzigerjahre

Die Literatur, die zwischen 1918 und 1932 entstand, ist stark an der Wirklichkeit orientiert. Die Gedichte, Erzählungen und Romane dieser Zeit stellen die sogenannten „kleinen Leute" und ihre Lebensweise in den Mittelpunkt: Ingenieure, Sekretärinnen, kaufmännische Angestellte, Zugführer, Arbeitslose … Die Handlung spielt fast ausnahmslos in der Großstadt – sehr häufig in Berlin. In vielen Texten findet sich also die gesellschaftliche Realität dieser Zeit wieder, sowohl in den behandelten Themen und in den Inhalten als auch in einem eher sachlichen, nüchternen und stark beschreibenden Stil. Diese Epoche der Literatur wird deswegen auch als **Neue Sachlichkeit** bezeichnet.

Die Kraft der Medien

Verschiedene Medien und ihre Funktionen vergleichen

Um dich zu informieren oder dich mit anderen auszutauschen, kannst du verschiedene Medien nutzen.

1 Um welches Ereignis geht es in den Beispielen auf den Seiten 206 und 207?
- a. Lies die Texte und schau dir die Bilder an.
- b. Worum geht es? Schreibe es in wenigen Sätzen auf.

1

Bilanz nach 10 Tagen:

Welche Schäden hinterlässt das Rekordhochwasser?

In der Flut dieses Jahres standen die Pegel von Donau bis Elbe so hoch wie seit 500 Jahren nicht. Dies meldeten die Verwaltungen vieler betroffener Gemeinden. Nachdem das Wasser gesunken ist, werden nun die Schäden an Gebäuden, öffentlichen Straßen, Fahrzeugen oder Bahnstrecken untersucht: Laut Aussagen des Dachverbands deutscher Versicherer ist der Gesamtschaden noch gar nicht klar; bisher rechnet man aber bereits mit 15 Milliarden Euro! **(Sachsen-Anhalt-Blatt vom 22.6.2013)**

2

Online bestens informiert von Ihrer Zeitung

Sachsen-Anhalt-Blatt

Liveticker vom 11. Juni 2013

16:10 Uhr: Grünberg – kein Durchkommen auf der Kreisstraße 4
Die Kreisstraße 4 ist von der Kreuzung am Sportplatz bis zum Wald wegen Überflutung vollständig gesperrt.
Umfahren auf dem Mühlenweg möglich.

15:55 Uhr: Brombach – Dammbau an der Elbe nötig
Es werden dringend Helfer für Arbeiten am alten Damm in Brombach gesucht.
Sammelstelle ist an der Polizeistation. Nur in Regenkleidung und Gummistiefeln kommen!

15:45 Uhr: Sandsäcke müssen befüllt werden
Freiwillige Helfer zum Befüllen von Sandsäcken gesucht, bitte bei der Feuerwehr in Grünberg melden.

3

4

5

Achtung,
es folgt eine Durchsage
für den Landkreis Grünberg!
Der Wasserstand der Elbe steigt heute bis zum Nachmittag voraussichtlich um fünf Meter an. Es besteht Hochwassergefahr! Die Bevölkerung aus dem Einzugsgebiet wird ab sofort in Sicherheit gebracht. Lassen Sie Ihr Radio eingeschaltet und achten Sie auf weitere Durchsagen!

6

In Brombach sind genug Helfer. Wer weiß, wo noch Hilfe fehlt?

Fahr nach Grünberg zur Feuerwehr. Die suchen Helfer zum Sandsäckefüllen. Bin auch gleich da! :-)

Ok, danke! BG

#-) cul

Senden

7

Blog der Feuerwehr Grünberg

posted on June 11, 2013 by Sebastian Möller

Tag 3 im Hochwassereinsatz
Heute hat unsere Feuerwehrgruppe zusammen mit Soldaten der Bundeswehr mehrere tausend Sandsäcke gefüllt. Einige hatten keine oder nur wenig Verpflegung dabei. Wir waren alle sehr froh darüber, dass die Bevölkerung uns mit Getränken und Essen versorgte. Auch morgen geht es hier an der Elbe weiter. Wir bitten darum weiterhin um Spenden oder Mithilfe beim Füllen! Vielen Dank!

Kommentiert von Laura B. 11.6.2013 18.05

Komme morgen auch. Wo seid ihr denn genau?

Kommentiert von Cem G. 11.6.2013 18.25

Stopp! Die Meldung stimmt nicht mehr! Kommt nicht nach Grünberg! Hier sind wir erst mal fertig.

2 Welche Medien beschäftigen sich mit dem Hochwasser? Schreibe jeweils die Nummer und das dazugehörige Medium auf.

der Blog
das Fernsehen
der Liveticker
das Radio
die SMS
das soziale Netzwerk
die Zeitung

3 Welches Medium ist für welchen Zweck nützlich?

a. Lies, welche Absichten (A bis G) die Menschen haben könnten.

b. Ordne den verschiedenen Zwecken geeignete Medien zu.
Tipp: Es gibt manchmal mehrere Möglichkeiten.

A Jemand möchte Angehörige informieren.
B Jemand möchte mit dem Auto durch das Hochwassergebiet fahren.
C Jemand will sich allgemein über die Lage informieren.
D Ein Anwohner sitzt in seinem Haus fest, weil draußen Hochwasser ist.
E Jemand möchte jetzt sofort helfen.
F Jemand möchte wissen, womit er/sie morgen helfen kann.
G Jemand möchte etwas über die Folgen der Flut wissen.

Starthilfe
Mit einer SMS kann man Angehörige …

Wenn du die Medien gezielt nutzen möchtest, ist es wichtig zu wissen, welche Vorteile und Nachteile die einzelnen Medien haben.

4 Welche Medien können sofort, wenn etwas geschieht, informieren, also in Echtzeit?
Welche Medien informieren erst später darüber, also zeitversetzt?
Ordne die Medien aus Aufgabe 2 zu.

> **Starthilfe**
> Informationen in Echtzeit: SMS …
> zeitversetzte Informationen: …

5 Untersucht gemeinsam die Durchsage im Radio.
- a. Lest auf Seite 207 nach, was der Radiosprecher sagt.
- b. Welche Informationen gibt der Sprecher? Schreibt Stichworte auf.
  Tipp: Die W-Fragen helfen euch: Wo? Wann? Wer? Was?
- c. Stellt euch vor, ihr wohnt in dem überschwemmten Gebiet:
  - Werden eure Fragen zur Situation beantwortet?
  - Wollt ihr noch etwas wissen?

> **Starthilfe**
> Wo? Landkreis Grünberg
> Wann? Heute Nachmittag …

Damit die Betroffenen die Durchsage hören, müssen sie ihr Radio eingeschaltet haben.

6 Wann hört ihr Radio?
Wann hören Freunde oder ältere Erwachsene Radio?
- a. Schreibt Stichworte auf.
- b. Für wen könnte die Radiodurchsage hilfreich sein? Schreibt einen Satz dazu auf.

In der Tagesschau wird drei Minuten lang über das Hochwasser berichtet. Der Beitrag umfasst verschiedene Bilder, Filme und Wortbeiträge.

7
- a. Lest die Sätze zu einigen Bestandteilen aus dem Tagesschaubeitrag.
- b. Überlegt gemeinsam, warum dies gezeigt wird.
  Tipp: Die Tageschau wird auch dort geschaut, wo kein Hochwasser ist.
  Überlegt: Was interessiert alle Zuschauerinnen und Zuschauer?

> Es wird eine Luftaufnahme der überschwemmten Gebiete gezeigt.
> Mehrere Helfer beim Sandsäckefüllen werden interviewt.
> Ein Wetterexperte spricht zu den Wetteraussichten.
> Es wird gezeigt, wie Helfer von einem Schlauchboot aus eine Frau aus einem Haus retten.
> Das Spendenkonto für die Flutopfer wird eingeblendet.
> Es gibt Filmaufnahmen von verzweifelten Menschen im Notaufnahmelager.

Einzelne Medien genauer untersuchen und bewerten

Für einen Blog oder für einen Liveticker geben Menschen über das Internet Texte ein. In Kommentaren können die Beiträge von den Leserinnen und Lesern korrigiert oder ergänzt werden.

1 Beantworte folgende Fragen zum Liveticker auf Seite 206:
- Wer hat den Liveticker zum Hochwasser eingerichtet?
- Was wird dort bekannt gegeben?
- Wer hat einen Nutzen von den Informationen?

2 Lies den Blogeintrag auf Seite 207.
- a. Schreibe einen Satz dazu auf, warum Sebastian Möller diesen Beitrag verfasst hat.
- b. Hat Sebastian sein Ziel erreicht? Begründe deine Antwort.
- c. Wenn du – wie Laura B. – auch helfen wolltest: Würde dir der Blogeintrag nützen? Warum oder warum nicht?

Starthilfe

Sebastian hat den Beitrag verfasst, damit interessierte Helfer wissen, was sie …

Soziale Netzwerke wie Facebook, Twitter oder WhatsApp ermöglichen den schnellen Austausch von Kurznachrichten, Bildern oder Filmen.

3 Lies die Nachrichten aus einem sozialen Netzwerk auf Seite 207.
- a. Schreibe die Abkürzungen und Zeichen auf.
- b. Erkläre, was die Abkürzungen und Zeichen bedeuten.

Lächeln/Gruß
Breites Grinsen
Okay
Was für eine Nacht!
See you later: Sehe dich später

4 Vergleiche die Nachrichten aus dem sozialen Netzwerk mit der SMS auf Seite 206. Überlege:
- Wer schreibt jeweils die Nachricht oder die SMS?
- Wer ist der Empfänger?

In Zeitungen wird über ein Ereignis erst am nächsten Tag oder später berichtet. Der Reporter hatte Zeit, um verschiedene Informationsquellen zu befragen.

5 Lies den Zeitungsbericht auf Seite 206.
- a. Was erfährst du in dem Bericht? Schreibe Stichworte auf.
- b. Wie lange nach dem Ereignis wurde der Bericht geschrieben?
- c. Welche Informationsquellen werden genannt?
- d. An wen richtet sich der Bericht: eher an die Betroffenen oder an die Allgemeinheit? Begründe.

1 Den Liveticker hat die Zeitung Sachsen-Anhalt-Blatt … Es werden Informationen über Ereignisse im Hochwassergebiet … Die Zeitung möchte dabei helfen, dass … Dadurch macht die Zeitung positiv auf sich aufmerksam …

Sachtexte über soziale Medien lesen

Die sozialen Medien haben bei der Hochwasserkatastrophe eine wichtige Rolle gespielt. Darüber haben viele Zeitungen, auch Onlinezeitungen, berichtet.

1 Lies die Zeitungsausschnitte auf den Seiten 210 bis 211 mit Hilfe des Textknackers.

- 1. Schritt: Sieh dir die Texte als Ganzes an: Bilder und Überschriften.
- 2. Schritt: Überfliege die Texte: Worum geht es?
- 3. Schritt: Lies die Texte genau.
  Schreibe das Wichtigste in Stichworten auf.
- 4. Schritt: Beantworte diese Fragen in einem eigenen Text:
  Welche positive Rolle haben die Medien gespielt?
  Über welche negativen Auswirkungen wurde berichtet?

Das Hochwasser in den sozialen Medien[1]

Anders als noch bei der Hochwasserkatastrophe 2002 verbreiten sich die Informationen über die sozialen Medien diesmal schneller als über die klassischen Medien. Auf Facebook werden spontan Gruppen gebildet, in denen sich die Betroffenen austauschen, Unterkünfte und Sachspenden angeboten werden oder zu Spenden aufgerufen wird. Auf Twitter werden über den Hashtag #hochwasser im Sekundentakt aktuelle Informationen veröffentlicht, die schnell die Helfer vor Ort erreichen. Auch die klassischen Medien greifen auf die Informationen aus den sozialen Medien zurück. „Es ist ein neuer Infokanal, der, gerade um junge Menschen zu erreichen, zunehmend an Bedeutung gewinnt. Und die Behörden müssen sich darauf einstellen, das auch zu nutzen", sagte der Vizepräsident des Bundesamtes für Bevölkerungsschutz und Katastrophenhilfe, Ralph Tiesle. Mitunter kommt es vor, dass Bilder vom Hochwasser 2002 ins Netz gestellt werden. Und auch nicht jede Hilfsaktion, die sich spontan über die sozialen Medien ergibt, kommt dort an, wo sie gebraucht wird. Noch fehle es an einer zentralen Instanz, die die Informationen auswertet und koordiniert, so Tiesle.

Ärger bei den Helfern![2]

Unmut gibt es unter den freiwilligen Helfern immer wieder wegen Falschmeldungen, ungenauer Angaben oder nicht aktualisierter Gesuche. „Deichbruch bei Rathenow oder so", schreibt eine Nutzerin. Ein Helfer aus Gelsenkirchen findet es „nicht mehr witzig, bei einer ‚Falschinformation' loszufahren, vier Stunden unterwegs zu sein und dann zurückgeschickt zu werden". Verona Schäfer sagt, mancherorts seien es eben einfach zu viele Helfer gewesen. „Aber besser zu viele als zu wenige."

[1] Ausschnitt aus einem Bericht der Bundeszentrale für politische Bildung vom 12.6.2013
[2] Online-Bericht der Stuttgarter Zeitung vom 13.6.2013

Schnelle Nachrichten sind nicht immer die richtigen[3]

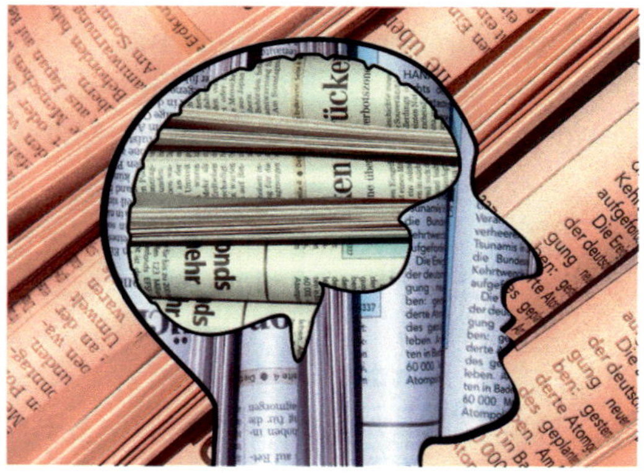

Schnelligkeit geht vor Verlässlichkeit, und die Trennung zwischen Gerücht und Nachricht, zwischen Befriedigung des Unterhaltungsbedürfnisses und relevanten Informationen, die das Handeln zwingend beeinflussen, verschwimmt. (...)
Die neuen elektronischen Verbreitungsformen haben ihre guten Seiten: Immer mehr Menschen können in Echtzeit das Geschehen verfolgen. Es gibt aber auch Schattenseiten und neue Risiken. Viele Menschen ertrinken in der Flut von Neuigkeiten, mit denen sie via Zeitung, Radio, Fernsehen, Internet, Smartphone, Twitter überschwemmt werden. Sie sind dringender denn je darauf angewiesen, dass vertrauenswürdige Profis das Glaubwürdige vom Sensationellen trennen und die Bedeutung einordnen. Falschmeldungen verursachen Schäden und Kosten. Verlässliche Information gewinnt an Wert.

Smartphones im Katastrophenfall[4]

Besonders das Hochwasser 2013 zeigte, wie wichtig Smartphones bei der Koordination der Helfer und der Information der Bevölkerung sind. Die Geräte laufen recht lange netzunabhängig, lassen sich über Notstromaggregate aufladen und stellen eine Internetverbindung über das Handynetz her. Als besonders wichtiges Medium bei der Kommunikation im Krisenfall etablierte sich bald das soziale Netzwerk Facebook. Soziale Netzwerke selbst sind inhaltsneutral, sie stellen lediglich eine hardwareübergreifende Kommunikationstechnologie bereit und ähneln damit in gewisser Weise dem Telefonnetz. Niemand würde das Telefon als Technologie grundsätzlich infrage stellen, nur weil es auch dazu benutzt werden kann, Falschmeldungen zu kommunizieren.

[3] Auszug aus „Der Tagesspiegel" vom 25.4.2013
[4] Aus dem Blog zur bürgerschaftlichen Freiheit in Bernburg von Olaf Böhlk vom 2.7.2013

Z Zu sozialen Medien Stellung nehmen

Du hast nun verschiedene Artikel zur Bedeutung der sozialen Medien bei der Hochwasserkatastrophe von 2013 gelesen. Für die Schülerzeitung kannst du zur Rolle der sozialen Medien Stellung nehmen.

Dein Arbeitsauftrag:
Schreibe einen Artikel für deine Schülerzeitung, in dem du Stellung zu dieser Frage nimmst: Waren die sozialen Medien während der Hochwasserkatastrophe von 2013 nützlich und hilfreich?
Nutze dazu die Zeitungsausschnitte auf den Seiten 210 und 211.
Du kannst eigene Argumente ergänzen.
- Verdeutliche deine Argumente durch Beispiele. Dafür kannst du das Material auf den Seiten 206 und 207 heranziehen.
- Entscheide dich für einen Standpunkt und stelle eine These auf.
- Ordne die Argumente nach ihrer Wichtigkeit.

Bereite deine Stellungnahme vor.

1 Lege eine Tabelle an.
Schreibe die Argumente aus den Zeitungsartikeln geordnet hinein.

Für die sozialen Medien (pro)	Gegen die sozialen Medien (kontra)
– Geschwindigkeit (Echtzeit) – …	– falsche Informationen – …

2 Welches Argument überzeugt dich am stärksten?
Schreibe es auf und begründe, weshalb es dich überzeugt.

Starthilfe
Am stärksten überzeugt mich …, weil …

3 Welches Argument überzeugt dich nicht?
Schreibe es auf und begründe, weshalb es dich nicht überzeugt.

4 Wähle aus deiner Tabelle drei Pro- und drei Kontra-Argumente aus.
a. Formuliere sie in vollständigen Sätzen.
b. Verdeutliche jedes Argument mit einem Beispiel.

Starthilfe
Wenn in einem Katastrophenfall dringend Hilfe benötigt wird, ist die Geschwindigkeit besonders wichtig. Bricht an einer Stelle ein Deich, müssen rasch viele Helfer dorthin. …

Nun kannst du die Stellungnahme schreiben.
Formuliere zuerst die Einleitung.

5 Zu welchem Thema nimmst du Stellung?
- Nenne das Thema deines Artikels.
- Schreibe auf, warum du Stellung nimmst.
- Schreibe auf, worauf du dich beziehst.
- Fasse kurz das Thema und die wichtigsten Aussagen zusammen.
- Du kannst die Rolle der sozialen Medien positiv oder negativ darstellen. Welche Meinung hast du dazu?

Im Hauptteil nennst du deine Argumente und erläuterst sie mit Beispielen.

6 a. Begründe deine Meinung mit Argumenten.
b. Unterstütze deine Argumente mit passenden Beispielen.

Starthilfe

Argument: Die sozialen Medien sorgten dafür, dass die Helfer sofort zur Stelle waren.
Beispiel: An der Elbe drohte ein Deich zu brechen. Die Nachricht wurde über die sozialen Medien verbreitet. Sofort waren viele Helfer zur Stelle, dichteten den Deich mit Sandsäcken ab und verhinderten so den Deichbruch.

Schreibe einen Schluss für deine Stellungnahme.

7 Formuliere einen Schluss.
Du kannst etwas empfehlen oder einen Vorschlag machen.

Starthilfe

Ich bin deshalb der Meinung, dass die sozialen Medien während des Hochwassers …
Um die negativen Auswirkungen einzudämmen, könnte man …

8 Prüfe deinen Text mit Hilfe der Checkliste.
Wende auch den Rechtschreib-Check an.

Checkliste: Schriftlich Stellung nehmen	*ja*	*nein*
Habe ich in der Einleitung das Thema genannt?		
Habe ich die wichtigsten Aussagen aufgeführt?		
Habe ich meine Meinung in einem vollständigen Satz formuliert?		
Steht mein stärkstes Argument am Ende?		
Habe ich meine Argumente mit treffenden Beispielen gestützt?		
Habe ich Gegenargumente entkräftet?		
Habe ich zum Schluss eine Empfehlung oder einen Vorschlag genannt?		

Mit dem Aufgabenknacker Prüfungsaufgaben verstehen

Der Aufgabenknacker hilft dir, Prüfungsaufgaben zu verstehen.

1. Schritt: Du liest die Prüfungsaufgabe genau.

1 Lies die Prüfungsaufgabe mehrmals in Ruhe und Satz für Satz.

> **Aufgabe:** Verfasse einen informierenden Text zum Thema „Der Alkoholkonsum von Jugendlichen" für die Schülerzeitung auf der Grundlage der bereitgestellten Materialien.
>
> A Beschreibe in der Einleitung, was der Begriff „Alkoholkonsum" bedeutet.
>
> B Erläutere anhand von Beispielen die schädliche Wirkung von Alkohol auf die Gesundheit.
>
> C Erkläre mit Hilfe der Tabelle, welche gesetzlichen Regeln es für den Alkoholkonsum von Jugendlichen gibt.
>
> D Schlussfolgere anhand der Materialien und eigener Überlegungen, welche Freizeitmöglichkeiten Jugendliche vor einem zu hohen Alkoholkonsum schützen können. Stelle die Möglichkeiten übersichtlich dar.
>
> E Gib unterhalb des Textes die von dir genutzten Quellen an.

2 Untersuche zunächst die ersten drei Zeilen der Aufgabe.
Schreibe die Antworten auf folgende Fragen auf:
- Was sollst du tun?
- Wofür sollst du es tun?
- Worüber sollst du schreiben?
- Auf welcher Grundlage sollst du schreiben?

2. Schritt: Du überlegst: Was gehört alles zur Lösung der Aufgabe?

**Die Aufgabe ist in Teilaufgaben gegliedert.
Du musst jede Teilaufgabe einzeln bearbeiten.**

3 Was sollst du in den Teilaufgaben A bis E tun?
a. Schreibe die Teilaufgaben A bis E auf.
b. Aufforderungsverben sagen dir, was du tun sollst.
Markiere die Verben in allen Teilaufgaben.

3 beschreiben, erläutern, erklären, schlussfolgern, darstellen, angeben

3. Schritt: Du gibst die Aufgabe mit eigenen Worten wieder.

4 Wozu fordern dich die Aufforderungsverben auf?
a. Ordne die passenden Worterklärungen vom Rand zu.
b. Schreibe sie zusammen mit den Verben in eine Liste.
c. Schreibe jede Teilaufgabe mit eigenen Worten auf.

Starthilfe

Aufforderungsverb	Worterklärung
beschreiben …	sagen, wie … …

- sagen, wie etwas ist oder abläuft
- etwas aufschreiben
- Gründe für etwas finden und nennen
- Zusammenhänge herstellen
- Vorgänge aufzeigen und veranschaulichen
- Stichworte übersichtlich anordnen und notieren

In Prüfungsaufgaben erhältst du häufig ergänzende Informationen zum Text. Das können z. B. Schaubilder, Tabellen oder Diagramme sein.

5 a. Beantworte die Fragen schriftlich.
- Zu welcher Teilaufgabe gehört die Tabelle?
- Worüber informiert dich die Tabelle?
- Welches Aufforderungsverb steht in der Teilaufgabe?
  Lies in Aufgabe 4 die passende Worterklärung nach.

b. Löse die Teilaufgabe schriftlich.

Jugendschutz: Wer darf was trinken?

Jahre	Bier	Wein/Sekt	Alkopops	Schnaps
unter 14	verboten	verboten	verboten	verboten
14 und 15	✘ verboten, außer in Begleitung einer sorgeberechtigten Person	✘ verboten, außer in Begleitung einer sorgeberechtigten Person	verboten	verboten
16 und 17	erlaubt	erlaubt	verboten	verboten

■ verboten ✘ verboten, außer in Begleitung einer sorgeberechtigten Person ■ erlaubt

In der Prüfung musst du selbst etwas übersichtlich darstellen. Du siehst hier drei Formen der Darstellung: Tabelle, Mindmap und Cluster.

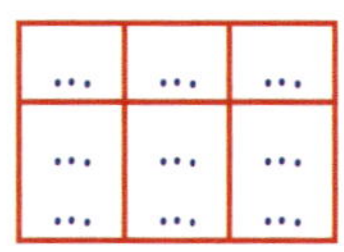

6 a. Zeichne die Abbildungen ab.
Schreibe darunter, welche Form der Darstellung sie jeweils zeigen.
b. Welche Form der Darstellung würdest du für die Teilaufgabe **D** wählen? Begründe.
Tipp: Probiere aus, ob du die richtige Form gewählt hast. Schreibe Möglichkeiten der Freizeitgestaltung in der gewählten Form auf.

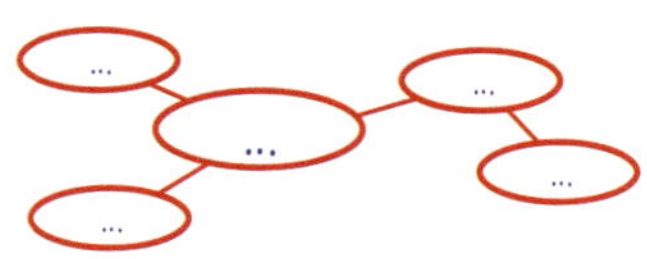

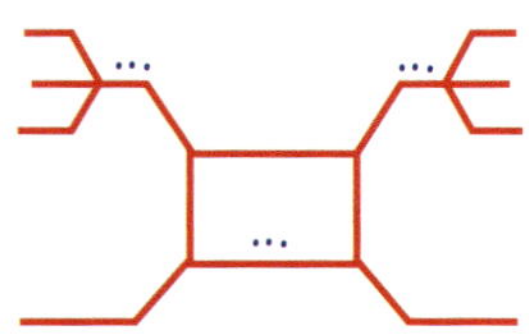

4 Sage in der Einleitung, … / Finde Beispiele, die … / Stelle den Zusammenhang zwischen … und … her.

5 Jugendliche unter 14 Jahren dürfen … / Bier, Wein und Sekt dürfen Jugendliche nur trinken, wenn … / Für Jugendliche im Alter von …

Einen Sachtext mit dem Textknacker lesen

1. Vor dem Lesen
2. Das erste Lesen
3. Den Text genau lesen
4. Nach dem Lesen

Der Sachtext „Gibt es ein Rezept für Glück?" gehört zu deiner Textknacker-Aufgabe.

Textknacker-Aufgabe: Informiere deine Klasse in einem Kurzvortrag zum Thema „Was trägt zum Glück bei?".

A Lies als Grundlage für deinen Kurzvortrag den Sachtext „Gibt es ein Rezept für Glück?". Wähle aus: Du kannst Teil I oder beide Teile des Sachtextes lesen.

B Mache dir zunächst Notizen zum Thema „Glücksrezepte".

C Bereite deinen Kurzvortrag vor und halte ihn.

Achte auf eine eigenständige und zusammenhängende Darstellung.

1 Untersuche die Aufgabenstellung mit dem Aufgabenknacker.

Tipp: Sprich über die Aufgabe mit einer Partnerin oder einem Partner.

- Lies die Aufgabe noch einmal genau Zeile für Zeile.
- Überlege: Was sollst du in den Teilaufgaben A bis C tun?
- Gib die Aufgabe in eigenen Worten wieder.

➜ „Der Aufgabenknacker": Seite 289

Lies nun Teil I oder beide Teile des Sachtextes mit dem Textknacker.

2 Lies den Text mit den Textknacker-Schritten 1 und 2.

Gibt es ein Rezept für Glück? – Teil I

A Jeder Mensch möchte glücklich sein. Aber was heißt das und wie findet man sein Glück? Gibt es dafür eine Anleitung, die sicher zum Ziel führt? Menschen verfolgen unterschiedliche Wege: Die einen strengen sich in ihrem Beruf besonders an oder trainieren hart für sportliche Wettkämpfe. Sie meinen, dass Erfolg und Ruhm glücklich machen. Andere suchen ihr Glück in der Liebe, in einem harmonischen Familienleben oder in einem großen Freundeskreis. Manche investieren[1] viel in ihre Gesundheit. Manche Menschen glauben, dass allein das Schicksal ihr Glück bestimmt. Während sie darauf warten, lesen sie ihr Horoskop[2] oder deuten Zeichen, die angeblich Glück versprechen. Was man mit Glück verbindet, ist also sehr individuell[3]. So ist es nicht verwunderlich, dass man in Ratgebern zum Thema Glück auch ganz unterschiedliche Ratschläge und Meinungen findet.

[1] **investieren:** einsetzen, aufwenden
[2] das **Horoskop:** die Voraussage über kommende Ereignisse, die von der Stellung der Sterne bestimmt wird
[3] **individuell:** den einzelnen Menschen betreffend

Aussagen zum Thema Glück	Ich stimme zu …	Ich stimme nicht zu …
Jeder ist seines Glückes Schmied.	83	16
Glück ist ohne Liebe nicht denkbar.	77	23
Man kann nur glücklich sein, wenn man gesund ist.	65	35
Ich weiß erst, was Glück bedeutet, seit ich selbst oder ein mir nahestehender Mensch eine schwere Krankheit hatte.	60	37
Das Glück ist nicht beeinflussbar, es wird einem geschenkt.	45	54
Glück hängt von materiellem Wohlstand ab.	34	66
Mich macht es glücklich, meine Familie und Freunde nicht nur persönlich, sondern auch in sozialen Netzwerken im Internet zu treffen.	30	67
Die zunehmende Erreichbarkeit über Handy und E-Mail beeinträchtigen mein persönliches Glück.	30	68

(Quelle: infratest dimap 2013, Telefoninterviews mit 1068 deutschsprachigen Befragten über 14 Jahren; Angaben in Prozent)

B Oft bestimmt die innere Einstellung eines Menschen, wie glücklich er sich fühlt. Ist er eher optimistisch oder pessimistisch? Pessimismus bedeutet, dass man schnell die negativen Seiten an etwas sieht und dann denkt: „Das kann doch nicht gut gehen!" Ein Optimist dagegen vertraut darauf, dass schon alles klappen wird. Wer optimistisch denkt, fühlt sich häufig zufriedener als jemand mit einer eher pessimistischen Sichtweise.
Ernst Fritz-Schubert, ein Lehrer aus Heidelberg, unterrichtet das Fach „Glück" an seiner Schule. Er bringt Schülerinnen und Schülern bei, die Glücksmomente in ihrem Leben besser aufzuspüren und mehr Zuversicht und Gelassenheit – also Optimismus – zu entwickeln. Voraussetzung ist allerdings, dass die Schüler überhaupt dazu bereit sind, das Glück im Alltag finden zu wollen.
Wer nämlich nur auf das „große Glück" wartet, übersieht schnell die kleinen „Glücksmomente".
Die dreijährige Tami freut sich über den Marienkäfer am Fenster, jauchzt beim Klettern und strahlt, nachdem sie sich zum ersten Mal allein angezogen hat. Sie genießt einfach den Augenblick.
Für das persönliche Glücksrezept kann man sich merken: Es lohnt sich, aufmerksam für die kleinen Freuden des Alltags zu bleiben. Ob man sich dann über einen Regenbogen, den Duft einer Schokolade oder das erste Ausprobieren des neuen Computerspiels so richtig freut, hängt von den persönlichen Vorlieben ab.

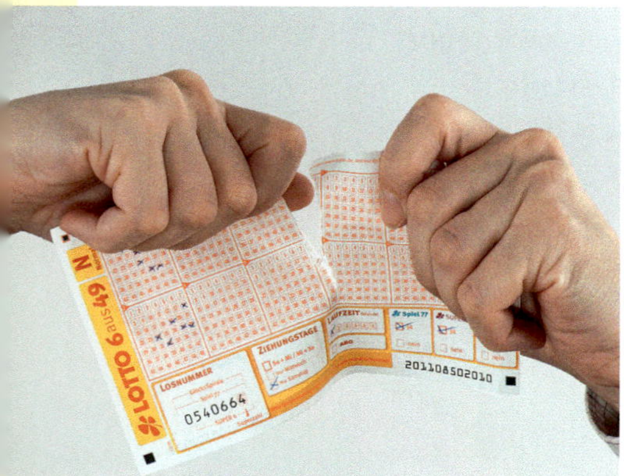

C Andere Menschen glücklich zu machen gilt für viele als der beste Weg, um selbst Glück zu empfinden. Meist sind es nahestehende Verwandte oder Freunde, denen man ein besonderes Geschenk macht oder denen man hilft, Schwierigkeiten zu beseitigen. Schon kleine Gesten[4] können viel bewirken, wenn man zum Beispiel den kleinen Bruder tröstet oder die Freundin aus Solidarität[5] beim Lauftraining begleitet.

Man kann aber auch ehrenamtlich[6] tätig werden: Laut einer Umfrage des Deutschen Bundesministeriums für Familie, Senioren, Frauen und Jugend aus dem Jahr 2009 arbeiten rund 36 Prozent aller Deutschen, die über 14 Jahre alt sind, ehrenamtlich.

Dario liest jeden Mittwochnachmittag den Senioren im Altenheim vor, Jim säubert im Tierheim regelmäßig die Gehege und Elin trainiert montags den Tischtennis-Nachwuchs im Sportverein.

Wieso kann diese Arbeit – denn das ist ja Arbeit! – die Jugendlichen glücklich machen? Dazu gehört, dass die Arbeit als sinnvoll und wichtig eingeschätzt wird. Wer sie erledigt, hilft anderen damit. Und wenn diese sich darüber freuen, überträgt sich das auf die Helfer und macht auch sie glücklich.

D Jede Woche spielen Millionen von Menschen im Lotto und hoffen auf einen Gewinn. Denn Geld macht glücklich! Oder etwa nicht? Im Jahr 2013 traf das große Los in Deutschland 90 Gewinner. Glücksforscher fanden aber heraus, dass das Glücksgefühl über einen Millionengewinn nicht länger als ein Jahr anhält. Danach haben sich die Gewinner an das Geld gewöhnt und sind ernüchtert. Das tröstet jenen Lottospieler nicht, der seit zwanzig Jahren dieselben Zahlen tippt und erst jetzt endlich gewonnen hätte. Aber dieses Mal vergaß er, den Lottoschein abzugeben! Es hat ihm nichts genützt, geduldig auf sein Glück zu warten.

[4] die **Gesten**: hier: die Zeichen
[5] die **Solidarität**: die Verbundenheit, das Gemeinschaftsgefühl
[6] **ehrenamtlich**: freiwillig und ohne Bezahlung

Z Gibt es ein Rezept für Glück? – Teil II

E Gestern war Ada noch bester Laune, denn sie ist für das nächste Gruppenspiel ihrer Handballmannschaft aufgestellt. Doch heute kommen ihr Zweifel: „Der Trainer bereut es bestimmt schon. Ich bin ja gar nicht gut genug!" Diese Gedanken verunsichern sie so, dass sie beim Training unkonzentriert spielt und Fehler macht. Der Trainer kritisiert sie nun tatsächlich und will sich die Aufstellung noch einmal überlegen. Ada denkt: „Hab ich es doch gewusst!" Solch ein Denkmuster nennt man „selbsterfüllende Prophezeiung[7]". Sie bewirkt, dass oft genau die Dinge eintreten, die man erwartet, *gerade weil* man sie erwartet. Häufig geht es dabei um negative Erwartungen wie in Adas Beispiel. Besser wäre ein Gespräch mit dem Trainer gewesen, um die Zweifel aus dem Weg zu räumen.

F Ein Rat zum Glücklichsein wäre hier also: „Sei positiv gestimmt und glaube an den glücklichen Ausgang!" Denn die „selbsterfüllende Prophezeiung" funktioniert auch umgekehrt. Dies ist in vielen Experimenten[8] bewiesen worden. Zum Beispiel bekamen zwei Trainer jeweils eine neue Anfängergruppe. Dem einen wurden besonders begabte Menschen angekündigt, dem anderen eher unbegabte. In Wirklichkeit handelte es sich um zwei ganz normale, durchschnittliche Gruppen. Allein die unterschiedliche Erwartungshaltung der Trainer bewirkte einen unterschiedlichen Umgang mit den Menschen. In der vermeintlich begabten Gruppe engagierte[9] sich der Trainer viel mehr, wohingegen die angeblich Unbegabten viel Kritik einstecken mussten und weniger gefördert wurden. Die Leistungen waren dementsprechend unterschiedlich. Wenn man diesen Mechanismus[10] kennt, kann man versuchen, ihn zu durchbrechen und mit Optimismus an etwas heranzugehen.

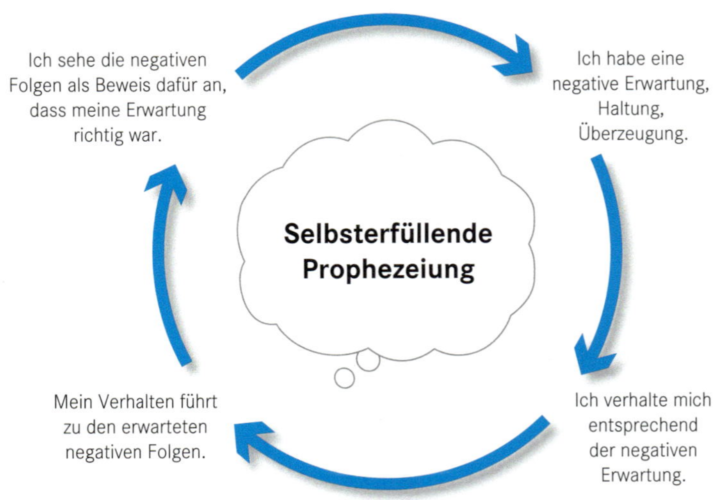

7 die **Prophezeiung**: die Voraussage
8 das **Experiment**: der Versuch
9 **sie engagieren sich**: sie setzen sich für etwas ein
10 der **Mechanismus**: der Ablauf

Im 3. Schritt des Textknackers klärst du den Inhalt deines Textes genau.
Der Sachtext ist in Absätze gegliedert. Was in einem Absatz steht, gehört inhaltlich zusammen.

3 Schreibe zu jedem Absatz eine passende Überschrift auf.
Tipp: Lass nach jeder Überschrift drei Zeilen frei.

Schlüsselwörter enthalten wichtige Informationen.

4 Im Absatz **A** sind die Schlüsselwörter bereits hervorgehoben.
a. Finde in den anderen Absätzen selbstständig die Schlüsselwörter.
b. Schreibe alle Schlüsselwörter unter die Überschriften aus Aufgabe 3.

Manche Wörter werden in den Fußnoten oder im Text erklärt.

5 a. Welche Wörter werden in Fußnoten erklärt? Schreibe sie zusammen mit der Worterklärung auf.
b. Die Begriffe „Pessimismus" und „Optimismus" werden im Text erklärt. Schreibe die Erklärungen auf.

der Pessimismus – pessimistisch – der Pessimist
der Optimismus – optimistisch – der Optimist

Zum Sachtext gehören auch Abbildungen.

6 Was zeigt die Grafik auf Seite 217?
a. Erkläre in eigenen Worten die Aussagen, zu denen die Menschen befragt wurden.
b. Was ist für die Mehrheit der Befragten wichtig, um glücklich zu sein? Schreibe es in eigenen Worten auf.

Überprüfe nun, ob du alles verstanden hast.

7 a. Lies die folgenden Sätze 1 bis 4 und ergänze sie richtig.
b. Notiere die Buchstaben der richtigen Ergänzungen. Sie ergeben nacheinander ein Lösungswort.

1. Glück ist …		**2. Wie glücklich man sich fühlt, hängt …**	
UNT	für alle Menschen das Gleiche.	RIN	vom Horoskop ab.
LEB	eine individuelle Angelegenheit.	ILD	vom Zufall ab.
LOG	von Stadt zu Stadt unterschiedlich.	ENS	von der inneren Einstellung ab.

3. Es kann auf Dauer glücklich machen, …		4. Zum Glücklichsein ist es nützlich, …	
UEB	sich nur um sich selbst zu kümmern.	KAL	einfach still abzuwarten.
BER	nur gegen Bezahlung zu helfen.	UDE	selbst etwas dafür zu tun.
FRE	andere freiwillig zu unterstützen.	STU	andere verantwortlich zu machen.

Z **8** In Teil II des Textes geht es um das Denkmuster der „selbsterfüllenden Prophezeiung“.
- a. Sieh dir das Schaubild auf Seite 219 an.
- b. Stelle Adas Beispiel aus dem Text als Kreislauf dar.
- c. Erstelle ein weiteres Schaubild zu einem anderen Beispiel.
  Tipp: Am Rand findest du Ideen.
- d. Erkläre das Denkmuster in deinen eigenen Worten.

- Die neue Klasse ist bestimmt super/schrecklich!
- Die Prüfung bestehe ich sicher/niemals!

Im 4. Schritt des Textknackers bearbeitest du die Textknacker-Aufgabe.
Bereite nun deinen Kurzvortrag vor.

9 Eine Mindmap hilft dir, deine Notizen zum Text zu ordnen und übersichtlich darzustellen.
- a. Gestalte eine Mindmap zu den Absätzen A bis D oder bis F. Für die Äste kannst du die Überschriften aus Aufgabe 3 verwenden oder du findest eigene Unterthemen.
- b. Du kannst eigene Gedanken und weitere Informationen einfügen.

→ Ideensammlung – Die Mindmap: Seite 290

10
- a. Entscheide nun, was du in deinem Vortrag zu welchen Teilthemen sagen möchtest, und lege die Reihenfolge fest.
- b. Formuliere eine Einleitung und Sätze für den Schluss.
- c. Stelle nun deinen Kurzvortrag fertig. → „Einen Kurzvortrag vorbereiten und halten“: Seite 296

Der Zeichner dieser Karikatur hat das Streben nach Glück aus kritischer Sicht dargestellt.

Z **11**
- a. Beschreibe die Karikatur:
  Wie verhalten sich die Menschen? Wie sehen sie aus?
- b. Beantworte folgende Fragen schriftlich in einigen Sätzen:
  - Was könnte der Zeichner in einer Gesellschaft, die ständig nach dem Glück strebt, beobachtet haben?
  - Wie ist deine eigene Meinung dazu?
- c. Bringe deine Ergebnisse hierzu auch im Kurzvortrag unter.

11 die **Karikatur:** eine Zeichnung, die etwas übertrieben und lächerlich darstellt, um eine persönliche Meinung zu einem Thema sichtbar zu machen

Grafiken erschließen und erklären

Viele Tätigkeiten sind mit der Nutzung von Medien verbunden.
? Aber welches Gerät wird von Jugendlichen am häufigsten genutzt? Und zu welchem Zweck? Diese Frage beantwortet die Grafik auf dieser Seite.

1. Vor dem Lesen
2. Das erste Lesen
3. Die Grafik genau untersuchen
4. Nach dem Lesen

1. Schritt: Vor dem Lesen

Du siehst dir die Grafik als Ganzes an.

1 a. Sieh dir die Überschrift der Grafik an.
b. Worüber informiert die Grafik? Notiere es.

Gerätepräferenz[1] von Jugendlichen nach Nutzungsmöglichkeiten 2014
Ich nutze für ... am häufigsten ...

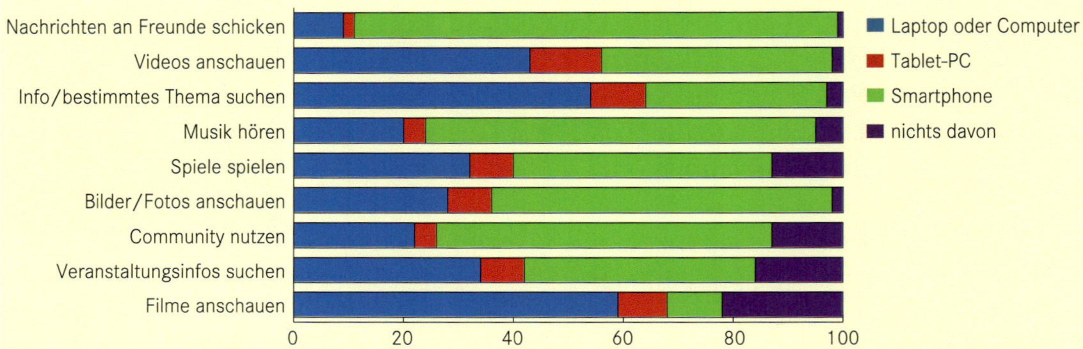

Quelle: Jim 2014; Angabe in Prozent; Voraussetzung für die Teilnahme an der Befragung: Laptop, Computer, Tablet-PC und Smartphone im Haushalt vorhanden; Anzahl der befragten Personen = 394

2. Schritt: Das erste Lesen

Du siehst dir die Bestandteile der Grafik an.

2 a. Lies die Beschriftungen, die zur Grafik gehören.
b. Beantworte die folgenden Leitfragen in Stichworten.

Form: Welche Form hat die Grafik: Kreisdiagramm, Balkendiagramm oder Säulendiagramm?
Quelle: Wer hat die Angaben in der Grafik veröffentlicht?
Beschriftung: Welche Angaben liest du?

1 Die Grafik informiert über/zeigt/veranschaulicht … /stellt … dar/gibt Auskunft über …

2 Es handelt sich um … Die Grafik stammt aus/von … In der Grafik werden die … und … angegeben.

[1] die **Gerätepräferenz:** die bevorzugte Nutzung eines Gerätes bei den befragten Personen

3 Beantworte auch diese Fragen:
- Wie viele Jugendliche wurden befragt?
- Was bedeuten die Zahlen in dem Diagramm?

3. Schritt: Die Grafik genau untersuchen

Du untersuchst die einzelnen Informationen.

4 Mache dir Notizen zu folgenden Fragen:
- Welche Tätigkeiten werden in der Grafik genannt?
- Welche Bedeutung haben die Farben in den verschiedenen Balken?
- Was bedeuten die Zahlen unter den Balken?

5 a. Sieh dir einen der Balken genauer an und mache dir Notizen:
- Welche Informationen geben die einzelnen Teilstücke?
- Wie viel Prozent der Tätigkeit werden jeweils mit welchem Gerät ausgeführt?
  Tipp: Ein senkrecht angelegtes Lineal kann dir beim Ablesen helfen.
- Welche Angaben haben dich vielleicht überrascht und warum?

b. Untersuche nun auch die anderen Balken.

4. Schritt: Nach dem Lesen

Du hast nun alle Informationen für die Beantwortung der ? Frage.

6 Erkläre die Grafik in einem zusammenhängenden Text. Verwende dabei deine Notizen zu den Aufgaben 1 bis 5.

- Was für eine Grafik?
- Wie aufgebaut?
- Welche Informationen?

7 a. Überprüfe und überarbeite deinen Text mit Hilfe der Checkliste.

b. Checke zum Schluss auch deine Rechtschreibung.

Checkliste: Eine Grafik erschließen und erklären	*ja*	*nein*
Habe ich das Thema der Grafik genannt?		
Habe ich die Form der Grafik genannt?		
Habe ich die Quelle der Grafik angegeben?		
Habe ich beschrieben, welche Beschriftungen die Grafik hat?		
Habe ich angegeben, was die verschiedenen Farben bedeuten?		
Habe ich die wichtigsten Informationen in vollständigen Sätzen wiedergegeben?		
Habe ich alles so erklärt, dass es andere auch verstehen können?		

3 Es wurden … befragt. / An der Befragung nahmen … teil. Voraussetzung für ihre Teilnahme an der Befragung war, dass …

5 An den einzelnen Teilstücken der Grafik kann man sehen/erkennen, welche … bei welchen … bevorzugt/am liebsten/am häufigsten benutzt/verwendet werden.
Zum Beispiel benutzen die Jugendlichen am häufigsten das/den …, wenn sie …

Einen informierenden Text schreiben

Gebaut aus Müll

In einem Schulprojekt wird das Thema „Gebaut aus Müll" vorgestellt. Du sollst Informationen über eine ganz besondere Art Gebäude zusammentragen und in einem informierenden Text darstellen.

1. Schritt: Die Prüfungsaufgabe lesen und verstehen

1 Lies die folgende Prüfungsaufgabe mit dem Aufgabenknacker.
Was genau sollst du tun? Mache dir Notizen.

→ Aufgabenknacker: Seite 289

Aufgabe: Verfasse einen informierenden Text für eine Informations-Mappe zum Thema „Earthship: Ein Haus aus alten Autoreifen".
Dein Text richtet sich an Jugendliche und Erwachsene;
sie sollen sich von den Earthships ein genaues Bild machen können.
Verwende Informationen aus den Materialien M1 bis M6.
Schreibe nicht nur ab, sondern formuliere eigenständig einen zusammenhängenden Text.
Berücksichtige folgende Gesichtspunkte:
- Formuliere eine Einleitung, in der du die Earthships vorstellst (Erläuterung des Namens, Besonderheiten, Erfinder).
- Erläutere an Beispielen, welche Vorteile die Bauweise eines Earthships hat.
- Schlussfolgere anhand der Materialien und eigener Überlegungen, was ihr selbst aus alten Autoreifen auf eurem Schulhof bauen könntet. Erläutere deine Empfehlung und rufe deine Mitschüler zum Mitmachen auf.
- Gib unter deinem Text die von dir genutzten Quellen an.

2. Schritt: Informationen zum Thema sammeln und Materialien erschließen

2
- Lies die Materialien M1 bis M6 mit den Textknacker-Schritten 1, 2 und 3.
- Mache dir dabei Notizen.

→ der Textknacker auf einen Blick: Seite 289

M1

das **Earthship** → die Earthships; [engl., sprich: ös-schips]; „Erdschiff"; ein Gebäude, das aus recycelten Materialien (z. B. aus alten Autoreifen) gebaut ist

M2 Interview: Ferien in einem Earthship

So sieht das Earthship in Frankreich aus. Es wurde in einen Erdhügel gebaut.

Im Inneren des Earthships wachsen hinter den Glasscheiben Obst, Gemüse und andere Pflanzen.

Gebrauchte Autoreifen werden mit Erde gefüllt und wie Ziegelsteine aufeinandergeschichtet.

Kai: Also, ihr wart in den Ferien in einem Öko-Haus in Frankreich?

Lilly: Ja, das war toll! Wir wohnten in einem der wenigen Earthships, die es bisher in Europa gibt.

Kai: Und was ist daran „öko"?

Lilly: Na ja, für den Bau werden hauptsächlich Abfallstoffe verwendet, die es überall auf der Welt in Mengen gibt. Die Wände bestehen aus alten Autoreifen, aus Dosen und Plastikflaschen. Der Müll wird weiter genutzt und nicht einfach weggeworfen.

Kai: Ist es denn schwierig, solche Häuser zu bauen?

Lilly: Eben nicht! Der Bau dieser Häuser ist nicht nur billiger, sondern man kann sie mit etwas handwerklichem Geschick sogar selbst bauen.

Kai: Woher kommt der Name? Earthship heißt „Erdschiff", oder?

Lilly: Ja genau, die Häuser nutzen die natürliche Erdwärme. Sie werden so gebaut, dass sie an drei Seiten von Erdwällen umschlossen sind. Das isoliert das Haus. Und genau wie Schiffe haben Earthships eine unabhängige Strom- und Wasserversorgung, weil sie Sonnen- oder Windenergie nutzen und Regenwasser auffangen und aufbereiten.

Kai: Und wie sieht es drinnen aus?

Lilly: Es gibt Schlafzimmer, Küche, Wohnraum, Bad – das ist wie sonst auch. Ungewohnt ist, dass es nur zur Südseite Glasfenster gibt. Die sind allerdings riesig! Dort wachsen in einem großen Wintergarten Gemüse und Obst. So werden im Haus sogar Lebensmittel produziert.

Kai: Das hört sich echt spannend an, vielen Dank für das Gespräch!

M3 Wohin mit alten Autoreifen?

Autoreifen bestehen aus Natur-Kautschuk, dem milchig weißen Saft des Gummibaums, und Kunst-Kautschuk. Unter Zugabe von Schwefelsäure und Hitze wird daraus Gummi. Ruß und weitere Chemikalien verhindern das zu schnelle Abreiben und färben die Reifen schwarz. Erdöl wird als Weichmacher hinzugegeben. Ein Stahlkern und Textilseiten garantieren die Stabilität[1].
Es wird geschätzt, dass weltweit jedes Jahr eine Milliarde alter Autoreifen entsorgt werden müssen. In vielen Ländern ist es verboten, Reifen einfach auf eine Mülldeponie[2] zu werfen, weil darin giftige Stoffe stecken und die Reifen kaum verrotten. Viele Tausend Tonnen Altreifen landen pro Jahr in Zementfabriken[3],

1 **die Stabilität:** die Festigkeit
2 **die Mülldeponie:** ein Platz für die Lagerung von Müll
3 **die Zementfabriken:** Zement ist ein Baustoff, der aus Kalkstein und Ton gewonnen wird

um sie zur Energiegewinnung zu verbrennen. Dabei entstehen jedoch viele Schadstoffe und die wertvollen Rohstoffe sind für immer verloren. Ebenso viele Reifen werden geschreddert[4] und zu Bodenbelägen verarbeitet, z. B. für Sport- oder Spielplätze. Die alten Reifen decken aber auch Silos in der Landwirtschaft ab, dienen als Puffer für Boote und Anleger oder sorgen als Schaukel für Spaß. Auch als Pflanzgefäße werden sie genutzt.

M4 Earthships – sogar erdbebensicher

Der Architekt Mike Reynolds hatte die Idee, alte Reifen als Baustoff für seine „Earthships“ zu nutzen. Bis zu 5000 Reifen verbaut er in einem Haus. Drei Seiten bestehen aus Autoreifen, die mit Erde oder Sand gefüllt sind. Diese werden zu Wänden aufgeschichtet, die das Dach tragen. Die Südseite eines Earthships ist fast vollständig verglast; die Sonne heizt die Räume auf. Hinter den Glasscheiben finden Pflanzen ideale Bedingungen zum Wachsen, wie in einem Gewächshaus. Im Winter wird die Erdwärme[5] genutzt, um das Haus warm zu halten.
Für die Wasserversorgung wird auf der Dachfläche Regenwasser gesammelt und in Behältern gespeichert. Das Regenwasser wird mehrmals gefiltert und dient als Trink- oder Spülwasser und zum Wässern des Pflanzenbeets. Solarzellen[6] auf dem Dach erzeugen den Strom für das Haus, der in Batterien gespeichert wird. Manche Earthships haben zusätzlich ein Windrad.
Mike Reynolds hat in den USA bereits mehr als 1000 Earthships gebaut. Im Jahr 2010 wurde Haiti[7] von einem besonders schweren Erdbeben erschüttert. Mehrere Hunderttausend Menschen verloren ihr Leben, fast zwei Millionen Menschen ihre Wohnung. Mike Reynolds wollte helfen. Er organisierte einheimische Bautrupps, mit denen er innerhalb von vier Tagen ein Earthship aufstellte. Wegen der besonderen Bauweise gelten diese Häuser als erdbebensicher.

M5 Bauplan für ein Earthship

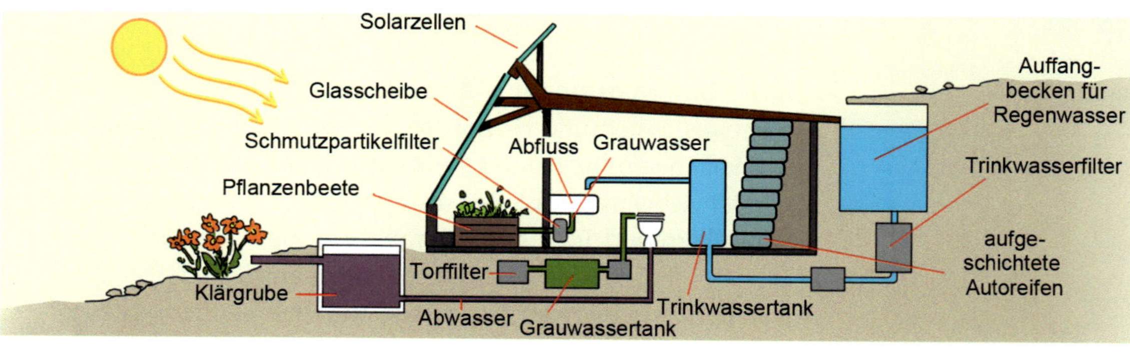

4 **schreddern**: zerkleinern
5 die **Erdwärme**: die in der Erde gespeicherte Wärmeenergie
6 die **Solarzelle**: ein Bauelement, das Sonnenenergie in elektrische Energie umwandelt
7 **Haiti**: ein Staat auf einer Karibikinsel, südlich der USA gelegen

M6 Design[8] mit Autoreifen

Dass Autoreifen alles andere als wertloser Abfall sind, haben inzwischen auch Möbeldesigner entdeckt. Ihre Entwürfe wirken so edel, dass niemand mehr an Müll denkt. Es gibt originelle Sitzmöbel, Ablagetische oder aufwändige Dekorationsobjekte[9] wie Skulpturen[10] aus zerschnittenen Reifen.
Auch Ladenausstatter kommen auf interessante Ideen und bauen z. B. Vitrinen[11] aus Reifen.
Kinder freuen sich mehr über Kletterfiguren oder über Schaukeln, Wippen, Klettertürme.
Eine überzeugend einfache Lösung für Fahrradständer liefern mehrere Autoreifen, die nah nebeneinander zur Hälfte in die Erde versenkt werden. Autoreifen werden zu Pflanzgefäßen, zur Trennwand oder zur Bank, der Fantasie sind kaum Grenzen gesetzt.

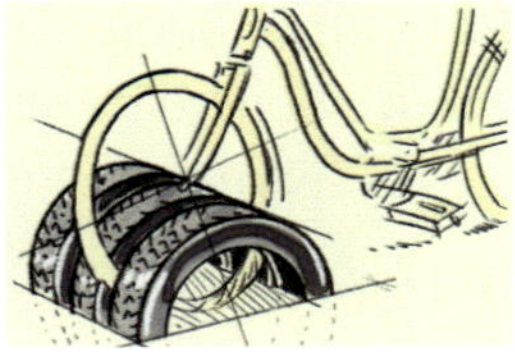

In den Materialien M1 bis M6 erfährst du etwas über alte Autoreifen und über die Earthships.

Z **3** Welche Informationen haben dich besonders interessiert oder neugierig gemacht?
Beschaffe und lies weitere Informationen aus Sachbüchern, Zeitschriften oder dem Internet.

8 das **Design**: die Gestaltung
9 das **Dekorationsobjekt**: ein Gegenstand zum Ausschmücken
10 die **Skulptur**: ein Kunstwerk in Form einer Figur
11 die **Vitrine**: ein verglastes Regal

3. Schritt: Die Informationen auswerten und ordnen

4 Welche Informationen sind für deine Leserinnen und Leser wichtig und interessant?
- a. Überlege dir noch einmal genau, für wen du den Text schreiben sollst.
- b. Welche Fragen könnten deine Leserinnen und Leser zum Thema haben? Schreibe mögliche Fragen auf.
- c. Lies noch einmal deine Textknacker-Notizen aus Aufgabe 2. Markiere dabei zu jeder Frage die passenden Stichworte.

5 Ordne deine Notizen.
- a. Lege eine sinnvolle Reihenfolge fest.
- b. Nummeriere deine Notizen und danach auch die einzelnen Stichworte.

4. Schritt: Den Text gliedern und schreiben

Mit Hilfe deiner Notizen schreibst du einen zusammenhängenden Text.

6 Schreibe eine Einleitung.
Stelle den Leserinnen und Lesern dein Thema vor.

Einleitung

Starthilfe

Jedes Jahr fallen auf der Welt 1 Milliarde …
Der Architekt Mike Reynolds hatte die Idee …

7 Informiere im Hauptteil über die Earthships.
- Was sind Earthships?
- Warum heißen sie so?
- Wie werden sie gebaut?
- Welche Vorteile haben sie?

Tipp: Verwende deine Stichworte zu Aufgabe 4.

Hauptteil

8 Schreibe einen Schluss. Was schlägst du vor:
Was solltet ihr auf dem Schulhof aus alten Autoreifen bauen?
- Begründe deinen Vorschlag.
- Formuliere einen Aufruf an deine Mitschülerinnen und Mitschüler.

Schluss

Starthilfe

Mein Vorschlag für unseren Schulhof ist …
Ich finde, dass alte Autoreifen …

9 Schreibe eine passende Überschrift auf.

Überschrift

5. Schritt: Die Quellen angeben

Du informierst die Leserinnen und Leser auch über die Materialien (die Quellen), die du verwendet hast.

10 Woher stammen die Informationen in deinem Text?
Schreibe die Quellen unter deinen Text.

Z **11** Finde die Quellenangaben zu den Materialien in diesem Buch.
Schreibe sie unter deinen Text.

→ Quellenverzeichnis: Seiten 330–331

6. Schritt: Deinen Text überprüfen und überarbeiten

Zum Schluss überprüfst du deinen informierenden Text mit der Arbeitstechnik.

12 Was ist dir gut gelungen? Was kannst du verbessern?
Überprüfe und überarbeite deinen informierenden Text.
Wende dazu die Arbeitstechniken „Einen informierenden Text verfassen“ und „Einen Text überarbeiten“ an.
Tipp: Du kannst zunächst eine Checkliste anlegen.

→ Arbeitstechnik „Einen Text überarbeiten“: Seite 291

Arbeitstechnik

Einen informierenden Text verfassen

Mit einem informierenden Text kannst du andere über ein Thema informieren.

1. Schritt: Die Prüfungsaufgabe lesen und verstehen
- Lies die Prüfungsaufgabe **genau** und in Ruhe. Wende den **Aufgabenknacker** an.
- Mache dir **Notizen**.

2. Schritt: Informationen zum Thema sammeln
- Sammle **Informationen aus Büchern** oder aus dem Internet.
- Lies die Texte mit dem **Textknacker**.
- Notiere **Stichworte** zu deinem Thema.

3. Schritt: Die Informationen auswählen und ordnen
- **Wähle** wichtige und interessante Informationen für die Leser aus.
- **Ordne** die Informationen in eine sinnvolle Reihenfolge.

4. Schritt: Den Text gliedern und schreiben
- Stelle in der **Einleitung** dein Thema vor.
- Formuliere im **Hauptteil** aus deinen Stichworten zusammenhängende Sätze.
- Schreibe zum **Schluss** einen zusammenfassenden Satz oder eigene Gedanken auf.
- Schreibe eine passende **Überschrift** auf.

5. Schritt: Die Quellen angeben
- Schreibe auf, **woher die Informationen** in deinem Text **stammen**.

6. Schritt: Den Text überprüfen und überarbeiten
- Wende die Arbeitstechnik „Einen Text überarbeiten“ an.

10 Ich habe Informationen aus folgenden Quellen verwendet: Materialien M1 bis M6.
Aus: Doppel-Klick 9, S. ____, Cornelsen Verlag, 20__

Zu einem Zeitungsartikel Stellung nehmen

**Wie soll in der Schule der Zukunft gelernt werden?
Um diese Frage geht es im folgenden Zeitungsartikel.
Am Ende sollst du auf den Artikel in einem Leserbrief antworten.**

1 Lies den Text mit den Textknacker-Schritten 1, 2 und 3.
Tipps:
- Schreibe auch die Überschrift des Zeitungsartikels auf.
- Notiere im 3. Schritt Schlüsselwörter.

1. Vor dem Lesen
2. Das erste Lesen
3. Den Text genau lesen

SCHULE DIGITAL – Berlins Schulen sollen nach dem Willen des Senats papierfrei werden. Ist das zeitgemäß oder zu viel der Modernisierung? Zwei Jugendreporter stellen sich die Zukunft vor.

Schreibblock oder Touchscreen

So könnte es sein:
Druckfehler in Matheaufgaben, nicht aktuelle Geschichtsbücher oder chaotische Tafelbilder – solche Probleme kennen wir nur noch aus den Erzählungen unserer Eltern und größeren Geschwister. Frei verfügbare Lehrmittel haben Bücher und Schulhefte abgelöst und die Schulen papierfrei gemacht. Über Internetportale tauschen Lehrkräfte ihre Unterrichtsmaterialien aus und helfen einander, sie zu optimieren. Schulbücher stehen inzwischen digital zur Verfügung. Das hat große Vorteile. Tagesaktuelle Themen können behandelt und veraltete Formulierungen ausgetauscht werden. Wo man früher hunderte Seiten neu drucken musste, wenn etwas vergessen wurde, kann einfach nachgebessert werden. Hinzu kommt, dass wir ohne gedruckte Bücher weniger Haltungsschäden haben als früher. Denn statt schwerer Schulmappen voller dicker Wälzer kommen alle nur noch mit Tablet-Computern in die Klasse. Notizen können damit per Fingertipp vom Smartboard direkt in das digitale Schulheft wandern. Statt mit stumpfsinnigem Abschreiben sind die wertvollen Unterrichtsminuten nun mit mehr Inhalten gefüllt. Obwohl es zunächst so klingt, als hätte diese Errungenschaft einen hohen Preis gehabt, ist das Gegenteil der Fall. Die Familien werden sogar entlastet: Früher mussten sie pro Kind und Schuljahr Bücher und Schreibutensilien im Wert von bis zu 100 Euro privat beschaffen. Nach der zehnjährigen Schulpflicht waren sie also bis zu 1000 Euro los. Da ist der einmalige Kauf eines Tablets schon günstiger. Das Geld fließt nun in Ausflüge und andere Projekte. So wünsche ich mir die Schule der Zukunft.

(Benjamin M., 18 Jahre)

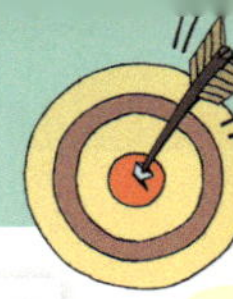

So könnte es auch sein:
Es ist drückend warm in den Schulräumen. Draußen sind 30 Grad. Meine Deutschlehrerin hält sich einen Handventilator vor das Gesicht. „Heute behandeln wir ‚Faust‘ und ich habe einen Ausschnitt aus einer alten Verfilmung mitgebracht.“ Per Smartboard bedient sie sämtliche Tablet-Computer in unserem Raum. Innerhalb weniger Sekunden startet an jedem Arbeitsplatz der Film. Die Klasse stöhnt, niemand hat mehr Lust auf bewegte Bilder – gerade mussten wir uns in der Mathestunde 45 Minuten lang auf unseren Tablets ansehen, wie verschiedene geometrische Körper um sich selbst rotieren. „Ja, ich weiß, das ist anstrengend“, sagt unsere Lehrerin, „aber morgen werden wir per Live-Zuschaltung bei einer Theateraufführung dabei sein.“ Ich merke, wie mein Banknachbar auf seinem Stuhl herumrutscht. Er ist nicht der Einzige, der mit Rückenproblemen zu kämpfen hat, seit wir den Blick nicht mehr zur Tafel heben, sondern auf die Tablets senken. Die Schule überlegt, einen eigenen Physiotherapeuten einzustellen. Auf dem Display taucht Mephisto auf. Meine Augen schmerzen – ich setze meine Brille auf. Meine Mutter wurde in meinem Alter noch als Vierauge oder Brillenschlange gehänselt. Das könnte heute nicht mehr passieren. Dank der Digitalisierung der Schulen gucken wir ständig nur auf Bildschirme – die Sehschwäche hat sich zur Kinder- und Jugendkrankheit entwickelt. Die zusätzliche Hitze durch die vielen Computer macht uns im Sommer das Leben schwer. Ich freue mich schon auf die Literatur-AG, denn die findet im kühlen Keller statt, ohne Tablets, mit richtigen Büchern. Das ist im wahrsten Sinne des Wortes cool. Daher mein Wunsch: Modernisierung der Schule, aber mit Augenmaß. (Anika S., 18 Jahre)

2 Schreibe zu den folgenden Wörtern Worterklärungen auf.
Tipp: Verwende ein Lexikon oder recherchiere kurz im Internet.

der Tablet-Computer, das Smartboard, die Schreibutensilien, der Physiotherapeut, das Display, die Digitalisierung, Mephisto

3 Bilde dir zum Thema des Zeitungsartikels deine eigene Meinung.
- Notiere dazu zunächst alle Argumente und Beispiele Benjamins und Anikas in eine Liste.
- Wäge ab: Welcher Seite stimmst du eher zu?
- Formuliere deine Meinung in einem Satz.

Starthilfe

Für die papierfreie Schule:	Für Modernisierung mit Augenmaß:
• …	• …

4. Nach dem Lesen

4 Schreibe und überarbeite deinen Leserbrief.
- Stelle deine Meinung dar und begründe sie ausführlich.
- Die Arbeitstechnik „Schriftlich Stellung nehmen“ hilft dir dabei.

→ Arbeitstechnik: Seite 101

Texte überarbeiten: Das Bewerbungsschreiben

Die Schreibkonferenz

In einer Schreibkonferenz überarbeitet ihr Texte gemeinsam in der Gruppe. Für die Durchführung der Schreibkonferenz werden Regeln vereinbart.

Regel 1: Die Autorin oder der Autor liest zunächst ihre oder seine Bewerbung vor. Die anderen hören aufmerksam zu.
Regel 2: Sagt zuerst, was euch gefällt.
Regel 3: Fragt nach, wenn ihr etwas nicht verstanden habt.
Regel 4: Überarbeitet gemeinsam die Bewerbung, bis sie euch gefällt. Die Arbeitstechnik hilft euch dabei.
Regel 5: Schreibt die Bewerbung noch einmal sauber und in gut lesbarer Schrift auf. Ihr könnt sie auch am Computer schreiben.

Arbeitstechnik

Eine Bewerbung schreiben

Mit einem Bewerbungsschreiben bewirbst du dich um einen Ausbildungsplatz. Du vermittelst damit dem künftigen **Arbeitgeber** einen **ersten Eindruck** von dir und kannst ihn von dir **überzeugen**.

- Lege dein Bewerbungsschreiben wie einen **offiziellen Brief** an. Achte auf die richtige **Anordnung** aller Briefteile.
- Beginne deinen Brieftext mit dem **Anlass** des Briefes.
- **Begründe** deinen Berufswunsch und die Wahl des Ausbildungsbetriebs.
- Mache Angaben zu deiner **Schule**, der **Klassenstufe**, dem angestrebten **Schulabschluss**.
- Formuliere **am Ende** in einem Satz, dass du dich über eine **Einladung** zu einem Gespräch freuen würdest.
- Schreibe **abwechslungsreiche** Satzanfänge und **vermeide Umgangssprache**.
- **Überprüfe** den Inhalt, die Formulierungen, die Rechtschreibung und Zeichensetzung. **Korrigiere** alle Tippfehler.

→ Anordnung der Briefteile: Seiten 55, 57

1 Gruppenarbeit!
Legt mit Hilfe der Arbeitstechnik „Eine Bewerbung schreiben" eine Checkliste an.

1 Habe ich meinen Absender links oben auf das Blatt geschrieben?
Habe ich …?

Bewerbungsschreiben überarbeiten

Lina und Memet haben ihre Bewerbungen bereits geschrieben.

W Wählt aus:

- Ihr überarbeitet beide Bewerbungen gemeinsam in der Schreibwerkstatt.
- Ihr überarbeitet die beiden Bewerbungen jeweils allein und stellt anschließend eure überarbeiteten Texte einer Partnerin oder einem Partner vor. Erklärt euch gegenseitig, was ihr warum verändert habt.

2 a. Lest Linas Bewerbungsschreiben.

b. Notiert, was euch in Linas Bewerbungsschreiben gut gefällt und was ihr noch nicht so gelungen findet.
Tipp: Legt eine Folie über den Text und markiert in verschiedenen Farben gelungene und nicht so gelungene Stellen sowie die Schreibfehler.

Achtung: Fehler!

Lina Berger
Talstraße 10
99999 Musterhausen

Musterhausen, 24.03.2016

Tierheim Musterhausen

Bewerbung um einen Ausbildungsplatz

Sehr geehrte Damen und Herren,

hiermit möchte ich mich in Ihrem Tierheim um einen Ausbildungsplatz als Tierpflegerin bewerben. Mir ist das eingefallen, als ich in den letzten Ferien bei Ihnen eine Katze abgegeben habe, sie war mir zugelaufen. Da ich mich sehr für Tiere interessiere, denke ich, dass das für mich ein interessanter Beruf ist.

Im vorigen Schuljahr habe ich auch schon mal ein Praktikum in einem Zoo gemacht, das war gut. Aber da gibt es keine Ausbildungsplätze mehr.
Zurzeit gehe ich noch in die Schule und werde wahrscheinlich den Mittleren Schulabschluss schaffen.

Vielleicht laden Sie mich ja zu einem Gespräch ein, ich freue mich darauf.

Mit freundlichen Grüßen

Lina Berger

Anlagen: Tabellarischer Lebenslauf, letztes Zeugnis, Lichtbild

Beim Überarbeiten eines Bewerbungsschreibens prüft ihr:

- Wie kann die Autorin oder der Autor ihre oder seine Wahl für den Ausbildungsplatz noch überzeugender darstellen?
- Wurden alle notwendigen Angaben gemacht?
- Sind Rechtschreibfehler enthalten?
- Wurde die äußere Form eingehalten?

Tipp 1: Begründet die Wahl des Ausbildungsplatzes sehr überzeugend. Beachtet: Das Schreiben darf nicht zu lang werden. Vermeidet Umgangssprache.

... hiermit möchte ich mich in Ihrem Tierheim um einen Ausbildungsplatz als Tierpflegerin bewerben. Mir ist das eingefallen, als ich in den letzten Ferien bei Ihnen eine Katze abgegeben habe, sie war mir zugelaufen. Da ich mich sehr für Tiere interessiere, denke ich, dass das für mich ein interessanter Beruf ist.

3 a. Lest Linas Einleitung mit der Begründung für die Wahl des Ausbildungsplatzes noch einmal: Was sollte Lina überzeugender formulieren? Sprecht darüber.
b. Vergleicht Linas Sätze mit den folgenden Sätzen.
c. Wählt einen Satz aus oder schreibt selbst einen überzeugenden Satz auf.

– Es war schon immer mein Wunsch, mit möglichst vielen unterschiedlichen Tieren zu arbeiten.
– In Ihrem Tierheim habe ich bei einem Besuch gesehen, wie gut die Tiere versorgt werden.

Tipp 2: Vermeidet nichtssagende oder überflüssige Informationen.

Im vorigen Schuljahr habe ich auch schon mal ein Praktikum in einem Zoo gemacht, das war gut. Aber da gibt es keine Ausbildungsplätze mehr.

4 a. Welche Information ist überflüssig, welche ist nichtssagend? Tauscht euch darüber aus.
b. Was könnte Lina über ihr Praktikum sagen? Wählt einen der folgenden Satzanfänge aus und ergänzt den Satz.

– Das Praktikum hat mir bestätigt, dass ...
– Nach dem Praktikum stand für mich fest, dass ...

Tipp 3: Macht genaue Angaben zu eurer Schule, Klassenstufe und dem voraussichtlichen Schulabschluss mit Zeitangabe.

5 Überprüft Linas Angaben. Notiert, was sie ergänzen muss.

Tipp 4: Vermeidet Formulierungen, die Zweifel ausdrücken.

- … werde wahrscheinlich den mittleren Schulabschluss schaffen.
- Vielleicht laden Sie mich ja zu einem Gespräch ein, …

6 Überarbeitet die Sätze so, dass Lina als Bewerberin überzeugender wirkt.

Tipp 5: Vermeidet Fehler in Rechtschreibung und Zeichensetzung. Nutzt auch die automatische Rechtschreibkorrektur am Computer.

Achtung: Fehler!

Memet Birol
An der Wiese 43
87777 Kühldorf

Kühldorf, den 20. Februar 2016

Vereinigte Autohäuser
– Personalabteilung –
Schweizer Landstraße 11
84746 Motorstadt

Bewerbung um einen Ausbildungsplatz als Bürokaufmann

Sehr gehrte Damen und Herren,

bei der Argentur für Arbeit in Münster habe ich erfahren, dass Ihre Firma auch im nächsten Jahr Auszubildende einstellt.
Hiermit bewerbe ich mich bei Ihnen um einen Ausbildungsplatz als Bürokaufmann.
Zurzeit besuche ich die Klasse 9 c der Konrad-Adenauer-Schule in Münster die ich voraussichtlich im Sommer 2016 mit dem Mittleren Bildungsabschluss verlassen werde.
In einer Broschüre der Berufsberatung und durch meinen Freund, der sich bei Ihnen im zweiten Ausbildungsjahr befindet, habe ich mich intensiv über den Beruf des Bürokaufmanns und über ihre Firma informiert.
Über eine Einladung zu einem Vorstellungsgesprech, würde ich mich sehr freuen.

Mit freundlichen Grüßen

Anlagen: Lebenslauf, Zeugnis

7 a. Lest Memets Bewerbungsschreiben.
b. Findet fünf Rechtschreibfehler und zwei Fehler in der Zeichensetzung.
- Schreibt die fehlerhaften Wörter richtig auf.
- Korrigiert die Zeichensetzung und schreibt die beiden Sätze richtig auf.

8 Überarbeitet Memets Bewerbungsschreiben mit Hilfe der Tipps 1–5 sowie der Checkliste auf Seite 232, Aufgabe 1.

6 werde die Schule voraussichtlich … verlassen; ich strebe an …
Über eine Einladung zu einem Vorstellungsgespräch …

Ein Referat vorbereiten und halten

Warum ist Lachen gesund?

In diesem Kapitel erfährst du viel über das Thema „Lachen". Am Ende sollst du deine Klasse in einem zehnminütigen Referat informieren.

1. Schritt: Über das Thema nachdenken

Über manche Themen könnt ihr am besten zu zweit nachdenken.

1 Tauscht euch in einem Partnerinterview über das Thema „Lachen" aus.
- Stellt euch gegenseitig Fragen.
- Schreibt die Antworten in Stichworten auf.

Tipp: Ihr könnt auch eigene Fragen stellen.

Worüber kannst du lachen?
Mit wem lachst du?
Wie fühlt es sich an, zu lachen?
Warum könnte Lachen gesund sein?
...

2 a. Sortiere die Antworten in einer Mindmap.
b. Schreibe die Themen auf die Äste.

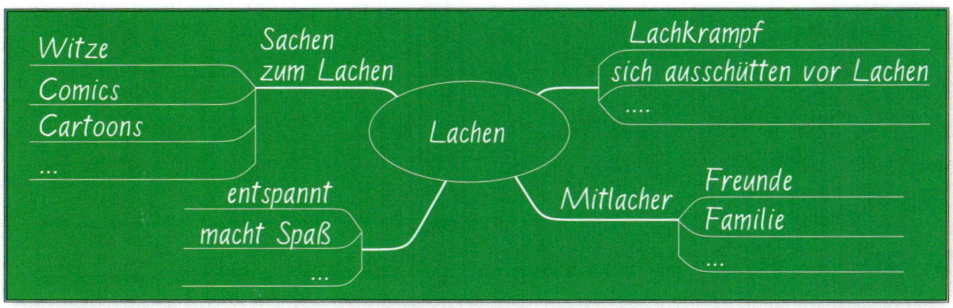

2. Schritt: Informationen zu einem Thema sammeln

Auf den Seiten 237 bis 240 findest du Informationen zum Thema.

3 Lies die Texte mit den Textknacker-Schritten 1, 2 und 3.

Tipps für den 3. Schritt:
- Worum geht es in dem jeweiligen Text?
- Notiere für jeden Text die Überschrift auf einer Karteikarte.
- Formuliere ein bis zwei Stichworte, die den Inhalt zusammenfassen.

1. Vor dem Lesen
2. Das erste Lesen
3. Den Text genau lesen

Starthilfe

Text 1: Tränen, die man lacht, muss man nicht mehr weinen
- Schmerzmittel; Clowns in Krankenhäusern
- ...

Die Texte 1 bis 6 informieren dich auf sehr unterschiedliche Weise über das Lachen.

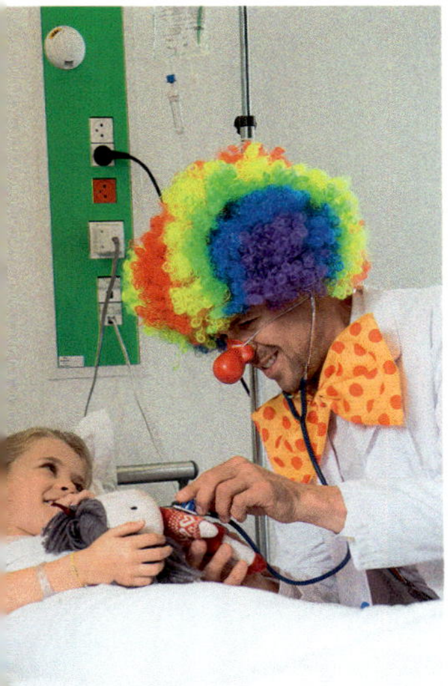

1 Tränen, die man lacht, muss man nicht mehr weinen

(ein Auszug aus einem Interview mit dem Arzt und Kabarettisten Eckart von Hirschhausen)

t-online.de: Sie haben 2008 die Stiftung[1] „Humor hilft heilen" gegründet, was machen Sie da genau?

Eckart von Hirschhausen: Wir bringen Clowns in Krankenhäuser, vor allem auf die Kinderstationen. Lachen ist die beste Medizin. Man weiß heute, Lachen ist ein gutes Schmerzmittel. Wer es nicht glaubt, darf es am eigenen Leib ausprobieren. Hauen Sie sich kräftig mit einem Hammer auf den eigenen Daumen. Das tut weh. Machen Sie das einmal alleine und dann noch mal in Gesellschaft. Mit anderen kann ich sofort über mein Missgeschick lachen und der Schmerz lässt nach. Und deshalb sollten Menschen mit Schmerzen nicht alleine sein und etwas zu lachen bekommen. „Humor hilft heilen" organisiert auch Seminare für die Pflegekräfte, wie sie humorvoller mit den oft belastenden Situationen auf der Station[2] umgehen können. Und ich finanziere[3] Studien, um die Clownsarbeit wissenschaftlich zu begleiten und zu untermauern.

2 Herzhaftes Lachen steckt an

(ein Auszug aus einem Zeitungsbericht)

Zwei Menschen unterhalten sich im Bus und lachen über einen Witz: Die meisten Mitreisenden lächeln, manche lachen sogar mit. Denn es stimmt: Lachen steckt an! Aber es muss ein offenes Lachen sein, laut und andauernd. Wer nur verhalten kichert, reißt niemanden mit. Das hat der amerikanische Wissenschaftler Michael Owren herausgefunden, als er das unterschiedliche Lachen von etwa 50 Personen anderen Menschen vorspielte und die Reaktion beobachtete. Vermutlich kennt es jeder: Wenn man allein einen Film anschaut, lächelt man bei komischen Szenen. In einer Gruppe brechen dagegen alle gemeinsam in lautes Lachen aus. Dies zeigt eine wichtige Aufgabe des Lachens: Man lacht, um soziale Bindungen[4] aufzubauen. Man fühlt sich einfach gut, mit der Gemeinschaft in Übereinstimmung zu sein.

1 die **Stiftung:** eine Einrichtung, die mit gespendetem Geld etwas bewirken will
2 die **Station:** hier: die Abteilung in einem Krankenhaus
3 **finanzieren:** die Kosten bezahlen
4 **soziale Bindungen:** Bindungen zwischen Menschen

3 Lachen ist kostenlose Medizin

(ein Zeitschriftenartikel)

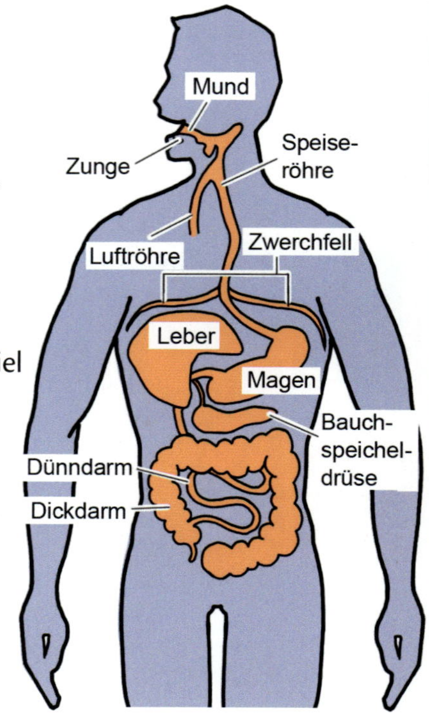

A Lachen besitzt eine Heilkraft, von der wir uns jeden Tag bedienen können – ohne dafür bezahlen zu müssen. Sie stärkt das Immunsystem[5] des Menschen und ist auch gut für die Seele. Denn wer häufig und intensiv[6] lacht, fühlt sich ausgeglichener und zuversichtlich.
Verschiedene Untersuchungen haben belegt, dass sich beim Lachen die Abwehrstoffe im Körper stark vermehren und gegen Bakterien und Viren[7] kämpfen. Man bekommt zum Beispiel weniger Erkältungen. Auch gegen Stress kann Lachen hilfreich sein, weil dadurch der Pegel des Stresshormons Adrenalin im Körper sinkt und sich die Muskeln entspannen. Gleichzeitig wird der Körper besser durchblutet und mit Sauerstoff versorgt, sodass man sich frischer fühlt. Das Zwerchfell[8], das beim Lachen in Schwingung gebracht wird, bewirkt eine kräftige Massage der Verdauungsorgane und trägt so zu einer besseren Verdauung bei. Zudem kann regelmäßiges Lachen dabei helfen, hohe Blutdruck- und Blutfettwerte zu regulieren.

B Was uns zum Lachen bringt, kann sehr unterschiedlich sein. Das hängt davon ab, aus welchem Land wir stammen, was in unserer Familie als lustig empfunden wird und was uns persönlich gut gefällt. Und auch Frauen und Männer, Jugendliche und ältere Menschen finden unterschiedliche Dinge lustig.
Das Lachen unterscheidet den Menschen von anderen Lebewesen, da die Fähigkeit dazu angeboren ist und sich bei einem Baby aus einem Reflex[9] heraus entwickelt. Nur Menschenaffen zeigen ein ähnliches Verhalten. Der österreichische Psychologe und Neurologe[10] Prof. Dr. Niels-Peter Birbaumer hat bei Untersuchungen herausgefunden, dass sich ein Kind umso besser entwickelt, je mehr es lächelt und lacht.
Leider lässt die Häufigkeit des Lachens mit zunehmendem Alter nach. Während Kinder noch rund 400-mal am Tag lachen, kann man es bei Erwachsenen gerade noch etwa 15-mal hören. Dabei kann jeder Mensch jeden Tag etwas zu seiner eigenen Gesundheit beitragen und auch andere darin unterstützen, indem er einen Witz erzählt oder jemandem ein Lächeln schenkt. Selbst ein künstliches Lachen bewirkt Gutes für Körper und Seele!

5 das **Immunsystem**: Vorgänge im Körper zur Abwehr von Krankheiten
6 **intensiv**: hier: stark
7 die **Viren**: die Krankheitserreger
8 das **Zwerchfell**: eine Scheidewand zwischen Brustbereich und Bauchhöhle im Körper
9 der **Reflex**: ein Verhalten, das durch einen Reiz ausgelöst wird
10 der **Neurologe**: ein Arzt für Nervenkrankheiten

4 Ich bin Grimaldi!

(ein Witz)

Joseph Grimaldi war ein berühmter Clown. Er trat um das Jahr 1810 in England auf. Von ihm stammt angeblich folgender Witz: Ein Mann geht zum Arzt. Er klagt über dauernde Traurigkeit. Nichts macht ihm mehr Spaß im Leben. Der Arzt rät ihm, sich den berühmten Clown Grimaldi anzuschauen, um mal wieder richtig lachen zu können. Der Mann antwortet: „Ich bin Grimaldi!"

5 Lachyoga

(ein Lexikonartikel)

Lachyoga, das: verbindet Yogatechniken[11] mit Lachübungen; soll mit natürlichen, einfachen Mitteln die körperliche und seelische Gesundheit fördern; erschließt außerdem einen Zugang zur eigenen Kreativität[12], Fantasie und zu innerem Wohlbefinden; fördert einen liebevollen Umgang mit sich selbst und anderen Menschen. Aus grundlosem, künstlichem Lachen entsteht echtes Lachen, das sich über Blickkontakt in der Gruppe verbreitet. Wird ausgeübt in Lachclubs, Fitnessstudios, Yogaschulen, aber auch in Unternehmen, Gefängnissen, Kindergärten usw. auf der ganzen Welt.

6 Timm Thaler oder Das verkaufte Lachen

(ein Auszug aus einer Buchbesprechung)

Der Autor James Krüss schrieb vor fast 60 Jahren einen Roman über den Jungen Timm Thaler, der sein Lachen an einen geheimnisvollen Herrn verkauft. Dieser Mann möchte das ansteckende Lachen des Jungen benutzen, um andere Menschen zu manipulieren[13]. Timm bekommt dafür die Fähigkeit, jede Wette zu gewinnen. Auf diese Weise möchte er reich werden und viele Freunde finden. Wenn Timm doch einmal lachen möchte, pressen sich seine Lippen zu einem Strich zusammen und es entsteht nur ein unangenehmes Grinsen. Die meisten Menschen meiden ihn deshalb. Schließlich erkennt Timm, dass er ohne sein Lachen nicht leben möchte. Im Buch heißt es: „Denn Timm hatte mit seinem Lachen noch etwas anderes verloren: seine Arglosigkeit und sein Vertrauen in die Welt und in die Menschen".

11 die **Yogatechniken:** Übungen aus der Yogalehre, die Gutes für Körper und Geist bewirken sollen
12 die **Kreativität:** Einfallsreichtum
13 **manipulieren:** beeinflussen

Hier findest du außerdem eine Grafik zum Thema „Lachen".

4 Sieh dir die Grafik genau an.
 a. Lies die Überschrift und alle Angaben.
 b. Was zeigt die Grafik?
 Erkläre es mit eigenen Worten.
 c. Notiere deine Ergebnisse in Stichworten auf einer Karteikarte.

„Worüber lachen Sie?" – Menschen mit Lebensfreude

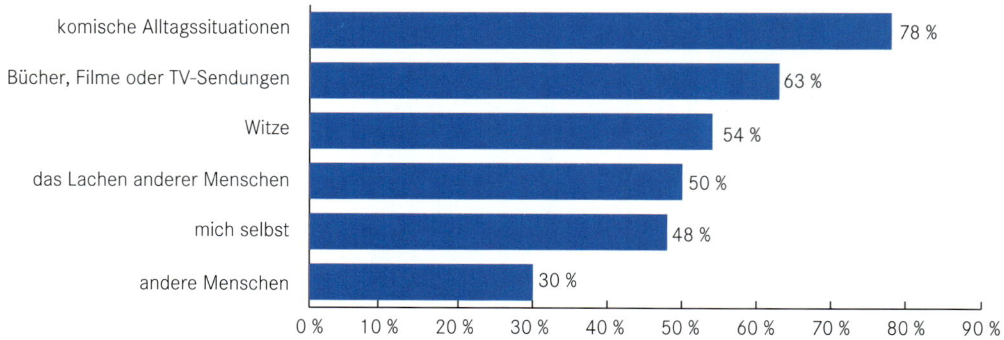

Anteil der Befragten in Prozent; befragt wurden 2153 Menschen in Deutschland im Dezember 2011 im Alter von 14 bis 69 Jahren; © Statista 2015

5 Überlege: Hast du Fragen zu einem der Texte 1 bis 6 oder zur Grafik?
Tipp: Tausche dich mit einer Partnerin oder einem Partner aus.

3. Schritt: Die Informationen gliedern und die Notizen ordnen

Nun wählst du die Informationen für dein Referat aus.
Achte dabei auf das Thema des Referats und auf die Interessen deiner Zuhörer: Was findet deine Klasse an diesem Thema spannend?

6 Wähle aus: Welche Texte sind für dein Referat wichtig?
Lege die passenden Karteikarten bereit.

7 Zu offenen Fragen und zu Inhalten, die dich noch stärker interessieren, kannst du dich weiter informieren.
 a. Finde weitere Informationen im Internet oder in Sachbüchern.
 Notiere dazu Stichworte auf Karteikarten.
 b. Schlage schwierige Wörter im Wörterbuch oder im Lexikon nach.

8 Gliedere dein Referat.
 a. In welcher Reihenfolge möchtest du die Informationen vortragen?
 b. Nummeriere die Karteikarten in dieser Reihenfolge.

4. Schritt: Den Vortrag anschaulich machen

Damit dein Publikum deinem Referat aufmerksam folgt, kannst du Folien oder eine Computer-Präsentation zeigen. Du kannst auch etwas vormachen oder Bilder oder Gegenstände zeigen.

9 Plane deine Präsentation zunächst mit Hilfe der Fragen.
Tipp: Mache dir Notizen oder eine Skizze.
- Wie heißt die Überschrift?
- Welches sind die wichtigsten Stichworte?
- Welche Bilder passen zu deinem Thema?
- Welche anderen Materialien möchtest du zeigen, z. B. Videoausschnitte oder Gegenstände?
- Kannst du passend zum Thema etwas vormachen?
- In welcher Reihenfolge willst du vorgehen?

Überschrift:
Tägliches Lachen hält gesund!

Einstieg: Witz erzählen
Karteikarte 1: ...
Bild: ...
Karteikarte 2: ...
Gegenstand zeigen: ...
Karteikarte ...
...

W **10** Gestalte deine Präsentation am Computer.
Wähle aus: Verwende das normale Schreibprogramm oder ein spezielles Präsentationsprogramm.
Tipps:
- Verwende große und gut lesbare Schriften.
- Achte auf ausreichende Zeilenabstände.
- Verwende für Überschriften eine größere und fettere Schrift.
- Schreibe nur wenige Stichworte auf eine Folie oder eine Seite.
- Setze nur wenige und gut erkennbare Farben ein.
- Mit Farben kannst du Besonderheiten verdeutlichen.
- In einem Präsentationsprogramm kannst du Audio- oder Video-Dateien abspielen.

5. Schritt: Eine Einleitung und einen Schluss formulieren

11 Der erste und der letzte Satz sind sehr wichtig für dein Referat.
Diese beiden Sätze solltest du ausnahmsweise vollständig aufschreiben.

Einleitung:
- Was macht dein Publikum neugierig?
- Hast du etwas Passendes erlebt?
- Beginnst du mit einem Witz oder zeigst du etwas Lustiges?

Schluss:
- Was hat dich am meisten erstaunt?
- Was war für dich eine ganz besondere Information? Warum?
- Hat sich für dich etwas geändert?

6. Schritt: Das Referat üben

12 a. Lies die Arbeitstechnik „Frei vortragen".

➜ „Frei vortragen": Seite 296

b. Übe dein Referat mehrmals – auch vor anderen.
Tipp: Überprüfe, ob dein Referat etwa zehn Minuten dauert.

7. Schritt: Die Zuhörerinnen und Zuhörer mit einbeziehen: Beobachtungsaufträge

Wenn du deinen Zuhörern Aufgaben zum Inhalt stellst, hören sie während des Referats aktiv und aufmerksam zu.

13 Welche Aufgaben passen zu deinem Thema?
a. Nenne zwei oder drei Aufgaben, auf die deine Zuhörerinnen und Zuhörer während des Referats achten sollen.
b. Schreibe die Aufgaben an die Tafel oder auf eine Folie.
c. Frage im Anschluss an das Referat nach den Antworten.

Starthilfe
Nennt zwei positive Auswirkungen des Lachens.
...

14 Es ist wichtig, dass das Publikum den Inhalt deines Referats versteht.
a. Sage deinen Zuhörerinnen und Zuhörern, dass sie sich Notizen machen sollen, wenn sie etwas nicht verstanden haben.
b. Beantworte die Fragen nach dem Referat.

Damit die Zuhörerinnen und Zuhörer dir nach dem Referat Ratschläge geben können, bekommen sie Beobachtungsaufträge.

15 Stellt gemeinsam Beobachtungskarten her.
a. Schreibt jeweils einen Beobachtungsauftrag auf eine Karteikarte.
Tipp: Ihr könnt die Fragen unten auf dieser Seite verwenden.
b. Verteilt die Karten an das Publikum.
c. Wer einen Beobachtungsauftrag hat, achtet während des Vortrags besonders auf diese Aufgabe.
Nach dem Vortrag kann er oder sie dann eine Rückmeldung geben.

Wird frei gesprochen oder abgelesen?

Gibt es Blickkontakt zum Publikum?

Ist die Präsentation übersichtlich?

Wird in vollständigen Sätzen gesprochen?

Wird der Inhalt verständlich vorgetragen?

Wurden passende Bilder oder Materialien ausgewählt?

16 Gestaltet in der Klasse ein Plakat mit Regeln für gutes Zuhören.
a. Tragt mündlich zusammen: Welches Verhalten stört während eines Vortrags?
b. Schreibt dazu Stichworte auf.

Starthilfe

Regeln für gutes Zuhören:
Ich sehe den Vortragenden an.
Ich bin leise und rede nicht dazwischen.
…

8. Schritt: Das Referat halten und auswerten

17 a. Halte nun dein Referat.
Tipps:
- Lege dir alle benötigten Materialien zurecht.
- Achte darauf, dass dich jeder sehen kann.
- Beginne erst, wenn alle im Publikum ruhig und aufmerksam sind.
- Sprich langsam, laut und deutlich.
- Achte auf die Zeit.

b. Beantworte nach dem Referat zuerst die Fragen der Zuhörerinnen und Zuhörer.
c. Wenn du vorher Aufgaben zum Inhalt gestellt hast, frage nach den Antworten.

Zum Schluss wird dein Referat ausgewertet.
Du bekommst von deinem Publikum ein Feedback, also Rückmeldungen.
So weißt du, was du gut gemacht hast und was du verbessern kannst.

W **18** Wählt aus:
- Besprecht gemeinsam die Ergebnisse der Beobachtungsaufgaben, die vor dem Referat an das Publikum verteilt wurden.
- Überprüft das Referat mit Hilfe der Checkliste.
Tipp: Ihr könnt die Checkliste mit eigenen Fragen ergänzen.

Checkliste: Ein Referat auswerten	*ja*	*nein*
Habe ich alles verstanden?		
Konnten alle meine Fragen beantwortet werden?		
War die Präsentation passend?		
War das Referat gut gegliedert?		
Hat der Vortragende deutlich und laut genug gesprochen?		
Hat er oder sie Blickkontakt zum Publikum gehalten?		
War die Einleitung gut gewählt?		
Gab es einen passenden Schluss?		
Haben die Materialien den Vortrag unterstützt?		
War das Referat interessant für mich?		

Dein Rechtschreib-Check

Mit dem Rechtschreib-Check kannst du selbstständig Fehler finden. Du prüfst und korrigierst damit Wörter in deinen Texten.

Checkpunkt 1: Deutlich sprechen – genau hinhören – genau hinsehen

- Sieh dir das Wort, seine Schreibung genau an.
- Sprich dir das geschriebene Wort **langsam** und **deutlich** vor.
- Lies das Wort dabei Buchstabe für Buchstabe mit.
- Schließe die Augen und stelle dir das Wort vor, Buchstabe für Buchstabe.
- So kannst du Flüchtigkeitsfehler und fehlende Buchstaben erkennen.

1 Wende Checkpunkt 1 bei dem folgenden Text an.
Schreibe den Text fehlerfrei auf.

Was hat Dana vor?

Dana hat es sich auf dem Sofa im Wohnzimmer gemütlch gemacht. Sie hört laut ihre Lieblingsmusik. Neben ihr liegt ihr Heft. Sie schreib etwas hinein. Als ihre Freundn eine SMS schickt, antwortet sie sofort. Ihr Bruder Leo ist auch da und fragt: „Was tust du eigentlich?" Dana sagt: „Ich schribe für die Schule." Leo schüttlt den Kopf: „Du machst es dir aber schwer …"

Achtung: Fehler!

Checkpunkt 2: Lang oder kurz?

Sprich das Wort leise vor dich hin:
Ist der Vokal lang oder kurz?

Langer Vokal:
- Meist folgt nur **ein** Konsonant: *sagen*.
- **Langes i** ist meist **ie**: *die Liebe*.
- Vor **l**, **m**, **n**, **r** kommt manchmal ein **h**: *zahm*.

Kurzer Vokal:
Meist folgen **zwei** Konsonanten,
- zwei gleiche: *wollen, rennen* oder
- zwei verschiedene: *merken, poltern*.

2 In der Wörterliste am Rand sind Vokale **fett** geschrieben.
a. In welchen Wörtern sprichst du einen kurzen Vokal? In welchen einen langen Vokal?
b. Schreibe die Wörter ab.
   - Setze unter kurze Vokale einen Punkt.
   - Unterstreiche lange Vokale.
   - Markiere die Konsonanten nach den Vokalen.

die Bl**u**me
das K**i**nd
kl**e**ttern
der Kn**a**ll
s**a**gen
der Sch**a**tten
die W**a**hl
w**e**rtv**o**ll
z**e**hn

3 Wende Checkpunkt 2 bei dem folgenden Text an.
Schreibe den Text fehlerfrei auf.

Erfolgreich Hausaufgaben machen

Achtung: Fehler!

Um Hausaufgaben erfolgreich erledigen zu könen, braucht man vor alem eine passende Lernumgebung. Ein fester Arbeitsplatz ist am besten. Auf dem Tisch solten alle erforderlichen Materialien ligen. Ruhe ist wichtig, darum bleiben Mitbewoner besser draußen. Nur bei leichten Aufgaben wie Zeichnen oder Basteln ist Musik erlaubt. Das Handy ist auf stum geschaltet. So gelingt es bestimmt, sich auf die Arbeit zu konzentrieren.

Checkpunkt 3: Verwandtes Wort?

- Findest du ein Wort schwierig?
  Dann finde ein **verwandtes Wort**, das du sicher schreiben kannst.
  Denn den **Wortstamm** in verwandten Wörtern schreibst du immer **gleich**:
  *verd**ä**chtig – der Verd**a**cht* *__äu__ßerlich – __au__ßen*
- Achte auf Zusammensetzungen:
  *we**gg**ehen* – so wie *we**g*** und ***g**ehen*

4 a. Schreibe zu jedem Wort der folgenden Liste ein verwandtes Wort auf.
b. Markiere in jedem Wort den Stamm.

die Äpfel, äußerst, das Gehäuse, er hält, das Rätsel, säuerlich, schäumen, der Stängel, träumen

Starthilfe
die Äpfel – der Apfel
...

Bei manchen Wörtern ist es schwierig, ein verwandtes Wort zu finden. Diese Wörter musst du dir merken.

Merkwörter mit ä: der Bär, dämmern, der Käfer, der Käfig, der Lärm, nämlich, die Säge
Merkwörter mit äu: das Knäuel, sich räuspern, die Säule, sich sträuben

5 a. Schreibe mit jedem Merkwort einen Satz auf.
b. Unterstreiche jeweils das Merkwort.

Checkpunkt 4: b oder p, d oder t, g oder k am Wortende oder am Ende des Wortstamms?

- **Verlängere** das Wort oder den Wortstamm. Dann hörst du die Endung.
  *sandi**g** – der sandi**g**e Weg*
- Zusammengesetzte Wörter trennst du und verlängerst dann.
  *das Er**d**beben – die Er**d**e* *stau**b**saugen – stau**b**ig*
- Bilde bei Verben den Infinitiv.
  *sie blei**d**t – blei**b**en* *er ban**d** – bin**d**en* *er lie**g**t – lie**g**en*

6 Wende Checkpunkt 4 bei dem folgenden Text an.
Schreibe den Text fehlerfrei auf.

Spaß am Klettern

Achtung: Fehler!

Dana hat ihre Hausaufgaben erfolkreich abgeschlossen. Jetzt kann sie zur Kletterhalle fahren, denn sie liept es, dort die meterhohen Wände hochzuklettern. Dana üpt regelmäßig. Die Gruntkenntnisse hat sie in einem Kurs gelernt. Das Wichtikste sind die Sicherheitsregeln, damit niemand verletzt wird. Mittlerweile steigt Dana geschickt bis nach oben. Später möchte sie es auch draußen an einer echten Berkwand versuchen.

Checkpunkt 5: Groß oder klein?

Nomen schreibst du **groß**.
Mit diesen Fragen erkennst du Nomen:

- Hat das Wort einen oder mehrere **Begleiter**?
- Endet das Wort auf **-ung**, **-heit**, **-keit**, **-nis**, **-tum**?
- Steht vor dem Wort einer der **besonderen Begleiter**: **am**, **beim**, **zum**, **alles**, **nichts**, **viel**?

7 Wende Checkpunkt 5 bei dem folgenden Text an.
Schreibe den Text fehlerfrei auf.

Der jüngste Bergsteiger

Achtung: Fehler!

Jordan Romero wurde 1996 in den USA geboren. Beim betrachten eines gemäldes, das die höchsten Berge der sieben Erdteile zeigte, hatte er eine Eingebung: Er wollte selbst diese Berge besteigen. Voller entschlossenheit verfolgte er seinen Plan. Zum Erstaunen der ganzen welt hatte er im alter von 15 Jahren sein Ziel erreicht und wurde damit zur berühmtheit.

Auch Adjektive können Nomen werden. Sie werden dann großgeschrieben. Die besonderen Begleiter alles, allerlei, etwas, genug, nichts, viel und wenig zeigen es dir an.

8 Verwandle die Adjektive am Rand mit Hilfe der Begleiter zu Nomen. Setze passende Wortgruppen in die Lückensätze ein.

schön
unerklärlich
anstrengend

Manche Bergsteiger treibt ______ an.
Unterwegs zum Gipfel müssen sie ______ aushalten.
Aber der Blick über die Landschaft zeigt ______.

Starthilfe
Manche Bergsteiger treibt etwas Unerklärliches …

Checkpunkt 6: Komma – ja oder nein?

- Ein Komma steht bei **Aufzählungen**:
  Sie interessiert sich für Berge, Musik, Filme und Katzen.
- Ein Komma steht zwischen Haupt- und Nebensätzen, z. B. mit den Konjunktionen **dass, weil, obwohl, nachdem, als, wenn** oder mit einem **Relativpronomen**:
  Ich glaube, ***dass*** *ich auch gut klettern kann.*
- Ein Komma trennt nachgestellte Erläuterungen ab.
  Das ist Nuria, meine beste Freundin.
- Ein Komma trennt Hauptsätze in Satzreihen ab.
  Wir wärmen uns auf, die Klettergurte liegen bereit, ich kann es kaum erwarten.

9 Wende den Checkpunkt 6 bei folgendem Text an.
Schreibe den Text ab und setze die Kommas:
- Findest du zwei Aufzählungen?
- Findest du eine nachgestellte Erläuterung?
- Findest du eine Satzreihe mit Hauptsätzen?

Pausen sind wichtig

Achtung: 10 Kommas fehlen!

Weil Dana Aufgaben für Englisch Mathematik Geschichte und Deutsch aufhat muss sie am Nachmittag lange arbeiten. In einer Zeitschrift hat sie gelesen dass Schülerinnen und Schüler sich nur etwa eine Stunde lang gut konzentrieren können. Herr Winter ein Bildungsforscher empfahl in dem Artikel nach dieser Zeit eine Unterbrechung. Frische Luft Bewegung und ein vitaminhaltiges Getränk sollen den Kopf wieder frei machen damit man nach der Pause besser weiterlernen kann. Dana probiert es aus bei ihr wirkt es tatsächlich nun hat sie bald alles geschafft.

Ein Tipp zum Schluss: **Wende den Rechtschreib-Check in Zukunft bei allen deinen Texten an.**

→ der Rechtschreib-Check im Überblick: Seite 298

1. Trainingseinheit

In einem Brief bittet die Klasse 9c den Förderverein ihrer Schule um einen Zuschuss für ihre Klassenfahrt nach Berlin.

Liebe Mitglieder des Fördervereins! |

Unsere diesjährige Klassenfahrt | soll nach Berlin gehen. | Wir planen eine Stadtrundfahrt, | einige Besichtigungen | und andere Erlebnisse in der Gemeinschaft. | Die Fahrt wird | in den Fächern Erdkunde, | Geschichte und Deutsch vorbereitet. | Beim Planen diskutieren wir viele Möglichkeiten. | Schließlich entscheidet die Mehrheit. | Bisher haben wir | den Besuch des Reichstags | sowie eine Schifffahrt auf der Spree vorgesehen. | Die Klassenfahrt wird etwas Besonderes sein. | Wir möchten nämlich in einem selbst gedrehten Video | über die täglichen Geschehnisse | und über alles Spannende berichten. | Den Film zeigen wir später in der Schule, | er ist für die Klassen 8 bis 10 gedacht, | auch der Förderverein wird eingeladen. | Wir würden uns freuen, | wenn Sie uns mit einem einmaligen Zuschuss | für die Fahrt unterstützen könnten. | (119 Wörter)

1 Warum wird die Klassenfahrt etwas Besonderes sein? Antworte in einem Satz.

2 Schreibe die Wörter der Wörterliste dreimal.

das Mitglied, fördern, der Verein, die Fahrt, der Wert, Wert legen, das Fach – die Fächer, vorbereiten, entscheiden, sehen – gesehen – vorgesehen, die Stadt, die Schifffahrt, denken – gedacht, einladen, einmalig, der Zuschuss, unterstützen

Nomen großschreiben

Einige Nomen erkennst du an ihren Endungen.

3 Im Text findest du Nomen mit den Endungen **-ung**, **-heit**, **-keit**, **-nis** und **-schaft**.
- **a.** Schreibe die Grundform der Nomen mit dem Artikel auf.
- **b.** Markiere die Endungen.

Starthilfe
die Besichtigung, …

4 Aus den Wörtern unten kannst du mit einer der Endungen Nomen bzw. *neue* Nomen machen. Schreibe die Nomen mit ihrem Artikel auf.
Tipp: Die Nomen schreibst du groß.

Mann wahr Plan pünktlich
krank Ärger Land
geheim sauber Grab

\+

-ung
-heit
-keit
-nis
-schaft

=

Starthilfe
die Mannschaft, die Planung, …

Aus Adjektiven und Verben können Nomen werden.

5 Im Trainingstext sind aus zwei Adjektiven und einem Verb Nomen geworden.
a. Schreibe die Sätze mit den nominalisierten Wörtern auf.
b. Markiere die besonderen Begleiter.

Z **6** a. Mache aus den folgenden Wörtern Nomen.
Tipps: • Verwende Endungen oder besondere Begleiter.
• Am Rand findest du Beispiele.
b. Bilde mit den Nomen jeweils einen Satz.

ordnen, krank, gut, schön, fahren, lesen, lustig, neu, essen

die Ordnung
die Krankheit
das Gute
alles Schöne
beim Fahren
…

Die Wortfamilie bringen

bringen → er bringt – er brachte – gebracht, anbringen – angebracht – unangebracht, aufgebracht, einbringen, entgegenbringen, mitbringen – das Mitbringsel, überbringen, unterbringen – die Unterbringung, verbringen, vorbringen, weiterbringen, zurückbringen

7 a. Schreibe die Wörter der Wortfamilie **bringen** ab.
b. Finde weitere Wörter der Wortfamilie **bringen** und schreibe sie auf.
c. Schreibe drei Sätze mit Wörtern der Wortfamilie **bringen** auf.

Ich will meiner Schwester aus Berlin etwas …
Im Museum konnten wir die Taschen in einem Nebenraum …
Mit dem Film möchten wir die Zuschauer auch …

… zum Lachen bringen.
… mitbringen.
… unterbringen.

Komma bei Aufzählungen

Wenn du Wörter, Wortgruppen oder Sätze aufzählst, trennst du sie durch Kommas voneinander.
Ausnahme: Vor und und oder steht kein Komma.

Satzbilder: ____ , ____ **und** ____ .   ____ , ____ **oder** ____ .

8 Im Trainingstext findest du jeweils eine Aufzählung aus Wörtern, aus Wortgruppen und aus Sätzen.
a. Schreibe die Sätze mit den Aufzählungen ab.
b. Markiere die Aufzählungen und die Kommas.

9 a. Schreibe die schwierigen Wörter aus dieser Trainingseinheit dreimal.
b. Schreibe den Trainingstext „Liebe Mitglieder des Fördervereins!“ ab.

→ Tipps zum Abschreiben: Seite 298

9 **Merkwörter:** wir diskutieren, der Film, nämlich, später

2. Trainingseinheit

Die Schülervertretung trifft sich wegen der häufigen Unfälle auf dem Schulhof. Dies ist ein Auszug aus dem Protokoll ihrer Versammlung.

Protokoll zur Versammlung der Schülervertretung

Thema:	*Unfallgefahr auf dem Schulhof*
Datum:	*25.01.2016*
Zeit:	*Beginn: 13:30 Ende: 14:25*
Es nehmen teil:	*Sprecherinnen und Sprecher aller Klassen*
Tagesordnung:	*1. Unfallgefahr auf dem Schulhof*
	2. Jdeen für eine Verbesserung

TOP 1: *Die Treppe stellt bei Regen, Eis und Schnee eine Gefahr für alle Schüler dar, insbesondere für die unteren Klassen. Auf den glatten Stufen kommt es immer wieder zu Verletzungen durch Ausrutschen.*

TOP 2: *Jn einem Antrag an die Schulleitung soll um Abhilfe gebeten werden, und zwar so bald wie möglich.*

1 Worüber berät die Schülervertretung?
Schreibe einen Satz auf.

2 Schreibe die Wörter der Wörterliste dreimal.

die Zeit, der Unfall, die Versammlung, die Gefahr, die Treppe, der Schulhof, der Klassensprecher, besonders, die Verletzung, das Ausrutschen, der Antrag, die Schulleitung, zwar, möglich

Wörter mit kurzem Vokal

Nach einem kurzen, betonten Vokal im Wortstamm folgen meist zwei Konsonanten: zwei gleiche oder zwei verschiedene.

3 Lege eine Tabelle an.
- a. Suche im Trainingstext die Wörter mit kurzem Vokal.
- b. Trage die Wörter in die richtige Spalte ein.
- c. Markiere die kurzen Vokale und die folgenden Konsonanten.

Starthilfe

Wörter mit zwei gleichen Konsonanten nach kurzem Vokal	Wörter mit zwei verschiedenen Konsonanten nach kurzem Vokal
das Protokoll	das Ende

4 a. Trage auch die folgenden Wörter richtig in deine Tabelle ein.
b. Markiere die kurzen Vokale und die folgenden Konsonanten.

als, alt, die Ampel, anders, die Antwort, der Apfel, das Bild, der Brand, die Bremse, das Brett, brennen, bringen, bunt, der Fluss, halten, das Hemd, knabbern, der Schirm, die Welle, die Wolke, der Zettel

Die Wortfamilie kommen

kommen → sie kommt – sie kam – gekommen, das Abkommen, auskommen, das Auskommen, bekommen, aufbekommen, herausbekommen, zurückbekommen, davonkommen, das Einkommen, herkommen, nachkommen, die Übereinkunft, die Zukunft

5 a. Schreibe die Wörter der Wortfamilie **kommen** ab.
b. Finde weitere Wörter der Wortfamilie **kommen** und schreibe sie auf.

6 Finde zu den folgenden Wörtern das passende Verb mit **kommen**. Schreibe die Wortpaare auf.

die Ankunft, bekömmlich, das Fortkommen, die Herkunft, der Nachkömmling, die Unterkunft, das Vorkommen

Starthilfe
die Ankunft – ankommen, …

Komma bei nachgestellten Erläuterungen

Nachgestellte Erläuterungen trennst du vom Hauptsatz durch Kommas ab. Sie werden oft mit besonders, das heißt, und zwar, vor allem, zum Beispiel eingeleitet.

7 Im Trainingstext findest du zwei Sätze mit nachgestellten Erläuterungen.
a. Schreibe die Sätze ab.
b. Markiere die nachgestellten Erläuterungen und die Kommas.

8 Schreibe folgende Sätze ab. Setze die Kommas.

Die Treppe ist sehr glatt besonders bei Nässe.
Ole aus der 5a hat sich verletzt und zwar am linken Knöchel.
Die Schulleitung verspricht schnelle Hilfe das heißt noch in dieser Woche.

Satzzeichen fehlen!

9 a. Schreibe schwierige Wörter aus dieser Trainingseinheit dreimal.
b. Schreibe den Trainingstext ab. → Tipps zum Abschreiben: Seite 298

9 **Merkwörter:** das Datum, die Idee – die Ideen, das Protokoll, die Stufen, das Thema

3. Trainingseinheit

Ein Beruf mit Zukunft |

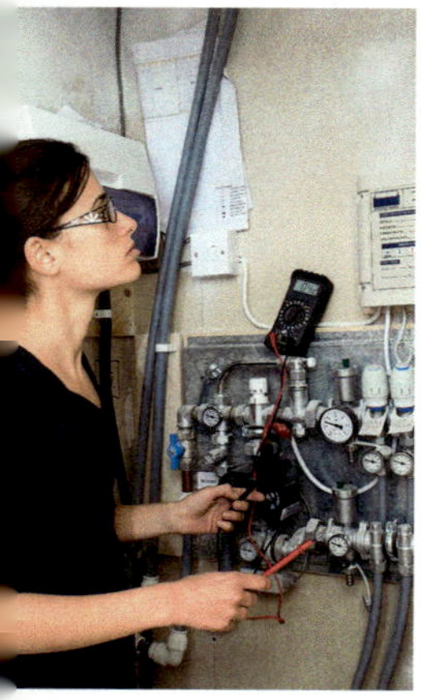

Weil Gesa eine technische Ausbildung anstrebt, | informiert sie sich über den Beruf | der Elektronikerin für Energie- und Gebäudetechnik. | Diese Fachleute planen | die elektrotechnische Ausstattung von Gebäuden. | Dazu gehören nicht nur Beleuchtung und Stromversorgung, | sondern auch die automatische Klimaanlage, | das Sicherheitssystem | oder eine Anlage zur Kommunikation. | Die Arbeit beginnt | mit einer Analyse der Kundenwünsche. | Dann folgt die Installation der Anlage. | Zum Schluss werden die Schaltpläne | genau dokumentiert, | damit man später alles darin wiederfindet. | Für diesen Beruf | braucht man Interesse an technischen Trends. | Derzeit wird immer häufiger | ein sogenanntes Touchpanel | für die Regulierung der Haustechnik verwendet. | Dieser Monitor reagiert auf Berührungen | und sorgt für mehr Komfort im Haushalt. | (110 Wörter)

1 Was gehört zur elektrotechnischen Ausstattung von Gebäuden? Schreibe die Antwort ab.

2 Schreibe die Wörter der Wörterliste dreimal.

anstreben – sie strebt an – angestrebt, die Ausbildung, der Beruf, die Fachleute, planen – sie plant – geplant, das Gebäude – die Gebäude, es gehört dazu, die Beleuchtung, zum Schluss, gerade, die Berührungen, der Haushalt – die Haushalte

Fachwörter und Fremdwörter

In Sachtexten findest du oft Fachwörter und Fremdwörter. Kläre ihre Bedeutung, dann kannst du sie sicher schreiben.

3 Im Text sind einige Fachwörter und Fremdwörter hervorgehoben.

a. Schreibe die Wörter untereinander in der Grundform auf. Schreibe vor jedes Nomen den bestimmten Artikel.

b. Was bedeuten die Wörter? Schreibe eine Erklärung auf.

Tipp: Du kannst ein Wörterbuch benutzen oder dich im Internet informieren.

Starthilfe

die Elektronikerin – eine Technikerin auf dem Gebiet der Elektrotechnik
automatisch – regelt oder steuert etwas von selbst
die Klimaanlage – eine Anlage zur Regelung der Raumtemperatur und Luftfeuchtigkeit
die Kommunikation – …

Die Wortfamilie nehmen

nehmen → er nimmt - er nahm - genommen, annehmen, der Arbeitnehmer, durchnehmen, Einfluss nehmen, in Empfang nehmen, gefangen nehmen, die Maßnahme, Rücksicht nehmen - die Rücksichtnahme, Stellung nehmen - die Stellungnahme

4 a. Schreibe die Wörter der Wortfamilie **nehmen** ab.
b. Manche Nomen aus der Wortfamilie **nehmen** werden mit **-nahme** gebildet. Schreibe zu folgenden Verben Nomen mit Artikel auf.

aufnehmen, einnehmen, festnehmen, mitnehmen, teilnehmen, übernehmen

Starthilfe
aufnehmen – die Aufnahme
einnehmen – die ...

Komma in Satzgefügen mit Konjunktionen

Beginnt ein Satzgefüge mit weil, wenn, als, obwohl, nachdem, bevor, während, damit oder sodass, folgt etwas später ein Komma. Das Komma steht zwischen zwei Verben.

Weil sie sich gern mit Technik beschäftigt, gefällt ihr dieser Beruf.
Satzbild: Weil ◯, ◯ .

5 Im Trainingstext findest du ein Satzgefüge zu diesem Satzbild.
a. Schreibe den Satz auf.
b. Markiere die Konjunktion und die beiden Verben. Markiere auch das Komma.

Beginnt ein Satzgefüge mit einem Hauptsatz, steht das Komma vor der Konjunktion.

Sie geht zur Berufsmesse, weil sie sich dort informieren will.
Satzbild: , weil .

6 Im Trainingstext findest du auch ein Satzgefüge zu diesem Satzbild.
a. Schreibe den Satz auf.
b. Markiere die Konjunktion. Markiere auch das Komma.

7 Bilde zu jedem Satzbild drei eigene Satzgefüge mit einer Konjunktion.
a. Markiere die Konjunktionen und die Kommas.
b. Markiere auch die Verben, wenn der Satz mit einer Konjunktion beginnt.

8 a. Schreibe schwierige Wörter aus dieser Trainingseinheit dreimal.
b. Schreibe den Trainingstext „Ein Beruf mit Zukunft" ab.

8 **Merkwörter:** die Zukunft, planen, elektrotechnisch, der Strom, das System, das Interesse

4. Trainingseinheit

Ein Fuchs im Straßenverkehr |

Ich gehe morgens früh los, | damit ich rechtzeitig zur Schule komme. | Heute wartete ich, | weil die Ampel Rot zeigte, | an der Kreuzung. | Da sah ich | auf der gegenüberliegenden Seite einen Fuchs. | Er kam gerade aus dem Schlosspark, | schnüffelte ein bisschen | an einer weggeworfenen Papiertüte | und lief zum Straßenrand. | Ich dachte: | „Wenn er jetzt nicht stehen bleibt, | passiert ihm was!“ | Aber da hielt er schon an der Ampel an. | Während die Autos an ihm vorübersausten, | beobachtete er genau das Lichtsignal. | Als es Grün wurde, | rannte der Fuchs über die Straße | und verschwand unter einer Hecke. | Vor lauter Staunen | verpasste ich das grüne Ampellicht | und musste weiter warten. | (110 Wörter)

1 Was tat der Fuchs, bevor er an der Ampel wartete? Schreibe die Antwort ab.

2 Schreibe die Wörter der Wörterliste dreimal.

morgens, rechtzeitig, losgehen – er geht los – er ging los – losgegangen, die Ampel, die Kreuzung, gegenüberliegend, schnüffeln – sie schnüffelt – sie schnüffelte – geschnüffelt, der Park, wegwerfen – er wirft weg – er warf weg – weggeworfen, der Straßenrand, verschwinden – er verschwindet – er verschwand – verschwunden, die Hecke

Wörter mit kurzem Vokal und ss

Nach einem kurzen Vokal folgen meist zwei Konsonanten, z. B. ss.

3 Im Text findest du einige Wörter mit **ss**.
- a. Schreibe die Wörter mit **ss** auf.
- b. Setze unter den kurzen Vokal einen Punkt.
- c. Markiere das **ss** nach dem kurzen Vokal.

4 Übertrage die folgende Tabelle in dein Heft.
Ergänze sie mit diesen Verben: **essen**, **fassen**, **küssen**, **lassen**, **messen**.
Tipp: Manchmal ändert sich der kurze Vokal.

Infinitiv	3. Person Singular Präsens	Imperativ Singular (Befehlsform)
vergessen	er vergisst	Vergiss!
verlassen	sie verlässt	Verlass! Verlasse!
essen	sie …	…

5 Partnerdiktat!
  a. Einigt euch, wer die folgenden Wörter zuerst diktiert und wer schreibt. Nach den blauen Wörtern wechselt ihr.
  b. Kontrolliert dann gemeinsam.
  Streicht Fehlerwörter durch. Schreibt sie richtig auf.

die Adresse, besser, der Einfluss, flüssig, der Genuss, geschlossen, gewiss, hässlich, der Kuss, loslassen, das Messer
das Missverständnis, nass, die Nuss, der Prozess, der Riss, der Schluss, der Schlüssel, vergessen, verlassen, das Wasser, wissen

Die Wortfamilie bleiben

bleiben → sie bleibt – sie blieb – geblieben, die Bleibe, hierbleiben, verbleiben, die Hinterbliebenen, überbleiben, das Überbleibsel, dableiben, wegbleiben

6 a. Schreibe die Wörter der Wortfamilie **bleiben** ab.
  b. Finde im Trainingstext einen Satz mit einem Wort der Wortfamilie **bleiben**. Schreibe den Satz auf.

7 a. Bilde aus den Wörtern am Rand + **bleiben** zusammengesetzte Verben.
  b. Schreibe mit jeder Zusammensetzung zwei Sätze auf.
  c. Markiere die Verben.

auf
aus
dabei
fort
zurück
zusammen

Starthilfe
aufbleiben:
Ich bleibe nicht mehr lange auf.
Darf ich heute länger aufbleiben?
…

Komma in Satzgefügen

Konjunktionen verbinden einen Hauptsatz mit einem Nebensatz.
Es entsteht ein Satzgefüge.
Zwischen Hauptsatz und Nebensatz setzt du ein Komma.
Der Nebensatz steht vor oder nach dem Hauptsatz oder in der Mitte.

______, **weil** ______.   **Wenn** ______, ______.   ______, **obwohl** ______, ______.

8 Im Trainingstext findest du fünf Satzgefüge.
  a. Schreibe die Satzgefüge auf.
  b. Markiere die Nebensätze und die Kommas.

9 a. Schreibe schwierige Wörter aus dieser Trainingseinheit dreimal.
  b. Schreibe den Trainingstext ab.

→ Tipps zum Abschreiben: Seite 298

9 **Merkwörter:** der Straßenverkehr, ein bisschen, der Fuchs, die Papiertüte, das Signal

5. Trainingseinheit

Erfolg ist kein Glück |

In seinem Songtext | „Erfolg ist kein Glück“ | behauptet der berühmte Rapper Kontra K, | dass man für Erfolg im Leben | sehr hart arbeiten muss. | Gleich in der ersten Strophe | gibt er z. B. den Rat, | niemals aufzugeben: | „Da wo sie scheitern, | musst du angreifen, | in einen höheren Gang schalten.“ (Z. 1) | Kontra K mahnt, | dass man sein Ziel | immer fest im Auge behalten muss: | „Nichts ist umsonst, | jeden Zentimeter muss man selber gehen.“ (Z. 39–40) | Nach seiner Erfahrung hilft Ausdauer | auf dem Weg nach oben: | „Ausdauer ist der Schlüssel für den Ruhm.“ (Z. 58) | Im Refrain führt er aus: | „Erfolg ist kein Glück, | sondern nur das Ergebnis von Blut, | Schweiß und Tränen.“ (Z. 18) | Offenbar hat er sich selbst | mit diesen Durchhalteparolen | durch schwere Jahre gebracht: | „Hoch fliegen heißt fallen in die Tiefe. | Doch ohne große Opfer | gibt es keine großen Siege.“ (Z. 9–10) | Heute kann er sie von der Bühne aus verkünden. | (145 Wörter)

1 Was ist für Kontra K der Schlüssel zum Ruhm? Schreibe die Antwort auf.

2 Schreibe die Wörter der Wörterliste dreimal.

der Songtext, behaupten, niemals, aufgeben – er gibt auf – er gab auf – aufgegeben, umsonst, der Zentimeter, die Zuhörerinnen – die Zuhörer, die Ausdauer, der Ruhm, zwischen, das Blut, der Schweiß, mal, das Opfer, fliegen – er fliegt – er flog – geflogen, der Sieg

Wörter mit h

Nach einem langen Vokal oder einem langen Umlaut steht manchmal ein h. Die Wörter mit h musst du dir merken. Es sind Merkwörter.

3 Im Trainingstext sind Wörter und Wortgruppen mit **h** blau markiert.
- a. Schreibe die Wörter und Wortgruppen ab.
- b. Markiere jeweils den langen Vokal und das **h**.

4
- a. Schreibe die folgenden Wörter mit **h** nach dem Alphabet geordnet auf.
- b. Wähle zehn Wörter mit **h** aus. Schreibe je ein verwandtes Wort auf.
- c. Markiere den langen Vokal und das **h**.

Starthilfe
wahr – die Wahrheit

wahr, das Zahnrad, fahren, kühlen, die Lehne, ahnen, die Belohnung, ehrlich, die Zahl, der Sohn, der Fehler, das Huhn, fühlen, neunzehn, wohnen

Die Wortfamilie geben

geben → sie gibt – sie gab – gegeben, abgeben, die Angabe, angeben, die Ausgabe, durchgeben, die Eingebung, ergeben, die Gabe, hergeben, der Gastgeber, mitgeben, nachgeben, preisgeben, die Übergabe

5 a. Schreibe die Wörter der Wortfamilie **geben** ab.
b. Finde im Trainingstext eine Verbform von **geben**.
Schreibe den Satz mit **geben** auf.

6 Schreibe die folgenden Sätze ab.
Setze dabei Wörter der Wortfamilie **geben** in die Sätze ein.

Mein Bruder hat sich bei einem neuen ___ vorgestellt.
Bis zum Abend war ihr Zorn verflogen und sie konnte ihm ___.
Sie war begeistert von der schönen ___.
Zum Geburtstag wollte er ihnen ein Abendessen ___.

der Arbeitgeber
ausgeben
die Umgebung
vergeben

Zeichensetzung bei Zitaten

Du kannst deine Aussagen mit Zitaten belegen. Du kannst vollständige Sätze zitieren oder Wortgruppen. Zitate werden wie die wörtliche Rede mit Anführungszeichen gekennzeichnet. Nach dem Zitat gibst du die Zeilen in Klammern an.

„___." (Z. 12)
___: „___." (Z. 5–6)

7 Im Trainingstext ist eine Textstelle bereits mit Farbe als Zitat markiert.
a. Schreibe dieses Zitat mit den Anführungszeichen und der Zeilenangabe auf.
b. Markiere die Anführungszeichen.

Z **8** Auf der folgenden Karte sind zwei Wortgruppen zitiert.
a. Finde diese Stellen im Trainingstext.
b. Schreibe die beiden Sätze ab.
Setze Anführungszeichen am Anfang und am Ende des Zitats.

Kontra K findet, man soll einfach in einen höheren Gang schalten, wenn es mal nicht so gut läuft. (Z. 1)
Er glaubt: Doch ohne große Opfer gibt es keine große Siege. (Z. 9–10)

Anführungszeichen fehlen!

9 Schreibe die schwierigen Wörter aus dieser Trainingseinheit dreimal.

10 Schreibe den Trainingstext „Erfolg ist kein Glück" ab.

9 **Merkwörter:** der Rapper, die Strophe, der Refrain, die Parolen

6. Trainingseinheit

Häufige Wörter und Wortgruppen in Bewerbungsschreiben

Einige Wörter und Wortgruppen kommen in Bewerbungsschreiben häufig vor.
Übe sie, dann kannst du sie sicher schreiben.

1 Schreibe folgende Wörter oder Wortgruppen dreimal.

die Berufsberatung, die Agentur für Arbeit, die Personalabteilung, der angestrebte Beruf, der Ausbildungsplatz, voraussichtlich, der Lebenslauf, der mittlere Bildungsabschluss, das Vorstellungsgespräch, die Kopien, die Zeugnisse,
ich interessiere mich ..., ich möchte gern kennen lernen ..., ich würde mich freuen, wenn ...
Sehr geehrte Damen und Herren ... Mit freundlichen Grüßen

Regeln und Tipps für ein Bewerbungsschreiben

Wenn du diese Regeln beachtest, kannst du viele Fehler vermeiden.
- Nach der **Betreffzeile** steht **kein Punkt**. Nach der **Grußformel** steht **kein Punkt**.
- Nach der **Anrede** steht meist ein **Komma**.
- Steht nach der Anrede ein **Komma**, schreibst du **klein weiter**.
- Die höfliche Anrede **Sie, Ihr, Ihnen** schreibst du **groß**.
- Einen **Relativsatz** oder einen **Nebensatz** trennst du mit **Komma** vom Hauptsatz ab.
- **Kontrolliere** die Schreibung von **Fachwörtern** und die Schreibung von **Namen**.

Die Berufsbezeichnungen solltest du unbedingt richtig schreiben.

2 a. Welche Berufe findest du in den folgenden Firmen? Ordne zu. Die Buchstaben ergeben in der richtigen Reihenfolge von oben nach unten ein Lösungswort.
b. Informiere dich über die Berufe, die du noch nicht kennst.
c. Schreibe zu jedem Beruf einen Satz auf.

Starthilfe
A In der Autowerkstatt arbeitet die Karosseriemechanikerin.
N ...

Autowerkstatt
Feuerverzinkerei
Gartencenter
Hotel
Möbelhaus
Möbelspedition
Röntgenpraxis
Windenergieanlagen
Wohngruppe für alte Menschen
Zweiradwerkstatt

O Fachkraft für Umzugsservice
N Fachlagerist/Fachlageristin
N Fahrradmonteur/Fahrradmonteurin
G Florist/Floristin
E Heilerziehungspfleger/Heilerziehungspflegerin
M Industriekletterer/Industriekletterin
A Karosseriemechaniker/Karosseriemechanikerin
M Medizinischer Fachangestellter/Medizinische Fachangestellte
N Oberflächenbeschichter/Oberflächenbeschichterin
E Restaurantfachkraft

3 Welche Anredepronomen gehören in die folgenden Sätze?
Schreibe die Sätze auf und setze die Anredepronomen ein.

Ihre
Ihren
Sie
Ihrer

Hiermit bewerbe ich mich in ___ Firma.
Ich habe mich im Berufsberatungszentrum über ___ Betrieb informiert.
Bei der Agentur für Arbeit habe ich erfahren, dass ___ Auszubildende einstellen.
Über ___ Einladung zu einem Vorstellungsgespräch würde ich mich sehr freuen.

Der folgende Auszug aus einem Bewerbungsschreiben enthält zehn Fehler.

Achtung: Fehler!

…
Bewerbung um einen Ausbildungsplaz als
Einzelhandelskaufmann.

Sehr geehrte Damen und Herren
von meinem zuständigen berufsberater habe ich gehört, das ihre Firma in diesem Jahr Auszubildende einstellt. Deshalb bewerbe ich mich bei ihnen um einen Ausbildungsplatz als Einzelhandelskaufmann.
Zurzeit besuche ich die Konrad-Zuse-Gesamtschule in Entenhausen die ich vorraussichtlich im Sommer 2016 mit dem mittleren Bildungsabschluss verlassen werde.
Bei der Berufsberatung habe ich mich ausführlich über die Ausbildung zum Einzelhandelskaufmann informirt.
Auch habe ich im März 2015 in Ihrem Betrieb ein Praktikum absolviert. Das hat mir sehr gut gefallen und mein Interese an dem Beruf ist dadurch noch größer geworden.
Über eine Einladung zu einem Vorstellungsgespräch würde ich mich sehr freuen.

Mit freundlichen Grüßen
…

4 Prüfe den Text mit dem Rechtschreib-Check.
Tipps:
- Achte auf die Kommasetzung.
- Achte auch auf die Regeln und Tipps für ein Bewerbungsschreiben auf Seite 258.

➜ dein Rechtschreib-Check: Seite 298

5 Schreibe die schwierigen Wörter dieser Trainingseinheit dreimal.

6 Schreibe den Text fehlerfrei auf.

5 **Merkwörter:** der Ausbildungsplatz, die Firma, zurzeit, das Praktikum, informieren

7. Trainingseinheit

Auszubildende/Auszubildender gesucht! |

Wir suchen eine interessierte Person, | die in unserem Friseursalon | eine professionelle Ausbildung erhalten möchte. | Unser Betrieb liegt zentral in der Nähe des Bahnhofs | und hat eine große Stammkundschaft. | Eine unserer Spezialitäten | ist die schonende Koloration. | Um stets auf dem Laufenden zu sein, | absolvieren unsere Mitarbeiterinnen und Mitarbeiter regelmäßig Fortbildungen. | Auch das Arbeitsklima ist hervorragend. | Bei uns funktioniert die Kommunikation. | Schauen Sie auf unsere Seite im Internet, | um sich genauer zu informieren. | Vielleicht haben Sie Fragen zur Organisation unseres Salons | oder zu den Arbeitsbedingungen. | Regelmäßig veranstalten wir auch Präsentationen, | um aktuelle Frisuren vorzustellen. | Rufen Sie an. | Wir freuen uns auf Sie! | Friseursalon Haarpracht | (105 Wörter)

1 Was ist eine Spezialität des Friseursalons Haarpracht? Schreibe die Antwort ab.

2 Schreibe die Wörter der Wörterliste dreimal.

die Frisur, suchen – sie sucht – sie suchte – gesucht, der Betrieb, die Ausbildung, der Bahnhof, auf dem Laufenden, die Mitarbeiter, regelmäßig, hervorragend, vielleicht, die Arbeitsbedingungen, gewinnen – sie gewinnt – sie gewann – gewonnen, vorstellen – wir stellen vor – wir stellten vor – vorgestellt, nichts, die Haarpracht

Fremdwörter

3 Im Trainingstext sind Fremdwörter hervorgehoben. Schreibe sie in der Grundform untereinander auf.

4 a. Ordne jedem Fremdwort aus dem Text eine Worterklärung zu. Schreibe die Worterklärungen jeweils daneben.
b. Schreibe mit fünf Fremdwörtern je einen eigenen Satz auf.

Worterklärungen:
aufmerksam und wissbegierig sein – zeitgemäß – die Vorstellung – der Mensch – fachmännisch – das Geschäft – in der Mitte gelegen – die Stimmung am Arbeitsplatz – das Besondere – in Ordnung sein – etwas durchlaufen – die Beschaffenheit – die Verständigung – sich über etwas in Kenntnis setzen – das Färben der Haare

Fremdwörter kannst du oft an den Endungen erkennen, z. B. enden viele Verben auf -ieren.

5 Finde zu den folgenden Nomen je ein verwandtes Verb auf **-ieren**.
Tipp: Die Verben werden unterschiedlich gebildet.
Wenn du unsicher bist, sieh in einem Wörterbuch nach.

die Information, die Funktion, die Präsentation, die Produktion, die Organisation, das Programm, die Toleranz, das Dokument, der Protest, die Kritik, die Reparatur

Die Wortfamilie sehen

sehen → sie sieht – sie sah – gesehen, die Absicht, absichtlich, ansehen, die Ansicht, der Aufseher, das Aussehen, die Aussicht, aussichtslos, beaufsichtigen, die Besichtigung, durchsichtig, das Gesicht, unsichtbar

6 a. Schreibe die Wörter der Wortfamilie **sehen** ab.
b. Finde selbst weitere Mitglieder der Wortfamilie **sehen**.

nachsehen
zurücksehen
die Aufsicht
die Durchsicht
…

Komma bei Infinitivsätzen

Teilsätze mit einem Infinitiv mit zu (Infinitivsatz) beginnen häufig mit einem Signalwort (um, ohne, anstatt).
Sie enden immer mit einem Infinitiv mit zu.
Diese Sätze können vor oder nach dem Hauptsatz stehen und werden mit Komma abgetrennt.
Beispiele: *Um richtig zu schreiben, musst du viel üben.*
Wende den Rechtschreib-Check an, anstatt einfach loszuraten.

7 Schreibe die zwei Beispiele von oben und die drei Infinitivsätze aus dem Trainingstext ab. Markiere jeweils den Infinitiv mit **zu**, das Signalwort und das Komma.

8 a. Schreibe die Sätze ab.
Ergänze die Infinitive und setze die Kommas.
b. Markiere jeweils den Infinitivsatz, das Signalwort und das Komma.

auszumachen
auszuprobieren
vorzustellen

Anstatt eine neue Frisur ______ bleibt Dana bei ihrem Fransenschnitt.
Hatice bringt ein Bild mit um ihre Wunschfrisur ______.
Ohne einen Termin ______ müssen Sie mit Wartezeiten rechnen.

Kommas fehlen!

9 Schreibe den Trainingstext „Auszubildende/Auszubildender gesucht!" ab.

5 **Merkwörter:** dokumentieren, funktionieren, informieren, kritisieren, organisieren, präsentieren, produzieren, programmieren, protestieren, reparieren, tolerieren
7 **8** einfaches Verb: … um **zu** schreiben; trennbares Verb: … um ab**zu**schreiben

8. Trainingseinheit

Ohne Lesen und Schreiben? |

Im frühen Mittelalter konnten nur wenige Menschen | lesen oder schreiben. | Wer etwas einkaufen wollte, | schaute auf die Schilder | mit verschiedenen Bildern und Zeichen, | die Händler für ihre Waren aufhängten. | Nachrichten verbreitete der Ausrufer, | der in den Gassen | laut seine Botschaften verkündete. | Wenn man einen Vertrag abschließen wollte, | ließ man den Schreiber kommen. | Allerdings konnten viele Menschen gut zählen | und hatten ein ausgezeichnetes Gedächtnis. | Sie lernten lange Märchen, | Gedichte oder Lieder auswendig. | Außerdem nutzten sie eine Mnemotechnik[1], | die heute noch angewendet wird. | Sie verknüpften die Dinge, | die sie sich merken wollten, | mit bestimmten Bildern. | Zum Beispiel erinnerte sie das Fenster | an die hereinfliegende Biene. | Das stellte die Verbindung zu Honig her. | Auf dem Markt brauchten sie sich nur | ein Fenster vorzustellen | und schon fiel ihnen ein, | dass sie Honig kaufen wollten. | (133 Wörter)

1 Wie erhielten die Menschen im Mittelalter neue Nachrichten? Schreibe die Antwort aus dem Text ab.

2 Schreibe die Wörter der Wörterliste dreimal.

das Mittelalter, das Schild – die Schilder, die Waren, die Botschaft,
wollen – er will – er wollte – gewollt, die Händler, der Vertrag,
allerdings, ausgezeichnet, das Gedächtnis, der Markt,
nutzen – sie nutzt – sie nutzte – genutzt,
verknüpfen, erinnern, das Fenster, die Verbindung

Wörter mit ie

Wörter mit einem langen i schreibst du meist mit ie.

3 Im Trainingstext findest du Wörter, die mit **ie** geschrieben werden.
a. Schreibe die Wörter auf.
b. Markiere jeweils **ie**.

4 a. Suche zu den folgenden Wörtern je zwei verwandte Wörter mit **ie**.
b. Schreibe mit fünf Wörtern jeweils einen Satz auf.

das Ziel, die Lieferung, der Sieg, das Tier, das Spiel, der Spiegel

[1 die **Mnemotechnik:** ein Verfahren, um das Gedächtnis zu trainieren

Die Wortfamilie stellen

stellen → er stellt - er stellte - gestellt, die Aufstellung, die Ausstellung, die Darstellung, einstellen, die Gegenüberstellung, herstellen, hinstellen, nachstellen, vorstellen, vorstellbar, unvorstellbar, die Zustellung

5 a. Schreibe die Wörter der Wortfamilie **stellen** ab.
b. Im Trainingstext findest du zwei Wörter aus der Wortfamilie **stellen**. Schreibe die Sätze mit diesen Wörtern auf.

6 a. Schreibe die folgenden Wörter der Wortfamilie **stellen** nach dem Alphabet geordnet auf.
b. Schreibe mit fünf Wörtern jeweils einen Satz auf.

feststellen, die Einstellung, die Haltestelle, aufstellen, die Vorstellung, bestellen, die Unterstellung, umstellen, die Tankstelle, die Angestellte, anstellen

Komma in Relativsätzen

Ein Relativsatz erklärt ein Nomen im Hauptsatz genauer.
Er wird mit der, das, die oder die eingeleitet.

Satzbild: der , der .

Vor und nach einem eingeschobenen Relativsatz steht ein Komma.

Satzbild: die , die , .

Hauptsatz Relativsatz Hauptsatz

7 Im Text findest du vier Relativsätze.
a. Schreibe die Sätze ab.
b. Markiere jeweils das Relativpronomen und das Komma.
c. Verbinde das Relativpronomen mit dem Nomen, auf das es sich bezieht.
d. Schreibe die folgenden Sätze ab. Setze dabei die Kommas.

Kommas fehlen!

Es waren vor allem die Mönche in den Klöstern die schreiben und lesen konnten.
Ein Mensch der lesen konnte musste nicht unbedingt auch schreiben können.
Zu dem Wort das ich mir merken will habe ich einen Reim gefunden.

8 a. Schreibe schwierige Wörter aus dieser Trainingseinheit dreimal.
b. Schreibe den Trainingstext „Ohne Lesen und Schreiben?" ab.

8 **Merkwörter:** auswendig, der Honig, das Märchen, das Gedächtnis, die Botschaften

Rechtschreibhilfen: Persönliche Fehlerschwerpunkte finden

**Jede Liste enthält Wörter zu einem Fehlerschwerpunkt.
Teste mit einer Partnerin oder einem Partner, ob du sie richtig schreiben kannst.
So findest du deine Fehlerschwerpunkte und weißt, was du üben musst.**

1 Lange Vokale
der Abend
der Sohn
sie bekam
der Fuß
erzählen
die Uhr
der Fehler
fahren
das Leben
das Huhn
befehlen
wütend
er aß
mal
das Jahr
schwer
das Lob
sehr
der Mut
ohne

2 Nomen aus Adjektiven
Ich wünsche mir etwas Schönes.
Sie hat nichts Neues gehört.
Alles Gute zum Geburtstag!
Gibt es etwas Spannendes zu sehen?
Er hat wenig Lustiges erzählt.

3 Wörter mit k und ck
erschrecken
wirklich
er schmeckt
der Markt
die Brücke
das Glück
danken
der Acker
links
der Rücken
packen
der Haken
bemerken
das Lokal
backen
der Spuk
die Ecke

4 Wörter mit langem i
das Beispiel
der Dienstag
viele
sie liest
der Spiegel
sie blieben
erwidern
schließlich
die Familie
er gibt
schieben

5 Nomen auf -heit, -keit, -nis und -ung
die Freiheit
das Geheimnis
die Geschwindigkeit
die Bedeutung
die Müdigkeit
die Mehrheit
die Achtung
die Erlaubnis

6 Nomen aus Verben
Beim Laufen wird der Kopf frei.
Ich komme kaum zum Ausruhen.
Im Rechnen bin ich schnell.
Er mag lautes Singen.
Das Ausfüllen der Liste dauert lang.
Ihr wird vom Zuschauen schwindlig.
Mein Üben hat sich gelohnt.

7 ent- oder end-
endlich
entschuldigen
entzünden
endgültig
das Ende
das Endspiel
entdecken

8 Tageszeiten

morgens
am Nachmittag
vorgestern
heute Morgen
sonntags
am Montagmorgen
gestern Abend
am Mittwoch
der Vormittag
ein guter Morgen

9 Wörter mit ä und äu

du hältst
die Häuser
ich wäre dabei
zählen
enttäuscht
kräftig
sägen
häufig
gefährlich
das Gebäude

10 Wörter mit z und tz

die Katze
trotzdem
spritzen
der Kranz
spazieren
der Arzt
verletzen
die Wurzel
stürzen
plötzlich

11 Wechsel ss zu ß

messen	– er misst	– er maß	– gemessen
reißen	– sie reißt	– sie riss	– gerissen
fressen	– er frisst	– er fraß	– gefressen
lassen	– sie lässt	– sie ließ	– gelassen
essen	– er isst	– er aß	– gegessen
wissen	– sie weiß	– sie wusste	– gewusst
vergessen	– er vergisst	– er vergaß	– vergessen
verlassen	– sie verlässt	– sie verließ	– verlassen
beißen	– er beißt	– er biss	– gebissen

1 Schreibt die Wörterlisten als Partnerdiktat.
- Diktiert euch gegenseitig die Wörter, Wortgruppen oder Sätze aus jedem Kasten. Lasst unter jeder geschriebenen Zeile eine Zeile frei.
- Schreibt die Nummern der Kästen dazu.

2 **a.** Überprüft eure Rechtschreibung mit Hilfe der Wörterlisten.
b. Streicht die fehlerhaften Wörter, Wortgruppen oder Sätze durch. Schreibt sie richtig darüber in die frei gelassene Zeile.

3 **a.** Wie viele Wörter in jedem Kasten hast du falsch geschrieben? Notiere jeweils die Anzahl.
b. In welchem Kasten hast du mehr als zwei Wörter falsch geschrieben? Notiere die Nummern dieser Kästen. Sie enthalten deine Fehlerschwerpunkte.
c. Übe deine Fehlerschwerpunkte, zum Beispiel mit einem neuen Partnerdiktat oder mit deiner Rechtschreibkartei.
Tipp: Die Rechtschreibregeln und dein Rechtschreib-Check helfen dir dabei.

→ dein Rechtschreib-Check: Seite 298
→ Wissenswertes zur Rechtschreibung: Seiten 299–301

Wichtige Kommaregeln kennen

Wenn du diese Regeln richtig anwendest, kannst du viele Fehler bei der Kommasetzung vermeiden.

Komma in Aufzählungen

Merkwissen

Wenn du Wörter, Wortgruppen oder Teile von Sätzen **aufzählst**, trennst du sie durch **Kommas** voneinander ab.
Ausnahme: Vor **und** und **oder** steht **kein** Komma.
Für ihren Salat braucht sie Tomaten, Gurken, Paprika oder Radieschen.
Morgens isst sie Müsli, mittags am liebsten Nudeln und abends Salat.

1 In den folgenden Sätzen sind Aufzählungen enthalten.
- a. Schreibe die Sätze ab.
- b. Markiere die Wörter oder Wortgruppen der Aufzählung. Setze Kommas dazwischen.

Ein dreijähriger Junge in Australien streifte durch den Garten sammelte spannende Dinge und brachte sie in sein Zimmer. In seinem Kleiderschrank verwahrte er gefundene Gartengeräte heruntergefallenes Obst Zweige aller Art und die Eier einer hochgiftigen Schlange! Zum Glück entdeckte seine Mutter die geschlüpften Babyschlangen informierte einen Experten und ließ die Tiere abholen, bevor sie jemanden beißen konnten.

Kommas fehlen!

Komma bei nachgestellten Erläuterungen

Merkwissen

Nachgestellte Erläuterungen trennst du vom Hauptsatz durch **Kommas** ab. Sie werden manchmal durch Signalwörter wie **zum Beispiel, besonders, nämlich** eingeleitet.
Forscher entdeckten ein besonderes Tier, ***nämlich eine 30 cm große Riesenspinne.***

2 Welche nachgestellte Erläuterung passt zu welchem Satz?
- a. Schreibe die Sätze ab. Ergänze die nachgestellten Erläuterungen vom Rand.
- b. Setze die fehlenden Kommas.
- c. Markiere die nachgestellten Erläuterungen und die Kommas.

besonders die exotischen Obstspieße.
die „Kinder- und Jugendhilfe KIJU".
nämlich einen coolen Rucksack.
zum Beispiel „Wie ein Orkan" von Magda Senner.

Luis gewann beim Sommerfest den ersten Preis. Beim Karaoke wurden dauernd dieselben Lieder gesungen. Das Essensangebot kam sehr gut an. Der Erlös des Festes geht an einen gemeinnützigen Verein.

Kommas fehlen!

Komma in Satzreihen

Merkwissen

Hauptsätze in **Satzreihen** trennst du durch **Kommas** ab.
Paul beeilt sich mit der Hausaufgabe, sein Bruder wartet, er will mit ihm Fußball spielen.

3 Schreibe die folgenden Satzreihen ab.
- a. Markiere in jeder Satzreihe die Hauptsätze unterschiedlich.
- b. Setze die fehlenden Kommas.

Ein glückliches Leben sieht für jeden anders aus aber Freundschaften gehören unbedingt dazu auch das richtige Hobby macht zufrieden. Manche Menschen werden beim Sport glücklich andere lieben Musik oder Theater. Glückliche Menschen leben gesünder sie werden sogar älter dies haben Glücksforscher herausgefunden.

Kommas fehlen!

Komma in Satzgefügen

Merkwissen

Bindewörter (Konjunktionen) verbinden einen **Hauptsatz** mit einem **Nebensatz**. Es entsteht ein **Satzgefüge**. Zwischen Hauptsatz und Nebensatz steht ein **Komma**. Der Nebensatz steht **vor** oder **nach** dem Hauptsatz oder **in der Mitte**.
Ich freue mich, weil ich mich heute mit meiner Freundin treffe.
Wenn sie rechtzeitig da ist, können wir noch schwimmen gehen.
Leider kommt sie, obwohl sie sich schon gebessert hat, häufig zu spät.

4
- a. Schreibe die Sätze ab.
- b. Markiere die Hauptsätze und Nebensätze unterschiedlich.
- c. Setze die Kommas.

Geld allein macht nicht glücklich obwohl dies viele Menschen glauben. Wenn jemand plötzlich im Lotto gewinnt empfindet er zunächst Glück. Dieses Gefühl hält oft nur kurz an weil sich der Mensch an seinen Reichtum gewöhnt. Häufig fühlen sich Lottogewinner obwohl sie keine finanziellen Sorgen mehr haben sogar traurig und enttäuscht.

Kommas fehlen!

Z 5
- a. Schreibe die folgenden Satzgefüge auf.
  Ergänze jeweils eine passende Konjunktion vom Rand.
  Tipp: Lies genau!
- b. Setze die Kommas.

als, denn, obwohl, sondern, weil, wenn

Rana besteht die Prüfung nicht ___ sie einige Fehler macht.
___ Rana nur wenige Fehler macht besteht sie die Prüfung.
___ Rana einige Fehler macht besteht sie die Prüfung.

Kommas fehlen!

Wortgruppen getrennt schreiben

Es gibt Wortgruppen, die immer getrennt geschrieben werden.
Wenn du sie kennst, kannst du Fehler vermeiden.

Wortgruppen mit sein

Merkwissen

Wortgruppen mit ***sein*** schreibst du immer ***getrennt*** und ***klein***:
*Wir möchten **dabei sein**.*
*Er wird **hungrig sein**.*

1 Im folgenden Lückentext fehlen Wortgruppen mit **sein**.
Schreibe den Text ab und setze passende Wortgruppen mit **sein** ein.

aus sein, dabei sein, glücklich sein, vorbei sein, zufrieden sein

Max schlich vom Spielfeld und dachte, jetzt würde
alles ____ ____. Er hatte den Elfmeter verschossen!
Wie könnte er je wieder ____ ____! In der Kabine
tröstete ihn Gregori und sagte, gar nichts würde ____ ____.
Im nächsten Spiel würde er bestimmt wieder ____ ____.
Dann könnte er auch wieder mit sich ____ ____.

Wortgruppen aus Verb + Verb

Merkwissen

Wortgruppen aus **Verb + Verb** schreibst du **getrennt**.
*Lass uns **spazieren gehen**!*
*Sie möchte dich **kennen lernen**.*

2 a. Schreibe die folgenden Wortgruppen aus Verb und Verb ab.
b. Schreibe mit fünf Wortgruppen je einen Satz auf.

baden gehen, betreten dürfen, hängen bleiben, kennen lernen, laufen lernen, liegen lassen, malen können, schreiben lernen, sitzen bleiben, spazieren gehen

3 a. Zeichne einen Cluster zum Verb **gehen** in dein Heft.
b. Ergänze den Cluster mit passenden Verben.
c. Schreibe alle gefundenen Wortgruppen auf.

Starthilfe

baden gehen, spazieren gehen, …

Wortgruppen aus Adjektiv + Verb

Merkwissen

Wortgruppen aus **Adjektiv + Verb** schreibst du **getrennt**.
Ich kann nicht so ***schnell laufen****! Der Rest wird* ***übrig bleiben****.*

4 Welcher Satzanfang gehört zu welchem Satzende, damit ein sinnvoller Satz entsteht?

a. Schreibe die Sätze vollständig auf.

b. Markiere die Wortgruppen aus Adjektiv und Verb.

Soll ich die Suppe	gerade sitzen!
Wir müssen jetzt ganz	richtig machen.
Die vielen Fliegen können	frisch hacken.
Du solltest auf deinem Stuhl	rot werden!
Sie will immer alles	satt machen?
Die Kräuter solltest du	warm machen?
Ob diese Brote uns	ruhig bleiben.
Du musst doch nicht	lästig werden.

Starthilfe

Soll ich die Suppe warm machen? …

Wortgruppen aus Nomen + Verb

Merkwissen

Wortgruppen aus **Nomen + Verb** schreibst du **getrennt**.
Wir möchten zusammen ***Rad fahren****!*
Meine Schwester soll keine ***Angst haben****.*

Glück gehabt!

Ein verzweifelter Familienvater entschloss sich zu einer Straftat. Da seine Familie Not leiden musste, wollte er eine Pizzeria überfallen. Noch bevor jemand Verdacht schöpfen und Alarm schlagen konnte, brach der Vater in dem Laden unter Tränen zusammen. Ein Mitarbeiter ließ ihn Platz nehmen und hörte ihm zu. Der Mitarbeiter wollte Hilfe leisten und packte ihm Essen und Getränke für die Familie ein. Dann durfte der erleichterte Mann die Flucht ergreifen.

5 Findest du im Text fünf Wortgruppen aus Nomen und Verb?

a. Schreibe die Wortgruppen auf.
Tipp: Zwei Wortgruppen sind bereits markiert.

b. Schreibe mit vier Wortgruppen eigene Sätze auf.

Sprache und Sprachen

Englische Wörter in der deutschen Alltagssprache

In vielen Bereichen des Lebens werden englische Wörter verwendet.

1 Klassengespräch!
Sprecht über folgende Fragen:
- Worum geht es in dem Bild? Wer spricht mit wem worüber?
- Was könnte der Reporter (links) gefragt haben?
- Welches Wort wird verwendet, um die Körperbewegungen im Hintergrund zu bezeichnen? Gibt es ein solches Wort im Englischen?

Tipp: Schlagt in einem englisch-deutschen Wörterbuch nach.
- Warum verwendet der Trainer dieses Wort? Stellt Vermutungen an.
- Wie wirkt das Bild auf euch?

- Freizeiting -

2
a. Um welchen Lebensbereich geht es?
b. Beschreibt die Sportarten. Gibt es diese Sportarten überhaupt?
c. Wie lassen sich die englischen Wörter ins Deutsche übersetzen?
d. Warum werden in diesem Lebensbereich so viele englische Wörter verwendet? Sprecht darüber.

Merkwissen

Es gibt **englische Wörter, die eingedeutscht wurden** und deshalb auch im Duden stehen, z. B.: *Jeans, joggen, posten, shoppen.*
Die Verben werden meist wie deutsche Verben gebeugt, z. B.: *sie joggt täglich, wir haben Kommentare gepostet, du shoppst gern.*
Es gibt aber auch **Wörter, die englisch klingen**, die man im Englischen aber nicht kennt oder so nicht verwendet, z. B.: *Handy, Public Viewing.*

2 Outdoor: im Freien; Running: das Laufen …
Indoor: in Räumen, in der Halle …

Aus einigen Bereichen unseres Alltags sind Wörter aus dem Englischen nicht wegzudenken. In anderen Bereichen könnten sie auch durch deutsche Wörter ersetzt werden.

3 Untersucht gemeinsam die Wörter am Rand.
a. Legt eine Tabelle an.
b. Schreibt die Wörter untereinander in die linke Spalte.

englisches Wort	Bereich	deutsches Wort	Entscheidung
der Account	Computer	…	…
…	…	…	…

der Account
die Castingshow
downloaden
das Fairplay
die Flatrate
das Fastfood
die Homepage
die Boots
die Indoor Masters
der Newsletter
das Outfit
das Pay-TV
der Sale
das Sandwich
die Moves

4 a. Beantwortet gemeinsam diese Fragen zu jedem Wort am Rand:
- Aus welchem Bereich stammt das Wort?
- Welches deutsche Wort entspricht dem englischen?
- Für welches Wort würdet ihr euch eher entscheiden: das englische oder das deutsche? Begründet.

b. Tragt eure Antworten in die Tabelle ein.

5 a. Findet selbst weitere englische Wörter.
Z b. Ergänzt entsprechend die Tabelle.

6 Klassengespräch!
a. Wertet eure Ergebnisse zu den Aufgaben 3 und 4 gemeinsam aus.
b. Diskutiert über folgende Fragen:
- In welchen Bereichen kommen englische Wörter häufig vor?
- Welche Gründe könnte es dafür geben?

In der Werbung werden englische Wörter auch oft in einem Sprachmix mit deutschen Wörtern verwendet.

7 a. Schreibt den **gesamten** Text auf Deutsch auf.
b. Diskutiert über die folgenden Fragen:
- Wie wirkt die Mischung aus den verschiedenen Sprachen auf euch?
- Welche Wirkung versprechen sich Geschäftsleute von der Verwendung englischer Wörter für ihre Produkte?
- Ist dieser Mix aus englischen und deutschen Wörtern sinnvoll? Erläutert es.

4 Bereiche: Sport, Fernsehen/Film, Computer, Bekleidung, Essen

7 Wirkungen: anregend, verwirrend, lustig, abstoßend, jugendgemäß

Wortfamilien

Wörter mit der gleichen Herkunft gehören zu einer Wortfamilie.
Mit einem Stammbaum kannst du darstellen, wie sie zusammengehören.

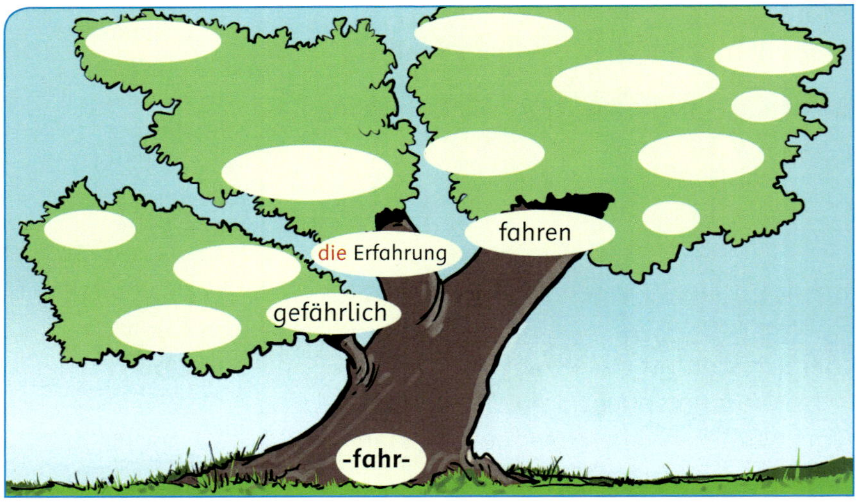

ungefährlich
die Auffahrt
anfahren
die Fahrt
unbefahrbar
gefahrlos
abfahren
das Fahrzeug
die Erfahrung
erfahren
die Gefährdung
die Vorfahren
gefährlich
fahren
die Fähre

1 Schreibe einen Stammbaum zur Wortfamilie -fahr-.
   a. Zeichne den Stammbaum ab.
   b. Trage die Wörter aus dem Kasten an passenden Stellen ein.
   Tipp: Der Stammbaum hat drei Äste für drei Gruppen der Wortfamilie.

2 Schreibe mit je einem Wort aus jeder Gruppe in Aufgabe 1 einen Satz auf.

Fahrt – gefährlich – Gefahr sind Wörter, die häufig in Buch- und Filmtiteln vorkommen.

3 a. Finde in einer Bücherei oder im Internet je drei Buchtitel oder Filmtitel, in denen diese Wörter vorkommen.
   b. Schreibe die Titel auf.
   Markiere den gemeinsamen Wortstamm.

Starthilfe

Gefährliche Tiere, Fahrt ohne Ende, …

4 Schreibe eigene Fantasietitel für Bücher oder Filme auf, in denen Wörter mit dem Wortstamm -fahr- vorkommen.

2 Das Klettern im Kletterpark war ungefährlich.
Von Tim habe ich viel Neues über sein Hobby erfahren.
Bei Eis ist unsere Nebenstraße unbefahrbar.

In der Alltagssprache kannst du interessante Wortverwandtschaften entdecken.

zwei, beweisen, die Einheit, die Hauptsache, abschirmen, das Zwiegespräch, die Zwillinge, eins, der Verweis, die Einigkeit, der Häuptling, einsam, der Mützenschirm, der Sonnenschirm, der Wegweiser, entzweien, weisen, die Hauptstraße, der Schirmherr, behaupten, der Ausweis, vereinigen, zweitklassig, die Schirmhülle, die Behauptung

5 Zu jedem blauen Wort gibt es vier verwandte Wörter.

a. Schreibe die verwandten Wörter nebeneinander auf eine Zeile.

b. Markiere den gemeinsamen Wortstamm.

Tipp: Dreimal ist der Wortstamm leicht verändert.

c. Schreibe dazu, welche gemeinsame Bedeutung die Wörter haben.

Starthilfe

zwei, das Zwiegespräch … – Es geht immer um die Zahl …

6 Finde zu jedem Wort im Kasten mindestens drei verwandte Wörter.

a. Schreibe die verwandten Wörter zusammen auf.

b. Markiere jeweils den gemeinsamen Wortstamm.

c. Schreibe für jedes Wort eine Worterklärung auf.

das Vorbild
kommen
das Recht
erzählen
außen

Starthilfe

das Vorbild = jemand, dem oder der man nacheifert
die Einbildung = …

7 Welche Vorteile hat es, wenn ihr die Verwandtschaft von Wortfamilien erkennt? Sprecht in der Klasse darüber.

8 **Spielidee: Wortfamilien-Wettspiel**

Wer findet die meisten Wörter zu den Wortfamilien?

a. Bildet Gruppen oder spielt im Tandem.

b. Legt eine Zeit fest.

c. Schreibt die verwandten Wörter auf.

d. Wer die meisten Wörter aufgeschrieben hat, hat gewonnen und darf ein Wort für eine neue Wortfamilie nennen.

blicken
Haus
Freund
frei
hoch

6 Vorbild – bildlich – ausbilden …; kommen – herkommen – das Abkommen …; das Recht – rechtmäßig – gerecht …; erzählen – der Erzähler – die Erzählung …; außen – äußerlich – die Außenseiterin …

7 Wortstämme werden … / Man vermeidet so …

Sprache kritisch betrachten: „Mann“ und „Frau“

In der heutigen Sprache spiegeln sich oft frühere Zeiten wider, in denen Frauen nicht gleichberechtigt waren.

Nicht ganz ernst gemeint

Das Wetter am letzten Wochenende war einfach fraulich.
Im wunderschönen Strandstädtchen ging jedefrau spazieren.
„Frau sieht sich“, verabschiedeten sich zwei Männer voneinander.
„Meine Damschaften, kommen Sie näher, hier gibt es das beste Eis der Welt“, tönte eine Stimme aus der Strandlautsprecherin.
Zwei Frauschaften junger Männer spielten am Strand mit viel Gejohle Volleyball.

1 Einige der Wörter kommen so nicht in der deutschen Sprache vor.
Schreibe den Text ab und ersetze die Wörter durch gebräuchliche Wörter.

Starthilfe
Das Wetter am letzten Wochenende war einfach herrlich.

In Redensarten findest du häufig nur männliche Formen.

seinen Mann stehen
ein Mann, ein Wort
das macht man nicht
Herr im Hause sein

2 a. Verwendet die Redensarten in Beispielsätzen.
b. Sprecht in der Klasse über diese Fragen:
- Was bedeuten die einzelnen Redensarten?
- Wie könnten die einzelnen Redensarten entstanden sein?

Es gibt Möglichkeiten, Frauen in der Sprache genauso wie Männer zu berücksichtigen.

3 Schreibe die männlichen und die weiblichen Pluralformen zusammen auf.

Starthilfe
die Ärzte und die Ärztinnen, die Meister und …

die Ärzte, die Meister,
die Schüler, die Chefs,
die Verkäufer,
die Zuschauer

4 Schreibe die folgenden Sätze ab und verwende die weiblichen Formen.

Katja ist Schüler der 9. Klasse, sie möchte später gern Friseur werden.
In ihrer Freizeit spielt sie Fußball. Sie ist überhaupt ein guter Sportler.

1 herrlich, die Herrschaften, jedermann, man, aus dem Strandlautsprecher, die Mannschaften

Z Beschönigungen in der Sprache erkennen

Mit Hilfe der Sprache werden Dinge oft besser dargestellt, als sie sind. Sie werden beschönigt, so wie in dieser Stellenanzeige.

Spitzenunternehmen
des Handwerks in der Lederbranche
bietet Raumpflegerinnen
eine Qualitätsbeschäftigung
auf Leistungsbasis.

Gerberei
schnell, aber gründlich,
arbeiten ohne Pausen,
Reinigungskraft gesucht
auf Minijob-Basis

1 Welche Arbeit wird hier tatsächlich angeboten?
- a. Vergleicht die Anzeige links mit den Wörtern in dem Kasten rechts.
- b. Mit welchen Wörtern wird die ausgeschriebene Stelle beschönigend beschrieben?
- c. Schreibt die Anzeige so um, dass die Beschreibung der Stelle der Realität entspricht.
- d. Diskutiert: Wozu werden Beschönigungen benutzt? Was haltet ihr davon?

Beschönigungen findest du häufig in der Werbung und in der Politik.

Beschönigungen:
freisetzen
die Gebührenanpassung
der Industriepark
kostenintensiv
die Hairstylistin
das Nullwachstum

„wahre" Bedeutungen:
den Mitarbeiterinnen und Mitarbeitern kündigen
teuer
die Gebührenerhöhung
die Friseurin
der Stillstand in der Wirtschaft
das Gewerbegebiet

2
- a. Was bedeuten die Beschönigungen in Wahrheit? Ordnet den Wörtern oder Wortgruppen die „wahren" Bedeutungen zu.
- b. Inwiefern beschönigen die Wörter und Wortgruppen im linken Kasten? Erklärt es euch gegenseitig.

3
- a. Sucht nach Beschönigungen in eurem Alltag.
- b. Erklärt, was sie beschönigen.

Starthilfe
schlechte Note – noch kein hervorragendes Ergebnis
Zuspätkommen – …
eine Verabredung nicht einhalten – …
schlechte Laune haben – …

2 freisetzen = den Mitarbeitern kündigen:
das Wort **frei / frei sein** hat eine positive Bedeutung, **kündigen** dagegen heißt:
die Arbeit verlieren – das ist etwas Negatives …

Die Wortarten unterscheiden

Tipps zum Wiederholen und Lernen

Nomen, Verben, Adjektive, Adverbien, Präpositionen, Pronomen und Konjunktionen sind wichtige Wortarten. Wenn du sie erkennen und richtig benutzen kannst, hilft es dir beim Schreiben und Lesen.

Tipp 1: Verschaffe dir einen Überblick über den Lernstoff!

Welche wichtigen Wortarten gibt es?

➜ Grammatik Wortarten: Seiten 302 bis 305

1 *Nomen*

2 *Verben*

3 *Adjektive*

4 *Adverbien*

5 *Pronomen*

6 *Präpositionen*

7 *Konjunktionen*

A *... können ausdrücken, wo, wann, warum oder wie etwas geschieht.*

B *... bezeichnen Lebewesen, Gegenstände, gedachte oder vorgestellte Dinge. Vor diesen Wörtern steht oft ein bestimmter oder ein unbestimmter Artikel.*

C *... können Nomen oder Wortgruppen ersetzen. Sie sagen, wem etwas gehört. Sie können auf etwas zeigen oder hinweisen.*

D *... beschreiben Personen, Tiere oder Gegenstände genauer.*

E *... geben an, was jemand tut oder was geschieht. Sie drücken eine Handlung oder einen Vorgang aus. Sie bilden verschiedene Zeitformen.*

F *... mit ihrer Hilfe kann man Sätze oder Wortgruppen verbinden. Sie leiten einen Nebensatz ein, der etwas begründet, eine Bedingung oder einen Gegensatz angibt, eine Aussage einschränkt oder das Geschehen zeitlich oder räumlich einordnet.*

G *... drücken aus, wo sich etwas befindet oder wohin etwas kommt. Sie sagen auch, wann oder warum etwas geschieht. Sie fordern oft einen bestimmten Fall des folgenden Nomens.*

1 a. Lies die Texte auf den Karteikarten.
b. Ordne jede Wortart einer Karteikarte A bis G zu und schreibe die Zuordnung auf.

Starthilfe
1 + B = Nomen

2 a. Schreibe jede Wortart auf eine Karteikarte.
b. Schreibe auf eine zweite Karteikarte, welche Bedeutung die Wortart hat.
c. Schreibe je drei Beispiele auf eine dritte Karteikarte.

2 **Beispiele:** der Hund, das Bild, die Vorstellung; laufen, reisen, sich beeilen; bunt, jung, laut; beinahe, darum, dort; auf, in, seit; er, ihre, sie; aber, denn, obwohl

Tipp 2: Zu zweit üben hilft und macht mehr Spaß!

3 Spielzeit zu zweit: Wort-Trio!
Für das Spiel braucht ihr die Karten aus Aufgabe 2.
- Legt alle Karten verdeckt auf den Tisch.
- Deckt abwechselnd immer drei Karten auf.
- Wer drei zusammengehörige Karten aufgedeckt, darf die Karten behalten.
- Es wird gespielt, bis alle Karten aufgenommen wurden.
- Wer die meisten Kartentrios hat, gewinnt.

Tipp 3: Festige dein Wissen mit verschiedenen Übungen!

Ein alter Mann saß an einem Fluss und angelte.
Er ärgerte sich sehr über die lästigen Mücken.
Seit Stunden kämpfte er gegen sie, aber ohne Erfolg.
Deshalb packte er schließlich seine Sachen und ging.
Als er zurückschaute, flog ein Glühwürmchen vorbei.
„Jetzt suchen sie mich sogar mit der Taschenlampe",
schimpfte der empörte Angler.

4 Ordne Wörter aus dem Text in eine Tabelle ein.
Schreibe jeweils die Grundform auf, bei Nomen auch den Artikel.
Wie viele Wörter schaffst du?

Starthilfe

Nomen	Verben	Adjektive	Konjunktionen	Pronomen	Präpositionen	Adverbien
ein Mann	sitzen	alt	…	…	…	

**Jede Wortartkette besteht aus drei Beispielen für eine Wortart.
Ein Wort gehört aber nicht in die Kette.**

wenn — aber — lustig — während

5 a. Lies die folgenden Wortartketten.
b. Welches Wort passt nicht in die Kette? Schreibe es auf.
c. Schreibe die berichtigte Wortartkette auf.
d. Schreibe die Wortart dazu.

Starthilfe
wenn, aber, während: Konjunktionen

erfinden – entdecken – lange – mischen
entsetzlich – weich – biegsam – legen
Ufer – Fisch – schmackhaft – Klappstuhl
vor – und – zu – bei
euer – meine – wir – dünn
teilweise – kaum – draußen – größer

Heute geht es ______ Unterricht um Leuchtkäfer. (Präposition)
Sie locken mit ______ Licht paarungswillige Partner an. (Pronomen)
Sogar die Eier der Glühwürmchen leuchten, ______ nur schwach. (Konjunktion)
Sami hat noch ______ ein Glühwürmchen gesehen. (Adverb)
Er kennt aber einige Meerestiere, die ______. (Verb)

aber
ihrem
im
leuchten
nie

6 In jedem Satz oben fehlt ein Wort. Nur die Wortart ist angegeben. Schreibe die vollständigen Sätze auf.

Eine Wortgruppe besteht meist aus mehreren Wortarten.

Glühwürmchen besitzen eine erstaunliche Fähigkeit.
Ihre Zellen erzeugen über eine chemische Reaktion eigenständig Licht.
Andere Tiere leuchten nur, wenn sie vorher mit Licht angestrahlt wurden.
Dagegen können Glühwürmchen sogar ihr Licht an- und ausschalten.
Im Verhältnis zu ihrer geringen Körpergröße ist die Lichtenergie ungewöhnlich hoch.
Darum arbeiten eifrige Wissenschaftler an der Erforschung dieser Fähigkeit.

7 a. Schreibe die blauen Wortgruppen aus dem Text untereinander auf. Lass dazwischen immer eine Zeile frei.
b. Aus welchen Wortarten bestehen die Wortgruppen? Schreibe sie in die Zeile darunter.

Z **8** Spielzeit zu zweit: Stadt – Land – Fluss mit Wortarten.
Für das Spiel braucht jeder einen Zettel mit fünf Spalten für die Wortarten und einer Spalte für die Punkte.

Nomen	Verb	Adjektiv	Adverb	Präposition oder Pronomen oder Konjunktion	Punkte
die Kugel	kämmen	kühl	…	…	…
…					

Ihr spielt nach den Regeln von Stadt – Land – Fluss:
- Einer sagt still das Alphabet auf, bis der Mitspieler „Stopp“ sagt. Der Buchstabe, der gerade genannt wurde, wird gespielt (die Buchstaben C, Q, X, Y könnt ihr auslassen).
- Jeder schreibt in jede Spalte schnell ein passendes Wort mit diesem Anfangsbuchstaben.
- Wer fertig ist, ruft wieder „Stopp“.
- Für jedes richtige Wort gibt es 5 Punkte.

Tipp: Du kannst zum Üben die Tabelle einmal für dich von A bis Z ausfüllen.

Tipp 4: Überprüfe dein Wissen!

In diesem Text fehlen Wörter, die zu verschiedenen Wortarten gehören.

Künstliche Lichtquellen

Künstliches Licht nutzen wir ______ überall. (Adverb) Damit beleuchten ______ unsere Wohnung in der Nacht. (Personalpronomen)
Laternen erhellen ______ Straßen und Plätze. (Adjektiv)
Sie werden mit Gas ______ elektrischem Strom betrieben. (Konjunktion)
Schon im Mittelalter gab es ______, die Öl verbrannten. (Nomen)
Später verwendete man das ______ Petroleum. (Adjektiv)
1881 leuchtete die erste elektrische Laterne in Berlin ______ dem Potsdamer Platz. (Präposition)
Heute ______ das Energiesparen auch bei der Straßenbeleuchtung eine Rolle. (Verb)
Zeitweise schaltet man ______ nur jede zweite Laterne an. (Konjunktion)

auf
beinahe
deshalb
Lampen
öffentliche
oder
preiswerte
spielt
wir

9 Welche Wörter passen in die Lücken?
Tipp: Die Wortart in den Klammern hilft dir.
a. Ergänze die Wörter in den Lücken.
b. Schreibe die Sätze auf.

Z **10** Spielzeit in der Gruppe: Von der Wortart zum Satz.
- Bildet zwei Mannschaften.
- Ein Mitglied der einen Mannschaft nennt eine Wortart und bestimmt jemanden aus der anderen Mannschaft.
- Diejenige oder derjenige nennt einen Satz, der mit dieser Wortart beginnt.
- Ist das Beispiel richtig, bekommt die jeweilige Mannschaft einen Punkt.
- Dann wird gewechselt.
- Wenn jeder einmal dran war, ist das Spiel aus.

Präposition!

In der Klasse ist es hell.

Tipp 5: Lerne, indem du anderen etwas beibringst!

Du hast jetzt viele Aufgaben bearbeitet und bist fit.
Jetzt kannst du jemand anderem etwas beibringen.

11 Erarbeite für eine Partnerin oder einen Partner ein Arbeitsblatt zum Üben. Anregungen dafür findest du in den Aufgaben 4 bis 9.
a. Formuliere genaue Arbeitsanweisungen.
b. Probiere die Aufgaben selbst aus.
Tipp: Hast du einen Fehler entdeckt, dann überarbeite die Aufgabe.
c. Schreibe auch ein Lösungsblatt.

Die Formen des Verbs unterscheiden

Tipps zum Wiederholen und Lernen

Wenn du die Zeitformen der Verben erkennen und richtig verwenden kannst, hilft dir das beim angemessenen Sprechen und Schreiben.

Tipp 1: Verschaffe dir einen Überblick über den Lernstoff!

Die Zeitformen der Verben sind:
(T) Futur
(B) Perfekt
(E) Plusquamperfekt
(R) Präsens
(A) Präteritum

Dazu gehören diese Beschreibungen:
(E) ... verwendest du, wenn du sagst, was gerade geschieht.
(S) ... verwendest du, wenn du schriftlich über Vergangenes berichtest oder erzählst.
(O) ... verwendest du, wenn du über Dinge sprichst, die in der Zukunft liegen.
(L) ... verwendest du, wenn du ausdrücken möchtest, dass ein Vorgang schon abgeschlossen war, bevor ein anderer begann.
(U) ... verwendest du, wenn du mündlich über etwas Vergangenes berichtest oder erzählst.

Die Beispielsätze zu den Zeitformen lauten:
(T) Gestern sprach ich mit Elena über unseren Flohmarktstand.
(F) Sie hatte mir vor zwei Wochen von dieser Idee erzählt.
(S) Seitdem habe ich viele Dinge für den Stand gesammelt.
(H) Heute besorge ich noch einen Klapptisch für uns.
(R) Wir werden bestimmt viel Spaß auf dem Flohmarkt haben.

1 a. Lies die Zeitformen, die Beschreibungen und die Beispielsätze.
b. Immer drei gehören zusammen! Finde sie.
Die drei Buchstaben davor ergeben jeweils ein Lösungswort.
Tipp: Eine Lösung ist schon hervorgehoben. Das Lösungswort lautet **TOR**.

Ich bin sehr enttäuscht. In Zukunft werde ich vorsichtiger sein.
Nino wusste schon lange von meinem Geheimnis.
Er hatte mit Cora darüber gesprochen, bevor ich diese peinliche SMS bekam.
Warum habe ich ihm nur vertraut?

2 Welche Zeitformen stehen in den Sätzen?
a. Schreibe die Sätze in dein Heft.
b. Schreibe hinter jeden Satz die richtige Zeitform.
Tipp: In einem Satz kommen zwei verschiedene Zeitformen vor.

Tipp 2: Zu zweit üben hilft und macht mehr Spaß!

3 Spielzeit zu zweit: Zeitformen-Trio.
- Legt zu jeder Zeitform in Aufgabe 1 zwei Karteikarten an: eine mit dem Namen der Zeitform, eine mit der Definition.
- Schreibt zu jeder Zeitform zwei Beispiele auf eine weitere Karteikarte.
- Legt alle Karten offen auf den Tisch.
- Sucht abwechselnd die drei Karten, die zusammengehören.
- Wer einen Fehler macht, muss die Karte zurücklegen.
- Wer die drei passenden Karten hat, darf sie behalten.
- Spielt so lange, bis alle Karten aufgenommen sind.

Tipp: In einer zweiten Runde dreht ihr die Karten um und spielt mit verdeckten Karten.

4 Fragt euch gegenseitig die Zeitformen ab.
- Ihr sagt einen einfachen Satz. Beispiele findet ihr am Rand.
- Dann gebt ihr eine Zeitform vor.
- Die Partnerin oder der Partner sagt den Satz mit der neuen Zeitform.
- Ihr prüft, ob der Satz stimmt, und verbessert, wenn es nötig ist.
- Dann wechselt ihr.

> Onkel Akim singt ein Lied.
> Tante Maria vergisst alles.
> Fips sucht seinen Knochen.
> Leo liest im Liegestuhl.
> Mina übt Flöte.

Starthilfe

> Onkel Akim singt ein Lied. Bitte im Präteritum!
> ➔ Onkel Akim sang …

Tipp 3: Festige dein Wissen mit verschiedenen Übungen!

In der Klasse 9b geht es zurzeit um Kurzgeschichten.
Mary schreibt Stichpunkte für die Inhaltsangabe ihrer Geschichte auf.

> *Titel: Ich dachte schon …, von Mary*
> *Hauptfiguren: Ella und ihr Freund Benny*
> *Ellas Traum: Tänzerin. Fährt auf Tanzworkshop, übt mit einem Partner, jemand macht Foto davon. Ellas Freund Benny zu Hause geblieben, sieht im Freundes-Netzwerk zufällig das Foto von Ella und Tanzpartner. Benny denkt, Tanzpartner ist Ellas neuer Freund; wütende SMS an Ella, Zerwürfnis, Aussprache nach Ellas Rückkehr; Benny: „Ich dachte schon …"*

5 **a.** Schreibe die Inhaltsangabe zu Marys Geschichte in vollständigen Sätzen auf. Verwende das Präsens.
b. Markiere die Verben im Präsens.

5 Die Kurzgeschichte „Ich dachte schon …" von Mary handelt von … Ella möchte später Tänzerin werden … Als sie auf einem Tanzworkshop ist, macht jemand … Ihr Freund Benny sieht … Er schreibt … Ella und Benny streiten … Zum Glück sprechen sie sich aus …

Helene und Ana sprechen mit Mary über ihre Kurzgeschichte.

Helene: Wie ___ du auf das Thema deiner Geschichte ___ ?
Mary: Erst ___ mir nichts ___ .
Dann ___ ich einen Film im Fernsehen ___ .
Er ___ mir super ___ .
Ich ___ sofort in mein Zimmer ___
und ___ meine Ideen ___ .
Ana: ___ du dir noch woanders Ideen ___ ?
Mary: Ja, mein Bruder ___ mir einer Freundin ___ .
Ihr ___ etwas Ähnliches ___ .

habe … aufgeschrieben
hast … geholt
hat … erzählt
ist … eingefallen
habe … gesehen
hat … gefallen
bin … gegangen
bist … gekommen
ist … passiert

6 Ergänze das Gespräch mit passenden Verbformen im Perfekt.
a. Schreibe die Sätze vollständig auf.
b. Markiere die Perfektformen.
Tipp: Das Perfekt besteht aus einer Form von **haben** oder **sein** und einem Partizip II.

In der Schreibkonferenz soll Marys Geschichte überarbeitet werden. Mary bereitet sich vor.

Ich werde den Anfang umformulieren.

Ich werde meine Geschichte überarbeiten.

Kara wird mich bestimmt nach einem anderen Schluss fragen.

Ich werde noch eine Geschichte schreiben.

Leander und Noel werden meine Geschichte richtig gut finden.

7 Was wird geschehen? In den Denkblasen stehen Sätze im Futur.
a. Schreibe die Sätze aus den Denkblasen auf.
b. Markiere die Formen von **werden** und die Infinitive der Verben.
Tipp: Verbformen im Futur bestehen aus einer Form von **werden** und einem Infinitiv.

8 a. Schreibe mit Hilfe der Satzteile weitere Sätze im Futur auf.
b. Markiere die Formen von **werden** und die Infinitive der Verben.

Frau Christiansen Maya und Lina Du Ihr Wir	+	wirst wird werden werdet werden	+	die Geschichte einen Tipp einen dramatischen Schluss die Hauptfigur noch viele Geschichten	+	geben. loben. schreiben. lesen. verändern.

Auch Johanna hat eine Geschichte geschrieben. Im Schulblog kann man lesen, was sie während der Präsentation erlebte.

Am Dienstag fand in unserer Schule der Wettbewerb um die beste Geschichte statt. 15 Schülerinnen und Schüler nahmen daran teil. Als mein Vortrag begann, bekam ich überhaupt kein Wort heraus. Meine Stimme zitterte richtig. Aber dann wurde ich ruhiger. Das Publikum hörte interessiert zu. Meine Geschichte kam bei ihnen gut an. Am Ende gewann ich den zweiten Platz. Klar, dass meine Klasse jubelte und mir gratulierte!

9 In Johannas Text stehen die Verbformen im Präteritum.
Tipp: Einige Verbformen sind bereits hervorgehoben.
a. Schreibe die Verbformen zusammen mit den Nomen oder Pronomen auf.
b. Schreibe zu jedem Verb im Präteritum auch den Infinitiv auf.
c. Vergleiche die Verbformen im Präteritum mit den Infinitiven. Markiere, was anders ist.

Marek hat sich eine Kriminalgeschichte ausgedacht.

Alexa wachte in der Nacht auf. Ihr Vater beruhigte sie. Die Polizisten fanden einen Waschbären. Das Tier gelangte ins Haus.	+	nachdem als	+	Laute Geräusche waren aus der Küche gekommen. Er hatte die Polizei gerufen. Sie hatten alles durchsucht. Jemand hatte ein Kellerfenster offen gelassen.

10 Was war zuerst geschehen? Was geschah danach?
Du hast verschiedene Möglichkeiten, die Sätze zu verbinden.
a. Schreibe Mareks Geschichte: Schreibe dazu vier Satzgefüge auf.
Tipp: Im Nebensatz steht das gebeugte Verb an letzter Stelle.
b. Markiere die Verbformen im Präteritum und im Plusquamperfekt mit unterschiedlichen Farben.
c. Schreibe die Infinitive zu den Verbformen auf.

Starthilfe
Alexa wachte ... auf, nachdem ... gekommen waren.
...
aufwachen, ...

Tipp 4: Lerne, indem du anderen etwas beibringst!

11 Erarbeite für eine Partnerin oder einen Partner ein Arbeitsblatt zum Üben.
Anregungen dafür findest du in den Aufgaben 4 bis 10.
a. Formuliere genaue Arbeitsanweisungen.
b. Probiere die Aufgaben selbst aus.
Tipp: Hast du einen Fehler entdeckt, dann überarbeite die Aufgabe.
c. Schreibe auch ein Lösungsblatt.

9 stattfinden, teilnehmen, beginnen, herausbekommen, zittern, werden, zuhören, ankommen, gewinnen, jubeln, gratulieren

Fehler verstehen und vermeiden

Trennbare Verben

Clara besucht ihre Cousine Sofia in Lüneburg. Sofia hat eine Idee.

A Sofia: „Möchtest du ins Solebad[1] mitgehen?
Dort kann man sich in ein Becken mit Salzwasser hineinlegen und wunderbar ausspannen. Das soll der Haut guttun. Ich muss nur noch die Öffnungszeiten herausfinden."

B Clara erzählt ihrer Mutter davon am Telefon:
„Ich gehe ins Solebad mit. Wir legen uns in ein Becken mit Salzwasser hinein und spannen darin aus. Das tut der Haut gut. Sofia findet noch die Öffnungszeiten heraus."

1 a. In Teil **A** findest du trennbare Verben in der Grundform (im Infinitiv). Schreibe sie untereinander auf.
b. Welche gebeugten Verbformen im Präsens in Teil **B** gehören zu den trennbaren Verben? Schreibe sie mit dem Pronomen neben die Grundformen.

Starthilfe
mitgehen – ich gehe mit
...

Merkwissen

Trennbare Verben sind eigentlich **zusammengesetzte** Verben: *herausfinden*.
Im Satz **können** diese Verben **getrennt** stehen und eine **Satzklammer** bilden:
Ich finde die Öffnungszeiten heraus.
Satzklammer

2 Die folgenden Sätze stehen im Präsens.
a. Schreibe die Sätze ab.
b. Setze die trennbaren Verben am Rand in der richtigen Form ein.
c. Verbinde die Teile des Verbs mit einer Linie.

Später ___ Sofia Clara eine gemeinsame Reise ___.
Sofia ___ im Sommer an einem Jugendcamp ___.
Vielleicht ___ Clara ja ___.
Den Termin ___ sie ihrer Cousine schon mal ___.
Clara ist begeistert. Sie ___ Sofia ein Eis ___.

aufschreiben
ausgeben
mitkommen
teilnehmen
vorschlagen

[1] **das Solebad**: ein Bad mit salzhaltigem Wasser; **die Sole**: Wasser, in dem Salz aufgelöst ist

Die Mädchen unterhalten sich über ihren Besuch im Solebad.

Clara: Es war toll, als der Wellengang im Meerwasserbecken eingeschaltet war.
Sofia: Ich habe am liebsten der Unterwassermusik im Entspannungsbecken zugehört.
Clara: Es wird auch eine Salzmassage angeboten.
Sofia: Hast du dir die Preise angesehen? Dafür musst du vorher viel Taschengeld zurückgelegt haben.

3 In jedem Satz findest du ein trennbares Verb.
Als Partizip II (Partizip Perfekt) schreibst du trennbare Verben jedoch zusammen.
a. Schreibe die fünf Partizipien II untereinander auf.
b. Schreibe die Infinitive (die Grundformen) daneben.
c. Wodurch unterscheiden sich die Partizipien II von den Infinitiven?

Starthilfe
eingeschaltet – einschalten
...

Merkwissen
Die **Partizipien II** von trennbaren Verben schreibst du **zusammen**.
ausrechnen: Er hat die Summe ausgerechnet.

Die Salzsau von Lüneburg

Vor tausend Jahren lauerten zwei Jäger im Wald bei Lüneburg einer Wildsau auf. Als sie das Tier endlich niedergeschossen hatten, stellten sie fest, dass seine Borsten voller Salzkristalle waren. Die Männer wussten, dass sich die Sau gern in einem Tümpel herumgewälzt hatte. Sie schauten dort nach und fanden eine Quelle mit salzhaltigem Wasser. Lüneburg wurde durch das Salz sehr reich. Im Rathaus wird heute noch ein Knochen der Wildsau ausgestellt.

4 Im Text findest du trennbare Verben im Präteritum und in Zeitformen mit dem Partizip II.
a. Ordne die Formen aus dem Text in eine Tabelle ein.
b. Ergänze die fehlenden Formen in den anderen Spalten.

Infinitiv (Grundform)	Präsens	Präteritum	Partizip II
auflauern	sie lauern auf	sie lauerten auf	aufgelauert
...	...	...	niedergeschossen

5 a. Ergänze die trennbaren Verben aus den Aufgaben 2 und 3 in der Tabelle.
b. Suche sechs Formen aus. Schreibe damit eigene Sätze auf.

Wissenswertes auf einen Blick

Das Gedicht

Gedichte haben mindestens eine **Strophe** und sind in **Versen** (Gedichtzeilen) geschrieben.
- Eine **Strophe** verbindet eine bestimmte Anzahl von Versen zu einer Einheit und gliedert das Gedicht oder Lied.
- Gedichte haben manchmal eine **besondere Form** und **reimen** sich häufig. Der **Reim** ist der möglichst genaue Gleichklang von Wörtern.
- Die Verse eines Gedichts sind häufig nach einem Sprechrhythmus gegliedert: dem Versmaß (Metrum).
- Gedichte haben einen **Sprecher**, das lyrische Ich.
- Eine **besondere Sprache** bringt die Gedichte **zum Klingen**.
- Die Sprache im Gedicht ist besonders „dicht": Gesagt wird nur das für eine Aussage und für einen Rhythmus Wichtige.
- Die **Wiederholung** ist eine sprachliche Besonderheit in Gedichten.
- **Vergleiche** mit „wie" und „als" machen Gedichte **anschaulich**.
- **Sprachbilder**, z. B. Gegensätze, machen Gedichte **lebendig**.
- In manchen Gedichten gibt es **Personifikationen**.
- In vielen Gedichten gibt es **Metaphern**, Wörter mit übertragener Bedeutung.
- Beim **Zeilensprung** (Enjambement) sind die Verse ineinander verschränkt.

➜ Gedichte lesen, untersuchen und vortragen: Seiten 132–145, 317–320, 324–325

Reime am Ende von Gedichtzeilen, die aufeinanderfolgen, nennt man **Paarreime**.		Reimt sich jeweils der übernächste Vers, so spricht man von **Kreuzreimen**.		Umschließt ein Reim einen Paarreim, heißt er **umarmender Reim**.	
taumle	*a*	*Macht*	*c*	*Wind*	*e*
baumle	*a*	*träufen*	*d*	*Welt*	*f*
Bäumen	*b*	*Nacht*	*c*	*hält*	*f*
träumen	*b*	*ersäufen*	*d*	*geschwind*	*e*

Ein Gedicht analysieren und interpretieren

➜ Arbeitstechnik: Seite 145

Die Ballade

Eine Ballade ist ein **besonderes Gedicht**, das eine **Geschichte erzählt**.
- Eine Ballade besteht meist aus **mehreren Strophen**.
- Balladen **reimen sich** häufig.
- In einer Ballade gibt es oft **wörtliche Rede**.
- In einer Ballade geht es oft um ein **dramatisches Geschehen**.
- Die besondere Sprache „**malt Bilder** in unserem Kopf".
- In einer Ballade kann es **Metaphern** geben, Wörter mit übertragener Bedeutung.

Ein Gedicht oder eine Ballade auswendig lernen

Mit diesen Tipps kannst du Gedichte oder Balladen auswendig lernen:
- Lerne die erste Strophe **Zeile für Zeile** auswendig.
- Du kannst dir mit einem Blatt Papier helfen: Lege das Blatt so, dass du **jeweils nur den Anfang jeder Zeile** lesen kannst.
- Sprich dann die **Strophe als Ganzes**.
- Lerne die anderen Strophen genauso.

→ Gedichte auswendig lernen: Seiten 132-141

Die Kurzgeschichte

Eine **Kurzgeschichte** ist eine knappe, moderne Erzählung, die zum Nachdenken anregen soll.
- Du bist **plötzlich mitten in der Handlung** der Geschichte.
- Das Thema ist ein ganz **alltägliches Geschehen**.
- Die Geschichte stellt einen **Augenblick** dar, einen kurzen Ausschnitt aus dem Leben.
- Es gibt einen **entscheidenden Moment**, einen Wendepunkt.
- Das **Ende** einer Kurzgeschichte ist **offen**.

→ Kurzgeschichten lesen: Seiten 146-167, 321-323

Eine Kurzgeschichte oder eine Erzählung interpretieren

→ Arbeitstechnik: Seite 167

Die Parodie

Eine Parodie ist die Verzerrung oder **komische Nachahmung** der originalen Form eines **bekannten Textes**, meistens in kritischer Absicht, manchmal auch liebevoll nachahmend. Häufig werden Wörter oder Sätze durch andere, „unpassende", ersetzt, während die Form der Vorlage erhalten bleibt. Die Lesenden oder Zuhörenden sollen das Original erkennen und sich an den Änderungen erfreuen.

→ eine Parodie lesen Seiten 321-322

Der Roman

Als Roman bezeichnet man verschiedene **umfangreiche Formen des Erzählens**. Romane können ihrem Inhalt nach ganz unterschiedlich ein. So gibt es Abenteuerromane, Jugendromane, fantastische Romane, Großstadtromane, Gesellschaftsromane und viele andere Arten von Romanen.

→ einen Roman kennen lernen: Seiten 196-205

Das Jugendbuch

Jugendbücher sind hauptsächlich **für Jugendliche** geschrieben.
Es geht in den Jugendbüchern häufig um Themen wie Erwachsenwerden, Freizeit, Freundschaften, Familie und auch Schule.
Die **Hauptpersonen/Hauptfiguren** in Jugendbüchern sind meist **Jugendliche**.

→ ein Jugendbuch kennen lernen: Seiten 74-88

Ein Buch vorstellen

- Zeige den Zuhörerinnen und Zuhörern **das Buchcover**.
- Nenne den **Titel** und die **Autorin** oder den **Autor** des Buches.
- **Wer?** – Stelle die **Hauptpersonen** vor.
- **Wo? – Wann? – Was?** – Erzähle **kurz** etwas über den **Inhalt**.
- Erkläre, warum dir das Buch gut oder nicht so gut **gefallen** hat.
- **Lies** einen **Ausschnitt** aus dem Buch **vor**.

Das Drama

Ein Drama ist ein Text, der für seine Umsetzung auf einer **Theaterbühne** geschrieben wurde. Ein Drama besteht aus **Dialogen** (Gesprächen) und/oder **Monologen** (Selbstgesprächen) und Regieanweisungen. Es gliedert sich in Akte und Szenen.

➜ ein Drama kennen lernen: Seiten 168-179

Epochen

In vielen Bereichen wird die Vergangenheit, der **Blick zurück in die Geschichte**, in Epochen eingeteilt, z. B. in der **Literatur**, der Musik und der Kunst. Als Epochen bezeichnet man **Zeitabschnitte** mit gemeinsamen Merkmalen, die sich in geschichtlichen Entwicklungen, Ideen, Werten und Formen zeigen.
Die Epoche **Neue Sachlichkeit** (ca. 1918–1932) ist stark an der **Wirklichkeit** orientiert. Die Gedichte, Erzählungen und Romane dieser Zeit stellen die sogenannten „kleinen Leute" und ihre Lebensweise in den Mittelpunkt: Die Handlung spielt fast ausnahmslos in der **Großstadt**. In vielen Texten findet sich ein eher **sachlicher, nüchterner Stil**.

➜ Neue Sachlichkeit: Seiten 194-205

Zeitungen

- Ein Zeitungsartikel oder Zeitungsbericht besteht aus **mehreren Teilen**: die Schlagzeile, die Unterzeile, die Einleitung, der Text. Die Teile unterscheiden sich durch die **Schriftgröße** und die **Schriftart**.
- Zeitungsberichte informieren über **aktuelle Ereignisse**. Dabei beantworten sie **W-Fragen**.
- Die **wichtigste Information** steht meist am **Anfang**. Es folgen Informationen zum **Hintergrund** und ergänzende Informationen.

Diese Merkmale musst du auch beachten, wenn du selbst einen Zeitungsbericht schreibst. Du kannst deinen Bericht mit einer **Bewertung** oder einer **Schlussfolgerung** beenden.

➜ Zeitungen: Seiten 52, 190

Werbung

Werbung begleitet uns überall, und doch nehmen wir sie oft nicht wahr.

- Die Werbung arbeitet oft mit **Bildern**, um möglichst viel **Aufmerksamkeit** zu erregen.
- Auch **Sprache** ist sehr wichtig, vor allem **Slogans**, also Werbesprüche.
- Meist ist das Ziel der Werbung, ein **Produkt** zu verkaufen.
- Jede Werbung ist für eine bestimmte **Zielgruppe** gedacht.

➜ Werbung: Seite 196

Der Textknacker

Mit dem Textknacker knackst du jeden Text.

1. Schritt: Vor dem Lesen

Du siehst dir den Text als Ganzes an.

- Worauf fällt dein Blick als Erstes?
- Was erzählen dir die **Bilder** und die **Überschrift**?
- Worum könnte es gehen?

2. Schritt: Das erste Lesen

Du überfliegst den Text.
Oder du liest den Text einmal durch.

- Welche **Wörter, Wortgruppen** oder **Absätze** fallen dir auf?
- Was ist interessant für dich? Was macht dich neugierig?

3. Schritt: Den Text genau lesen

Du liest den Text genau und in Ruhe – Absatz für Absatz.
So findest du wichtige Informationen.

- **Absätze** und **Zwischenüberschriften** gliedern den Text.
- **Schlüsselwörter** sind besonders wichtige Wörter.
- **Bilder, Grafiken oder Tabellen** helfen dir, den Text zu verstehen.
- Manche **Wörter** werden **am Rand** oder **in den Fußnoten erklärt**.
- Schlage Fachwörter und andere Wörter, die du nicht verstanden hast, **im Lexikon** nach.
- Welche **Fragen** hast du an den Text?

4. Schritt: Nach dem Lesen

Du arbeitest mit dem Inhalt des Textes.

- Welche **Informationen** sind für dich und deine Aufgabe **wichtig**?

➜ Sachtexte lesen und verstehen: Seiten 20, 43–45, 86–87, 110, 118–121, 206, 237–238

➜ literarische Texte lesen und verstehen: Seiten 74–79, 146–165, 188–191, 197–201

Der Aufgabenknacker

1. Schritt: Du **liest** die Aufgabe genau.

2. Schritt: Du überlegst: Was gehört alles zur **Lösung** der Aufgabe?
Einige Aufgaben bestehen aus **Teilaufgaben**.
Bearbeite jede Teilaufgabe einzeln.

3. Schritt: Du gibst die Aufgabe **mit eigenen Worten** wieder.

Diese **Verben** sagen dir, was du tun sollst:

Beschreibe …	Ich soll sagen, wie etwas aussieht oder abläuft.
Fasse zusammen …	Ich soll die wichtigsten Informationen wiedergeben.
Vergleiche …	Ich soll Gemeinsamkeiten und Unterschiede finden.
Erkläre …	Ich soll Zusammenhänge herstellen.
Begründe …	Ich soll Gründe für etwas finden und nennen.
Gib … wieder.	Ich soll etwas mit eigenen Worten formulieren.
Informiere …	Ich soll Informationen an andere weitergeben.
Erläutere …	Ich soll Vorgänge aufzeigen und veranschaulichen.

➜ der Aufgabenknacker: Seiten 214–215

Eine Checkliste anlegen

Überlegt, **welche Schritte** zur Erledigung einer Aufgabe nötig sind.

- Schreibt für die einzelnen Schritte Checkfragen, die ihr mit **Ja** oder **Nein** beantworten könnt.
- Ergänzt in **weiteren** Checkfragen, was für die Aufgabe noch wichtig ist.

➜ eine Checkliste anlegen: Seiten 25, 105, 113, 167

Eine Grafik oder ein Schaubild erschließen

Eine Grafik kann ein Schaubild, eine Tabelle, eine Folie oder ... sein. Grafiken können **zusätzliche Informationen** zu Sachtexten enthalten.

1. Schritt: Vor dem Lesen

Du siehst dir die Grafik als Ganzes an.
- Lies die **Überschrift** der Grafik und benenne das **Thema**.

2. Schritt: Das erste Lesen

Du siehst dir die Grafik genauer an und liest die Angaben.
- Lies die **Erklärungen**, z. B. die Legende.
- **Form**: Welche Form hat die Grafik?
- **Quelle**: Wer hat die Grafik veröffentlicht?
- **Beschriftung**: Welche Angaben liest du?

3. Schritt: Die Grafik genau untersuchen

Du untersuchst und beschreibst einzelne Informationen, um sie zu verstehen.
- **Entnimm** der Grafik die verschiedenen **Informationen**.
- **Stelle Fragen** an die Grafik und **formuliere** entsprechende **Antworten**.

4. Schritt: Nach dem Lesen

Du hast nun alle Informationen zur Beantwortung der Frage.
- **Erkläre** mit eigenen Worten, was in der Grafik dargestellt ist.

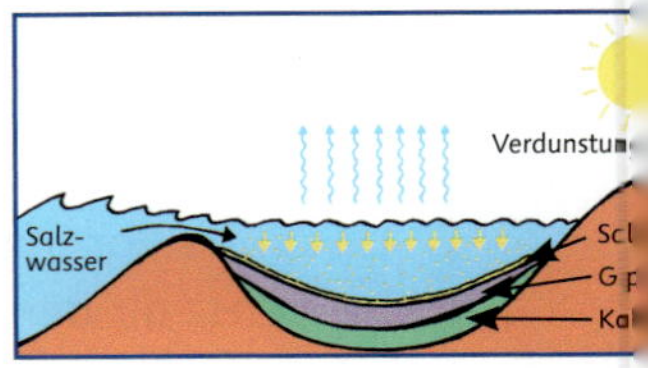

→ eine Grafik erschließen: Seiten 55, 96, 106, 215

Der Buchknacker

1. Schritt: Vor dem Lesen

Du siehst dir das Buch als Ganzes an.
- Das **Buchcover** verrät dir etwas über das Buch.
- Der **Klappentext** verrät dir mehr über den Inhalt des Buches.

2. Schritt: Das erste Lesen

Du liest einen Textausschnitt: erster Eindruck.

3. Schritt: Das genaue Lesen

Du liest den Text genau – Absatz für Absatz.
- **Absätze** gliedern den Text.
- **Schlüsselwörter** sind besonders wichtige Wörter für das Verständnis.
- Schlage Wörter, die du nicht verstanden hast, im **Lexikon** nach.
- Stelle **eigene Fragen** an den Text.

4. Schritt: Nach dem Lesen

Du kannst das Buch mit Hilfe deiner Arbeitsergebnisse vorstellen.

→ der Buchknacker: Seiten 74–88

Ideensammlung: Die Mindmap

In einer Mindmap kannst du **Ideen sammeln** und deine **Gedanken ordnen**:
- Nimm ein **leeres Blatt Papier** und lege es quer vor dich hin.
- Zeichne darauf einen **Baum mit Ästen und Zweigen**.
- Schreibe das **Thema** auf den **Stamm**.
- Schreibe **wichtige Wörter** zu dem Thema auf die **Äste**.
- Schreibe **Informationen** zu den Wörtern auf die **Zweige**.

→ eine Mindmap anfertigen: Seite 116

→ einen Cluster anfertigen: Seiten 69, 315

Eine Karikatur beschreiben

Eine Karikatur ist ein **Bild**, das auf **übertriebene**, meist humorvolle und zugespitzte Weise **kritikwürdige Zustände** und Widersprüche in unserem Leben aufzeigt.
Mit diesen Fragen kannst du eine Karikatur beschreiben und erklären:

- Welche **Situation** ist dargestellt?
- Welche **Figuren** sind dargestellt?
- Was sagen die Figuren?
- **Wie** ist die Karikatur **gestaltet**?
- Welche **Besonderheiten** gibt es?
- Was muss man wissen, um die Karikatur zu verstehen?
- Was ist **überraschend** oder witzig?
- Wie verstehst du die **Aussage** der Karikatur?

➜ Karikatur: Seiten 20–21, 192, 221

Einen Arbeitsplan/Projektplan anlegen

Für einen Arbeitsplan legt ihr eine Tabelle mit fünf Spalten an.

- Schreibt in die **erste** Spalte die **Wochentage**.
- Schreibt in die **zweite** Spalte die jeweilige **Aufgabe** für den Tag.
- Schreibt in die **dritte** Spalte, **wer** jeweils verantwortlich ist.
- Schreibt in die **vierte** Spalte, **wann** ihr die Aufgabe **erledigt** habt.
- Schreibt in die **letzte** Spalte, welche **Fragen oder Probleme** es gibt.

➜ einen Arbeitsplan/ Projektplan anlegen: Seiten 193

➜ Lernen lernen: Seiten 280–283

Einen Text überarbeiten

Einen Text kannst du mit diesen Tipps überarbeiten:

- Gestalte **die Satzanfänge** abwechslungsreich.
- Verwende **treffende Verben** und an passenden Stellen **Adjektive**.
- Verwende die Zeitformen einheitlich: **Präteritum** *oder* **Präsens**.
- Schreibe einen informierenden Text **sachlich**.
- Achte bei informierenden Texten auf einen **logischen Aufbau**.
- Prüfe, ob du die Aufgabe **vollständig bearbeitet** hast.
- Überprüfe **die Rechtschreibung** und korrigiere Fehler.
- Schreibe den Text noch einmal **in gut lesbarer Schrift** auf.

➜ Texte überarbeiten: Seiten 58–60, 61, 124, 232–235

Regeln für die Schreibkonferenz

In einer Schreibkonferenz überarbeitet ihr Texte gemeinsam.
Für die Schreibkonferenz werden Regeln vereinbart:

Regel 1: Die Autorin oder der Autor **liest** den Text **vor**. Die anderen **hören** aufmerksam **zu**.
Regel 2: Sagt zuerst, was euch **gefällt**.
Regel 3: **Fragt nach**, wenn ihr etwas nicht verstanden habt.
Regel 4: **Überarbeitet gemeinsam** den Text, bis er euch gefällt.
Regel 5: Schreibt den Text noch einmal **in gut lesbarer Schrift** auf.

➜ Regeln für die Schreibkonferenz: Seiten 232–235

Regeln für die Gruppenarbeit

1. **Jedes** Mitglied erhält **eine Aufgabe**.
2. Alle arbeiten **gemeinsam**.
3. Jedes Mitglied arbeitet **mit jeder/jedem** zusammen.
4. **Keine/Keiner lenkt** die Gruppe **ab**.
5. **Keine/Keiner meckert** über ihre/seine Aufgabe.
6. Einer **leitet** die Gruppe, einer **schreibt**, einer **misst** die **Zeit**, einer **schlägt** im Wörterbuch **nach** und einer **trägt** das Ergebnis **vor**.

Eine Person oder Figur beschreiben

Beschreibe eine Person oder Figur mit Hilfe der folgenden Fragen:
- **Wie** sieht die Person **insgesamt** aus? Wie **alt** ist sie ungefähr?
- **Wie** sieht ihr **Gesicht** aus? Wie sind ihre **Haare**?
- **Wie** sieht ihre **Kleidung** aus? Was für **Schuhe** hat sie an?
- Gibt es etwas, **was** dir **besonders** an ihr **auffällt**?
- **Wie wirkt** die Person oder Figur auf dich?

Eine Figur charakterisieren

→ Arbeitstechnik: Seite 183

Ein Bild beschreiben

→ Arbeitstechnik: Seite 205

Versuche beschreiben

Eine Versuchsbeschreibung sollte **klar** und **übersichtlich** aufgebaut sein. Sie ist meist **im Präsens** geschrieben und immer **gleich aufgebaut**:

Überschrift: Wähle eine treffende Überschrift. Häufig ist das die **Versuchsfrage**.
Einleitung: Schreibe, **was** du mit dem Versuch **herausfinden** oder untersuchen möchtest.
Vorbereitung: Nenne alle **Materialien**, die du für den Versuch bereitlegen musst.
Durchführung: **Beschreibe genau**, was man nacheinander tut und was geschieht.
Ergebnis: **Formuliere** das Ergebnis des Versuchs.
Erklärung: **Begründe** oder erkläre das Ergebnis.

Pro- und Kontra-Argumente sammeln

Wenn du eine **Meinung** vertreten willst, **begründe** sie mit Argumenten.
- Finde **Pro-Argumente**, wenn du dafür bist.
- Finde **Kontra-Argumente**, wenn du dagegen bist.
- **Sammle** deine Argumente in einer **Tabelle**.
- Finde passende **Beispiele** zu deinen Argumenten.

Meinung
Argument
Beispiel

→ Pro- und Kontra-Argumente: Seiten 120, 125–127

Eine Argumentationskette entwickeln

→ Arbeitstechnik: Seite 99

Schriftlich Stellung nehmen

→ Arbeitstechnik: Seite 101

Eine Podiumsdiskussion durchführen

→ Arbeitstechnik: Seite 109

Einen Kommentar schreiben

→ Arbeitstechnik: Seite 113

Miteinander diskutieren

Wenn ihr auf diese Regeln achtet, gelingt die Diskussion:
- **Lasst** einander **ausreden**.
- **Hört** euch gegenseitig genau **zu**.
- **Beleidigt** euch **nicht** gegenseitig und **lacht** einander **nicht aus**.
- Sprecht nur **zum Thema**.
- Sprecht **klar** und **deutlich**.
- **Seht** die anderen beim Sprechen **an**.
- Legt eine **Sitzordnung** fest.
- **Wählt** eine **Diskussionsleiterin** oder einen **Diskussionsleiter**.
- Tragt eure **Meinungen sachlich** vor.
- **Begründet** eure Meinungen **mit starken Argumenten.**
- **Unterstützt** eure Argumente **mit Beispielen**.

→ miteinander diskutieren: Seiten 17, 19, 24–25, 26–27

Aktives Zuhören

Wenn du **aufmerksam zuhörst**, vermeidest du **Missverständnisse**.
Gut zuhören heißt, dass der **ganze Körper aktiv** ist!
- **Sieh** deine Partnerin oder deinen Partner **an**.
- **Höre** genau **zu**. **Unterbrich** deine Partnerin oder deinen Partner **nicht**.
- **Konzentriere** dich auf das Wichtige.
- **Wende** dich deiner Partnerin oder deinem Partner **zu**.
- **Frage**, ob du alles **richtig verstanden** hast.

→ aktiv zuhören: Seiten 105, 242–243

Einen persönlichen Brief schreiben

- Schreibe den **Ort** und das **Datum oben rechts**.
- Wähle eine passende **Anrede**.
- Erkundige dich, **wie es** dem Empfänger **geht**.
- Schreibe auch, **warum** du schreibst.
- **Stelle** deine **Fragen** oder **antworte** auf **Fragen**, die dir gestellt wurden.
- Beende deinen Brief mit einem passenden **Gruß** und **unterschreibe** ihn.

→ einen persönlichen Brief schreiben: Seiten 82–83

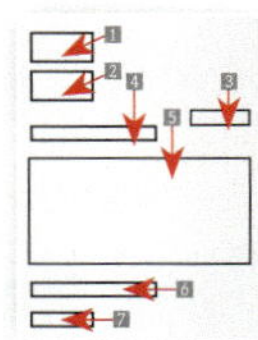

Einen offiziellen Brief schreiben

- Schreibe zuerst **oben links** den **Absender**, darunter den **Empfänger**.
- Schreibe den **Ort** und das **Datum** etwas tiefer **rechts**.
- Wähle eine **passende Anrede**.
- **Stelle** dich **vor**.
- **Nenne** den **Grund** deines Schreibens.
- **Stelle** deine **Fragen** an den Empfänger. **Nenne** auch deine **Bitten**.
- **Bedanke** dich beim Empfänger.
- Beende deinen Brief mit einem **passenden Gruß** und **unterschreibe** ihn.

→ einen offiziellen Brief schreiben: Seiten 248–249

Der tabellarische Lebenslauf

Der **tabellarische Lebenslauf** gehört zu einer vollständigen **Bewerbung**.

- Achte auf die richtige **Reihenfolge** deiner Angaben: Angaben zur Person, Schulbildung, Interessen und Kenntnisse, Datum, Unterschrift.
- Nenne nur **Hobbys**, die zum Praktikum oder zum Beruf passen.
- Überprüfe die **Vollständigkeit** deiner Angaben.
- Finde und korrigiere alle **Grammatik- und Rechtschreibfehler**.
- Lass eine **zweite Person** deinen Lebenslauf prüfen.

→ der tabellarische Lebenslauf: Seite 61

Das Bewerbungsschreiben für das Praktikum

Mit deinem **Bewerbungsschreiben** kannst du deinen Arbeitgeber von dir überzeugen.

- Wähle eine geeignete **Anrede** und eine geeignete **Grußformel**.
- Schreibe zuerst den **Zweck des Schreibens** auf.
- Nenne den **Zeitraum** des Praktikums.
- Gib deine **Schule** und den angestrebten **Schulabschluss** an.
- Begründe dann, **warum** du dieses Praktikum machen möchtest.
- **Bitte am Schluss** um eine Zusage oder eine Gesprächseinladung.
- Schreibe dein Bewerbungsschreiben am **Computer**.
- **Überprüfe** den Inhalt, die Formulierungen und die Rechtschreibung.
- Gestalte und überprüfe die äußere **Form**.

Eine Bewerbung schreiben

→ Arbeitstechnik: Seite 232

Regeln und Tipps für ein Bewerbungsschreiben

- Nach der **Betreffzeile** und nach der **Grußformel** steht kein Punkt.
- Nach der **Anrede** steht meist ein **Komma**.
- Steht nach der Anrede ein Komma, schreibst du klein weiter.
- Die höfliche Anrede **Sie**, **Ihr**, **Ihnen** schreibst du **groß**.
- **Kontrolliere** die Schreibung von **Fachwörtern** und von **Namen**.

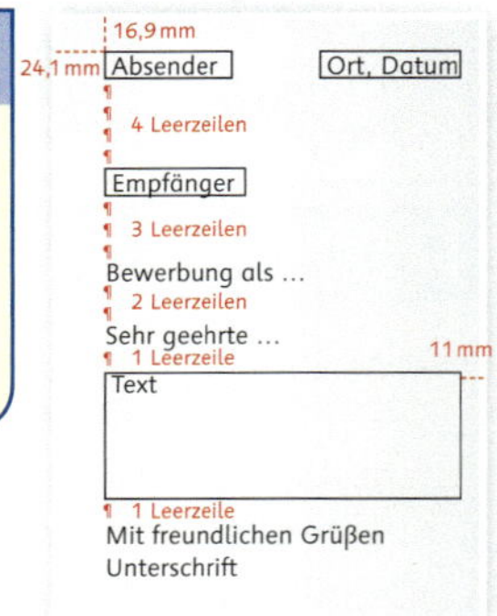

→ eine Bewerbung schreiben: Seiten 54-60, 62-63, 64-65, 232-235

Eine Musterseite im Computer anlegen

→ Arbeitstechnik: Seite 57

Tipps für die Online-Bewerbung

→ Arbeitstechnik: Seite 64

Einen informierenden Text verfassen

→ Arbeitstechnik: Seite 229

→ informierender Text: Seiten 34-37, 118-124, 224-229

Eine Geschichte erzählen: Aufbau und Leitfragen

Deine Geschichte braucht: **Einleitung**, **Hauptteil** und **Schluss**.
Mache mit deiner **Einleitung** die Leser oder Zuhörer **neugierig**:
- **Wer** ist die Hauptperson?
- **Wo** spielt die Geschichte? **Wann** spielt die Geschichte?
- **Was möchte** die Hauptperson?

Gestalte den **Hauptteil spannend und lebendig**:
- **Was passiert** auf einmal?
- **Was fühlt** die Hauptperson? **Was denkt** oder **sagt** die Hauptperson?

Löse am **Schluss** schnell die **Spannung**:
- **Wie löst sich** die Spannung zum Schluss auf?

Beachte auch die **Tipps zum spannenden Erzählen**.

➜ Geschichten erzählen und weitererzählen: Seiten 80–81

Spannend und anschaulich erzählen

Mit diesen Tipps gelingt dir eine besonders **spannende Geschichte**:
- Finde für die **Einleitung** ein bis zwei Sätze, die **neugierig** machen.
- Baue im Hauptteil mit einem **plötzlichen Ereignis Spannung** auf.
- Erzähle über die **Gefühle** der Hauptperson.
- Durch **Gedanken** und **wörtliche Rede** wird die Geschichte **lebendig**.
- **Steigere** die Spannung: Unterschiedliche **Satzanfänge** machen den Hauptteil **abwechslungsreich**. Besondere, treffende **Adjektive** machen die Geschichte **„stark"**.
- Auf dem **Höhepunkt** passiert oft alles **ganz schnell**.
- **Löse** die **Spannung** zum **Schluss** mit einem **überraschenden Ende**.

Eine Inhaltsangabe schreiben

Beantworte diese Fragen, um Inhalte von Texten zusammenzufassen:
- **Was** ist das für ein **Text**? **Wer** ist die **Autorin** oder der **Autor**?
- **Wann** spielt die Handlung? **Wo** spielt die Handlung?
- **Wer** ist die **Hauptfigur**? **Welche Figuren** kommen außerdem vor?
- **Was tun** die Figuren? **Warum** tun sie es?
- **Was denken und fühlen** die Figuren?
- **Wie endet** der Text?

Verwende das **Präsens**. Schreibe in der **Er-Form**, nicht in der Ich-Form.
Gib auch **wörtliche Rede in eigenen Worten** wieder.

➜ eine Inhaltsangabe schreiben: Seiten 160–163

Mündlich nacherzählen

- **Lies** den Text **genau**.
- **Markiere wichtige Wörter** auf einer Folie oder schreibe sie auf. Du kannst zum Nacherzählen auch **Erzählkärtchen** verwenden.
- Erzähle **in der richtigen Reihenfolge**.
- Erzähle **spannend** und **mit eigenen Worten**.
- Lasse nichts **Wichtiges** aus. **Füge nichts hinzu**.
- Erzähle **im Präteritum**.

Einen inneren Monolog schreiben

➜ Arbeitstechnik: Seite 81

Einen Kurzvortrag/Ein Referat vorbereiten und halten

1. Schritt: Das Thema aussuchen und Informationen beschaffen
- Wähle ein interessantes **Thema** aus.
- Sammle **Informationen** in Büchern, Lexika und im Internet.

2. Schritt: Informationen aus Texten entnehmen
- **Lies** die Texte mit dem **Textknacker**.
- Schreibe **Stichworte** auf **Karteikarten**.

3. Schritt: Den Vortrag gliedern und die Notizen ordnen
- Entscheide, welche Informationen **wichtig** sind.
- Schreibe **Erklärungen** zu schwierigen Wörtern mit auf deine Karten.
- **Gliedere** dann den Vortrag und **ordne** deine Informationen.

4. Schritt: Den Vortrag für das Publikum anschaulich machen
- Zeige eine **Computer-Präsentation** oder **Folien**.

5. Schritt: Eine Einleitung und einen Schluss formulieren
- Formuliere einen **Einleitungssatz** und Sätze für den **Schluss**.

6. Schritt: Den Kurzvortrag oder des Referats üben und halten
- **Übe**, deinen Vortrag möglichst **frei zu sprechen**.

➜ ein Referat vorbereiten: Seiten 41, 86, 139, 221, 236-243

Frei vortragen

- **Stelle dich** so hin, dass **alle dich sehen** können.
- Versuche, **frei** zu **sprechen** und wenig abzulesen.
- Sprich **langsam** und **deutlich**.
- **Sieh** beim Sprechen die Zuhörerinnen und Zuhörer **an**.
- Zeige an passenden Stellen **Bilder** und **Materialien**.

➜ frei vortragen: Seiten 47, 137, 187, 189

➜ sich selbst präsentieren: Seiten 66-69

Ein Plakat, ein Schaubild, eine Grafik oder eine Folie gestalten

- Wählt ein **passendes Format** und eine passende **Überschrift** aus.
- Entscheidet, welchen **Text** und welche **Bilder** ihr zeigen wollt.
- Überlegt, wie ihr **Überschrift**, **Text** und **Bilder anordnen** wollt.
- Schreibt **groß** genug und gut **lesbar**. Hebt Wichtiges hervor.
- Gestaltet euer Werk am besten mit dem **Computer**. Ein Präsentations- oder Grafikprogramm hilft euch dabei.

➜ eine Präsentation vorbereiten und halten: Seiten 42-47

➜ ein Schaubild/eine Skizze anlegen: Seiten 15, 35

Ein Plakat, eine Grafik, eine Folie, ein Schaubild präsentieren

- Stelle dich so hin, dass du die Folie **nicht verdeckst**.
- **Erkläre** deine Folie: Sprich **frei** und in **ganzen Sätzen**.
- **Zeige** manchmal auf die passenden Stellen auf der Folie. Dann kann die Klasse dir besser folgen.
- Erkundige dich **zum Schluss**, ob es **Fragen** gibt.

Zitieren

Du kannst deine Aussagen mit Zitaten **belegen**. Du kannst ganze Sätze oder Wortgruppen **wörtlich** zitieren, **ohne** sie **zu verändern**. Zitate werden wie die wörtliche Rede durch **Anführungszeichen** gekennzeichnet. So sind Zitate als fremde Texte erkennbar. Nach dem Zitat gibst du in Klammern die **Textstelle** (Seiten- und Zeilenzahl) an.

➜ zitieren: Seite 37, 257

Tipps zum Auswerten eines Vortrags/einer Präsentation

Bei der Auswertung eines Vortrags stellst du dir folgende Fragen:
- Habe ich **inhaltlich** alles **verstanden**?
- Konnten meine **Fragen beantwortet** werden?
- War die **Computer-Präsentation** passend?
- War der Vortrag gut **gegliedert**?
- Hat der Vortragende **frei**, **langsam**, **deutlich** und **laut genug** gesprochen?
- War der Vortrag **interessant**?

Sei bei der Kritik **sachlich** und versuche, deinem Mitschüler/deiner Mitschülerin mit **Verbesserungsvorschlägen** zu helfen.

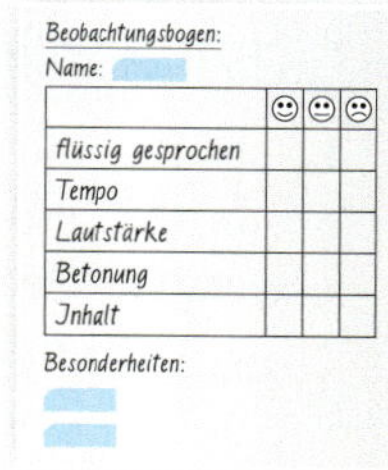

➜ Tipps zum Auswerten/ Beobachtungsbogen: Seiten 19, 69, 105

Ein Standbild bauen

Mit einem Standbild könnt ihr eine Situation oder ein Gefühl darstellen.
- Entscheidet euch, **wer welche Person** darstellt.
- Achtet besonders auf die **Gestik** (die Körperhaltung) und die **Mimik** (den Gesichtsausdruck) der Personen.
- Die Darstellerinnen und Darsteller stellen sich **unbeweglich wie ein Standbild** auf. Niemand spricht.
- **Die anderen beraten** und korrigieren die Darsteller.
- **Alle beschreiben, wie das Standbild** auf sie **wirkt**.
- Die Darsteller **beschreiben** außerdem, **wie sie sich fühlen**.

Szenisch lesen

Beim szenischen Lesen könnt ihr euch besser in die Rollen einfühlen:
- Ihr **setzt** und **stellt** euch so **hin** wie beim Spielen der Szene.
- **Lest** die Szene **mit verteilten Rollen**.
- Zusätzlich **bewegt** ihr euch aber **wie die Personen** in der Szene.
- Lest **ausdrucksvoll**: Beachtet die **Regieanweisungen**.
- Setzt **Mimik** und **Gestik** ein.
- Versucht, **immer freier** zu sprechen.

Tipp: Ihr könnt absprechen, ob ihr zwischendurch **unterbrechen** wollt: Ihr könntet euch gegenseitig **Tipps zum besseren Lesen** und **Gestalten** geben.

➜ szenisch lesen: Seiten 19, 176

Eine Szene spielen

Mit diesen Tipps könnt ihr eine Szene spielen:
- Legt fest, welche **Figuren** es gibt. **Verteilt** die **Rollen**.
- Schreibt den **Text** für jede Rolle auf einzelne **Rollenkarten**.
- **Markiert** Wörter, die ihr **besonders betonen** möchtet.
- Schreibt dazu, was eure **Figur tut**, was sie **fühlt** und **denkt**.
- Lernt euren **Text auswendig**.
- Übt gemeinsam, die Szene zu spielen: Setzt **Gestik** (Körpersprache) und **Mimik** (Gesichtsausdruck) ein.
- **Besprecht**: Wie haben sich die Spieler in ihren Rollen gefühlt? Wie hat die Szene auf die Zuschauer gewirkt?

➜ eine Szene spielen: Seiten 18, 19, 176

Richtig abschreiben

1. Schritt: **Lies** den Text.
2. Schritt: **Präge dir die Wörter** bis zum Strich genau **ein**.
3. Schritt: Decke nun die Textstelle ab. **Schreibe** die Wörter **auswendig auf**. Schreibe nur in jede zweite Zeile.
4. Schritt: **Überprüfe**, was du geschrieben hast. **Vergleiche** Wort für Wort mit der Vorlage.
5. Schritt: **Streiche** Fehlerwörter mit einem Lineal **durch**. **Schreibe** das Wort **richtig** über das Fehlerwort.

→ richtig abschreiben: Seiten 244-247, 249, 251, 253, 255, 257, 259, 261, 263

Der Rechtschreib-Check

1 Deutlich sprechen – genau hinhören

Sprich dir das geschriebene Wort **langsam** und **deutlich** vor.
So kannst du Flüchtigkeitsfehler und fehlende Buchstaben erkennen.

2 Lang oder kurz?

Sprich das Wort leise vor dich hin:
Ist der Vokal lang oder kurz?

Langer Vokal:
- Meist folgt nur ein Konsonant.
- Langes **i** ist meist **ie**.
- Manchmal folgt ein **h**: *hohl*.

Kurzer Vokal:
Meist folgen zwei Konsonanten,
- zwei gleiche: *retten* oder
- zwei verschiedene: *halten*.

3 Verwandtes Wort?

Findest du ein Wort schwierig? Zum Beispiel ein Wort mit **ä** oder **e**, **äu** oder **eu**? Dann finde ein **verwandtes Wort**, das du sicher schreiben kannst. Denn den **Wortstamm** in verwandten Wörtern **schreibst** du immer **gleich**: *das Gebäude* mit **äu** so wie *bauen* mit **au**.

4 b oder p, d oder t, g oder k am Wortende oder am Ende des Wortstamms?

Verlängere das Wort/den Wortstamm. Dann hörst du, wie es endet.

5 Groß oder klein?

Nomen schreibst du groß. Mit diesen Fragen erkennst du Nomen:
- Hat das Wort einen oder mehrere **Begleiter**? Schreibe groß. Die Begleiter können z. B. bestimmte oder unbestimmte Artikel, Adjektive, Pronomen oder Zahlwörter sein.
- Endet das Wort auf **-ung**, **-heit**, **-keit**, **-nis**? Schreibe groß.
- Gibt es vor dem Wort eines der **starken Wörter am**, **beim**, **zum**, **etwas**, **nichts**, **viel**? Schreibe groß.

6 Komma – ja oder nein?

- Ein Komma steht bei **Aufzählungen**.
- Ein Komma steht zwischen Haupt- und Nebensätzen, z. B. mit den Konjunktionen **dass**, **weil**, **wenn**, **als**, **bevor**, **nachdem**, **obwohl** oder mit einem **Relativpronomen**.
- Ein Komma steht bei **wörtlicher Rede** vor (und nach) dem Begleitsatz.

→ der Rechtschreib-Check: Seiten 244-247, 259

Im Wörterbuch oder im Lexikon nachschlagen

angeführt – angrinsen
A ange **an|ge|führt;** am angeführten Ort (Abk. a. a. O.) **an|ge|ge|ben;** am angegebenen Ort (Abk. a. a. O.)

Im Wörterbuch oder im Lexikon schlägst du nach, wenn du zum Beispiel wissen möchtest,

- wie ein Wort geschrieben wird,
- aus welcher Sprache ein Wort stammt,
- welche Bedeutung ein Wort hat,
- wie ein Wort getrennt wird: *Lam|pe*.

Du findest auch die Schreibung verwandter Wörter darin oder Beispiele für die Verwendung eines Worts.

- **Oben auf der Seite** oder **am Rand** steht der **Buchstabe** des Alphabets, unter dem du suchen musst. Dort findest du auch das **Seitenleitwort**.
- Wenn die Wörter mit demselben Buchstaben beginnen, vergleiche jeweils den **zweiten** Buchstaben.
- Manchmal musst du sogar den **dritten**, **vierten** oder **fünften** Buchstaben ansehen.

➜ im Wörterbuch oder im Lexikon nachschlagen: Seiten 34, 39, 46, 97

➜ Fachwörter erschließen: Seiten 103, 252–253, 258

➜ englische Wörter: Seiten 270–271

Wortbildung

Aus zwei Nomen kann ein **zusammengesetztes Nomen** entstehen:
der Roggen + das Brot = das Roggenbrot.

Bei manchen zusammengesetzten Nomen steht ein **-s-** zwischen den beiden Teilen. Man nennt es **Fugen-s**:
die Heizung + **s** + *das Rohr* ➜ *das Heizung**s**rohr.*

Nomen und Adjektiv können ein **zusammengesetztes Adjektiv** bilden.
Du schreibst das Adjektiv immer klein: *das Bild + schön = bildschön.*

Die Wörter einer Wortfamilie haben einen gleichen Wortstamm.
Du schreibst den Wortstamm immer gleich: ***fahr**en, das **Fahr**zeug, die Vor**fahr**t.*

In einigen Wörtern steckt das Wort **Ende**.
Du schreibst dann immer **end-** oder **End-**: ***end**lich, **end**los, das **End**spiel.*

Die Vorsilben **ver-** und **ent-** schreibst du immer gleich:
ver- + stecken = verstecken, ent- + täuschen = enttäuschen.

Viele Wörter sind mit **irgend-** zusammengesetzt.
Du schreibst sie immer **zusammen**: ***irgend**wer, **irgend**wie, **irgend**wann.*

Alle Wörter mit den Endungen **-ig, -isch, -lich, -sam** und **-los** sind Adjektive.
Du schreibst sie immer klein: *die Neugier + -ig = **n**eugierig.*

Zusammengesetzte Wörter mit **-mal** und **-weise** schreibst du klein und zusammen: ***d**reimal, **n**ormalerweise.*

➜ Wortbildung: Seiten 245, 246, 253, 255, 261, 272–273

Großschreibung am Satzanfang

Am Satzanfang und **nach einem Punkt, Fragezeichen oder Ausrufezeichen** schreibst du immer groß:
*Ein junger Mann lebte allein**.** **E**r war einsam.*

Getrenntschreibung von Wortgruppen

Diese Wortgruppen schreibst du **immer getrennt**:
ein bisschen, gar nicht, auf einmal, noch einmal, vor allem.
Auch Wortgruppen mit **sein** schreibst du immer **getrennt und klein**:
dabei sein, zusammen sein, offen sein, weg sein, hier sein, allein sein.
Wortgruppen aus **Verb + Verb** werden getrennt geschrieben:
*Lass uns **spazieren gehen**!*
Wortgruppen aus **Adjektiv + Verb** werden getrennt geschrieben:
*Der Rest wird **übrig bleiben**.*

→ Getrenntschreibung von Wortgruppen: Seite 266-267

Schreibung von Tageszeiten

Wochentage und Tageszeiten mit **s am Ende** schreibst du klein:
*samstag**s**, abend**s**.*
Nach **gestern**, **heute** und **morgen** werden die Tageszeiten großgeschrieben: *gestern **A**bend, heute **A**bend, morgen **A**bend.*

Wochentage und **Tageszeiten mit Artikel** sind **Nomen**.
Nomen schreibst du **groß**: *der Abend, der Dienstag.*
Auch **zusammengesetzte Nomen** schreibst du **groß**:
*der **M**ontagmorgen, am **M**ittwochmittag.*

Wörter mit ß

Nur nach einem langen Vokal oder einem Zwielaut (au, ei) kann **ß** stehen: *gro**ß**e, hei**ß**en.*

Wörtliche Rede

Wörtliche Rede markierst du mit „**Anführungszeichen**".
Oft steht bei der wörtlichen Rede ein Begleitsatz.
Achte auf die Satzzeichen:

- **Der Begleitsatz steht vorne:**
  *Die Maus sagte**:** **„**Bitte, lass mich frei**.“*** ___ : „___ .“
- **Der Begleitsatz steht hinten:**
  „**Bitte, lass mich frei**“,** sagte die Maus**. „___ “, ___ .
- **Der Begleitsatz steht in der Mitte:**
  „**Bitte**“,** sagte die Maus**, „**lass mich frei**.“ „___ “, ___ , „___ .“

→ wörtliche Rede: Seite 257

Die Rechtschreibung am Computer prüfen

Das Rechtschreibprogramm des Computers hilft dir, **Fehler zu vermeiden**.
Schritt 1: Schreibe deinen Text am Computer in ein Word-Dokument.
Schritt 2: Prüfe: Ist die automatische Rechtschreibprüfung eingestellt?
Schritt 3: Prüfe die Rechtschreibung in deinem Text.
Schritt 4: Korrigiere deine Fehler.
Schritt 5: Überprüfe mit einem Wörterbuch.
Achtung! Das Rechtschreibprogramm bietet nur eine Hilfe, **keine Sicherheit**.

→ die Rechtschreibung am Computer prüfen: Seiten 125, 235

Die Satzarten und die Satzschlusszeichen

Nach einem **Aussagesatz** steht ein **Punkt**.
Nach einem **Ausrufesatz** steht ein **Ausrufezeichen**.
Nach einem **Fragesatz** steht ein **Fragezeichen**.
Nach einem Punkt, Fragezeichen, Ausrufezeichen schreibst du **groß**.

Komma bei Aufzählungen

Wenn du Wörter, Wortgruppen oder Teile von Sätzen **aufzählst**, trennst du sie durch **Kommas** voneinander.
Ausnahme: Vor **und** und **oder** steht **kein Komma**.
*Sie legen Luftmatratzen**,** Schlafsäcke**,** Kekse und Taschenlampen bereit.*

→ Komma bei Aufzählungen: Seiten 247, 249, 266

Komma in Satzreihen

Hauptsätze in Satzreihen trennst du durch **Komma** ab.
Hauptsatz , **Hauptsatz** , **Hauptsatz** .

→ Komma in Satzreihen: Seiten 102, 267

Komma bei dass, weil, wenn, als, obwohl, nachdem, bevor ...

Satzgefüge: Beginnt ein Satz mit in einem Bindewort (**weil**, **wenn**, **als**, **obwohl**, **nachdem**, **bevor**, **während**, **damit** oder **sodass**), folgt etwas später (zwischen Nebensatz und Hauptsatz) ein **Komma**.
Im Nebensatz steht das gebeugte Verb am Ende.
Das Komma steht zwischen zwei Verben:
*Weil er Schmerzen hatte**,** verließ er sofort das Spielfeld.*
Satzbild: **Weil** … , … .

Beginnt ein Satz mit dem **Hauptsatz**, steht das Komma vor **weil**, **wenn**, **als**, **obwohl** oder **nachdem**: *Sie gewinnt**,** obwohl die Gegnerin stark ist.*
Satzbild: … , **obwohl** … .

→ Komma in Satzgefügen: Seiten 247, 253, 255, 267

Komma bei Relativsätzen

Ein **Relativsatz** erklärt ein **Nomen im Hauptsatz** genauer.
Er wird mit der, das, die oder die eingeleitet.
Vor und nach dem eingeschobenen Relativsatz steht ein Komma.
Satzbild: **Der** … , **der** … , … . **Das** … , **das** … , … .

→ Komma bei Relativsätzen: Seiten 258, 262–263

Komma bei Infinitivsätzen

Teilsätze mit einem **Infinitiv mit *zu*** beginnen häufig mit einem **Signalwort** (*um, ohne, anstatt*). Sie enden immer mit einem Infinitiv mit *zu*.
Diese Sätze können vor oder nach dem Hauptsatz stehen und werden mit Komma abgetrennt. ***Um** richtig **zu schreiben**, musst du viel üben.*

→ Infinitivsätze: Seite 261

Komma bei nachgestellten Erläuterungen

Nachgestellte Erläuterungen trennst du vom Hauptsatz durch **Kommas** ab. Sie werden manchmal durch **Signalwörter** eingeleitet:
besonders, nämlich, zum Beispiel.
*1999 fuhren Forscher durch Mauretanien, **einen Staat in der Sahara**.*

→ Komma bei nachgestellten Erläuterungen: Seiten 251, 266

Die Zeitformen der Verben

Infinitiv: Die Grundform des Verbs heißt **Infinitiv.** Endung **-en**: *sagen.*
Präsens: Gegenwart: *ich sage – er sagt – sie sagen.*

Präteritum: über Vergangenes **schriftlich** erzählen oder berichten:
haben – er hatte, laufen – er lief, stehen – er stand.

Perfekt: über Vergangenes **mündlich** erzählen:
- das Perfekt mit **haben**: *du **hast gespielt**.*
- das Perfekt von Verben der **Bewegung** mit **sein**: *du **bist gefahren**.*

Futur: Wenn du über Dinge sprichst, die in der **Zukunft** liegen, verwendest du oft das Futur. Das **Futur** wird mit **werden** gebildet.

Plusquamperfekt: Wenn du ausdrücken möchtest, dass ein **Vorgang abgeschlossen** war, **bevor** ein anderer begann, verwendest du das **Plusquamperfekt**. Es wird mit Formen von **haben** und **sein** gebildet:
*Die Passagiere **hatten** sich auf die Fahrt **gefreut**, **bevor** das Feuer ausbrach.*

→ Wortarten unterscheiden: Seiten 276-279

→ Verben in verschiedenen Zeitformen: Seiten 280-283, 284-285

Modalverben

Nach **dürfen**, **können**, **wollen**, **sollen** und **müssen** steht ein weiteres Verb in der Grundform (im Infinitiv): *Mein Freund **muss** zu mir **halten**.*

Trennbare Verben

Einige **Verben** sind **zusammengesetzt**.
Im Satz können die Teile des Verbs getrennt stehen (Satzklammer):
Sie rechnet die Aufgabe aus.

Im Infinitiv und als Partizip II schreibst du die beiden Teile zusammen: *ausrechnen, ausgerechnet.* Man nennt diese Verben **trennbare Verben**. Bei **Aufforderungen**, **Bitten** und **Fragen**, die du mit **Ja oder Nein** beantworten kannst, stehen die beiden Teile der trennbaren Verben **getrennt**. Ein Verbteil steht am Satzanfang, der andere am Satzende:
Führe einen Kontrollgang durch. / Stellt ein Beikoch Lieferscheine aus?

→ trennbare Verben: Seiten 283, 284-285

Das Passiv

Das **Passiv** beschreibt, was mit einer Person oder einem Gegenstand **getan wird**. Der **Vorgang** ist **wichtig**, aber **nicht**, **wer** ihn ausführt.
Du bildest das Passiv mit einer **Form** von **werden**: *es **wird gefaltet**.*
Als Ersatz kannst du die unpersönliche **man**-Form verwenden.

Partizip I und Partizip II

Mit dem **Partizip I** (Partizip Präsens) kannst du anschaulich beschreiben.
Das Partizip I wird vom **Infinitiv** abgeleitet: *dröhnen + d → dröhnend.*
Das Partizip I verändert seine Endung wie ein Adjektiv: *dröhnen**de** Bässe.*
Das **Partizip II** tritt ebenfalls wie ein **Adjektiv** oder aber als Teil einer **Verbform** auf: *ein **begeistertes** Publikum, er **hat** das Publikum **begeistert**.*

→ das Partizip verwenden: Seite 285

Der Konjunktiv I und der Konjunktiv II

Mit dem **Konjunktiv I** kannst du etwas **wiedergeben**, das **jemand anderes gesagt** hat. Manchmal ist nicht klar, welche Aussagen stimmen. Der Konjunktiv I wird oft mit Verbformen von **sein** oder **haben** gebildet.

Mit dem **Konjunktiv II** (Möglichkeitsform) kannst du ausdrücken, dass etwas nicht oder noch nicht Wirklichkeit ist: **Möglichkeiten**, erfüllbare oder nicht erfüllbare **Wünsche**, **Empfehlungen**: *Ich **hätte** gern acht Arme.*
Der Konjunktiv II wird vom **Präteritum** abgeleitet:
*ich war – ich wä**re**, er hatte – er hätte, sie kamen – sie kämen.*
Manchmal lauten die Verbformen im Präteritum und im Konjunktiv II gleich. Dann kannst du die Ersatzform mit **würde** verwenden:
*ich wechselte ➔ ich **würde** wechseln.*
Mit dem Konjunktiv II kannst du **Aufforderungen** höflicher formulieren. Hierzu nutzt du den Konjunktiv der Verben **werden**, **können**, **mögen**.

➔ Konjunktiv I und II verwenden: Seiten 84–85

Nomen und ihre Artikel

Vor einem Nomen steht oft **ein bestimmter Artikel** (der, das, die, die) oder **ein unbestimmter Artikel** (ein, ein, eine).

Nomen können **im Singular** und **im Plural** stehen: *der Hut – die Hüte.* Den unbestimmten Artikel gibt es **nur im Singular**, im **Plural** hat das Nomen dann **keinen Artikel**.

Bei **zusammengesetzten** Nomen richtet sich **der Artikel nach dem zweiten Nomen**: *der Roggen + das Brot = das Roggenbrot.*

➔ Nomen und Artikel: Seiten 276–279

Singular (Einzahl)	der (männlich)	das (sächlich)	die (weiblich)
Nominativ (1. Fall) **Wer oder was?**	der Hut ein Hut	das Ei ein Ei	die Tasche eine Tasche
Genitiv (2. Fall) **Wessen?**	des Hutes eines Hutes	des Eis eines Eis	der Tasche einer Tasche
Dativ (3. Fall) **Wem?**	dem Hut einem Hut	dem Ei einem Ei	der Tasche einer Tasche
Akkusativ (4. Fall) **Wen oder was?**	den Hut einen Hut	das Ei ein Ei	die Tasche eine Tasche

Plural (Mehrzahl)	der (männlich)	das (sächlich)	die (weiblich)
Nominativ (1. Fall) **Wer oder was?**	die Hüte Hüte	die Eier Eier	die Taschen Taschen
Genitiv (2. Fall) **Wessen?**	der Hüte —	der Eier —	der Taschen —
Dativ (3. Fall) **Wem?**	den Hüten Hüten	den Eiern Eiern	den Taschen Taschen
Akkusativ (4. Fall) **Wen oder was?**	die Hüte Hüte	die Eier Eier	die Taschen Taschen

Adjektive

Mit **Adjektiven** kannst du Personen, Tiere oder Gegenstände **genauer beschreiben**: *Der Hut ist **alt**.*
Wörter mit den Endungen **-ig**, **-isch**, **-lich**, **-sam** und **-los** sind Adjektive.
Adjektive können zwischen Artikel und Nomen stehen.
Achte auf die Endungen: *der **alt**e Hut – ein **alt**er Hut.*

Willst du beschreiben, wie sich Menschen, Tiere, Gegenstände unterscheiden, kannst du **gesteigerte Adjektive** verwenden.
Die Grundform: *Der Apfel ist **so groß wie** die Birne.*
Der Komparativ (die 1. Steigerungsform): *Ute ist **größer als** Anton.*
Der Superlativ (die 2. Steigerungsform): *Die Melone ist **am größten**.*

Vergleiche mit *als* und *wie*: Mit dem **Komparativ** und dem Vergleichswort ***als*** kannst du einen **Unterschied** beschreiben:
*Der Nachthimmel wirkt **geheimnisvoller als** die Winterlandschaft.*
Mit der **Grundform** und dem Vergleichswort **wie** (oder **so wie**) kannst du eine **Ähnlichkeit** beschreiben: ***(so) glatt wie** ein Spiegel.*

→ Adjektive: Seiten 276-279

Singular (Einzahl)				**Plural** (Mehrzahl)
	der (männlich)	**das** (sächlich)	**die** (weiblich)	
Nominativ **Wer oder was?**	der alte Hut ein alter Hut	das frische Ei ein frisches Ei	die rote Tasche eine rote Tasche	die alten Hüte alte Hüte
Genitiv **Wessen?**	des alten Hutes eines alten Hutes	des frischen Eis eines frischen Eis	der roten Tasche einer roten Tasche	der alten Hüte alter Hüte
Dativ **Wem?**	dem alten Hut einem alten Hut	dem frischen Ei einem frischen Ei	der roten Tasche einer roten Tasche	den alten Hüten alten Hüten
Akkusativ **Wen oder was?**	den alten Hut einen alten Hut	das frische Ei ein frisches Ei	die rote Tasche eine rote Tasche	die alten Hüte alte Hüte

Adverbien

Adverbien des Ortes können ausdrücken, **wo** etwas geschieht: *überall.*
Adverbien der Zeit können ausdrücken, **wann** etwas geschieht: *bald.*
Adverbien **verändern** ihre **Form nicht**.

→ Adverbien: Seiten 276-279

Präpositionen

Wörter wie **in**, **an**, **auf**, **über**, **neben** und **zwischen** sind **Präpositionen**.
Sie zeigen, **wo** etwas ist (Dativ) oder **wohin** etwas kommt (Akkusativ):
Im Dativ zeigt das Verb einen (unbewegten) **Zustand** an.
*Wo liegt die Muschel? **Auf** dem Kies. Auf dem Regal. Auf der Bank.*
Im Akkusativ zeigt das Verb eine **Bewegung** an.
*Wohin legt er die Muschel? **Auf** den Kies. Auf das Regal. Auf die Bank.*
Auf **manche Verben** folgt eine **feste Präposition**:
- **mit Akkusativ:** *bitten **um**, (sich) wundern **über**, warten **auf**, tun **für**.*
- **mit Dativ:** *erzählen **von**, fragen **nach**, sagen **zu**, sprechen **mit**.*

Die **Präpositionen *ins***, ***ans***, ***im*** und ***am*** sind Kurzformen für ***in das***, ***an das***, ***in dem*** und ***an dem***: *Er geht **ins** Kino = Er geht **in** das Kino.*

→ Präpositionen: Seiten 276-279

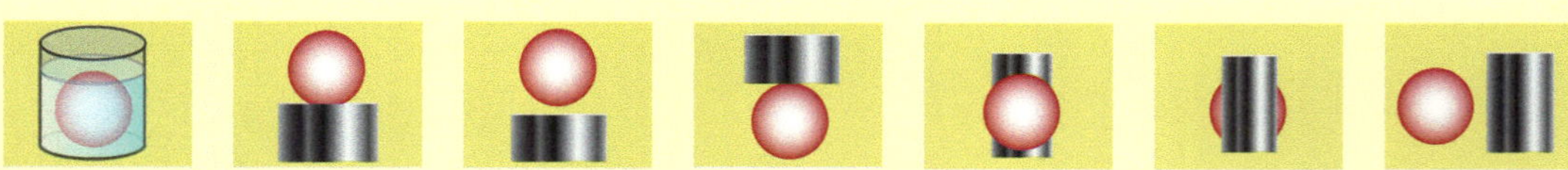

in auf über unter vor hinter neben

Personalpronomen

Die Wörter **ich**, **du**, **er** – **es** – **sie**, **wir**, **ihr**, **sie** sind **Personalpronomen**. Sie ersetzen **Nomen** oder Wortgruppen, in denen **Nomen** vorkommen.

*Der **Käse** war lecker. Er war sahnig. Das **Brot** war lecker. Es war frisch.*
*Die **Tomate** war lecker. Sie war fruchtig. Die **Trauben** sind gut. Sie sind süß.*

Nominativ:	Akkusativ:	Dativ:
ich	mich	mir
du	dich	dir
er – es – sie	ihn – es – sie	ihm – ihm – ihr
wir	uns	uns
ihr	euch	euch
sie	sie	ihnen

➔ Pronomen: Seiten 276–279

Possessivpronomen

Die **Possessivpronomen mein**, **dein**, **sein**/**sein**/**ihr**, **unser**, **euer**, **ihr**, **meine**, **deine**, **seine**/**seine**/**ihre**, **unsere**, **eure**, **ihre** sagen, wem etwas gehört.

<table>
<tr><th></th><th>Kleber</th><th>Plakat</th><th>Schere</th><th>Stifte</th></tr>
<tr><td>ich</td><td colspan="2">mein</td><td colspan="2">meine</td></tr>
<tr><td>du</td><td colspan="2">dein</td><td colspan="2">deine</td></tr>
<tr><td>er</td><td colspan="2">sein</td><td colspan="2">seine</td></tr>
<tr><td>es</td><td colspan="2">sein</td><td colspan="2">seine</td></tr>
<tr><td>sie</td><td colspan="2">ihr</td><td colspan="2">ihre</td></tr>
<tr><td>wir</td><td colspan="2">unser</td><td colspan="2">unsere</td></tr>
<tr><td>ihr</td><td colspan="2">euer</td><td colspan="2">eure</td></tr>
<tr><td>sie</td><td colspan="2">ihr</td><td colspan="2">ihre</td></tr>
</table>

Wen oder was? Die **Endungen** können sich **ändern**.

<table>
<tr><td>Ich habe</td><td>meinen</td><td>mein</td><td>meine</td><td rowspan="8">Kleber
Lineal
Mappe
Plakat
Schere
Stift</td><td rowspan="8">entdeckt.
gefunden.
gesucht.
vergessen.
verlegt.
verloren.</td></tr>
<tr><td>Du hast</td><td>deinen</td><td>dein</td><td>deine</td></tr>
<tr><td>Jan hat</td><td>seinen</td><td>sein</td><td>seine</td></tr>
<tr><td>Das Mädchen hat</td><td>seinen</td><td>sein</td><td>seine</td></tr>
<tr><td>Jenny hat</td><td>ihren</td><td>ihr</td><td>ihre</td></tr>
<tr><td>Wir haben</td><td>unseren</td><td>unser</td><td>unsere</td></tr>
<tr><td>Ihr habt</td><td>euren</td><td>euer</td><td>eure</td></tr>
<tr><td>Sie haben</td><td>ihren</td><td>ihr</td><td>ihre</td></tr>
</table>

Die Possessivpronomen richten sich nach dem **Artikel des Besitzers**:
der Mann ➔ sein(e), das Kind ➔ sein(e), die Frau ➔ ihr(e)

Pronomen „kein“

Statt eines Artikels können auch andere Wörter das Nomen begleiten, zum Beispiel **kein**. Der Begleiter **kein** hat dieselben Formen wie **ein**:

Nominativ:	Akkusativ:	Dativ:
kein – kein – keine	keinen – kein – keine	keinem – keinem – keiner

Satzglieder

Satzglieder sind Teile eines Satzes. Ein Satzglied kann aus einem Wort oder aus einer Wortgruppe bestehen. Mit der **Umstellprobe** kannst du erkennen, welche Wörter zu einem Satzglied gehören.

Leon schenkt seinem Freund eine CD.

Eine CD schenkt Leon seinem Freund.

Das Subjekt

Mit **Wer oder was?** fragst du nach dem **Subjekt**.

***Wer oder was** isst einen Apfel? Moritz*

Das Prädikat

Mit **Was tut?**, **Was tat?** oder **Was hat getan?** fragst du nach dem **Prädikat**.

Das Prädikat sagt, was jemand tut oder tat oder getan hat. In den meisten Sätzen steht das Prädikat an zweiter Stelle:
Louisa füttert die Fische.

➜ Prädikat:
Seiten 280–283,
284–285

Die Satzklammer

Manchmal besteht das **Prädikat** aus mehreren Teilen. Im Satz können die Teile getrennt stehen. Das gebeugte Verb steht dann an **zweiter Stelle**, der andere Teil des Verbs **am Ende des Hauptsatzes**. Das Prädikat bildet eine **Satzklammer**.

Bei **trennbaren Verben** wie *wiederfinden* bildet sich oft eine Satzklammer:
Ich finde meine Sporthose wieder.

Im **Perfekt** bildet sich oft eine Satzklammer:
Der Polizist hat den Unfall nicht gesehen.

Im **Plusquamperfekt** bildet sich oft eine Satzklammer:
Das Auto hatte einen Laternenpfahl gerammt.

Im **Konjunktiv** bildet sich oft eine Satzklammer:
Das Piratenboot sei als Erstes ins Ziel gefahren.

Im **Passiv** bildet sich oft eine Satzklammer:
Zuerst wird das Glas mit Wasser gefüllt.

Auch bei **Modalverben** wie **müssen**, **können**, **wollen**, **dürfen** und **sollen** bildet sich oft eine Satzklammer:
Ich muss vorsichtig sein.

➜ Satzklammer:
Seiten 282, 284–285

Die Objekte

Mit **Wen oder was?** fragst du nach einem **Akkusativobjekt**.

Wen oder was *fegt Julka?* *den Boden*

Mit **Wem?** fragst du nach einem **Dativobjekt**.

Wem *helfe ich?* *dem Mann*

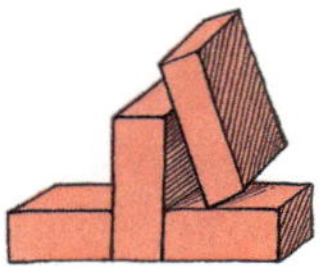

Adverbiale Bestimmungen ...

... der Zeit: Mit **Wann?** fragst du nach der **Zeit**, in/zu der etwas geschieht:
Wann spielt Berkay Fußball? am Samstag

... des Ortes: Mit **Wo?** oder **Wohin?** fragst du nach dem **Ort**:
Wo spielt Berkay Fußball? auf dem Fußballplatz
Wohin bringt Moritz die Bücher? in die Bücherei

... des Grundes: Mit **Warum**? fragst du nach dem Grund, warum etwas geschieht.
Dieses Satzglied kann **eine Wortgruppe** oder **ein weil-Satz** sein:
Warum war das Licht aus? wegen eines Stromausfalls (weil der Strom ausgefallen war)

... der Art und Weise: Mit **Wie?** oder **Auf welche Weise?** fragst du nach der Art und Weise, **wie etwas geschieht** oder **wie jemand etwas tut**.
Das Satzglied kann ein **einzelnes Wort**, **eine Wortgruppe** oder **ein Nebensatz** sein:
Wie öffnete er die Tür? mit Hilfe einer Brechstange (indem er eine Brechstange benutzte)

Attribute

Das **Attribut** ist Teil eines Satzglieds und gibt nähere Informationen zu einem Nomen. Es kann vor oder nach dem Nomen stehen:
vorangestelltes Attribut: *das verschollene Bild*, **nachgestelltes** Attribut: *das Bild der Siegerin.*
das **nachgestellte Attribut** kann auch ein Wort oder eine Wortgruppe mit einer **Präposition** sein:
das Wesen aus der Unterwelt, die Pferde von Burgdorf.

Der Hauptsatz

Ein einfacher Satz besteht mindestens aus einem **Subjekt** und einem **Prädikat**. So ein Satz heißt auch **Hauptsatz**.
Er kann noch **weitere Satzglieder** enthalten, zum Beispiel ein Objekt und adverbiale Bestimmungen.
Das gebeugte Verb steht im **Hauptsatz** immer an **zweiter Stelle**:

Mika spielt im Hof Fußball.

Der Fragesatz

Mit **W-Fragen** kannst du nach bestimmten Informationen fragen:
***Wer** … ?* , ***Wo** … ?* , ***Wann** … ?* , ***Wie** … ?* , ***Warum** … ? …*
Bei **W-Fragen** steht das gebeugte Verb immer an **zweiter Stelle**:

***Wann** lebte Marco Polo? **Wie** sah er aus? **Wer** kam nach Venedig?*

Entscheidungsfragen sind Fragen, auf die man **nur mit Ja oder Nein** antworten kann. In einer Entscheidungsfrage steht das gebeugte Verb immer an **erster Stelle**: *Regnet es draußen?*

Nebensätze mit Konjunktionen

Mit Hilfe eines **Bindewortes** (einer Konjunktion) wie **weil**, **wenn**, **als**, **obwohl**, **nachdem**, **bevor**, **während**, **damit**, **sodass** oder **dass** kann man Sätze verbinden. Es entsteht ein **Satzgefüge**. Der Satz mit **weil**, **wenn**, **als**, **obwohl**, **nachdem** oder **dass** ist ein **Nebensatz**.
Er kann **vor oder nach** dem Hauptsatz oder **in der Mitte** stehen.
In einem Nebensatz steht das gebeugte Verb **am Ende des Satzes**.
Zwischen dem Hauptsatz und dem Nebensatz steht ein **Komma**.

Mit **weil**-Sätzen kann man etwas begründen:
Ich stehe früh auf, weil mein Praktikum früh beginnt.

Nebensätze mit **wenn** geben eine Bedingung an:
Ich trage meine Regenjacke, wenn es regnet.

Nach den Verben **sagen**, **denken**, **meinen** und **glauben** folgen oft **dass**-Sätze:
Ich glaube, dass morgen die Sonne scheint.

Nebensätze mit **obwohl** schränken die Aussage des Hauptsatzes ein.
Ich mag meinen Bruder, obwohl er mich manchmal nervt.

Nebensätze mit **als**, **bevor**, **nachdem**, **während** ordnen das Geschehen zeitlich ein.

Wenn der **Nebensatz vor dem Hauptsatz** steht, **ändert sich** im Hauptsatz die **Stellung** des gebeugten Verbs: Es steht jetzt **an erster Stelle** im Hauptsatz. Das nennt man **Inversion**.
Das **Komma** steht **zwischen** den beiden gebeugten Verben:
Wenn es regnet, brauche ich einen Schirm.

➜ Satzgefüge: Seiten 247, 253, 255, 267

Relativsätze

Relativsätze sind **Nebensätze**. Sie erklären ein **Nomen im Hauptsatz** (Bezugswort) genauer. Ein **Relativpronomen** leitet den Relativsatz ein. Das gebeugte Verb steht immer **am Ende** des Relativsatzes.

*Ich höre gern Musik, **die** gute Laune macht.*

Bezugswort   Relativpronomen

➜ Relativsätze: Seiten 258, 262–263

Z Einen Zeitungsartikel über Berufswünsche und Berufsanforderungen auswerten

Was willst du einmal werden? Irgendwann sollst du dich entscheiden. Bei dieser Entscheidung spielen Wünsche und Vorstellungen eine wichtige Rolle. Worauf es neben deinen Wünschen und Vorstellungen noch ankommt, erfährst du in diesem Zeitungsartikel.

1 Sieh die Bilder an und lies die Überschrift. Schreibe deine Vermutungen zum Inhalt des Artikels auf.

2 a. Überfliege den Text. Schreibe auf, was dir besonders auffällt.
b. Lies dann den Text genau, Absatz für Absatz.

Zwischen den Vorstellungen von Arbeitgebern und Azubis liegen oft Welten

Manche Dinge ändern sich nie. Als Holger Schwanecke neulich auf einer Handwerksveranstaltung war, wurde eine Gruppe von Jungs gefragt, welche Ausbildung sie am liebsten machen würden. Geschlossen hätten sie „Kraftfahrzeugmechatroniker" geantwortet, erzählt der Generalsekretär des Handwerksverbands ZDH. Und bei den Mädchen, fügt er hinzu, stehe seit Jahren die Friseurin unangefochten an der Spitze der beliebtesten Handwerksberufe, trotz der geringen Bezahlung. „Dabei gibt es 151 Ausbildungsberufe im Handwerk!" Er schüttelt den Kopf. „Darunter so viele spannende und innovative, die weniger bekannt sind, wie Modellbauer oder Seiler." Andere Branchen sind zwar bekannt, müssen sich aber trotzdem anstrengen. Im Hotel- und Gastgewerbe etwa bleiben überdurchschnittlich viele Plätze leer. Das hat mit den Arbeitszeiten und Überstunden zu tun, aber sicher auch mit dem rauen Ton in vielen Häusern. Im Ausbildungsreport des Deutschen Gewerkschaftsbundes (DGB) jedenfalls landen diese Berufe regelmäßig auf den hinteren Plätzen.

Zu dem mangelnden Wissen über die Vielfalt der Ausbildungsmöglichkeiten kommt der demografische Wandel[1] hinzu. So spüren nun auch die Freiberufler in Rechtsanwaltskanzleien oder Architektenbüros deutlich, dass die Jahrgänge kleiner werden. Früher sind die Steuerberater überrannt worden, obwohl die Ausbildung zum Steuerfachangestellten anspruchsvoll ist. Inzwischen aber

[1] **der demografische Wandel:** die Veränderung der Bevölkerungsentwicklung, z. B. die Veränderung der Altersverteilung in der Bevölkerung

hat sich der Wettbewerb um geeignete Auszubildende deutlich verschärft. „Drei Viertel der Jugendlichen stürzen sich auf 40 Berufe, dabei gibt es in Deutschland insgesamt über 350 Berufsbilder, in denen man eine Lehre absolvieren kann", weiß Raufer, Ausbildungsreferent in einem großen Chemieunternehmen. Es sei auch Aufgabe der Industrie, hier für mehr Transparenz zu sorgen.

„Top-Ausbildungen, etwa im Maschinenbau, bietet der Mittelstand", sagt DIHK (Deutsche Industrie- und Handelskammertag)-Mann Pahl. Aber davon hätten viele Schüler noch nie gehört. Auch hier herrsche noch Nachholbedarf beim „Ausbildungsmarketing". Das mangelnde Wissen über die Vielfalt der Ausbildungsmöglichkeiten und die jeweiligen Qualifikationsanforderungen führen dazu, dass viele Schüler ein falsches Bild von ihrem Ausbildungsberuf haben. Allein im Handwerk werden deshalb fast 30 Prozent der Ausbildungsverträge wieder gelöst.

Gründe für die Nichtbesetzung von Ausbildungsplätzen (in %)
(Mehrfachnennungen möglich)

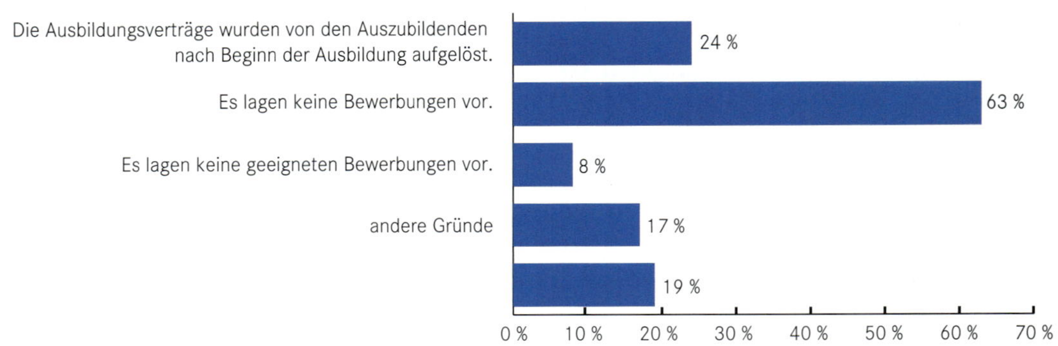

Auch Florian hatte zunächst keine Idee, welchen Beruf er gerne erlernen würde, deshalb informierte er sich im Internet unter planet-beruf.de darüber, welche seiner Stärken und Interessen zu welchen Berufen passen könnten. „Ich wollte schon immer gern im Büro arbeiten und trotzdem Kontakt zu Kunden haben", erzählt Florian. „Über Planet Beruf habe ich schnell herausgefunden, welche Berufe zu mir passen könnten. Durch ein Praktikum hat sich mein Berufswunsch dann gefestigt: Heute mache ich eine Ausbildung zum Medienkaufmann Digital und Print bei einer großen Tageszeitung in Frankfurt. Besonders gut gefällt mir die Arbeit in der Anzeigenabteilung des Zeitungsverlages."

Die Wege zu einem Ausbildungsplatz können ganz unterschiedlich verlaufen. Anna-Lena wollte eigentlich Kfz-Mechatronikerin werden. In den Sommerferien vor dem letzten Schuljahr schrieb sie Adressen aus dem Branchenbuch heraus und bewarb sich. Doch mit der Ausbildungsstelle klappte es nicht. Also suchte sie eine Alternative: „Ich entschied mich, Industriemechanikerin zu werden", erzählt die Absolventin einer Realschule in Hessen. Die Unterlagen für die Bewerbung als Industriemechanikerin stellte sie sorgfältig zusammen.

„Ich habe meine Praktikumszeugnisse aus dem Kfz-Bereich beigelegt", sagt sie. „Im Anschreiben habe ich erklärt, dass ich mich sehr für Technik interessiere und in der Schule den WP-Kurs[2] Technik gewählt habe", erzählt sie. So konnte sie überzeugen und wurde zum Eignungstest eingeladen.

Prinzipiell wissen die zukünftigen Arbeitnehmer genau, was sie von ihren Brötchengebern einmal erwarten: einen sicheren Job, in dem sie sich persönlich weiterentwickeln können, der aber auch genug Freiraum für Familie und Freizeit lässt. Allerdings sind sich 62,2 Prozent der Schüler noch nicht sicher, was sie nach ihrem Abschluss wirklich machen wollen. Zum Beispiel Laura: Die 17-jährige Schülerin der Schillerschule schwankt zwischen einer Ausbildung zur Bankkauffrau oder zur Alten- bzw. Krankenpflegerin. „Ich möchte einen Beruf, bei dem ich mit Menschen zu tun habe und in dem ich Verantwortung tragen kann", sagt sie selbstbewusst. Um auf Nummer sicher zu gehen, absolviert sie nach dem Realschulabschluss ein freiwilliges soziales Jahr. Erst danach will sie sich endgültig entscheiden. Die nötigen Voraussetzungen – gute Noten und soziale Kompetenzen – hat sie für beide Berufe.

Das ist nicht immer bei allen Jugendlichen der Fall, wie die aktuelle Ausbildungsumfrage des Deutschen Industrie- und Handelskammertags (DIHK) unter mehr als 15 000 Unternehmen belegt. Viele beklagen die unzureichende Qualifikation der Bewerber – vor allem in Deutsch und Mathematik. Viele Betriebe reagieren auf die mangelnde Ausbildungsreife, indem sie ihren Auszubildenden internen Unterricht anbieten, um die schulischen Defizite[3] abzubauen. In kleineren Betrieben setzt sich hierfür der Chef zum Teil persönlich mit den Jugendlichen zusammen. Aber es fehlt nicht nur an Fachwissen. Die Arbeitgeber sind unzufrieden mit der Leistungsbereitschaft, Belastbarkeit und Disziplin der Bewerber, loben aber auch die steigende IT- und Medienkompetenz.

Was erwartet die Wirtschaft eigentlich von den Schulabgängern, um sie zu guten Fachkräften ausbilden zu können? Unentbehrlich ist die grundlegende Beherrschung der deutschen Sprache in Wort und Schrift sowie das Beherrschen einfacher Rechentechniken. Auch an einem Nachweis sogenannter Schlüsselqualifikationen – also übergreifender und überfachlicher Fähigkeiten kommt heute kein Lehrstellenbewerber mehr vorbei. Das Hauptaugenmerk der Betriebe liegt dabei zunächst auf den stark persönlichkeitsbezogenen Qualifikationen wie Zuverlässigkeit, Lern- und Leistungsbereitschaft sowie Ausdauer, Belastbarkeit und Gewissenhaftigkeit. Erst danach kommen die unmittelbar auf die Arbeit ausgerichteten Fähigkeiten wie Konzentration, logisches Denken, Selbstständigkeit, Fähigkeit zur Kritik und Selbstkritik, planvolles Arbeiten oder auch Kreativität zum Zuge. In den kaufmännischen Berufen wird der Kommunikationsfähigkeit eine höhere Bedeutung beigemessen als in den gewerblich-technischen.

2 der **WP-Kurs**: der Wahlpflichtkurs
3 das **Defizit**: der Mangel

Der Grund: Beim Handeltreiben, Kaufen und Verkaufen, Werben und Vermarkten stehen die Sprache und das kommunikative Verhalten stärker im Vordergrund. Die Mitarbeiter von morgen müssen sich überdies durch soziale Kompetenzen, wie Teamfähigkeit, Freundlichkeit und Toleranz, ausweisen. Nach Aussage des Instituts der Deutschen Wirtschaft tolerieren die Betriebe fachliche Leistungsdefizite eher als Defizite bei den Schlüsselqualifikationen. Denn mangelhafte Mathekenntnisse lassen sich eher ausräumen als Schwächen in der Persönlichkeitsentwicklung.

Kläre zunächst, worüber der Zeitungsartikel informiert.

3 Stelle Fragen zum Inhalt und beantworte sie in Stichworten.

4 Lies die Zeilen 1–37 noch einmal.
- a. Erkläre, wie sich Bewerber auf Ausbildungsberufe verteilen.
- b. Schreibe Gründe für diese Verteilung auf.

5 Welche Möglichkeiten, einen passenden Beruf zu finden, werden im Artikel aufgezeigt?
Beantworte die Frage mithilfe der Textzeilen 38–57.

6 In den Zeilen 58–105 wird erläutert, warum „zwischen den Vorstellungen der Arbeitgeber und Azubis oft Welten" liegen.
- a. Vergleiche die Erwartungen von Arbeitgebern und Bewerbern.
- b. Schreibe auf, wie Betriebe und Bewerber auf die Probleme reagieren.

Die Grafik auf Seite 310 enthält ergänzende Informationen.

7 Was veranschaulicht die Grafik?
Schreibe Gründe für die Nichtbesetzung von Ausbildungsplätzen nach der Häufigkeit auf, in der sie von Arbeitgebern genannt wurden.
Schreibe Textstellen auf, die einzelne Gründe näher erläutern.

Starthilfe

Gründe (aus der Grafik)	Erklärungen (aus dem Text)
1. Es lagen keine geeigneten Bewerbungen vor. …	Unternehmen beklagen … (Zeile 72–73)

Z Ein Glückssucher der Romantik

1826 veröffentlichte Joseph von Eichendorff die Novelle „Aus dem Leben eines Taugenichts". In dem folgenden Ausschnitt wird eine Vorstellung von Glück in der Epoche der Romantik[1] beschrieben.

1 Wer ist ein Taugenichts?
Sprecht über Eigenschaften, die einen Taugenichts charakterisieren.

Aus dem Leben eines Taugenichts
Joseph von Eichendorff

Das Rad an meines Vaters Mühle brauste und rauschte schon wieder recht lustig, der Schnee tröpfelte emsig vom Dache, die Sperlinge zwitscherten und tummelten sich dazwischen; ich saß auf der Türschwelle und wischte mir den Schlaf aus den Augen; mir war so recht wohl in dem warmen Sonnenscheine. Da trat der Vater aus dem Hause; er hatte schon seit Tagesanbruch in der Mühle rumort[2] und die Schlafmütze schief auf dem Kopf, der sagte zu mir: „Du Taugenichts! Da sonnst du dich schon wieder und dehnst und reckst dir die Knochen müde, und lässt mich alle Arbeit allein tun. Ich kann dich hier nicht länger füttern. Der Frühling ist vor der Tür, geh auch einmal hinaus in die Welt und erwirb dir selber dein Brot." – „Nun", sagte ich, „wenn ich ein Taugenichts bin, so ist's gut, so will ich in die Welt gehen und mein Glück machen." Und eigentlich war mir das recht lieb, denn es war mir kurz vorher selber eingefallen, auf Reisen zu gehen, da ich die Goldammer[3], welche im Winter immer betrübt an unserem Fenster sang: „Bauer, miet mich, Bauer miet mich!", nun in der schönen Frühlingszeit wieder ganz stolz und lustig vom Baume rufen hörte: „Bauer, behalt deinen Dienst!" – Ich ging also in das Haus hinein und holte meine Geige, die ich recht artig spielte, von der Wand, mein Vater gab mir noch einige Groschen Geld mit auf den Weg und so schlenderte ich durch das lange Dorf hinaus. Ich hatte recht meine heimliche Freude, als ich da alle meine alten Bekannten und Kameraden rechts und links, wie gestern und vorgestern und immerdar, zur Arbeit hinausziehen, graben und pflügen sah, während ich so in die freie Welt hinausstrich. Ich rief den armen Leuten nach allen Seiten recht stolz und zufrieden Adjes[4] zu, aber es kümmerte sich eben keiner sehr darum. Mir war es wie ein ewiger Sonntag im Gemüte.

[1] **die Romantik:** eine literarische Epoche im 19. Jahrhundert
[2] **rumort:** gelärmt
[3] **die Goldammer:** ein Singvogel
[4] **Adjes:** kommt von Adieu (Tschüss) Abschiedsgruß

Und als ich endlich ins freie Feld hinauskam, da nahm ich meine liebe Geige vor, und spielte und sang, auf der Landstraße fortgehend:

„Wem Gott will rechte Gunst erweisen,
Den schickt er in die weite Welt,
Dem will er seine Wunder weisen
In Berg und Wald und Strom und Feld.

Die Trägen, die zu Hause liegen,
Erquicket nicht das Morgenrot,
Sie wissen nur vom Kinderwiegen
Von Sorgen, Last und Not um Brot.

Die Bächlein von den Bergen springen,
Die Lerchen schwirren hoch vor Lust,
Was sollt ich nicht mit ihnen singen
Aus voller Kehl und frischer Brust?

Den lieben Gott lass ich nur walten;
Der Bächlein, Lerchen, Wald und Feld
Und Erd und Himmel will erhalten,
Hat auch mein' Sach' aufs Best' bestellt!"

Indem, wie ich mich so umsehe, kömmt ein köstlicher Reisewagen ganz nahe an mich heran, der mochte wohl schon einige Zeit hinter mir dreingefahren sein, ohne dass ich es merkte, weil mein Herz so voller Klang war, denn es ging ganz langsam, und zwei vornehme Damen steckten die Köpfe aus dem Wagen und hörten mir zu. Die eine war besonders schön und jünger als die andere, aber eigentlich gefielen sie mir alle beide. Als ich nun aufhörte zu singen, ließ die ältere stillhalten und redete mich holdselig an: „Ei, lustiger Gesell, Er weiß ja recht hübsche Lieder zu singen." Ich nicht zu faul dagegen: „Ew.[5] Gnaden aufzuwarten, wüsst ich noch viel schönere." Darauf fragten sie mich wieder: „Wohin wandert er denn schon so am frühen Morgen?" Da schämte ich mich, dass ich das selber nicht wusste, und sagte dreist: „Nach Wien"; nun sprachen's beide miteinander in einer fremden Sprache, die ich nicht verstand. Die jüngere schüttelte einige Male mit dem Kopfe, die andere lachte aber in einem fort und rief mir endlich zu: „Spring er nur hinten mit auf, wir fahren auch nach Wien." Wer war froher als ich! Ich machte einen Reverenz[6] und war mit einem Sprunge hinter dem Wagen, der Kutscher knallte und wir flogen über die glänzende Straße fort, dass mir der Wind am Hute pfiff.

[5] **Ew.**: Abkürzung für Euer, alte Anredeform: Euer Gnaden
[6] die **Reverenz [lateinisch]**: die Verbeugung

Im Textausschnitt wird die Lebenseinstellung der Hauptfigur deutlich.

2 Was hält der Vater von seinem Sohn?
a. Erklärt mit Hilfe von Textstellen, warum der Vater den Sohn als einen Taugenichts bezeichnet.
b. Gebt mit eigenen Worten wieder, was dem Vater wichtig ist.

3 Wie reagiert der Sohn auf den Vorwurf des Vaters?
Gebt wieder, was er tut und wie er sich dabei fühlt.

4 Welche Vorstellung vom Glücklichsein hat der Taugenichts?
a. Findet passende Textstellen zu den folgenden Fragen:
- Welche Haltung zur Arbeit hat der Taugenichts?
- Wie ist seine Beziehung zur Natur?
- Wie gefällt ihm das Reisen?

b. Fasst schriftlich zusammen, was dem Taugenichts im Leben wichtig ist.

5 Welche Redewendungen und Sprichwörter auf Seite 73 passen zur Glücksvorstellung des Taugenichts?
a. Lest die Redewendungen und Sprichwörter.
b. Wählt passende Redewendungen und Sprichwörter aus.
c. Begründet eure Zuordnung.

Eichendorffs Novelle wird der Epoche der Romantik zugeordnet.

6 Was versteht ihr unter Romantik?
a. Sammelt eure Gedanken in einem Cluster.
b. Stellt euer Cluster in der Klasse vor.

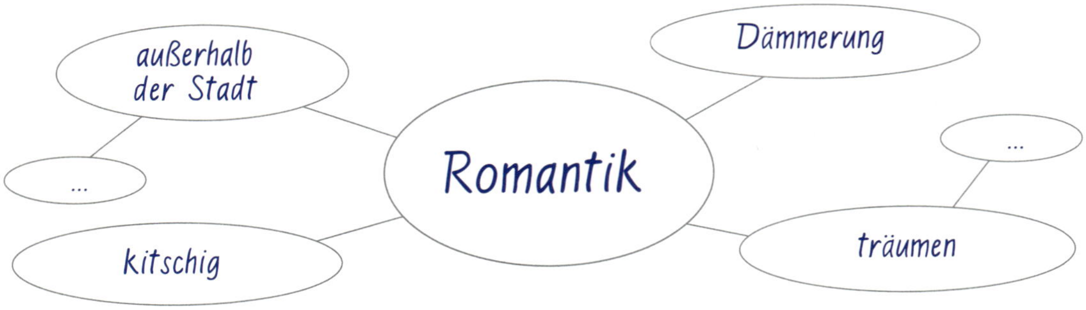

7 Klassengespräch!
Welche eurer Gedanken und Vorstellungen zur Romantik findet ihr im Textausschnitt der Novelle wieder?
Tauscht euch darüber aus.
Der folgende Lexikoneintrag beschreibt die Romantik als literarische Epoche.

Ro|man|tik, die: → ein Zeitabschnitt der deutschen Literaturgeschichte in der ersten Hälfte des 19. Jahrhunderts. Zu dieser Zeit erschien der Alltag mit seinen Pflichten und Aufgaben eintönig und die Dichter wollten in ihren Werken aus dem Alltag ausbrechen. Sie beschrieben den „Typus des romantischen Träumers, der nicht in den bürgerlichen Alltag passt, aber im Reich der Fantasie ein Held oder König ist". Die Natur als Zufluchtsort, in der besondere, magische Kräfte wirken, ist häufig ein Thema. Auch die christliche Religion, der Glaube an Gott, spielt bei vielen Dichtern eine bedeutende Rolle. In der Literatur werden enge Vorgaben dadurch durchbrochen, dass unterschiedliche Formen gemischt werden, indem zum Beispiel Gedichte in Prosatexte eingebaut werden. Vor allem Gedichte von Eichendorff sind oft vertont worden, so dass auch die Grenze zwischen Wort und Musik verwischt wird.

8 Über welche Merkmale der Romantik informiert der Lexikoneintrag? Schreibt Stichworte auf.

Im Textausschnitt „Aus dem Leben eines Taugenichts" findet ihr einige Merkmale der Romantik wieder.

9 Wie werden der Frühling und seine Wirkung auf den Taugenichts dargestellt? Stellt Textstellen gegenüber, die beides verdeutlichen.

Starthilfe

Die Natur im Frühling	Die Handlungen des Taugenichts
„der Schnee tröpfelte emsig vom Dache, die Sperlinge zwitscherten und tummelten sich dazwischen" (Zeilen 2–3)	„ich saß auf der Türschwelle …" (Zeilen …)

10 Warum bricht der Taugenichts im Frühling auf?
Fasst zusammen, welche Parallelen zwischen der Natur und dem Taugenichts deutlich werden.

11 Der Taugenichts bringt seine Stimmung mit dem Lied „Wem Gott will rechte Gunst erweisen" zum Ausdruck.
a. Lest den Liedtext auf Seite 314 noch einmal.
b. Sprecht darüber, welche Rolle der Glaube darin spielt.

12 Schreibe einen zusammenhängenden Text über die Lebens- und Glücksvorstellung im Ausschnitt der Novelle[1] „Aus dem Leben eines Taugenichts" (Seiten 313–314).
Stelle dabei auch einen Bezug zur Epoche der Romantik her.

[1] die **Novelle**: eine Erzählung

Z Prüfungsvorbereitung: Ein Gedicht über das Glück interpretieren

Das Empfinden von Glück wird auch in dem Gedicht „Sozusagen grundlos vergnügt" von Mascha Kaléko beschrieben.

Sozusagen grundlos vergnügt

Ich freu mich, daß am Himmel Wolken ziehen
Und daß es regnet, hagelt, friert und schneit.
Ich freu mich auch zur grünen Jahreszeit,
Wenn Heckenrosen und Holunder blühen.
– Daß Amseln flöten und daß Immen[1] summen.
Daß Mücken stechen und daß Brummer brummen.
Daß rote Luftballons ins Blaue steigen.
Daß Spatzen schwatzen. Und daß Fische schweigen.

Ich freu mich, daß der Mond am Himmel steht
Und daß die Sonne täglich neu aufgeht.
Daß Herbst dem Sommer folgt und Lenz[2] dem Winter,
Gefällt mir wohl. Da steckt ein Sinn dahinter,
Wenn auch die Neunmalklugen ihn nicht sehn.
Man kann nicht alles mit dem Kopf verstehn!
Ich freue mich. Das ist des Lebens Sinn.
Ich freue mich vor allem, daß ich bin.

In mir ist alles aufgeräumt und heiter:
Die Diele blitzt. Das Feuer ist geschürt.
An solchen Tagen klettert man die Leiter,
Die von der Erde in den Himmel führt.
Da kann der Mensch, wie es ihm vorgeschrieben,
– Weil er sich selber liebt – den Nächsten lieben.
Ich freue mich, daß ich mich an das Schöne
Und an das Wunder niemals ganz gewöhne.
Daß alles so erstaunlich bleibt und neu!
Ich freue mich, daß ich ... Daß ich mich freu. R

1 Wie wirkt die Stimmung im Gedicht auf euch?
a. Lest es euch gegenseitig vor.
b. Tauscht euch über die Stimmung aus.

[1] **die Immen**: dichterisch für Bienen
[2] **der Lenz**: dichterisch für Frühling

In dem Gedicht zählt das lyrische Ich auf, worüber es sich freut.

2 Welche Gründe zur Freude hat das lyrische Ich?
- **a.** Lies in den einzelnen Strophen nach.
- **b.** Deute die Überschrift des Gedichts „Sozusagen grundlos vergnügt".

3 Welche Gründe zur Freude kennt ihr?
- **a.** Tauscht euch darüber aus.
- **b.** Vergleicht sie mit den Gründen im Gedicht von Mascha Kaléko.

Das lyrische Ich beschreibt seine Gefühle auch indirekt.

4 Deute die sprachlichen Bilder.
- **a.** Lies die hervorgehobenen Verse im Gedicht.
- **b.** Erkläre mit eigenen Worten, wie du sie verstehst.

5 „Liebe deinen Nächsten wie dich selbst", lautet ein Zitat aus der Bibel.
- **a.** Finde die Verse im Gedicht, die sich auf das Zitat beziehen.
- **b.** Schreibe auf, was diese Verse für dich bedeuten.

6 „Man kann nicht alles mit dem Kopf verstehn!" (Zeile 14).
- Wie verstehst du diese Aussage?
- Erkläre sie anhand von Beispielen.

So endet das Gedicht:

7 „Ich freue mich, daß ich ... Daß ich mich freu." (Zeile 26)
Erkläre die Wirkung dieses letzten Verses.

W Wähle eine der folgenden Aufgaben aus oder bearbeite sie nacheinander.

8 Schreibe zu einer der Strophen ein Parallelgedicht.

9 Interpretiere das Gedicht.
- **a.** Lies in der Arbeitstechnik nach, wie du vorgehen musst.
- **b.** Schreibe die Interpretation.

Tipp: Du kannst die Ergebnisse der Aufgaben 1 bis 7 verwenden.

→ Ein Gedicht analysieren und interpretieren: Seite 145

10 Vergleiche das Gedicht mit dem Songtext „Wovon sollen wir träumen."

→ Songtext: Seite 319

Du kannst hier den vollständigen Text von Seite 73 untersuchen.

Wovon sollen wir träumen

Axel Bosse/Alina Süggeler (Frida Gold)

Ich bin mittendrin
Und geb mich allem hin
Aber schaut man hinter die Kulissen
Dann fängt es immer so an
Ich schlafe immer zu lang
Kriegs nicht hin
Und fühl mich deshalb beschissen

Ich erkenn mich nicht
In den Schaufensterscheiben
Entdecke nichts, was mir gefällt
Ich brauch die schönsten Kleider
Und die stärksten Männer
Und eine Hand, die meine Hand für
immer festhält

Wovon sollen wir träumen?
So wie wir sind, so wie wir sind,
so wie wir sind
Woran können wir glauben?
Wo führt das hin? Was kommt und bleibt?
So wie wir sind.

Ich fühl mich leer
Und die Nacht liegt schwer
So schwer auf meinen Schultern
All die Hoffnung, die war
Ist schon lang nicht mehr da
Schon wieder ne Nacht einfach vertan

Ich hab gesucht und gesucht
In den hintersten Ecken
Nach Augen, die mich interessieren
Noch nie hat es geklappt
Doch ich mags nicht kapieren

Wovon sollen wir träumen?
So wie wir sind, so wie wir sind, so wie wir sind
Woran können wir glauben?
Wo führt das hin? Was kommt und bleibt?
So wie wir sind

Wir lassen uns treiben durch die Clubs der Stadt
Durch fremde Hände und wir werden nicht satt
Wir wachen dann auf bei immer anderen
Geliebten
Von denen wir dachten, dass wir sie nie
verlassen

Wir können nicht mehr atmen,
Und vergessen zu essen
Wir trinken zu viel
Es bleibt ein Spiel ohne Ziel

Wann hört das auf?
Wann kommen wir hier raus?
Wovon sollen wir träumen?
Wo sind wir zu Haus?
Wo sind wir zu Haus?

Hier kannst du den Text von Seite 40 in moderner Schriftart lesen.

„An vielen Orten habe ich die Felsen, an welche das Meer zur Zeit der Fluth geschlagen „hatte, mit einer Rinde von Salze überzogen gesehen, das die Sonne getrocknet hatte. „Die Einwohner, welche diesen Gegenden nahe sind, unterlassen nicht, dieses Salz zu „ihrem Gebrauche zu sammlen. Alle diese Umstände sind hinlänglich, den Schluß zu ma- „chen, daß es Island nicht am Salze mangelt. Uebrigens sieht man aus alten Stif- „tungen und Schenkungsbriefen von den Zeiten her, da die Insel katholisch war, daß „man in verschiedenen Gegenden, sonderlich im mitternächtlichen Theile, den Kirchen und „Geistlichen Salzkoten, und das herrschaftliche Recht gab, Salz zubereiten zu lassen. „Daraus folget unwidersprechlich, daß in diesen entfernten Zeiten Salzgruben auf dieser „Insel waren, und man es aus dem Meerwasser zu verfertigen wusste. Denn sollten sich

Dies sind die vollständigen Texte aus dem Gedichtekapitel auf den Seiten 133 und 136.

Die Einladung

Nâzım Hikmet

Im Galopp aus dem fernen Asien kommend,
streckt es sich wie ein Stutenkopf ins Mittelmeer:
das ist unser Heimatland

Handgelenke blutig, Zähne verkeilt, Füße nackt,
und die Erde ein seidener Teppich,
das ist unsere Hölle, unser Himmel.

Die Werktore der Fremden sollen schließen und nie mehr sich öffnen,
mithin abzuschaffen die Knechtschaft des Menschen durch den Menschen!
das ist unsere Einladung.

Leben! Einzeln und frei wie ein Baum
und brüderlich wie ein Wald,
das ist unsere Sehnsucht!

Für mich soll's rote Rosen regnen

Hildegard Knef

Mit sechzehn, sagte ich still:
Ich will,
will groß sein, will siegen,
will froh sein, nie lügen.
Mit sechzehn, sagte ich still:
Ich will,
will alles oder nichts.

Für mich soll's rote Rosen regnen,
mir sollten sämtliche Wunder begegnen,
die Welt sollte sich umgestalten
und ihre Sorgen für sich behalten.

Und später sagte ich noch:
Ich möcht verstehen, viel sehen, erfahren,
bewahren.
Und später sagte ich noch: Ich möcht
nicht allein sein und doch frei sein.

Für mich soll's rote Rosen regnen,
mir sollten sämtliche Wunder begegnen,
das Glück sollte sich sanft verhalten,
es soll mein Schicksal mit Liebe verwalten.

Und heute sage ich still:
Ich sollt
mich fügen, begnügen,
ich kann mich nicht fügen,
kann mich nicht begnügen:
will immer noch siegen.
will alles oder nichts.

Für mich soll's rote Rosen regnen,
mir sollten ganz neue Wunder begegnen,
mich fern vom Alten neu entfalten, von dem,
was erwartet, das meiste halten.
Ich will, ich will.

Prüfungsvorbereitung: Eine Kurzgeschichte interpretieren

Die Kurzgeschichte untersuchen

Beim Schreiben einer Interpretation einer Kurzgeschichte gehst du schrittweise vor. Zunächst ist das Verstehen der Kurzgeschichte wichtig.

1 Lies die Kurzgeschichte mit den Textknacker-Schritten 1 bis 3.

1. Vor dem Lesen: Bilder
2. Das erste Lesen
3. Den Text genau lesen

Streuselschnecke Julia Franck

1 Der Anruf kam, als ich vierzehn war. Ich wohnte seit einem Jahr nicht mehr bei meiner Mutter und meinen Schwestern, sondern bei Freunden in Berlin. Eine fremde Stimme meldete sich, der Mann nannte seinen Namen, sagte mir, er lebe in Berlin, und fragte, ob ich ihn kennen lernen wolle. Ich zögerte, ich war mir nicht sicher. Zwar hatte ich schon viel über solche Treffen gehört und mir oft vorgestellt, wie so etwas wäre, aber als es so weit war, empfand ich eher Unbehagen. Wir verabredeten uns. Er trug Jeans, Jacke und Hose. Ich hatte mich geschminkt.

2 Er führte mich ins Café Richter am Hindemithplatz und wir gingen ins Kino, ein Film von Rohmer. Unsympathisch war er nicht, eher schüchtern. Er nahm mich mit ins Restaurant und stellte mich seinen Freunden vor. Ein feines, ironisches Lächeln zog er zwischen sich und die anderen Menschen. Ich ahnte, was das Lächeln verriet. Einige Male durfte ich ihn bei seiner Arbeit besuchen. Er schrieb Drehbücher und führte Regie bei Filmen. Ich fragte mich, ob er mir Geld geben würde, wenn wir uns treffen, aber er gab mir keins, und ich traute mich nicht, danach zu fragen. Schlimm war das nicht, schließlich kannte ich ihn kaum, was sollte ich da schon verlangen? Außerdem konnte ich für mich selbst sorgen, ich ging zur Schule und putzen und arbeitete als Kindermädchen. Bald würde ich alt genug sein, um als Kellnerin zu arbeiten, und vielleicht wurde ja auch noch eines Tages etwas Richtiges aus mir.

3 Zwei Jahre später, der Mann und ich waren uns noch immer etwas fremd, sagte er mir, er sei krank. Er starb ein Jahr lang, ich besuchte ihn im Krankenhaus und fragte, was er sich wünsche. Er sagte mir, er habe Angst vor dem Tod und wolle es so schnell wie möglich hinter sich bringen. Er fragte mich, ob ich ihm Morphium besorgen könne. Ich dachte nach, ich hatte einige Freunde, die Drogen nahmen, aber keinen, der sich mit Morphium auskannte. Auch war ich mir nicht sicher, ob die im Krankenhaus herausfinden wollten und würden, woher es kam. Ich vergaß seine Bitte.

4 Manchmal brachte ich ihm Blumen. Er fragte nach dem Morphium, und ich fragte ihn, ob er sich Kuchen wünsche, schließlich wusste ich, wie gerne er Torte aß. Er sagte, die einfachen Dinge seien ihm jetzt die liebsten – er wolle nur Streuselschnecken, nichts sonst. Ich ging nach Hause und buk Streuselschnecken, zwei Bleche voll. Sie waren noch warm, als ich sie ins Krankenhaus brachte. Er sagte, er hätte gerne mit mir gelebt, es zumindest gern

versucht, er habe immer gedacht, dafür sei noch Zeit, eines Tages – aber jetzt sei es zu spät. Kurz nach meinem siebzehnten Geburtstag war er tot.

5 Meine kleine Schwester kam nach Berlin, wir gingen gemeinsam zur Beerdigung. Meine Mutter kam nicht. Ich nehme an, sie war mit anderem beschäftigt, außerdem hatte sie meinen Vater zu wenig gekannt und nicht geliebt.

Nach dem genauen Lesen kannst du erste Informationen notieren.

2 a. Schreibe den Titel, die Autorin und die Textsorte auf.
b. Schreibe in einem Satz auf, worum es in dem Text geht.

3 Welche Fragen hast du an den Text?
Schreibe sie auf.

Julia Franck (geb. 1970) ist eine deutsche Schriftstellerin, die hauptsächlich Romane und Erzählungen verfasst. In Ostberlin geboren, reiste sie mit ihrer Mutter und ihren Schwestern 1978 in den Westen aus. In ihrem literarischen Werk setzt sie sich insbesondere mit der deutschen Geschichte und mit ihrer eigenen Familiengeschichte auseinander.

4 Was erfährst du über die Hauptfigur und ihre Lebensumstände?
Schreibe passende Textstellen auf und ergänze die Zeilenangaben.

Starthilfe
Z. 1–2: vierzehn, lebt nicht bei den Eltern, sondern bei Freunden in Berlin, …

5 Untersuche den Anfang der Kurzgeschichte mit Hilfe der Fragen:
- Warum kommt es zu einem Treffen?
- Wie reagiert die Hauptfigur auf den Anruf?
- Warum treffen sich die beiden in einem Café?

6 Wie entwickelt sich die Beziehung zwischen den beiden Figuren?
a. Teile die Kurzgeschichte in drei zeitliche Abschnitte. Untersuche die Entwicklung der Beziehung. Schreibe auf, welche Bedeutung der jeweilige Zeitabschnitt für die Geschichte hat.
b. Vergleiche, wie der Vater am Anfang der Kurzgeschichte und am Ende genannt wird. Welche Gründe könnte es dafür geben?

Starthilfe

Die erste Begegnung:	– Die beiden lernen sich kennen. – …
Begegnungen:	– …
Zwei Jahre später: Krankheit des Vaters	– Besuch im Krankenhaus – …

Die Interpretation planen, schreiben, überarbeiten

7 Mit welchen Worten beschreibt die Hauptfigur ihren Vater?
  a. Schreibe Textstellen mit den Zeilenangaben auf.
  b. Warum wählt die Hauptfigur diese Worte? Was fühlt sie?
  Sprich mit einem Partner oder einer Partnerin darüber:

Die Erzählperspektive und der Titel spielen eine große Rolle.

8 a. Aus welcher Perspektive wird die Kurzgeschichte erzählt? Begründe deine Antwort mit Hilfe von Textstellen.
  b. Warum trägt die Kurzgeschichte den Titel „Streuselschnecke"?
  Begründe deine Vermutung.

Du kannst nun deine Erkenntnisse in einer Interpretation zusammenfassen.

9 a. Schreibe in der Einleitung wichtige allgemeine Angaben zur Kurzgeschichte auf. Nenne den Titel, die Autorin, die Textsorte. **Einleitung**
  b. Fasse den Inhalt zusammen.

10 Im Hauptteil legst du deine Ergebnisse aus der Texterschließung dar. Nutze Zitate, um deine Erkenntnisse am Text zu belegen. **Hauptteil**
  a. Beschreibe die Situationen, in denen die Figuren handeln.
  b. Schließe eine Charakteristik der Hauptfigur an. → Arbeitstechnik: Seite 138
  c. Erkläre wichtige Merkmale von Kurzgeschichten am Text.
  Belege die Merkmale am Text.
  d. Ergänze, welche sprachlichen Besonderheiten dir aufgefallen sind.

11 Im Schlussteil fasst du die Ergebnisse deiner Textanalyse zusammen und schreibst deine eigene Meinung auf. **Schluss**
  a. Fasse deine Ergebnisse aus den Aufgaben 4 bis 8 zusammen.
  b. Schreibe deine persönliche Meinung zu der Kurzgeschichte auf:
  - Was bedeutet der Inhalt der Kurzgeschichte?
  - Was hat dir gefallen?
  - Was hat dir nicht gefallen?

12 Überarbeite deine Interpretation.
Tipp: Die Arbeitstechnik „Eine Kurzgeschichte interpretieren" kannst du wie eine Checkliste nutzen.

→ Arbeitstechnik „Eine Kurzgeschichte interpretieren": Seite 167

Eine Parodie und ihre Vorlage untersuchen

Das kenn ich doch irgendwoher...

Manche Texte werden als Vorlage für andere Texte verwendet.
So zum Beispiel das folgende Gedicht von Heinrich Heine.

Die Loreley

Heinrich Heine

Ich weiß nicht, was soll es bedeuten,
Dass ich so traurig bin;
Ein Märchen aus uralten Zeiten,
Das kommt mir nicht aus dem Sinn.

Die Luft ist kühl und es dunkelt,
Und ruhig fließt der Rhein;
Der Gipfel des Berges funkelt
Im Abendsonnenschein.

Die schönste Jungfrau sitzet
Dort oben wunderbar,
Ihr goldnes Geschmeide[1] blitzet,
Sie kämmt ihr goldenes Haar.

Sie kämmt es mit goldenem Kamme,
Und singt ein Lied dabei;
Das hat eine wundersame,
Gewaltige Melodei.

Den Schiffer im kleinen Schiffe
Ergreift es mit wildem Weh;
Er schaut nicht die Felsenriffe,
Er schaut nur hinauf in die Höh.

Ich glaube, die Wellen verschlingen
Am Ende Schiffer und Kahn;
Und das hat mit Ihrem Singen
Die Loreley getan.

Du untersuchst das Gedicht.

1 Fasse den Inhalt mit Hilfe der folgenden Fragen zusammen:
- Wer oder was ist die Loreley?
- Wodurch bezaubert sie Menschen?
- Wem zeigt sie sich?
- Was geschieht demjenigen?

2 Beschreibe, welche Stimmung im Gedicht vermittelt wird. Belege deine Antwort anhand von Textstellen.

3 Einen Loreleyfelsen gibt es wirklich. Recherchiere Informationen zu diesem Felsen und zur Sagenfigur Loreley.

4 Das lyrische Ich erinnert sich an ein „Märchen aus uralten Zeiten“ (Zeile 3). Erkläre, was damit gemeint sein könnte.

[1] das **Geschmeide:** der Schmuck

Erich Kästner hat „Die Loreley“ von Heinrich Heine parodiert.

Der Handstand auf der Loreley

Erich Kästner

(Nach einer wahren Begebenheit)

Die Loreley, bekannt als Fee und Felsen,
ist jener Fleck am Rhein, nicht weit von Bingen,
wo früher Schiffer mit verdrehten Hälsen,
von blonden Haaren schwärmend, untergingen.

Wir wandeln uns. Die Schiffer inbegriffen.
Der Rhein ist reguliert und eingedämmt.
Die Zeit vergeht. Man stirbt nicht mehr beim Schiffen,
bloß weil ein blondes Weib sich dauernd kämmt.

Nichtsdestotrotz geschieht auch heutzutage
noch manches, was der Steinzeit ähnlich sieht.
So alt ist keine deutsche Heldensage,
dass sie nicht doch Helden nach sich zieht.

Erst neulich machte auf der Loreley
hoch überm Rhein ein Turner einen Handstand!
Von allen Dampfern tönte Angstgeschrei,
als er kopfüber oben auf der Wand stand.

Er stand, als ob er auf dem Barren stünde.
Mit hohlem Kreuz. Und lustbetonten Zügen.
Man fragte nicht: Was hatte er wohl für Gründe?
Er war ein Held. Das dürfte wohl genügen.

Er stand verkehrt, im Abendsonnenscheine,
da trübte Wehmut seinen Turnerblick.
Er dachte an die Loreley von Heine.
Und stürzte ab. Und brach sich das Genick.

Er starb als Held. Man muss ihn nicht beweinen.
Sein Handstand war vom Schicksal überstrahlt,
ein Augenblick mit zwei gehobnen Beinen
ist nicht zu teuer mit dem Tod bezahlt!

PS. Eins wäre allerdings noch nachzutragen:
Der Turner hinterließ uns Frau und Kind.
Hinwiederum, man soll sie nicht beklagen.
Weil im Bezirk der Helden und der Sagen
die Überlebenden nicht wichtig sind.

In einer Parodie wird etwas Bekanntes aufgegriffen.

5 Welche Hinweise auf das Gedicht von Heine entdeckst du in der Parodie?
- **a.** Lies die hervorgehobenen Textstellen.
- **b.** Beschreibe, wie diese Textstellen auf dich wirken.

6 Vergleicht die Figur des Schiffers (bei Heine) mit der des Turners (bei Kästner).
- **a.** Tauscht euch darüber aus.
- **b.** Notiert wesentliche Ähnlichkeiten und Unterschiede.

7 Wodurch wird das Gedicht von Kästner zu einer Parodie?
- **a.** Schlage im „Wissenswerten“ nach, wodurch eine Parodie gekennzeichnet ist.
- **b.** Erkläre diese Merkmale anhand von Beispielen aus Kästners Gedicht.

➜ Parodie: Seite 287

Alle Texte auf einen Blick

Jugendbuchauszüge/Romanauszüge

Karikaturen

Kurzgeschichten

Lexikonartikel

Protokoll

Rezension

Sachtexte

Schülertexte

Sketche/Szenen/Witze

Songtexte

Borchert, Wolfgang (geb. 1921 in Hamburg, gest. 1947 in Basel) war ein deutscher Schriftsteller, der vor allem durch seine Kurzgeschichten nach dem Zweiten Weltkrieg bekannt wurde. 1941 wurde er zum Kriegsdienst eingezogen und kam mit schweren Verletzungen zurück. Immer wieder übte er Kritik am Regime des Nationalsozialismus, weshalb er mehrfach inhaftiert und verurteilt wurde. Seine Kurzgeschichten, welche der sogenannten Trümmerliteratur angehören, schrieb er, als er aufgrund seiner Verletzungen ans Bett gefesselt war. Sein Publikumserfolg begann einen Tag nach seinem Tod mit der Theateraufführung eines seiner Werke.

Čechov, Anton (geb. 1860 in Taganrog/Russland, gest. 1904 in Badenweiler) war einer der bedeutendsten Schriftsteller, Novellist und Dramatiker der russischen Literatur. Obwohl er eigentlich Arzt war, arbeitete er hauptberuflich als Autor und veröffentlichte mehr als 600 Texte. Theaterstücke wie u. a. „Drei Schwestern“, „Die Möwe“ und „Der Kirschgarten“ machten ihn auch international berühmt.

Döblin, Alfred (geb. 1878 in Stettin/Polen, gest. 1957 in Emmendingen bei Freiburg) war ein wichtiger Romanautor des frühen 20. Jahrhunderts. Obwohl Döblin von Beruf Nervenarzt war, verfügte er über ein äußerst umfangreiches und experimentelles Schaffen als Autor. Viele seiner Werke stehen beispielhaft für die Strömungen des Expressionismus und der literarischen Moderne. Nach dem Reichstagsbrand 1933 verließ Döblin das nationalsozialistische Berlin und lebte im Exil in Frankreich, der Schweiz und den USA. Sein erfolgreichstes Werk ist der 1929 erschienene Großstadtroman „Berlin Alexanderplatz“ um den ehemaligen Häftling Franz Bieberkopf.

Dürrenmatt, Friedrich (geb. 1921 in Konolfingen bei Bern, gest. 1990 in Neuenburg) ist ein bekannter Schweizer Schriftsteller und Dramatiker. Ziel seiner Dramen ist es vor allem, den Zuschauer aus der Rolle des passiven Konsumenten zu holen und ihm zum aktiven Nachdenken anzuregen. Dürrenmatt studierte Philosophie und Literatur an den Universitäten Bern und Zürich und begann bereits während des Studiums, Werke zu veröffentlichen. Jedoch erst 1956 wurde er mit dem Drama „Der Besuch der alten Dame“ weltberühmt. Es wurde später sogar verfilmt. Einen weiteren großen Erfolg hatte Dürrenmatt 1962 mit dem Stück „Die Physiker“.

Eichendorff, Joseph von (geb. 1788 in Ratibor/Oberschlesien, gest. 1857 in Neisse in Oberschlesien) war ein berühmter Dichter und Schriftsteller der deutschen Romantik. Zentrale Motive seiner Schriften sind die Nacht, der Wald, Sehnsucht, Heimat und Einsamkeit. Mit seiner Novelle „Aus dem Leben eines Taugenichts“ hat er eines der größten Werke der literarischen Epoche der Romantik geschaffen. Heute gibt es zahlreiche Stiftungen und Gesellschaften, die sich mit seinem Lebenswerk auseinandersetzen.

Fox, Peter (geb. 1971 in Berlin) ist ein berühmter deutscher Reggae- und Hip-Hop-Musiker. Sein richtiger Name lautet Pierre Krajewski. Er ist sowohl als Solokünstler als auch als Bandmitglied von Seeed sehr erfolgreich. Seine soziale Ader zeigt sich u. a. darin, dass er ein Studium der Sonderschulpädagogik begonnen hatte, um Sonderschullehrer für Menschen mit Behinderung zu werden. Danach setzte er sich innerhalb verschiedener Kampagnen sehr für das Lesen- und Schreibenlernen ein.

Franck, Julia (geb. 1970 in Ost-Berlin) ist eine deutsche Schriftstellerin der Gegenwart. Als Kind floh sie mit ihren Eltern aus der DDR und verbrachte mehrere Monate in einem Notaufnahmelager in Westberlin. Im Alter von dreizehn Jahren verließ sie ihr neues Zuhause in Norddeutschland, um allein nach Berlin zurückzukehren. Später studierte sie dort u. a. Jura und Literaturwissenschaft. In vielen ihrer Erzählungen setzt Franck sich mit ihrer eigenen Familiengeschichte und den unterschiedlichen Lebenssituationen im geteilten Deutschland auseinander. Ihr literarisches Werk wurde bereits vielfach ausgezeichnet. So erhielt sie etwa 2007 für ihren Roman „Die Mittagsfrau“ den Deutschen Buchpreis.

Goethe, Johann Wolfgang von (geb. 1749 in Frankfurt am Main, gest. 1832 in Weimar) war einer der bedeutendsten deutschen Dichter der Weimarer Klassik und wichtiger Vertreter des Sturm und Drang. Werke, wie z. B. „Die Leiden des jungen Werthers“, „Faust“ etc., zählen noch heute zur Weltliteratur. Doch Goethe ist nicht nur für seine Dichtkunst bekannt, er verfasste auch wissenschaftliche Schriften, so z. B. eine Farbenlehre, mit der er die Grundlage der Farbpsychologie schuf. Da Goethe zeit seines Lebens ein geachteter Schriftsteller war, umgab er sich auch mit anderen bekannten Literaten, darunter Schiller, Bettina von Arnim.

Gofferjé, Cora (geb. 1965) lebt mit ihrer Familie in Essen. Nachdem sie Englisch, Kommunikationswissenschaften und Psychologie studiert hatte, ist sie als Redakteurin, Producerin und Lektorin tätig. Anschließend besuchte sie die Internationale Filmschule Köln und hielt sich zeitweise in den USA auf. Schließlich wurde sie Kinder- und Jugendbuchautorin. Oft schreibt sie in ihren Büchern über eigene Erlebnisse und Gefühle.

Hesse, Hermann Karl (geb. 1877 in Calw/Deutschland, gest. 1962 in Montagnola/Schweiz) ist vor allem als deutschsprachiger Schriftsteller bekannt, u. a. für die Prosawerke „Siddhartha" und „Der Steppenwolf". Für „Das Glasperlenspiel" erhielt er 1946 den Nobelpreis für Literatur. Ab den 1930er Jahren wurden in Zeitungen keine Artikel Hesses mehr veröffentlicht, da er sich verstärkt für jüdische und andere verfolgte Minderheiten aussprach. Auffällig ist auch, dass Hesse öfters seine Staatsangehörigkeit wechselte. So hatte er durch Geburt die russische Staatsbürgerschaft, dann die schweizerische, gefolgt von der deutschen und am Ende seines Lebens wieder die schweizerische.

Hikmet, Nazim (geb. 1902 in Thessaloniki, gest. 1963 in Moskau) gilt als einer der bedeutendsten türkischen Dichter der modernen Lyrik. Als Mitglied der illegalen Kommunistischen Partei der Türkei stand er im ständigen Konflikt mit der türkischen Regierung und wurde zeit seines Lebens verfolgt. Im Moskauer Exil blieb er als Schriftsteller tätig und schaffte es trotz Publikationsverbot, die türkische Literatur nachhaltig zu beeinflussen.

Kaléko, Mascha (geb. 1907 in Chrzanów/Polen, gest. 1975 in Zürich/Schweiz) war eine deutschsprachige Dichterin. Sie wuchs in Frankfurt am Main, Marburg und Berlin auf und machte eine Bürolehre. Außerdem besuchte sie Abendkurse in Philosophie und Psychologie. Ihre ersten Gedichte veröffentlichte Mascha Kaléko 1929. Sie zeigen die Lebenswelt der Menschen und die Stimmung in Berlin in der damaligen Zeit. Sie kam in Berlin mit wichtigen Künstlern in Kontakt. Zusammen mit ihrem zweiten Mann und ihrem Sohn wanderte sie 1938 zunächst in die USA aus. Ab 1960 lebten sie und ihr Mann dann in Israel.

Kästner, Erich (geb. 1899 in Dresden, gest. 1974 in München) war ein deutscher Schriftsteller. Vor allem seine Kinderbücher wie „Das fliegende Klassenzimmer", „Emil und die Detektive" und „Das doppelte Lottchen" haben ihn berühmt gemacht. Erich Kästner wuchs in der Stadt Dresden auf, deren Besonderheiten er später in seinen Büchern darstellte. Nach dem Abitur studierte er Germanistik, Geschichte, Theaterwissenschaften und Philosophie. Neben dem Studium verfasste er erste kurze Zeitungsartikel und Gedichte. 1933 wurden seine kritischen Bücher von den Nationalsozialisten verboten und verbrannt. Nach Ende des Krieges 1945 führte Erich Kästner seine Arbeit als Schriftsteller fort und schrieb viele Bücher für Kinder und Erwachsene, Drehbücher, Hörspiele, Reden und mehr.

Knef, Hildegard (geb. 1925 in Ulm, gest. 2002 in Berlin) war eine deutsche Schauspielerin, Sängerin und Autorin. Sie feierte als erster deutscher Nachkriegsstar internationale Erfolge und wurde im Laufe ihres Lebens mit zahlreichen Preisen geehrt. Gleichzeitig musste sie während ihrer Karriere häufig Kritik von Seiten der Presse erdulden, da sie in ihrem Privatleben und u. a. mit ihrem berühmten Film „Die Sünderin" die Moralvorstellungen im Nachkriegsdeutschland verletzte. Nach ihrem Tod erhielt Hildegard Knef einen Stern auf dem Boulevard der Stars in Berlin.

Reding, Josef (geb. 1929 in Castrop-Rauxel) ist ein deutscher Schriftsteller, der mit nur 16 Jahren während des Zweiten Weltkrieges in US-amerikanische Kriegsgefangenschaft geriet. Ab 1953 studierte er u. a. Germanistik und Anglistik in Münster. Ein Stipendium ermöglichte es ihm, an der University of Illinois in Champaign weiterzustudieren. Wegen der dort in den Südstaaten vorherrschenden Rassenproblematik begann er Kontakte zur beginnenden Bürgerrechtsbewegung um Martin Luther King zu knüpfen. Bekannt wurde er vor allem für seine Kurzgeschichten, die meist von einem christlichen Standpunkt aus soziale Probleme behandeln. Dafür bekam er viele Auszeichnungen, u. a. den Annette-von-Droste-Hülshoff-Preis, den Krogge-Literaturpreis und den Deutschen Kurzgeschichtenpreis.

Rodari, Gianni (geb. 1920 in Omegna, gest. 1980 in Rom) war ein italienischer Schriftsteller, der sein ganzes Leben lang als Journalist tätig war. 1950 gründete er die Kinderzeitschrift „Pioniere" und 1953 die Zeitschrift „Avanguardia". Er schrieb viele Artikel und Kolumnen für Kinder und erhielt 1970 den Hans-Christian-Andersen-Preis für Jugendliteratur. In seinen Werken legte er großen Wert auf die Vermittlung von Idealen, wie Frieden und Freiheit.

Schiller, Friedrich (geb. 1789 in Marbach, gest. 1805 in Weimar) ist ein berühmter deutscher Dichter und Dramatiker. Bekannt wurde er vor allem durch seine Dramen, wie z. B. „Kabale und Liebe" oder „Maria Stuart", aber auch durch seine Balladen, wie z. B. „Der Handschuh" oder „Die Bürgschaft". Er prägte die Epoche des Sturm und Drang und den Stil der Weimarer Klassik. Nachdem er auf der Militärschule in Stuttgart Jura und Medizin studiert hatte, wurde 1782 sein erstes Werk „Die Räuber" uraufgeführt. Daraufhin verbot der Herzog von Württemberg Schiller, weitere Dramen zu schreiben, und Schiller floh schließlich nach Weimar, damals ein geistig-kulturelles Zentrum. Dort verband ihn u. a. eine enge Freundschaft mit Johann Wolfgang von Goethe.

Textquellen

Amewu: Ontogenie (S. 128). Aus: http://lyricstranslate.com/de/amewu-ontogenie-lyrics.html [Stand: 29.05.2015]

Beck, M., Dürr, T., Rieke, A., Schmidt, M. (Die Fantastischen Vier): Hört euch den hier an (S. 117). Aus: http://www.songtexte.com/songtext/die-fantastischen-vier/hort-euch-den-hier-an-7bda7288.html [Stand: 05.06.2015]. Copyright: Magic Internet GmbH

MfG (S. 126). Aus: http://www.songtexte.com/songtext/die-fantastischen-vier/mfg-bda6d7e.html [Stand: 05.06.2015]. Copyright: Magic Internet GmbH

Und los (S. 120). Aus: http://www.songtexte.com/songtext/die-fantastischen-vier/und-los-734f061d.html [Stand: 05.06.2015]. Copyright: Magic Internet GmbH

Borchert, Wolfgang: Das Brot (S. 152-153). Aus: Wolfgang Borchert: Das Gesamtwerk. Halle (Saale) (Mitteldeutscher Verlag) 1969, S. 371-373.

Bosse, Axel u. Süggeler, Alina (Frida Gold): Wovon sollen wir träumen (S. 319). Aus: http://www.songtexte.com/songtext/frida-gold/wovon-sollen-wir-traumen-6be912d6.html [Stand: 29.05.2015]. Copyright: Magic Internet GmbH

Čechov, Anton: Freude (S. 160-162). Aus: Vom Regen in die Traufe. Kurzgeschichten. Hg. von Gerhard Dick und übersetzt aus dem Russischen von Ada Knipper und Gerhard Dick. Berlin (Rütten und Loening) 1972, S. 73-75.

Döblin, Alfred: Berlin Alexanderplatz (S. 196-201). Aus: Alfred Döblin: Berlin Alexanderplatz. S. 11 (Erstes Buch, Vorspann), S. 13-16 (Textausschnitt 1), S. 31-33 oben (Textausschnitt 2). Frankfurt a. Main (Fischer Taschenbuch Verlag), 2013.

Dürrenmatt, Friedrich: Der Besuch der alten Dame (Ausschnitte S. 168, S. 169-171, S. 172, S. 173-174, S. 175, S. 176, S. 177-178, S. 181). Aus: Friedrich Dürrenmatt: Komödien. Berlin (Volk und Welt) 1965, S. 107-110, 118f., 124f., 127f., 180, 182f.

Eichendorff, Joseph von: Aus dem Leben eines Taugenichts (S. 313-314). Aus: Joseph von Eichendorff: Aus dem Leben eines Taugenichts. Düsseldorf (Patmos) 2007.

Sehnsucht (S. 140). Aus: Werke und Schriften. Bd. 1.: Gedichte. Epen. Dramen. Hg. von Gerhart Baumann. Stuttgart (Cotta) 1953.

Fox, Peter: Haus am See (S. 134). Aus: http://www.songtexte.com/songtext/peter-fox/haus-am-see-1bcc913c.html [Stand: 29.05.2015]. Copyright: Magic Internet GmbH

Franck, Julia: Streuselschnecke (S. 321-322). Aus: Julia Franck: Bauchlandung. Geschichten zum Anfassen. Köln (DuMont Buchverlag) 2000, S. 51f.

Gnatzig, Jean: Handyausfall löst Katastrophe bei Konzert aus (S. 190-191). Aus: http://www.welt.de/satire/article13930682/Handyausfall-loest-Katastrophe-bei-Konzert-aus.html [Stand: 28.05.2015]. Copyright: WeltN24 GmbH

Goethe, Johann Wolfgang von: Beherzigung (S. 132). Aus: Johann Wolfgang von Goethe, Berliner Ausgabe. Band 1. Berlin und Weimar (Aufbau) 1965.

Gofferjé, Cora: Glückskeks-Momente (S. 74-79, 82, 88). Aus: Cora Gofferjé: Glückskeks-Momente. Stuttgart/Wien (Thienemann Verlag) 2009.

Heine, Heinrich: Die Loreley (S. 324). Aus: Heinrich Heine: Sämtliche Gedichte. Hg. von Briegleb. Frankfurt/M., Leipzig (Insel Verlag) 1993.

Hesse, Hermann: Stufen (S. 142). Aus: Hermann Hesse: Sämtliche Werke, Band 10. Die Gedichte. Frankfurt/M. (Suhrkamp) 2002, S. 366.

Hikmet, Nâzım: Einladung (S. 136 Ausschnitt, S. 320 vollständig). Aus: Nâzım Hikmet: Sie haben Angst vor unseren Liedern. Hg. von Türkenzentrum Berlin (West). Berlin (Elefanten Press Verlag) 1982. Aus dem Türkischen übersetzt von Feridun Korkmaz.

Sehnsucht (S. 137). Aus: Die Namen der Sehnsucht. Gedichte Türkisch und Deutsch. Übersetzt und hg. von Gisela Kraft. Zürich (Ammann Verlag) 2008.

Über dem Meer die bunte Wolke (S. 138). Aus: http://wiki.aki-stuttgart.de/mediawiki/index.php/Nazim_Hikmet#.C3.9Cber_dem_Meer_die_bunte_Wolke [Stand: 28.05.2015]. Aus dem Türkischen übersetzt von Rana Talu. Copyright: Karl Dietz.

Homering, Jörg: Übrigens: Duzen, ihrzen, erzen (S. 20). Aus: Münsterländische Volkszeitung. Rheine (Verlag Altmeppen). Artikel vom 07.01.2011. http://www.mv-online.de [Stand: 07.07.2011].

Kaléko, Mascha: Großstadtliebe (S. 202). Aus: Mascha Kaléko: Das lyrische Stenogrammheft. Reinbek bei Hamburg (Rowohlt Taschenbuch Verlag) 1978, S. 20. Copyright: Gisela Zoch-Westphal. Auf einen Café-Tisch gekritzelt (S. 203). Aus: ebd.

Sozusagen grundlos vergnügt (S. 317). Aus: Mascha Kaléko: In meinen Träumen läutet es Sturm. Hg. von Gisela Zoch-Westphal. München (dtv) 2002, S. 66.

Kalusch, Matthias: Mein schöner Schulalltag (S. 188-189). Aus: Sie wollen nur unser Bestes. Hg. v. Volker Fabricius. Frankfurt (Fischer Taschenbuch) 1987.

Kästner, Erich: Besuch vom Lande (S. 204). Aus: Erich Kästner: Zeitgenossen, haufenweise. Gedichte. Hg. von Harald Hartung. München (Hanser Verlag) 1998. Copyright by Atrium Verlag AG Zürich, S. 149.

Der Handstand auf der Loreley (S. 325). Aus: Erich Kästner: Gesang zwischen den Stühlen. Zürich (Atrium Verlag) 1985.

Knef, Hildegard: Für mich soll's rote Rosen regnen (S. 133 Ausschnitt, S. 320 vollständig). Aus: http://www.songtexte.com/songtext/hildegard-knef/fur-mich-solls-rote-rosen-regnen-3bcfc094.html [Stand: 29.05.2015]. Copyright: Magic Internet GmbH

Lachmayr, Felicitas: Heiße Beats und flinke Zungen (S. 130-131). Aus: Süddeutsche Zeitung online vom 23.02.2015. http://www.sueddeutsche.de/muenchen/fuerstenfeldbruck/fuerstenfeld-bruck-heisse-beats-und-flinke-zungen-1.2364201 [Stand: 05.06.2015]

Mock, Sven: Auf den Spuren des Rap (S. 118-119). Originalbeitrag.

Müller, Heinz: Einen Versuch ist es wert (S. 146). Originalbeitrag.

Reding, Josef: Generalvertreter Ellebracht begeht Fahrerflucht (S. 148-150). Aus: Josef Reding: Nennt mich nicht Nigger. Kurzgeschichten aus zwei Jahrzehnten. Recklinghausen (Paulus Verlag) 1964, S. 140-144.

Rodari, Gianni: Die Geschichte vom jungen Krebs (S. 164-165). Gutenachtgeschichten am Telefon. Stuttgart (Thienemann Verlag) 1972.

Scheele, Angela: Das Tote Meer stirbt. Teil 1-2 (S. 43-45). Aus: http://www.daserste.de/information/wissen-kultur/w-wie-wissen/sendung/2009/das-tote-meer-stirbt-100.html [Stand: 29.05.2015]. Copyright: Bayerischer Rundfunk, Anstalt des öffentlichen Rechts.

Schiller, Friedrich: Die Hoffnung (S. 145). Aus: Friedrich Schiller: Gedichte. Hg. von Georg Kurscheidt. Frankfurt/M. (Deutscher Klassiker Verlag) 1992, S. 117.

Schulz von Thun, Friedemann: Das innere Team: Typen von Teammitgliedern (S. 22-23). Aus: http://www.inneres-team.de/frau-en-detail [Stand: 04.06.2015]. Copyright: Schulz von Thun Institut für Kommunikation, Hamburg.

Zimmermann, Tanja: Sommerschnee (S. 156-157). Total verknallt. Ein Liebeslesebuch. Reinbek bei Hamburg (Rowohlt Taschenbuchverlag) 1984, S. 121f.

Unbekannte und ungenannte Verfasser, Originalbeiträge

Kein ganz normaler Tag (S. 14-15). Originalbeitrag.

Der Streit in mir (S. 16-17). Originalbeitrag.

Jonas im Praktikum (S. 24). Originalbeitrag.

Mirka im Praktikum (S. 25). Originalbeitrag.

Salz – Quelle des Lebens. Teil 1-3 (S. 31-33). Originalbeitrag.

Ein alter Text über Salz (S. 40), Titelblatt (S. 41). Aus: Allgemeine Historie der Reisen zu Wasser und zu Lande; oder Sammlung aller Reisebeschreibungen [...] durch eine Gesellschaft gelehrter Männer im Englischen zusammen getragen, und aus demselben und dem Französischen ins Deutsche übersetzt [von Johann Joachim Schwabe]. Leipzig, bey Arkstee und Merkus, 1769.

Telefongespräch mit dem Ausbildungsbetrieb (S. 51). Originalbeitrag.

Stellenanzeige: Ausbildung zum/r Dachdecker/in (S. 52). Originalbeitrag.

Stellenanzeige: Ausbildung als Notarfachangestellte/r (S. 52). Originalbeitrag.

Stellenanzeige: Ausbildung als Elektroinstallateur/-in (S. 52). Originalbeitrag.

Stellenanzeige: Ausbildung als Kaufmann/-frau im Einzelhandel (S. 53). Originalbeitrag.

Tipps der Ausbilder (S. 54). Originalbeitrag.

Ein Bewerbungsschreiben (S. 56). Originalbeitrag.

Bewerbungs-E-Mail (S. 59). Originalbeitrag.

Bewerbung um einen Ausbildungsplatz (S. 60). Originalbeitrag.

Lebenslauf (S. 61). Originalbeitrag.

Die „dritte Seite" der Bewerbung (S. 62). Originalbeitrag.

Briefe an Jannes Mutter, Janne (S. 82-83). Originalbeitrag.

Aus einer Buchbesprechung (S. 84). Originalbeitrag.

Janne erklärt (S. 85). Originalbeitrag.

Wissenschaftler korrigieren unser Bild vom Glück (S. 86-87). Aus: http://www.welt.de/gesundheit/psychologie/article4621490/Wissenschaftler-korrigieren-unser-Bild-vom-Glueck.html [Stand: 29.05.2015]

Kunststoffe sind überall (S. 94-96). Originalbeitrag.

Sind wir Matrosen auf einem Müllschiff? (S. 100). Originalbeitrag.

Die Kunststoff-Herstellung. Teil 1-2 (S. 103). Originalbeitrag.

Neue Aufgaben für alte Kunststoffe (S. 104). Originalbeitrag.

Die Entwicklung der Kunststoffproduktion (S. 106-107). Originalbeitrag.

Eltern sollen auf ein Prüfsiegel achten (S. 110). Originalbeitrag.

Rap (S. 117). Originalbeitrag.

Interview mit Lucy Z (S. 119). Originalbeitrag.

Der Rap heute (S. 120). Informationen aus: http://www.28-industries.com/graffiti-szene-news/die-geschichte-des-rap.html [Stand: 04.06.2015]

Ein Hip-Hop-Duo rappt die Nachrichten (S. 121). Aus: http://www.rp-online.de/panorama/fernsehen/ein-hip-hop-duo-rappt-die-nachrichten-aid-1.4458055 [Stand: 29.05.2015]

„RAPortagen" erreichen Millionen (S. 121). Aus: http://www.musikmarkt.de/Aktuell/News/Fussball-WM-2014-Blumentopfs-RAPortagen-erreichen-Millionen-mit-Videos [Stand: 29.05.2015]

Kurzbiographie Nâzım Hikmet (S. 139). Originalbeitrag.

Skandal im Wirtshaus (S. 174). Originalbeitrag.

Kurzbiographie Friedrich Dürrenmatt (S. 179). Originalbeitrag.

Treffen sich zwei Schnecken (S. 185). http://www.spitzenwitze.de/witze/tiere/page/3/ [Stand: 27.05.2015]

Stehen zwei Schafe auf der Wiese (S. 186). http://www.blindekuh.de/witze/tierwitze_2.html [Stand: 27.05.2015]

Kommt ein Fuchs (S. 186). http://witze.net/f%C3%BCchse.html [Stand: 27.05.2015]

Ihr Wagen ist völlig überladen (S. 186). http://witze.net/f%C3%BChrerscheine.html [Stand: 27.05.2015]

Ein Mann kommt in eine Tierhandlung (S. 186). Aus: http://www.blindekuh.de/witze/allerlei_6.html [Stand: 27.05.2015]

Im Opernhaus (S. 187). Originalbeitrag.

Es klingelt an der Tür (S. 187). Originalbeitrag.

Sven, du hast dein Handy vergessen (S. 187). http://www.radiozentrale.de/aktuell/kampagne-pro-radio/radio-geht-ins-ohr-bleibt-im-kopf/funkspot-texte/ [Stand: 04.06.2015]

Der K. hat mir neue Zähne eingesetzt (S. 193). Aus: Bernd Ellermann: „Ich habe Schmerzen bei jedem Fehltritt". Karlsruhe (Verlag Versicherungswirtschaft e.V.) 1983, S. 15.

Ein Urlauber fragt den Strandwächter (S. 193). Aus: http://www.witze-witze.eu/urlaub-witze/ein-urlauber-fragt-den-strandwaechter.html [Stand: 28.05.2015]

Die Literatur der Zwanzigerjahre (S. 205). Originalbeitrag.

Bilanz nach 10 Tagen (S. 206). Originalbeitrag.

Nachrichtenticker Sachsen-Anhalt-Blatt (S. 206). Originalbeitrag.

Blog der Feuerwehr Grünberg (S. 207). Originalbeitrag.

Das Hochwasser in den sozialen Medien (S. 210). Aus: http://www.bpb.de/politik/hintergrund-aktuell/163064/hochwasser-in-deutschland [Stand: 29.05.2012]

Ärger bei den Helfern (S. 210). Aus: http://www.

stuttgarter-zeitung.de/inhalt.hochwasser-in-sozialen-medien-fluthilfe-20.840e2039-1d61-4f12-833a-224e8ed5ad39.html [Stand: 29.05.2012]
Schnelle Nachrichten sind nicht immer die richtigen (S. 211). Aus: http://www.tagesspiegel.de/meinung/falschmeldungen-aus-den-usa-schnelle-nachrichten-sind-nicht-immer-die-richtigen/8124530.html [Stand: 29.05.2012]
Smartphones im Katastrophenfall (S. 211). Aus: http://www.boehlk.eu/bernburger-freiheit/2013/07/02/bernburg-hochwasser-2013-teil1/ [Stand: 29.05.2015]
Gibt es ein Rezept für Glück? Teil 1-2 (S. 216-219). Originalbeitrag.
Aussagen zum Thema Glück (Grafik S. 217): Umfrage infratest dimap Sept. 2013, Telefoninterviews, n = 1068, Deutschsprachige über 14 in Schleswig-Holstein, Mecklenburg-Vorpommern, Hamburg, Niedersachsen.
Grafik Gerätepräferenz von Jugendlichen (S. 222). Angaben aus: JIM 2014 Jugend, Information, (Multi-)Media. Basisstudie zum Medienumgang 12- bis 19-Jähriger in Deutschland. © Medienpädagogischer Forschungsverbund Südwest.
M1 Lexikoneintrag (S. 224). Lexikon der schlauen Leute (Originalbeitrag).
M2 Interview: Ferien in einem Earthship (S. 225). Aus: Kai Munz/Lilly Quill: Earthships, 2014. (Originalbeitrag)
M3 Wohin mit alten Autoreifen? (S. 225). Informationen aus: Müll überall. Berlin 2013 (Originalbeitrag).
M4 Earthships - sogar erdbebensicher (S. 226). Aus: Freie Zeitung vom 30. Juni 2015, Schwerin (Originalbeitrag).
M5 Bauplan für ein Earthship (S. 226): Rüdiger Trebels, Düsseldorf.
M6 Design mit Autoreifen (S. 227). Aus: Sandra Heide: Kunst aus Abfall, Aachen, 2013 (Originalbeitrag).
Schreibblock oder Touchscreen (S. 230-231). Aus: Berliner Zeitung, Nummer 121 vom 26. Mai 2014.
Bewerbungsschreiben: Ausbildung als Tierpflegerin (S. 233). Originalbeitrag.
Bewerbungsschreiben: Ausbildung als Bürokaufmann (S. 235). Originalbeitrag.
Tränen, die man lacht, muss man nicht mehr weinen (Auszug aus einem Interview von Lars Schmidt mit Eckart von Hirschhausen) (S. 237). Aus: http://www.t-online.de/unterhaltung/humor/id_52172864/eckart-von-hirschhausen-im-interview-traenen-die-man-lacht-muss-man-nicht-mehr-weinen-.html [Stand: 29.05.2015]
Herzhaftes Lachen steckt an (S. 237). Originalbeitrag.
Lachen ist kostenlose Medizin (S. 238). Originalbeitrag.
Ich bin Grimaldi! (S. 239). Originalbeitrag.
Lachyoga. Lexikonartikel (S. 239). Originalbeitrag.
Timm Thaler oder das verkaufte Lachen (S. 239). Originalbeitrag.
Was hat Dana vor? (S. 244). Originalbeitrag.
Erfolgreich Hausaufgaben machen (S. 245). Originalbeitrag.
Spaß am Klettern (S. 246). Originalbeitrag.
Der jüngste Bergsteiger (S. 246). Originalbeitrag.
Pausen sind wichtig (S. 247). Originalbeitrag.
Liebe Mitglieder des Fördervereins! (S. 248). Originalbeitrag.
Ein Beruf mit Zukunft (S. 252). Originalbeitrag.
Ein Fuchs im Straßenverkehr (S. 254). Originalbeitrag.
Erfolg ist kein Glück (S. 256). Originalbeitrag.
Bewerbungsschreiben: Ausbildung als Kaufmann im Einzelhandel (S. 259). Originalbeitrag.
Auszubildende/Auszubildender gesucht! (S. 260). Originalbeitrag.
Ohne Lesen und Schreiben (S. 262). Originalbeitrag.
Glück gehabt! (S. 269). Originalbeitrag.
Nicht ganz ernst gemeint (S. 274). Originalbeitrag.
Ein alter Mann saß an einem Fluss (S. 277). Originalbeitrag.
Künstliche Lichtquellen (S. 279). Originalbeitrag.
Die Salzsau von Lüneburg (S. 285). Originalbeitrag.
Zwischen den Vorstellungen von Arbeitgebern und Azubis liegen oft Welten (S. 309-312). Originalbeitrag.
Romantik (S. 316). Aus: Deutschbuch: Literaturgeschichte. Hg. v. Bernd Schurf u. Andrea Wagener. Berlin (Cornelsen Verlag) 2010, S. 97-98.
Kurzbiographie Julia Franck (S. 322). Originalbeitrag.

Bildquellen

S. 12, 13 (6), 14, 18, 19, 24, 48, 49, 51, 53, 55, 57, 61, 62, 63, 98, 109, 293, 294: Peter Wirtz, Dormagen; S. 13 (4): © googluz - Fotolia.com; S. 13 (5): © nenadaksic - Fotolia.com; S. 25, 68: Barbara Dietl, Berlin; S. 26 (1), 28, 32 (oben): © dream79 - Fotolia.com; S. 26 (2), 28, 31: © 2013 Michael Burrell - Fotolia.com; S. 26 (3), 28, 32 (Mitte): © Clip Dealer/Jürgen Wiesler; S. 26 (4): © schwarzermann81 - Fotolia.com; S. 26 (5), 28, 29 (A): © Jorg Hackemann/Shutterstock.com; © S. 27 (6), 28, 34: msk.nina - Fotolia.com; S. 27 (7), 28: © irisphoto1 - Fotolia.com; S. 27 (8), 29 (B): © imago; - Fotolia.com; S. 27 (9): © katya_naumova - Fotolia.com; S. 27 (10), 28, 31: © Andrey Popov - Fotolia.com; S. 27 (11), 28, 33 (oben): © Owen Smith Photography - Fotolia.com; S. 29 (C): © imago; S. 31 (unten), 36: © AlexanderZam/Shutterstock.com und © Andrey Armyagov - Fotolia.com; S. 33 (Mitte): © alex@web-done.de; S. 35 (Mitte): Originalbeitrag; S. 35 (unten): © Clip Dealer/René Marschall; S. 43 (oben), 47: © Alexander M. Penin - Fotolia.com; S. 43 (unten): © Sean Pavone/Shutterstock.com; S. 44 (oben), 46: © vvvita - Fotolia.com; S. 44 (Mitte): © Pavalena/Shutterstock.com; S. 45 (oben): © V. Zhuravlev - Fotolia.com; S. 45 (Mitte): © James Michael Dorsey/Shutterstock.com; S. 52: © Kontrastwerkstatt - Fotolia.com; S. 53 (ganz oben): © crystalfoto/Shutterstock.com; S. 54 (links): © philipimage - Fotolia.com; S. 54 (rechts): © picture alliance/Westend61; S. 70 (Bambus): © tsach - Fotolia.com; S. 70 (Glückskekse), 73, 74: © Rob Tek - Fotolia.com; S. 70 (Amulett), 72: olegganko - Fotolia.com; S. 70 (Vertrag): © seen - Fotolia.com; S. 71 (Elefant), 72: gabbiere - Fotolia.com; S. 71 (Münze), 72: © nspooner - Fotolia.com; S. 71 (Mietvertrag): © Alexander Raths - Fotolia.com; S. 71 (Skarabäus): © Paul Fleet - Fotolia.com; S. 72 (Hufeisen): © nothingbutpixel - Fotolia.com; ; S. 72 (Peperoni): © Piumadaquila - Fotolia.com; S. 80, 84 Buchcover: Cora Gofferjé. Glückskeks-Momente. Thienemann Verlag, München 2009; S. 86 Grafik: statista.com/TNS-Emnid-Umfrage, Bertelsmann Stiftung © statista 2015; S. 86 (unten): © Thomas Reimer - Fotolia.com; S. 90 (1), 94 (oben): © Christian Ohde/CHROMORANGE; S. 90 (2), 94 (unten): © picsfive - Fotolia.com; S. 90 (3): © Lucertolone/Shutterstock.com; S. 90 (4): © panphai/Shutterstock.com; S. 90 (5), 102: © HandmadePictures/Shutterstock.com; S. 90 (6), 94 (2. v. o.): © Dmitry Morgan/Shutterstock.com; S. 91 (7), 92: Werner Boote: Plastic Planet. Das Plakat zum Film. farbfilm verleih GmbH; S. 91 (8), 93 (oben): © Topic Media/imagebroker.net; S. 91 (9), 93 (unten): © Daniel Ernst - Fotolia.com; S. 91 (10), 96 (unten): © kogge - Fotolia.com; S. 91 (11), 103: © molekuul.be - Fotolia.com; S. 94 (3. v. o.): © akg-images; S. 95 (unten): © James King-Holmes/Science Photo Library/Corbis; S. 96 (oben): © action press/QKD/Rex Featuresaction press; S. 96 (Mitte: Karte): Volkhard Binder, Berlin; S. 100: © mauritius images/Alamy; S. 104 (oben): © picture alliance/ZB; S. 104 (unten): © Andreas Froese/www.ecotecnologia.com; S. 106 (oben): Originalbeitrag; S. 106 (unten): © Jason Langley/Aurora/laif; S. 107 (oben): © Glow Images/Premium; S. 107 (2. v. o.): © WILDLIFE; S. 107 (3. v. o.): © Barbara Pheby - Fotolia.com; S. 107 (unten): © mauritius images/Alamy; S. 108: © Glow Images/Fancy; S. 110 (oben) Cover „Gefährliche Lieblinge“: © Bund für Umwelt und Naturschutz Deutschland e.V. (BUND), 2009; S. 110 (2. v. o.): © spiel gut Arbeitsausschuss Kinderspiel + Spielzeug e.V.; S. 110 (3. v. o.): © OEKO-TEX®; S. 110 (unten): http://www.baua.de/de/Produktsicherheit/Produktinformationen/GS-Pruefstellen.html; S. 111: © F1online: S. 114 (1), 126: © Sven Hoppe - Fotolia.com; S. 114 (2), 117, 122: © Your_Photo_Today; S. 114 (3), S. 116 (1): © Nikola Spasenoski/Shutterstock.com; S. 115 (4), S. 116 (4): © David TB/Shutterstock.com; S. 115 (5), 118 (unten): © contrasto/laif; S. 115 (6), 128: © imago; S. 116 (2), 123: © Clive Chilvers/Shutterstock.com; S. 116 (3): © bighorn - Fotolia.com; S. 118 (oben): © bigshotd3 - Fotolia.com; S. 119: © dedigrigoroiu - Fotolia.com; S. 130: © Olivier Tuffé - Fotolia.com; S. 132 (oben): © akg-images/bildwissedition; S. 132 (unten): © Kamaga - Fotolia.com; S. 133 (oben): © action press/Everett Collection; S. 133 (unten): © Africa Studio/Shutterstock.com; S. 134: © action press/WEIHS, ANDREAS; S. 135 (oben): © Soloviova Liudmyla/Shutterstock.com; S. 135 (unten): © George Burba/Shutterstock.com; S. 137: © Andrey Bayda/Shutterstock.com; S. 138, 286: © Thomas Lusth/Shutterstock.com; S. 139 (oben): © andrey7777777 - Fotolia.com; S. 139 (unten): © akg-images; S. 140 (oben), 313: © Oleg Golovnev/Shutterstock.com; S. 140 (Mitte): © makler0008/Shutterstock.com; S. 141: Agentur Bridgeman © BRIDGEMANART.COM; S. 142 (oben): © mauritius images/United Archives; S. 142 (unten): © focus finder - Fotolia.com; S. 145: © Nicku/Shutterstock.com; S. 168, 169, 172, 174, 176, 177, 178, 180, 292: © DRAMA/Iko Freese; S. 170, 173, 182: © DRAMA/Holger Foullois; S. 179: © Süddeutsche-Zeitung-DIZ /Brigitte Friedrich; S. 184 (1): © 237/Ocean/Corbis; S. 184 (2): © picture alliance/Westend61; S. 184 (3): © Werner Bentin, Rostock; S. 184 (4), S. 185 (7), S. 186, 187: © picture alliance / dieKLEINERT; S. 185 (5): © mauritius images/Cultura; S. 185 (8): © Imago; S. 189: © L_amica - Fotolia.com; S. 190: © Imago; S. 192: © Lilli Bravo; S. 193 (oben rechts): liveostockimages - Fotolia.com; S. 194 (Fenster): © RichWolf/Shutterstock.com; S. 194, 204 (oben) (Berlin, Potsdamer Platz): © Friedrich/Interfoto; S. 194 (Schuhe): © animaflora - Fotolia.com; S. 194 (Telefon): © Marek Gottschalk - Fotolia.com; S. 194, 195 (unten) (Filmtheater „Universum“): © bpk; S. 195 (oben): © trekandshoot/Shutterstock; S. 195 (Mitte): © Vintage Germany/Slg. Uwe Ludwi; S. 196 (oben): © KPA/picture-alliance; S. 196 (Cover recht unten): © Interfoto/Sammlung Rauch; S. 197: © KPA/picture-alliance; S. 198: mauritius images/United Archives; S. 199: © akg-images; S. 200: © Friedrich/Interfoto; S. 201: © KPA/picture-alliance; S. 202: © Elzbieta Sekowska/Shutterstock.com; S. 203: © dpa/picture-alliance; S. 204 (unten): © IMAGNO/Schost/ picture-alliance; S. 205: mauritius images/© Estate of George Grosz, Princeton, N. J./ VG Bild-Kunst, Bonn 2015; S. 206 (links unten): © L_amica - Fotolia.com; S. 206 (rechts unten): © dpa/picture-alliance und © Christian Ohde/action press; S. 207 (Mitte): © Thaut Images - Fotolia.com; S. 207 (rechts), 211 (unten): © mb67 - Fotolia.com; S. 211 (oben): © Marem - Fotolia.com; S. 217: © Dmitry Naumov - Fotolia.com; S. 218 (oben): © Rafael Ben-Ari/Chameleons Eye - Fotolia.com; S. 218 (Mitte): © Dusan Kostic - Fotolia.com; S. 218 (unten): © Marek Gottschalk - Fotolia.com; S. 225 (oben): © Paul Cooper/Visum; S. 225 (Mitte): © mauritius images/United Archives; S. 225 (unten): © mauritius images/Alamy; S. 227 (Mitte links): © action press/SOUTH WEST NEWS SERVICE; S. 227 (Mitte rechts): © mauritius images/Alamy; S. 230: © Africa Studio - Fotolia.com; S. 232: © AntonioDiaz - Fotolia.com; S. 237 (oben), 296: mauritius images/© Onoky; S. 237 (unten): © Scott Griessel/Creatista - Fotolia.com; S. 239: © Wavebreak MediaMicro - Fotolia.com; S. 240: Grafik: Forsa-Erhebung, Dezember 2011 © statista 2015; S. 246: © Eric Fahrner - Fotolia.com; S. 248, 301: © Marco2811 - Fotolia.com; S. 252: © mauritius images/STOCK4B; S. 260: © gromovataya - Fotolia.com; S. 270: © Friedrich Retkowski; S. 271: © karepa - Fotolia.com; S. 272: Buchcover „Gefahr aus der Tiefe“, Fabian Lenk © arsEdition GmbH, München 2010; S. 277, 305: © Anita P. Peppers - Fotolia.com; S. 309: © jörn buchheim - Fotolia.com; S. 312: © Kzenon - Fotolia.com; S. 322: © mauritius images/Alamy; S. 324: © Thomas Ebert/laif

Illustrationen und Grafiken

Stefan Bachmann, Wiesbaden: S. 267, 317
Thomas Binder, Magdeburg: Piktogramme in den Kolumnen, S. 29, 32, 48, 50, 57, 58, 59, 287, 290;
Heribert Braun, Berlin: S. 70, 71, 74, 77, 78, 79, 80, 81, 83, 89 (oben), 303;
Sylvia Graupner, Annaberg: S. 323;
Egbert Herfurth, Leipzig: Piktogramme in einigen Kolumnen, S. 39;
Ulrike Selders, Köln: S. 188, 272, 280, 306;
Rüdiger Trebels, Düsseldorf: S. 12, 13, 15, 16, 20, 23, 89 (unten), 146, 148, 149, 150, 152, 153, 156, 157, 160, 161, 162, 164, 216, 221 (unten), 226, 227 (drei Illustrationen oben), 238, 251, 254, 256, 262, 265, 269, 273, 274, 284, 285, 288, 295, 300, 302, 308, 313 (unten);
Werner Wildermuth, Würzburg: Grafiken S. 53, 55

Bereiche des Deutschunterrichts	Aufgaben	Seite(n)	Kapitel
Sprechen und Zuhören			
zu, vor und mit anderen sprechen	komplexe Beiträge adressatengerecht präsentieren: z. B. Referate	42-47	Training: Textknacker
		216-221	Sachtext lesen
		236-243	Referat
	Gespräche, Diskussionen führen und moderieren	18, 19, 21	Besser kommunizieren
		79	Auf der Suche nach dem Glück
		88	Training: Kommunikationsmodell
		108-109	Training: Stellung nehmen
		90-107	Alles aus Kunststoff
	Beiträge in verschiedenen Gesprächsformen angemessen formulieren	66-69	Vorstellungsgespräch
		216-221	Sachtext lesen
	Beiträge mit verbalen und nonverbalen Mittel gestalten	24-25	Angemessen kommunizieren
		66-69	Vorstellungsgespräche
	Gesprächsregeln, -strategien und -techniken kennen	12-23	Besser kommunizieren
		88-89	Kommunikationsmodell
	Präsentationstechniken kennen, auch medial gestützt	42-47	Training: Textknacker
		216-221	Sachtext lesen
		236-243	Referat
	Interviewfragen formulieren	236	Referat
	vortragen	18	Besser kommunizieren
		47	Training: Textknacker
		67	Training: Vorstellungsgespräche
		132-141	Gedichte über das Leben
		216-221	Textknacker
		236-243	Referat
verstehend zuhören miteinander arbeiten	Arbeitsergebnisse auswerten und bewerten (auch: beobachten)	18, 19	Besser kommunizieren
		28	Salz: Quelle des Lebens
		50, 57	Ein Beruf für dich
		69	Training: Vorstellungsgespräche
		86	Auf der Suche nach dem Glück
		97, 105, 106-107	Alles aus Kunststoff
		109	Training: Stellung nehmen
		122-123	Rap-Geschichte(n)
		222-223	Grafik auswerten
		228	Informierenden Text schreiben
	Gruppen- und Projektarbeit	30	Salz: Quelle des Lebens
		193	Lachprojekt
		224	Prüfungsvorb.: Informierender Text
szenisch spielen	ausdrucksvoll vortragen, mit verteilten Rollen lesen, szenisches Gestalten	18	Besser kommunizieren
		80	Auf der Suche nach dem Glück
		168-179	Leseecke: So ein Drama!
Schreiben			
über Schreibfertigkeiten verfügen richtig schreiben	Regeln und Sprachstrategien anwenden	248-263	Rechtschreiben: Die Trainingseinheiten
	Schreibsicherheit gewinnen, Fehlerbewusstheit entwickeln	244-247	Rechtschreib-Check
	an Fehlerschwerpunkten üben	264-269	Rechtschreibhilfen: Persönliche Fehlerschwerpunkte finden
	eigene Texte am Computer überarbeiten und korrigieren	57	Berufe
		64	Online-Bewerbungen
		125	Rap-Geschichte(n)
		232	Texte überarbeiten
Texte planen	das eigene Schreibziel ermitteln und den Schreibprozess planen	110-113	Training: Kommentar schreiben
		230-231	Prüfungsvorb.: Zeitungsartikel
		214-215	Aufgabenknacker
	Adressaten und Situation analysieren	236-243	Referat
Texte schreiben	in einem funktionalen Zusammenhang angemessen, situations- und adressatenadäquat schreiben, über komplexe Sachverhalte und Arbeitsabläufe informieren	30	Salz: Quelle des Lebens
		214-215	Aufgabenknacker
		216-221	Sachtext lesen
		224-229	Prüfungsvorb.: Informierender Text
	selbstständig informierende Texte schreiben	130-131	Training: Informierender Text
		224-229	Prüfungsvorb.: Informierender Text
	Bewerbungsschreiben schreiben	48-63	Ein Beruf für dich
		64-65	Online-Bewerbungen
		232-235	Bewerbung überarbeiten
	Lebenslauf schreiben	53, 54, 61	Ein Beruf für dich
	selbstständig analytische Texte zu Sachtexten schreiben	26-41	Salz: Quelle des Lebens
		118-121	Rap-Geschichte(n)
		160-163	Inhaltsangabe: Kurzgeschichte
		236-243	Referat
	selbstständig analytische Texte zu literarischen Texten schreiben; Gestaltungsmittel (Form, stilistische Mittel, Erzählperspektive, Figurenrede) und Wirkungen erläutern, Charakteristik	132-141	Gedichte über das Leben
		154-155	Kurzgeschichten
		164-167	Prüfungsvorb.: Interpretation
		180-183	Prüfungsvorb.: Charakteristik
	selbstständig produktionsorientierte Texte schreiben	132-141	Gedichte über das Leben
		184-193	Sachen zum Lachen
	Ausschnitte aus einem Jugendbuch weiterschreiben, umschreiben, Perspektive wechseln	70-87	Auf der Suche nach dem Glück
	Portfolio	70-87	Auf der Suche nach dem Glück
		48-63	Ein Beruf für dich
	Perspektivwechsel, inneren Monolog schreiben	81	Auf der Suche nach dem Glück
		151	Kurzgeschichten
	Tabellen anlegen, Informationen aufbereiten und ordnen, strukturiert notieren	21	Besser kommunizieren
		39, 40	Salz: Quelle des Lebens
		61	Ein Beruf für dich: Lebenslauf
		88	Kommunikationsmodell anwenden
		97, 98-99, 102	Alles aus Kunststoff
		111	Training: Stellung nehmen
		127	Rap-Geschichte(n)
		141	Gedichte über das Leben
		214-215	Aufgabenknacker
		250-251, 254	Rechtschreiben
		270, 277, 278, 285	Grammatik

Bereiche des Deutschunterrichts	Aufgaben	Seite(n)	Kapitel
Texte überarbeiten	Schreibprodukte im Hinblick auf formalsprachliche Richtigkeit, stilistische Angemessenheit und gedankliche Stringenz prüfen und überarbeiten	60	Bewerbungsschreiben
		61	Lebenslauf
		113	Kommentar
		125	Informierender Text
		159	Interpretation
	Rechtschreibregeln und Ausnahmeschreibungen anwenden, eigene Texte korrigieren	244-247	Rechtschreib-Check
		248-263	Rechtschreib-Trainingseinheiten
	eigene Texte am Computer überarbeiten und korrigieren	57	Berufe
		64	Online-Bewerbungen
		125	Rap-Geschichte(n)
		232	Texte überarbeiten
Lesen - Umgang mit Texten und Medien			
Lesetechniken, Strategien zum Leseverstehen kennen und anwenden	selbstständig Lesestrategien bei komplexen Texten anwenden (kontinuierliche und diskontinuierliche Sachtexte)	26-41, 319	Salz: Quelle des Lebens
		42-47	Training: Textknacker
		94-97	Alles aus Kunststoff
		118-121	Rap-Geschichte(n)
		130-131	Training: Informierender Text
		216-221	Sachtext lesen
		224-229	Prüfungsvorb.: Informierender Text
		236-243	Referat
	Textarten und Textintentionen bewerten, eigenes Textverständnis darstellen und prüfen	50-55	Ein Beruf für dich
		118-121	Rap-Geschichte(n)
		184-187	Sachen zum Lachen
	argumentierende kontinuierliche und diskontinuierliche Sachtexte untersuchen	90-107	Alles aus Kunststoff
		108-109	Training: Stellung nehmen
		110-113	Training: Kommentar schreiben
	informierende kontinuierliche und diskontinuierliche Sachtexte untersuchen	26-41, 319	Salz: Quelle des Lebens
		42-47	Training: Textknacker
		94-97	Alles aus Kunststoff
		118-121	Rap-Geschichte(n)
		130-131	Training: Informierender Text
		216-221	Sachtext lesen
		224-229	Prüfungsvorb.: Informierender Text
		236-243	Referat
	standardisierte Textformen (Grafiken, Diagramme)	15, 16, 22-23	Besser kommunizieren
		32, 35, 37	Salz: Quelle des Lebens
		44, 46	Training: Textknacker
		55	Ein Beruf für dich
		70-87	Auf der Suche nach dem Glück
literarische Texte verstehen und nutzen	komplexe literarische Texte untersuchen: Jugendbuch, Roman	70-85	Auf der Suche nach dem Glück
		196-201	Fenster in die Vergangenheit
	Kurzgeschichten und Erzählungen	146-159	Kurzgeschichten
	Ironie und Satire	184-193	Sachen zum Lachen
	Zusammenhang zwischen Aussage, Wirkung und sprachlicher Gestaltung untersuchen	132-141	Gedichte über das Leben
		154-155	Kurzgeschichten
	Texte in Bezug zum eigenen Leben und zum Leben des Autors/der Autorin setzen	132-141	Gedichte über das Leben
		194-205	Fenster in die Vergangenheit
	komplexe literarische Texte interpretieren	142-145	Prüfungsvorb.: Gedicht
		146-159	Prüfungsvorb.: Kurzgeschichte
	kulturelle (politische, gesellschaftlich-soziale, ethische) Elemente nachweisen	184-193	Sachen zum Lachen
		194-205	Fenster in die Vergangenheit
	dramatische Texte untersuchen	168-179	Leseecke: So ein Drama!
	eine literarische Epoche im gesellschaftlichen Kontext	194-205	Fenster in die Vergangenheit
	mit Leitfragen Jugendbücher, Auszüge aus Ganzschriften untersuchen	74-85	Auf der Suche nach dem Glück
		168-179	Leseecke: So ein Drama!
		196-201	Fenster in die Vergangenheit
Sach- und Gebrauchstexte verstehen und nutzen	Textinhalte schriftlich zusammenfassen	118-121	Rap-Geschichte(n)
		160-163	Kurzgeschichte zusammenfassen
		236-243	Referat
	Texte und Quellen kritisch nutzen und auswerten	118-121	Rap-Geschichte(n)
		224-229	Prüfungsvorb.: Informierender Text
		236-243	Referat
	Grafiken erschließen, grafisch visualisieren	15, 16, 22-23	Besser kommunizieren
		32, 35, 37	Salz: Quelle des Lebens
		44, 46	Training: Textknacker
		55	Ein Beruf für dich
		70-87	Auf der Suche nach dem Glück
	Textgebundenes Argumentieren und Erörtern	90-107	Alles aus Kunststoff
		108-109	Training: Stellung nehmen
		110-113	Training: Kommentar schreiben
		230-231	Prüfungsvorb.: Zeitungsartikel
	zu Themen und Sachverhalten kriteriengeleitet Stellung nehmen	18, 19, 21	Besser kommunizieren
		79	Auf der Suche nach dem Glück
		88	Training: Kommunikationsmodell
		108-109	Training: Stellung nehmen
		90-107	Alles aus Kunststoff
Medien verstehen und nutzen	medienspezifische Formen im kritischen Vergleich	212-213	Die Kraft der Medien
	komplexe meinungsbetonte journalistische Texte untersuchen	110-113	Training: Kommentar schreiben
		190-191	Sachen zum Lachen
		212-213	Die Kraft der Medien
	persuasive Texte mit Blick auf Adressaten schreiben	110-113	Training: Kommentar schreiben
		212-213	Die Kraft der Medien
	Zusammenhänge zwischen Text und Film beschreiben	201	Fenster in die Vergangenheit
	mediale Produktionen konzipieren	114-132	Rap-Geschichte(n)
Reflexion über Sprache (Sprachgebrauch)			
	Sprachvarianten und Sprachwandel	270-275	Sprache und Sprachen
	grammatische Formen identifizieren und klassifizieren	276-279	Wortarten
		280-283	Formen des Verbs
	Sprachbewusstsein entwickeln	284-285	Fehler vermeiden

Für das Buch wurden Teile der Ausgabe von Renate Krull, Elisabeth Schäpers und Renate Teepe (Herausgeberinnen) sowie den Autorinnen und Autoren Mahir Gökbudak, Silke González León, Beate Hallmann, August-Bernhard Jacobs, Lucia Jacobs, Jona Jasper, Michaela Koch, Renate Krull, Ekhard Ninnemann, Martin Püttschneider, Christiane Rein, Elisabeth Schäpers, Matthias Scholz, Michael Strangmann, Renate Teepe verwendet.

Konzept und Redaktionsleitung: Gabriele Biela

Redaktion und Bildrecherche: Heike Tietz, Marion Clausen, Christina Nier, Daphná Pollak, Dietlinde Thomas

Umschlaggestaltung: Cornelsen Verlag Design/Klein & Halm Grafikdesign, Berlin
Umschlagfoto: © Marco Govel - Fotolia.com
Layout und technische Umsetzung: zweiband.media, Berlin

Allgemeiner Hinweis zu den in diesem Lehrwerk abgebildeten Personen:
Soweit in diesem Lehrwerk Personen fotografisch abgebildet sind und ihnen von der Redaktion fiktive Namen, Berufe, Dialoge und Ähnliches zugeordnet oder diese Personen in bestimmte Kontexte gesetzt werden, dienen diese Zuordnungen und Darstellungen ausschließlich der Veranschaulichung und dem besseren Verständnis des Inhalts.

Dieses Werk berücksichtigt die Regeln der reformierten Rechtschreibung und Zeichensetzung. Bei den mit **R** gekennzeichneten Texten haben die Rechteinhaber einer Anpassung widersprochen.

Die Webseiten Dritter, deren Internetadressen in diesem Lehrwerk angegeben sind, wurden vor Drucklegung sorgfältig geprüft. Der Verlag übernimmt keine Gewähr für die Aktualität und den Inhalt dieser Seiten oder solcher, die mit ihnen verlinkt sind.

www. cornelsen.de

1. Auflage, 2. Druck 2015

Alle Drucke dieser Auflage sind inhaltlich unverändert und können im Unterricht nebeneinander verwendet werden.

Druck: Mohn Media Mohndruck, Gütersloh

ISBN 978-3-06-061669-5

PEFC
PEFC/04-31-1033

PEFC zertifiziert
Dieses Produkt stammt aus nachhaltig bewirtschafteten Wäldern und kontrollierten Quellen.
www.pefc.de